大学赤本シリーズ

551

立命館大学

IR方式〈英語資格試験利用型〉・共通テスト併用方式

立命館アジア太平洋大学

共通テスト併用方式

教学社

は　し　が　き

おかげさまで，大学入試の「赤本」は，今年で創刊 70 周年を迎えました。

これまで，入試問題や資料をご提供いただいた大学関係者各位，掲載許可をいただいた著作権者の皆様，各科目の解答や対策の執筆にあたられた先生方，そして，赤本を使用してくださったすべての読者の皆様に，厚く御礼を申し上げます。

以下に，創刊初期の「赤本」のはしがきを引用します。これからも引き続き，受験生の目標の達成や，夢の実現を応援してまいります。

本書を活用して，入試本番では持てる力を存分に発揮されることを心より願っています。

編者しるす

＊　＊　＊

学問の塔にあこがれのまなざしをもって，それぞれの志望する大学の門をたたかんとしている受験生諸君！　人間として生まれてきた私たちは，自己の欲するままに，美しく，強く，そして何よりも人間らしく生きることをねがっている。しかし，一朝一夕にして，この純粋なのぞみが達せられることはない。私たちの行く手には，絶えずさまざまな試練がまちかまえている。この試練を克服していくところに，私たちのねがう真に人間的な世界がはじめて開かれてくるのである。

人生最初の最大の試練として，諸君の眼前に大学入試がある。この大学入試は，精神的にも身体的にも，大きな苦痛を感ぜしめるであろう。あるスポーツに熟達するには，たゆみなき，はげしい練習を積み重ねることが必要であるように，私たちは，計画的・持続的な努力を払うことによって，この試練を克服し，次の一歩を踏みだすことができる。厳しい試練を経たのちに，はじめて満足すべき成果を獲得できるのである。

本書は最近の入学試験の問題に，それぞれ解答を付し，さらに問題をふかく分析することによって，その大学独特の傾向や対策をさぐろうとした。本書を一般の参考書とあわせて使用し，まとはずれのない，効果的な受験勉強をされるよう期待したい。

（昭和 35 年版「赤本」はしがきより）

挑む人の、いちばんの味方

赤本創刊70周年

1954年に大学入試の過去問題集を刊行してから70年。赤本は大学に入りたいと思う受験生を応援しつづけてきました。これからも，苦しいとき落ち込むときにそばで支える存在でいたいと思います。

そして，勉強をすること，自分で道を決めること，努力が実ること，これらの喜びを読者の皆さんが感じることができるよう，伴走をつづけます。

そもそも赤本とは…

受験生のための大学入試の過去問題集！

70年の歴史を誇る赤本は，500点を超える刊行点数で全都道府県の370大学以上を網羅しており，過去問の代名詞として受験生の必須アイテムとなっています。

なぜ受験に過去問が必要なのか？

大学入試は大学によって問題形式や頻出分野が大きく異なるからです。

赤本の掲載内容

傾向と対策

これまでの出題内容から，問題の「**傾向**」を分析し，来年度の入試に向けて具体的な「**対策**」の方法を紹介しています。

問題編・解答編

- 年度ごとに問題とその解答を掲載しています。
- 「**問題編**」ではその年度の試験概要を確認したうえで，実際に出題された過去問に取り組むことができます。
- 「**解答編**」には高校・予備校の先生方による解答が載っています。

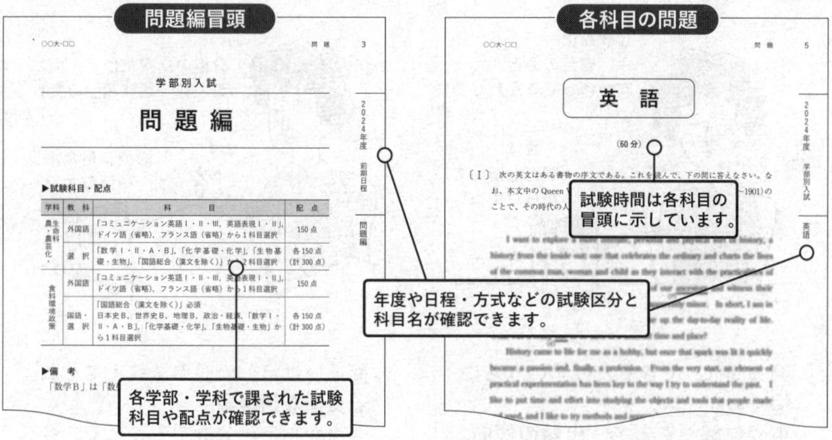

他にも，大学の基本情報や，先輩受験生の合格体験記，在学生からのメッセージなどが載っていることがあります。

掲載内容について

著作権上の理由やその他編集上の都合により問題や解答の一部を割愛している場合があります。なお，指定校推薦入試，社会人入試，編入学試験，帰国生入試などの特別入試，英語以外の外国語科目，商業・工業科目は，原則として掲載しておりません。また試験科目は変更される場合がありますので，あらかじめご了承ください。

受験勉強は

過去問に始まり，

STEP 1

なにはともあれ

まずは解いてみる

しずかに…
今，自分の心と
向き合ってるんだから
ムーン
それは
問題を解いて
からだホン!

過去問は，**できるだけ早いうちに解く**のがオススメ！
実際に解くことで，**出題の傾向，問題のレベル，今の自分の実力**がつかめます。

STEP 2

じっくり具体的に

弱点を分析する

分析の結果だけど
英・数・国が苦手みたい
スリー
必須科目だホン
頑張るホン

間違いは自分の弱点を教えてくれる**貴重な情報源。**
弱点から自己分析することで，**今の自分に足りない力や苦手な分野**が見えてくるはず！

合格者があかす 赤本の使い方

傾向と対策を熟読
（Fさん／国立大合格）
大学の出題傾向を調べるために，赤本に載っている「傾向と対策」を熟読しました。

繰り返し解く
（Tさん／国立大合格）
1周目は問題のレベル確認，2周目は苦手や頻出分野の確認に，3周目は合格点を目指して，と過去問は繰り返し解くことが大切です。

赤本の使い方 解説

過去問に終わる。

STEP 3

志望校にあわせて

苦手分野の重点対策

明日からはみんなで頑張るよ！
参考書も！ 問題集も！
よろしくね！
呼んだ？
なにを!?
どこから!?
グッ
グッ

参考書や問題集を活用して，苦手分野の**重点対策**をしていきます。**過去問を指針**に，合格へ向けた具体的な学習計画を立てましょう！

STEP 1▶2▶3

サイクルが大事!

実践を繰り返す

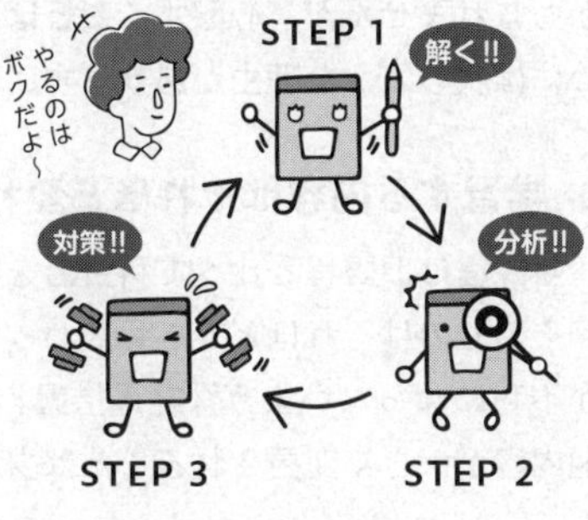
STEP 1
解く!!
やるのはボクだよ～
対策!!
分析!!
STEP 3
STEP 2

STEP 1～3を繰り返し，実力アップにつなげましょう！
出題形式に慣れることや，**時間配分を考えること**も大切です。

目標点を決める
(Yさん／私立大合格)
赤本によっては合格者最低点が載っているので，それを見て目標点を決めるのもよいです。

時間配分を確認
(Kさん／私立大学合格)
赤本は時間配分や解く順番を決めるために使いました。

添削してもらう
(Sさん／私立大学合格)
記述式の問題は先生に添削してもらうことで自分の弱点に気づけると思います。

新課程入試 Q&A

2022 年度から新しい学習指導要領（新課程）での授業が始まり，2025 年度の入試は，新課程に基づいて行われる最初の入試となります。ここでは，赤本での新課程入試の対策について，よくある疑問にお答えします。

Q1. 赤本は新課程入試の対策に使えますか？

A. もちろん使えます！

旧課程入試の過去問が新課程入試の対策に役に立つのか疑問に思う人もいるかもしれませんが，心配することはありません。旧課程入試の過去問が役立つのには次のような理由があります。

● 学習する内容はそれほど変わらない

新課程は旧課程と比べて科目名を中心とした変更はありますが，学習する内容そのものはそれほど大きく変わっていません。また，多くの大学で，既卒生が不利にならないよう「経過措置」がとられます（Q３参照）。したがって，出題内容が大きく変更されることは少ないとみられます。

● 大学ごとに出題の特徴がある

これまでに課程が変わったときも，各大学の出題の特徴は大きく変わらないことがほとんどでした。入試問題は各大学のアドミッション・ポリシーに沿って出題されており，過去問にはその特徴がよく表れています。過去問を研究してその大学に特有の傾向をつかめば，最適な対策をとることができます。

出題の特徴の例	・英作文問題の出題の有無 ・論述問題の出題（字数制限の有無や長さ） ・計算過程の記述の有無

新課程入試の対策も，赤本で過去問に取り組むところから始めましょう。

Q2. 赤本を使う上での注意点はありますか？

A. 志望大学の入試科目を確認しましょう。

過去問を解く前に，過去の出題科目（問題編冒頭の表）と 2025 年度の募集要項とを比べて，課される内容に変更がないかを確認しましょう。ポイントは以下のとおりです。科目名が変わっていても，実際は旧課程の内容とほとんど同様のものもあります。

英語・国語	科目名は変更されているが，実質的には変更なし。 ▶▶ **ただし，リスニングや古文・漢文の有無は要確認。**
地歴	科目名が変更され，「歴史総合」「地理総合」が新設。 ▶▶ **新設科目の有無に注意。ただし，「経過措置」（Q3参照）により内容は大きく変わらないことも多い。**
公民	「現代社会」が廃止され，「公共」が新設。 ▶▶ **「公共」は実質的には「現代社会」と大きく変わらない。**
数学	科目が再編され，「数学 C」が新設。 ▶▶ **「数学」全体としての内容は大きく変わらないが，出題科目と単元の変更に注意。**
理科	科目名も学習内容も大きな変更なし。

数学については，科目名だけでなく，どの単元が含まれているかも確認が必要です。例えば，出題科目が次のように変わったとします。

旧課程	「数学Ⅰ・数学Ⅱ・数学 A・数学 B（数列・ベクトル）」
新課程	「数学Ⅰ・数学Ⅱ・数学 A・**数学 B（数列）・数学 C（ベクトル）**」

この場合，新課程では「数学C」が増えていますが，単元は「ベクトル」のみのため，実質的には旧課程とほぼ同じであり，過去問をそのまま役立てることができます。

Q3. 「経過措置」とは何ですか？

A. 既卒の旧課程履修者への対応です。

多くの大学では，既卒の旧課程履修者が不利にならないように，出題において「経過措置」が実施されます。措置の有無や内容は大学によって異なるので，募集要項や大学のウェブサイトなどで確認しておきましょう。

◯旧課程履修者への経過措置の例

- 旧課程履修者にも配慮した出題を行う。
- 新・旧課程の共通の範囲から出題する。
- 新課程と旧課程の共通の内容を出題し，共通範囲のみでの出題が困難な場合は，旧課程の範囲からの問題を用意し，選択解答とする。

例えば，地歴の出題科目が次のように変わったとします。

旧課程	「日本史 B」「世界史 B」から１科目選択
新課程	「**歴史総合**，日本史探究」「**歴史総合**，世界史探究」から１科目選択※ ※旧課程履修者に不利益が生じることのないように配慮する。

「歴史総合」は新課程で新設された科目で，旧課程履修者には見慣れないものですが，上記のような経過措置がとられた場合，新課程入試でも旧課程と同様の学習内容で受験することができます。

要チェックだホン

新課程の情報は WEB もチェック！
より詳しい解説が赤本ウェブサイトで見られます。
https://akahon.net/shinkatei/

科目名が変更される教科・科目

	旧課程	新課程
国語	国語総合	現代の国語
	国語表現	言語文化
	現代文A	論理国語
	現代文B	文学国語
	古典A	国語表現
	古典B	古典探究
地歴	日本史A	歴史総合
	日本史B	日本史探究
	世界史A	世界史探究
	世界史B	地理総合
	地理A	地理探究
	地理B	
公民	現代社会	公共
	倫理	倫理
	政治・経済	政治・経済
数学	数学Ⅰ	数学Ⅰ
	数学Ⅱ	数学Ⅱ
	数学Ⅲ	数学Ⅲ
	数学A	数学A
	数学B	数学B
	数学活用	数学C
外国語	コミュニケーション英語基礎	英語コミュニケーションⅠ
	コミュニケーション英語Ⅰ	英語コミュニケーションⅡ
	コミュニケーション英語Ⅱ	英語コミュニケーションⅢ
	コミュニケーション英語Ⅲ	論理・表現Ⅰ
	英語表現Ⅰ	論理・表現Ⅱ
	英語表現Ⅱ	論理・表現Ⅲ
	英語会話	
情報	社会と情報	情報Ⅰ
	情報の科学	情報Ⅱ

目　次

解答用紙は，赤本オンラインに掲載しています。
https://akahon.net/kkm/rit/index.html

※掲載内容は，予告なしに変更・中止する場合があります。

UNIVERSITY GUIDE

大学情報

立命館大学

基本情報

沿革

1869（明治 2）	西園寺公望（学祖）が私塾「立命館」を創始
1900（明治 33）	中川小十郎が私立京都法政学校を創立
1903（明治 36）	専門学校令により私立京都法政専門学校となる
1904（明治 37）	私立京都法政大学と改称
1913（大正 2）	私立立命館大学と改称
1922（大正 11）	大学令による大学として発足。法学部を設置
1948（昭和 23）	新制大学発足（法・経済・文の 3 学部）
1949（昭和 24）	理工学部を設置
1962（昭和 37）	経営学部を設置
1965（昭和 40）	産業社会学部を設置 広小路キャンパスから衣笠キャンパスへの移転開始（1981 年まで）
1988（昭和 63）	国際関係学部を設置
1994（平成 6）	政策科学部を設置　びわこ・くさつキャンパス開設

2000（平成 12）	立命館創始 130 年・学園創立 100 周年 立命館アジア太平洋大学開学
2004（平成 16）	情報理工学部を設置
2007（平成 19）	映像学部を設置
2008（平成 20）	生命科学部・薬学部を設置
2010（平成 22）	スポーツ健康科学部を設置
2015（平成 27）	大阪いばらきキャンパス開設
2016（平成 28）	総合心理学部を設置
2018（平成 30）	食マネジメント学部を設置
2019（平成 31）	グローバル教養学部を設置

校章

1913（大正 2）年に学校の名を立命館大学と改称したのに伴って，「立命」の二文字を図案化した校章が制定されました。1935（昭和 10）年頃には「立命」の文字を金色とし，「大」の文字を銀色で表すものになりました。「立命」の文字に「大学」をあしらう現在の校章になったのは，1941（昭和 16）年頃のことだといわれています。

学部・学科の構成

大　学

●法学部　衣笠キャンパス

法学科（法政展開，司法特修，公務行政特修）

●産業社会学部　衣笠キャンパス

現代社会学科（現代社会専攻，メディア社会専攻，スポーツ社会専攻，子ども社会専攻，人間福祉専攻）

●国際関係学部　衣笠キャンパス

国際関係学科（国際関係学専攻〈国際秩序平和プログラム，国際協力開発プログラム，国際文化理解プログラム，国際公務プログラム〉，グローバル・スタディーズ専攻〈Governance and Peace Cluster, Development and Sustainability Cluster, Culture and Society Cluster〉）

アメリカン大学・立命館大学国際連携学科

●文学部　衣笠キャンパス

人文学科（人間研究学域〈哲学・倫理学専攻，教育人間学専攻〉，日本文学研究学域〈日本文学専攻，日本語情報学専攻〉，日本史研究学域〈日本史学専攻，考古学・文化遺産専攻〉，東アジア研究学域〈中国文学・思想専攻，東洋史学専攻，現代東アジア言語・文化専攻〉，国際文化学域〈英米文学専攻，ヨーロッパ・イスラーム史専攻，文化芸術専攻〉，地域研究学域〈地理学専攻，地域観光学専攻〉，国際コミュニケーション学域〈英語圏文化専攻，国際英語専攻〉，言語コミュニケーション学域〈コミュニケーション表現専攻，言語学・日本語教育専攻〉）

●経営学部　大阪いばらきキャンパス

国際経営学科

経営学科（組織コース，戦略コース，マーケティングコース，会計・ファイナンスコース）

●政策科学部　大阪いばらきキャンパス

政策科学科（政策科学専攻，Community and Regional Policy Studies専攻）

●総合心理学部　大阪いばらきキャンパス

総合心理学科

●グローバル教養学部　大阪いばらきキャンパス，オーストラリア国立大学

グローバル教養学科

●映像学部　大阪いばらきキャンパス

映像学科

●情報理工学部　大阪いばらきキャンパス

情報理工学科（システムアーキテクトコース，セキュリティ・ネットワークコース，社会システムデザインコース，実世界情報コース，メディア情報コース，知能情報コース，Information Systems Science and Engineering Course)

●経済学部 びわこ・くさつキャンパス

経済学科（国際専攻，経済専攻）

●スポーツ健康科学部 びわこ・くさつキャンパス

スポーツ健康科学科

●食マネジメント学部 びわこ・くさつキャンパス

食マネジメント学科

●理工学部 びわこ・くさつキャンパス

数理科学科（数学コース，データサイエンスコース）

物理科学科

電気電子工学科

電子情報工学科

機械工学科

ロボティクス学科

環境都市工学科（都市システム工学コース，環境システム工学コース）

建築都市デザイン学科

●生命科学部 びわこ・くさつキャンパス

応用化学科

生物工学科

生命情報学科

生命医科学科

●薬学部 びわこ・くさつキャンパス

薬学科［6年制］

創薬科学科［4年制］

（備考）学科・専攻・コース等に分属する年次はそれぞれで異なる。

大学院

法学研究科 / 社会学研究科 / 国際関係研究科 / 文学研究科 / 経営学研究科 / 政策科学研究科 / 人間科学研究科 / 映像研究科 / 情報理工学研究科 / 経済学研究科 / スポーツ健康科学研究科 / 食マネジメント研究科 / 理工学研究科 / 生命科学研究科 / 薬学研究科 / 言語教育情報研究科 / 先端総合学術研究科 / テクノロジー・マネジメント研究科 / 法務研究科（法科大学院）/ 教職研究科（教職大学院）/ 経営管理研究科（ビジネススクール）

大学所在地

衣笠キャンパス

びわこ・くさつキャンパス

大阪いばらきキャンパス

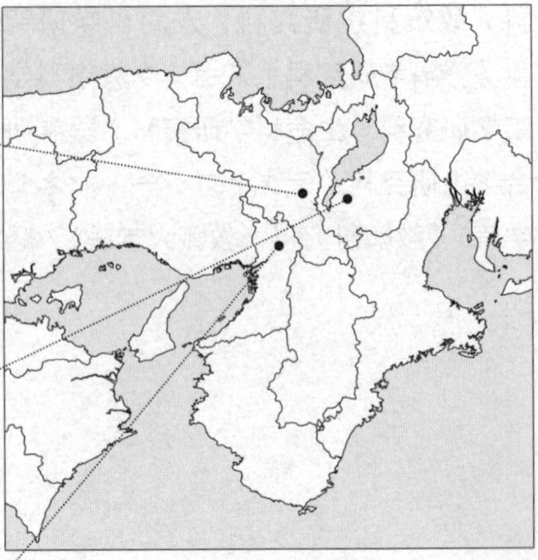

衣笠キャンパス 〒603-8577 京都市北区等持院北町 56-1

びわこ・くさつキャンパス 〒525-8577 滋賀県草津市野路東 1-1-1

大阪いばらきキャンパス 〒567-8570 大阪府茨木市岩倉町 2-150

入試データ

2024年度 一般選抜方式一覧

全学統一方式	文系学部は英語，国語，選択科目，理系学部は英語，数学，理科の合計点で判定される立命館大学のメイン入試。グローバル教養学部を除く全学部で実施。
学部個別配点方式	全学統一方式と同一の出題形式で，学部・学科・学域ごとに科目の指定や配点が異なる。グローバル教養学部を除く全学部で実施。 映像学部は文系型と理科１科目型を実施。 情報理工学部は理科１科目型を実施。 理工学部・生命科学部・薬学部は理科１科目型と理科２科目型を実施。
理系型３教科方式	総合心理学部・スポーツ健康科学部・食マネジメント学部で実施。全学統一方式（理系）と教科は同じだが，数学の出題範囲は「数学Ⅰ・Ⅱ・A・B」で実施。
薬学方式	薬学部で実施。全学統一方式（理系）と教科は同じだが，数学の出題範囲は「数学Ⅰ・Ⅱ・A・B」で実施。
IR方式 (英語資格試験利用型)	国際関係学部で実施。英語，国際関係に関する英文読解，英語外部資格試験（得点換算）による入試。
共通テスト方式	共通テストの得点のみで合否判定。個別試験は実施しない。グローバル教養学部を除く全学部で実施。 ７科目型，５教科型（薬学部除く），３教科型を実施。 後期型は，５教科型（薬学部除く），４教科型（薬学部除く），３教科型を実施。
共通テスト併用方式	大学独自の試験科目と共通テスト（各学部が指定する科目）の総合点で合否判定をする入試。グローバル教養学部・薬学部を除く全学部で実施。
後期分割方式	グローバル教養学部を除く全学部で３月に実施。２教科型入試（法学部・経済学部・スポーツ健康科学部は共通テスト併用の３教科型）。
経営学部で学ぶ感性 ＋共通テスト方式	経営学部経営学科で３月に実施。発想力，構想力，文章表現力等を通じ，「感性」を評価する入試。
共通テスト＋面接 ISSE方式	情報理工学部 Information Systems Science and Engineering Course で３月に実施。共通テストと面接（英語）の得点の合計点で合否判定をする入試。

(注) 2025年度入試については，要項等で必ずご確認ください。

入試状況（志願者数・競争率など）

2024 年度 一般選抜状況

○競争率は受験者数÷合格者数で算出。

○合格者数には，追加合格者を含む。

学部	学科/方式	方式/学科・専攻	2024年度				
			志願者数	受験者数	合格者数	競争率	最低点/配点(得点率%)
法学部	法学科 ［法政展開 司法特修 公務行政特修］	全学統一方式(文系)	2,600	2,514	954	2.6	209/320(65.3%)
		学部個別配点方式(文系型)	521	489	203	2.4	255/400(63.8%)
		共通テスト併用方式(3教科型)	443	409	142	2.9	305/400(76.3%)
		後期分割方式(共通テスト併用3教科型)	249	238	30	7.9	208/300(69.3%)
		共通テスト方式(7科目型)	916	915	584	1.6	640/900(71.1%)
		共通テスト方式(5教科型)	498	498	319	1.6	504/700(72.0%)
		共通テスト方式(3教科型)	715	713	255	2.8	473/600(78.8%)
		共通テスト方式(後期5教科型)	75	75	37	2.0	525/700(75.0%)
		共通テスト方式(後期4教科型)	63	63	35	1.8	456/600(76.0%)
		共通テスト方式(後期3教科型)	71	71	23	3.1	480/600(80.0%)
	学部合計		6,151	5,985	2,582	2.3	−
産業社会学部	現代社会学科 現代社会専攻	全学統一方式(文系)	1,879	1,834	640	2.9	200/320(62.5%)
		学部個別配点方式(文系型)	295	289	57	5.1	326/500(65.2%)
		共通テスト併用方式(3教科型)	532	506	153	3.3	294/400(73.5%)
		後期分割方式	301	282	15	18.8	142/220(64.5%)
		共通テスト方式(7科目型)	190	190	75	2.5	657/900(73.0%)
		共通テスト方式(5教科型)	126	126	46	2.7	525/700(75.0%)
		共通テスト方式(3教科型)	497	497	156	3.2	385/500(77.0%)
		共通テスト方式(後期5教科型)	19	19	8	2.4	535/700(76.4%)
		共通テスト方式(後期4教科型)	33	33	13	2.5	465/600(77.5%)
		共通テスト方式(後期3教科型)	69	69	27	2.6	392/500(78.4%)
		小計	3,941	3,845	1,190	3.2	−
	現代社会学科 メディア社会専攻	全学統一方式(文系)	956	939	315	3.0	202/320(63.1%)
		学部個別配点方式(文系型)	236	226	34	6.6	326/500(65.2%)
		共通テスト併用方式(3教科型)	436	417	127	3.3	294/400(73.5%)
		後期分割方式	123	117	7	16.7	144/220(65.5%)
		共通テスト方式(7科目型)	71	71	26	2.7	657/900(73.0%)
		共通テスト方式(5教科型)	45	45	14	3.2	525/700(75.0%)
		共通テスト方式(3教科型)	253	252	72	3.5	385/500(77.0%)
		共通テスト方式(後期5教科型)	11	11	4	2.8	535/700(76.4%)
		共通テスト方式(後期4教科型)	19	19	8	2.4	465/600(77.5%)
		共通テスト方式(後期3教科型)	21	21	11	1.9	392/500(78.4%)
		小計	2,171	2,118	618	3.4	−
	現代社会学科 スポーツ社会専攻	全学統一方式(文系)	348	346	102	3.4	193/320(60.3%)
		学部個別配点方式(文系型)	80	77	21	3.7	311/500(62.2%)
		共通テスト併用方式(3教科型)	146	141	100	1.4	260/400(65.0%)
		後期分割方式	168	156	3	52.0	143/220(65.0%)
		共通テスト方式(7科目型)	19	19	6	3.2	657/900(73.0%)
		共通テスト方式(5教科型)	25	25	4	6.3	525/700(75.0%)
		共通テスト方式(3教科型)	73	73	9	8.1	385/500(77.0%)
		共通テスト方式(後期5教科型)	1	1	0	−	535/700(76.4%)
		共通テスト方式(後期4教科型)	2	2	1	2.0	451/600(75.2%)
		共通テスト方式(後期3教科型)	9	9	1	9.0	379/500(75.8%)
		小計	871	849	247	3.4	−
	現代社会学科 子ども社会専攻	全学統一方式(文系)	164	159	64	2.5	194/320(60.6%)
		学部個別配点方式(文系型)	49	45	8	5.6	315/500(63.0%)
		共通テスト併用方式(3教科型)	84	80	38	2.1	272/400(68.0%)
		後期分割方式	13	13	2	6.5	123/220(55.9%)
		共通テスト方式(7科目型)	49	48	19	2.5	657/900(73.0%)
		共通テスト方式(5教科型)	28	28	9	3.1	525/700(75.0%)
		共通テスト方式(3教科型)	53	53	18	2.9	385/500(77.0%)
		共通テスト方式(後期5教科型)	3	3	2	1.5	535/700(76.4%)
		共通テスト方式(後期4教科型)	5	5	1	5.0	465/600(77.5%)
		共通テスト方式(後期3教科型)	12	12	3	4.0	392/500(78.4%)
		小計	460	446	164	2.7	−

（表つづく）

学部	学科/方式	方式/学科・専攻	2024年度				
			志願者数	受験者数	合格者数	競争率	最低点/配点(得点率%)
産業社会学部	現代社会学科 人間福祉専攻	全学統一方式(文系)	386	383	161	2.4	193/320(60.3%)
		学部個別配点方式(文系型)	79	78	25	3.1	304/500(60.8%)
		共通テスト併用方式(3教科型)	144	138	103	1.3	260/400(65.0%)
		後期分割方式	86	80	4	20.0	139/220(63.2%)
		共通テスト方式(7科目型)	25	24	11	2.2	657/900(73.0%)
		共通テスト方式(5教科型)	28	28	10	2.8	525/700(75.0%)
		共通テスト方式(3教科型)	78	77	29	2.7	385/500(77.0%)
		共通テスト方式(後期5教科型)	1	1	1	1.0	535/700(76.4%)
		共通テスト方式(後期4教科型)	4	4	0	–	465/600(77.5%)
		共通テスト方式(後期3教科型)	17	17	7	2.4	392/500(78.4%)
		小計	848	830	351	2.4	–
	学部合計		8,291	8,088	2,570	3.1	–
国際関係学部	国際関係学科 国際関係学専攻	全学統一方式(文系)	1,038	1,010	364	2.8	239/350(68.3%)
		学部個別配点方式(文系型)	110	106	38	2.8	199/300(66.3%)
		共通テスト併用方式(3教科型)	92	87	22	4.0	281/350(80.3%)
		IR方式(英語資格試験利用型)	256	250	77	3.2	224/300(74.7%)
		後期分割方式	151	134	5	26.8	161/220(73.2%)
		共通テスト方式(7科目型)	98	98	30	3.3	711/900(79.0%)
		共通テスト方式(5教科型)	82	82	30	2.7	571/700(81.6%)
		共通テスト方式(3教科型)	111	111	13	8.5	540/600(90.0%)
		共通テスト方式(後期5教科型)	13	13	2	6.5	586/700(83.7%)
		共通テスト方式(後期4教科型)	16	16	3	5.3	684/800(85.5%)
		共通テスト方式(後期3教科型)	26	26	3	8.7	544/600(90.7%)
		小計	1,993	1,933	587	3.3	–
	国際関係学科 グローバル・スタディーズ専攻	IR方式(英語資格試験利用型)	196	192	30	6.4	234/300(78.0%)
	学部合計		2,189	2,125	617	3.4	–

学部	学科・学域	方式	2024年度				
			志願者数	受験者数	合格者数	競争率	最低点/配点(得点率%)
文学部	人文学科 人間研究学域	全学統一方式(文系)	463	444	167	2.7	206/320(64.4%)
		学部個別配点方式(文系型)	117	110	39	2.8	244/400(61.0%)
		共通テスト併用方式(3教科型)	53	52	16	3.3	238/300(79.3%)
		後期分割方式	166	156	26	6.0	138/220(62.7%)
		共通テスト方式(7科目型)	76	76	35	2.2	688/900(76.4%)
		共通テスト方式(5教科型)	59	59	26	2.3	539/700(77.0%)
		共通テスト方式(3教科型)	114	113	33	3.4	502/600(83.7%)
		共通テスト方式(後期5教科型)	3	3	2	1.5	617/700(88.1%)
		共通テスト方式(後期4教科型)	3	3	2	1.5	489/600(81.5%)
		共通テスト方式(後期3教科型)	5	5	1	5.0	507/600(84.5%)
		小計	1,059	1,021	347	2.9	−
	人文学科 日本文学研究学域	全学統一方式(文系)	619	605	191	3.2	210/320(65.6%)
		学部個別配点方式(文系型)	185	179	60	3.0	260/400(65.0%)
		共通テスト併用方式(3教科型)	84	81	20	4.1	231/300(77.0%)
		後期分割方式	199	191	16	11.9	148/220(67.3%)
		共通テスト方式(7科目型)	99	99	36	2.8	693/900(77.0%)
		共通テスト方式(5教科型)	62	62	24	2.6	547/700(78.1%)
		共通テスト方式(3教科型)	157	157	32	4.9	494/600(82.3%)
		共通テスト方式(後期5教科型)	2	2	1	2.0	624/700(89.1%)
		共通テスト方式(後期4教科型)	4	4	1	4.0	473/600(78.8%)
		共通テスト方式(後期3教科型)	7	7	1	7.0	492/600(82.0%)
		小計	1,418	1,387	382	3.6	−
	人文学科 日本史研究学域	全学統一方式(文系)	890	869	277	3.1	215/320(67.2%)
		学部個別配点方式(文系型)	256	247	81	3.0	272/400(68.0%)
		共通テスト併用方式(3教科型)	121	119	30	4.0	234/300(78.0%)
		後期分割方式	91	86	8	10.8	143/220(65.0%)
		共通テスト方式(7科目型)	119	118	36	3.3	705/900(78.3%)
		共通テスト方式(5教科型)	87	87	26	3.3	560/700(80.0%)
		共通テスト方式(3教科型)	152	152	26	5.8	502/600(83.7%)
		共通テスト方式(後期5教科型)	6	6	2	3.0	600/700(85.7%)
		共通テスト方式(後期4教科型)	3	3	1	3.0	473/600(78.8%)
		共通テスト方式(後期3教科型)	9	9	3	3.0	519/600(86.5%)
		小計	1,734	1,696	490	3.5	−
	人文学科 東アジア研究学域	全学統一方式(文系)	218	214	98	2.2	204/320(63.8%)
		学部個別配点方式(文系型)	67	65	28	2.3	240/400(60.0%)
		共通テスト併用方式(3教科型)	53	49	16	3.1	234/300(78.0%)
		後期分割方式	84	78	9	8.7	142/220(64.5%)
		共通テスト方式(7科目型)	26	26	13	2.0	652/900(72.4%)
		共通テスト方式(5教科型)	28	28	16	1.8	530/700(75.7%)
		共通テスト方式(3教科型)	65	65	20	3.3	473/600(78.8%)
		共通テスト方式(後期5教科型)	2	2	2	1.0	486/700(69.4%)
		共通テスト方式(後期4教科型)	1	1	1	1.0	471/600(78.5%)
		共通テスト方式(後期3教科型)	2	2	2	1.0	437/600(72.8%)
		小計	546	530	205	2.6	−
	人文学科 国際文化学域	全学統一方式(文系)	774	757	316	2.4	226/350(64.6%)
		学部個別配点方式(文系型)	185	181	74	2.4	256/400(64.0%)
		共通テスト併用方式(3教科型)	88	86	31	2.8	233/300(77.7%)
		後期分割方式	247	228	16	14.3	154/220(70.0%)
		共通テスト方式(7科目型)	97	97	49	2.0	675/900(75.0%)
		共通テスト方式(5教科型)	117	117	53	2.2	542/700(77.4%)
		共通テスト方式(3教科型)	261	261	96	2.7	482/600(80.3%)
		共通テスト方式(後期5教科型)	6	6	1	6.0	594/700(84.9%)
		共通テスト方式(後期4教科型)	4	4	2	2.0	541/600(90.2%)
		共通テスト方式(後期3教科型)	4	4	1	4.0	478/600(79.7%)
		小計	1,783	1,741	639	2.7	−
	人文学科 地域研究学域	全学統一方式(文系)	418	411	130	3.2	208/320(65.0%)
		学部個別配点方式(文系型)	126	121	41	3.0	266/400(66.5%)
		共通テスト併用方式(3教科型)	54	51	18	2.8	232/300(77.3%)
		後期分割方式	194	184	8	23.0	147/220(66.8%)
		共通テスト方式(7科目型)	43	43	16	2.7	684/900(76.0%)
		共通テスト方式(5教科型)	39	39	10	3.9	541/700(77.3%)
		共通テスト方式(3教科型)	123	123	21	5.9	475/600(79.2%)
		共通テスト方式(後期5教科型)	4	4	1	4.0	544/700(77.7%)
		共通テスト方式(後期4教科型)	3	3	1	3.0	484/600(80.7%)
		共通テスト方式(後期3教科型)	7	7	1	7.0	487/600(81.2%)
		小計	1,011	986	247	4.0	−

(表つづく)

学部	学科・学域	方式	2024年度				
			志願者数	受験者数	合格者数	競争率	最低点/配点(得点率%)
文学部	人文学科 国際コミュニケーション学域	全学統一方式(文系)	556	544	254	2.1	218/350(62.3%)
		学部個別配点方式(文系型)	106	104	45	2.3	260/400(65.0%)
		共通テスト併用方式(3教科型)	60	57	25	2.3	225/300(75.0%)
		後期分割方式	191	180	6	30.0	161/220(73.2%)
		共通テスト方式(7科目型)	60	59	30	2.0	655/900(72.8%)
		共通テスト方式(5教科型)	79	79	43	1.8	529/700(75.6%)
		共通テスト方式(3教科型)	202	202	86	2.3	467/600(77.8%)
		共通テスト方式(後期5教科型)	10	10	2	5.0	577/700(82.4%)
		共通テスト方式(後期4教科型)	5	5	2	2.5	506/600(84.3%)
		共通テスト方式(後期3教科型)	6	6	2	3.0	498/600(83.0%)
		小計	1,275	1,246	495	2.5	−
	人文学科 言語コミュニケーション学域	全学統一方式(文系)	239	236	90	2.6	214/320(66.9%)
		学部個別配点方式(文系型)	56	55	21	2.6	257/400(64.3%)
		共通テスト併用方式(3教科型)	34	33	11	3.0	239/300(79.7%)
		後期分割方式	75	70	15	4.7	146/220(66.4%)
		共通テスト方式(7科目型)	31	31	20	1.6	697/900(77.4%)
		共通テスト方式(5教科型)	25	25	9	2.8	549/700(78.4%)
		共通テスト方式(3教科型)	57	57	15	3.8	480/600(80.0%)
		共通テスト方式(後期5教科型)	3	3	2	1.5	567/700(81.0%)
		共通テスト方式(後期4教科型)	1	1	1	1.0	493/600(82.2%)
		共通テスト方式(後期3教科型)	6	6	1	6.0	500/600(83.3%)
		小計	527	517	185	2.8	−
	学部合計		9,353	9,124	2,990	3.1	−

学部	学科・専攻	方式	2024年度				
			志願者数	受験者数	合格者数	競争率	最低点/配点(得点率%)
経営学部	国際経営学科	全学統一方式(文系)	1,619	1,560	244	6.4	224/320(70.0%)
		学部個別配点方式(文系型)	150	143	49	2.9	278/400(69.5%)
		共通テスト併用方式(3教科型)	180	167	18	9.3	240/300(80.0%)
		後期分割方式	58	53	5	10.6	159/220(72.3%)
		共通テスト方式(7科目型)	336	336	72	4.7	684/900(76.0%)
		共通テスト方式(5教科型)	191	191	38	5.0	546/700(78.0%)
		共通テスト方式(後期5教科型)	22	22	2	11.0	586/700(83.7%)
		小計	2,556	2,472	428	5.8	−
	経営学科	全学統一方式(文系)	4,259	4,145	741	5.6	223/320(69.7%)
		学部個別配点方式(文系型)	727	709	144	4.9	251/370(67.8%)
		共通テスト併用方式(3教科型)	497	477	52	9.2	243/300(81.0%)
		後期分割方式	234	213	5	42.6	158/220(71.8%)
		「経営学部で学ぶ感性＋共通テスト」方式	328	307	34	9.0	52/100(52.0%)
		共通テスト方式(7科目型)	1,603	1,601	412	3.9	689/900(76.6%)
		共通テスト方式(5教科型)	784	784	172	4.6	546/700(78.0%)
		共通テスト方式(3教科型)	530	529	60	8.8	510/600(85.0%)
		共通テスト方式(後期5教科型)	16	16	3	5.3	578/700(82.6%)
		共通テスト方式(後期4教科型)	30	30	3	10.0	516/600(86.0%)
		共通テスト方式(後期3教科型)	21	21	2	10.5	553/600(92.2%)
		小計	9,029	8,832	1,628	5.4	−
	学部合計		11,585	11,304	2,056	5.5	−
政策科学部	政策科学科 政策科学専攻	全学統一方式(文系)	2,447	2,411	639	3.8	209/320(65.3%)
		学部個別配点方式(文系型)	393	380	85	4.5	226/350(64.6%)
		共通テスト併用方式(3教科型)	373	355	52	6.8	235/300(78.3%)
		後期分割方式	241	226	14	16.1	143/220(65.0%)
		共通テスト方式(7科目型)	168	168	77	2.2	670/900(74.4%)
		共通テスト方式(5教科型)	143	143	51	2.8	545/700(77.9%)
		共通テスト方式(3教科型)	514	514	140	3.7	470/600(78.3%)
		共通テスト方式(後期5教科型)	18	18	1	18.0	599/700(85.6%)
		共通テスト方式(後期4教科型)	41	41	3	13.7	502/600(83.7%)
		共通テスト方式(後期3教科型)	16	16	1	16.0	526/600(87.7%)
	学部合計		4,354	4,272	1,063	4.0	−
総合心理学部	総合心理学科	全学統一方式(文系)	1,572	1,537	387	4.0	220/320(68.8%)
		学部個別配点方式(文系型)	324	314	89	3.5	271/400(67.8%)
		理系型3教科方式	146	143	61	2.3	262/400(65.5%)
		共通テスト併用方式(3教科型)	215	206	35	5.9	240/300(80.0%)
		後期分割方式	277	269	10	26.9	157/220(71.4%)
		共通テスト方式(7科目型)	263	261	108	2.4	692/900(76.9%)
		共通テスト方式(5教科型)	131	130	44	3.0	560/700(80.0%)
		共通テスト方式(3教科型)	291	291	64	4.5	499/600(83.2%)
		共通テスト方式(後期5教科型)	7	7	1	7.0	580/700(82.9%)
		共通テスト方式(後期4教科型)	14	14	5	2.8	513/600(85.5%)
		共通テスト方式(後期3教科型)	14	14	2	7.0	530/600(88.3%)
	学部合計		3,254	3,186	806	4.0	−
映像学部	映像学科	全学統一方式(文系)	1,074	1,035	306	3.4	205/320(64.1%)
		学部個別配点方式(文系型)	227	221	80	2.8	206/350(58.9%)
		学部個別配点方式(理科1科目型)	127	119	52	2.3	222/400(55.5%)
		共通テスト併用方式(3教科型)	214	210	85	2.5	213/300(71.0%)
		後期分割方式	87	81	3	27.0	146/220(66.4%)
		共通テスト方式(7科目型)	105	104	21	5.0	624/800(78.0%)
		共通テスト方式(5教科型)	131	131	61	2.1	423/600(70.5%)
		共通テスト方式(3教科型)	225	223	53	4.2	481/600(80.2%)
		共通テスト方式(後期5教科型)	1	1	0	−	410/600(68.3%)
		共通テスト方式(後期4教科型)	2	2	0	−	577/800(72.1%)
		共通テスト方式(後期3教科型)	11	11	1	11.0	530/600(88.3%)
	学部合計		2,204	2,138	662	3.2	−
経済学部	経済学科 国際専攻	全学統一方式(文系)	997	968	314	3.1	200/320(62.5%)
		共通テスト併用方式(5教科型)	82	77	20	3.9	285/400(71.3%)
		後期分割方式(共通テスト併用3教科型)	320	297	15	19.8	215/300(71.7%)
		小計	1,399	1,342	349	3.8	−
	経済学科 経済専攻	全学統一方式(文系)	3,179	3,098	1,128	2.7	197/320(61.6%)
		学部個別配点方式(文系型)	347	311	115	2.7	185/350(52.9%)
		共通テスト併用方式(5教科型)	247	232	74	3.1	282/400(70.5%)
		後期分割方式(共通テスト併用3教科型)	555	511	37	13.8	213/300(71.0%)
		共通テスト方式(7科目型)	1,750	1,745	1,024	1.7	609/900(67.7%)
		共通テスト方式(5教科型)	420	420	176	2.4	706/1000(70.6%)
		共通テスト方式(3教科型)	1,463	1,460	624	2.3	435/600(72.5%)
		共通テスト方式(後期5教科型)	89	89	35	2.5	743/1000(74.3%)
		共通テスト方式(後期4教科型)	154	154	35	4.4	451/600(75.2%)
		共通テスト方式(後期3教科型)	142	142	17	8.4	505/600(84.2%)
		小計	8,346	8,162	3,265	2.5	−
	学部合計		9,745	9,504	3,614	2.6	−

（表つづく）

学部	学科・専攻	方式	2024年度				
			志願者数	受験者数	合格者数	競争率	最低点/配点(得点率%)
スポーツ健康科学部	スポーツ健康科学科	全学統一方式(文系)	1,142	1,116	345	3.2	190/320(59.4%)
		学部個別配点方式(文系型)	166	160	34	4.7	236/400(59.0%)
		理系型3教科方式	120	117	33	3.5	242/400(60.5%)
		共通テスト併用方式(3教科型)	249	241	66	3.7	213/300(71.0%)
		後期分割方式(共通テスト併用3教科型)	111	106	11	9.6	193/300(64.3%)
		共通テスト方式(7科目型)	114	113	40	2.8	635/900(70.6%)
		共通テスト方式(5教科型)	135	133	39	3.4	510/700(72.9%)
		共通テスト方式(3教科型)	294	294	72	4.1	450/600(75.0%)
		共通テスト方式(後期5教科型)	11	11	7	1.6	512/700(73.1%)
		共通テスト方式(後期4教科型)	19	19	10	1.9	446/600(74.3%)
		共通テスト方式(後期3教科型)	25	25	12	2.1	450/600(75.0%)
	学部合計		2,386	2,335	669	3.5	–
食マネジメント学部	食マネジメント学科	全学統一方式(文系)	876	856	281	3.0	193/320(60.3%)
		学部個別配点方式(文系型)	262	258	107	2.4	229/400(57.3%)
		理系型3教科方式	172	166	57	2.9	203/320(63.4%)
		共通テスト併用方式(3教科型)	460	446	121	3.7	212/300(70.7%)
		後期分割方式	144	138	40	3.5	107/200(53.5%)
		共通テスト方式(7科目型)	156	156	86	1.8	629/900(69.9%)
		共通テスト方式(5教科型)	128	128	67	1.9	486/700(69.4%)
		共通テスト方式(3教科型)	261	261	90	2.9	446/600(74.3%)
		共通テスト方式(後期5教科型)	10	10	6	1.7	511/700(73.0%)
		共通テスト方式(後期4教科型)	8	8	5	1.6	420/600(70.0%)
		共通テスト方式(後期3教科型)	27	27	15	1.8	447/600(74.5%)
	学部合計		2,504	2,454	875	2.8	–

学部	学科	方式	2024年度				
			志願者数	受験者数	合格者数	競争率	最低点/配点(得点率%)
理工学部	数理科学科 数学コース	全学統一方式(理系)	276	264	77	3.4	193/300(64.3%)
		学部個別配点方式(理科1科目型)	128	122	41	3.0	237/400(59.3%)
		学部個別配点方式(理科2科目型)	28	27	8	3.4	343/450(76.2%)
		共通テスト併用方式(数学重視型)	24	24	11	2.2	289/400(72.3%)
		後期分割方式	53	48	2	24.0	160/200(80.0%)
		共通テスト方式(7科目型)	59	58	28	2.1	630/800(78.8%)
		共通テスト方式(5教科型)	41	41	16	2.6	554/700(79.1%)
		共通テスト方式(3教科型)	96	96	44	2.2	403/500(80.6%)
		共通テスト方式(後期5教科型)	4	4	2	2.0	563/700(80.4%)
		共通テスト方式(後期4教科型)	7	7	3	2.3	386/500(77.2%)
		共通テスト方式(後期3教科型)	7	7	3	2.3	445/500(89.0%)
		小計	723	698	235	3.0	−
	数理科学科 データサイエンスコース	全学統一方式(理系)	245	232	88	2.6	176/300(58.7%)
		学部個別配点方式(理科1科目型)	108	104	46	2.3	208/400(52.0%)
		学部個別配点方式(理科2科目型)	14	14	8	1.8	322/450(71.6%)
		共通テスト併用方式(数学重視型)	22	22	11	2.0	280/400(70.0%)
		後期分割方式	58	52	3	17.3	144/200(72.0%)
		共通テスト方式(7科目型)	46	44	22	2.0	602/800(75.3%)
		共通テスト方式(5教科型)	67	67	26	2.6	523/700(74.7%)
		共通テスト方式(3教科型)	74	74	33	2.2	385/500(77.0%)
		共通テスト方式(後期5教科型)	7	7	3	2.3	539/700(77.0%)
		共通テスト方式(後期4教科型)	8	8	2	4.0	382/500(76.4%)
		共通テスト方式(後期3教科型)	10	10	3	3.3	416/500(83.2%)
		小計	659	634	245	2.6	−
	物理科学科	全学統一方式(理系)	462	447	263	1.7	170/300(56.7%)
		学部個別配点方式(理科1科目型)	194	181	120	1.5	226/400(56.5%)
		学部個別配点方式(理科2科目型)	57	53	37	1.4	277/450(61.6%)
		共通テスト併用方式(数学重視型)	57	55	29	1.9	269/400(67.3%)
		後期分割方式	61	55	5	11.0	142/200(71.0%)
		共通テスト方式(7科目型)	179	179	121	1.5	604/800(75.5%)
		共通テスト方式(5教科型)	141	141	82	1.7	533/700(76.1%)
		共通テスト方式(3教科型)	183	182	101	1.8	394/500(78.8%)
		共通テスト方式(後期5教科型)	9	9	5	1.8	590/700(84.3%)
		共通テスト方式(後期4教科型)	3	3	2	1.5	393/500(78.6%)
		共通テスト方式(後期3教科型)	15	15	4	3.8	436/500(87.2%)
		小計	1,361	1,320	769	1.7	−
	電気電子工学科	全学統一方式(理系)	1,203	1,150	585	2.0	160/300(53.3%)
		学部個別配点方式(理科1科目型)	378	344	185	1.9	209/400(52.3%)
		学部個別配点方式(理科2科目型)	84	80	41	2.0	289/450(64.2%)
		共通テスト併用方式(数学重視型)	125	121	57	2.1	264/400(66.0%)
		後期分割方式	203	187	62	3.0	118/200(59.0%)
		共通テスト方式(7科目型)	530	527	304	1.7	576/800(72.0%)
		共通テスト方式(5教科型)	275	275	112	2.5	519/700(74.1%)
		共通テスト方式(3教科型)	330	330	138	2.4	378/500(75.6%)
		共通テスト方式(後期5教科型)	18	18	7	2.6	552/700(78.9%)
		共通テスト方式(後期4教科型)	8	8	3	2.7	375/500(75.0%)
		共通テスト方式(後期3教科型)	21	21	6	3.5	417/500(83.4%)
		小計	3,175	3,061	1,500	2.0	−
	電子情報工学科	全学統一方式(理系)	974	928	337	2.8	175/300(58.3%)
		学部個別配点方式(理科1科目型)	295	264	86	3.1	247/400(61.8%)
		学部個別配点方式(理科2科目型)	81	77	38	2.0	303/450(67.3%)
		共通テスト併用方式(数学重視型)	66	64	27	2.4	282/400(70.5%)
		後期分割方式	166	155	5	31.0	159/200(79.5%)
		共通テスト方式(7科目型)	177	177	78	2.3	622/800(77.8%)
		共通テスト方式(5教科型)	91	91	25	3.6	552/700(78.9%)
		共通テスト方式(3教科型)	145	145	54	2.7	401/500(80.2%)
		共通テスト方式(後期5教科型)	19	19	8	2.4	563/700(80.4%)
		共通テスト方式(後期4教科型)	12	12	3	4.0	388/500(77.6%)
		共通テスト方式(後期3教科型)	19	19	4	4.8	441/500(88.2%)
		小計	2,045	1,951	665	2.9	−
	機械工学科	全学統一方式(理系)	1,346	1,304	637	2.0	166/300(55.3%)
		学部個別配点方式(理科1科目型)	413	395	184	2.1	222/400(55.5%)
		学部個別配点方式(理科2科目型)	96	93	32	2.9	333/450(74.0%)
		共通テスト併用方式(数学重視型)	127	119	55	2.2	262/400(65.5%)
		後期分割方式	138	116	47	2.5	101/200(50.5%)
		共通テスト方式(7科目型)	322	322	176	1.8	599/800(74.9%)
		共通テスト方式(5教科型)	258	258	111	2.3	541/700(77.3%)
		共通テスト方式(3教科型)	364	364	167	2.2	385/500(77.0%)
		共通テスト方式(後期5教科型)	13	13	5	2.6	575/700(82.1%)
		共通テスト方式(後期4教科型)	13	13	4	3.3	374/500(74.8%)
		共通テスト方式(後期3教科型)	24	24	5	4.8	435/500(87.0%)
		小計	3,114	3,021	1,423	2.1	−

(表つづく)

学部	学科	方式	2024年度				
			志願者数	受験者数	合格者数	競争率	最低点/配点(得点率%)
理工学部	ロボティクス学科	全学統一方式(理系)	921	888	382	2.3	168/300(56.0%)
		学部個別配点方式(理科1科目型)	301	287	130	2.2	218/400(54.5%)
		学部個別配点方式(理科2科目型)	47	46	19	2.4	327/450(72.7%)
		共通テスト併用方式(数学重視型)	38	37	18	2.1	255/400(63.8%)
		後期分割方式	124	107	5	21.4	133/200(66.5%)
		共通テスト方式(7科目型)	87	87	42	2.1	610/800(76.3%)
		共通テスト方式(5教科型)	102	102	37	2.8	529/700(75.6%)
		共通テスト方式(3教科型)	132	132	48	2.8	383/500(76.6%)
		共通テスト方式(後期5教科型)	13	13	5	2.6	541/700(77.3%)
		共通テスト方式(後期4教科型)	22	22	7	3.1	373/500(74.6%)
		共通テスト方式(後期3教科型)	23	23	5	4.6	409/500(81.8%)
		小計	1,810	1,744	698	2.5	−
	環境都市工学科	全学統一方式(理系)	894	862	473	1.8	163/300(54.3%)
		学部個別配点方式(理科1科目型)	343	329	149	2.2	205/400(51.3%)
		学部個別配点方式(理科2科目型)	66	62	31	2.0	297/450(66.0%)
		共通テスト併用方式(数学重視型)	55	52	20	2.6	271/400(67.8%)
		後期分割方式	72	64	8	8.0	118/200(59.0%)
		共通テスト方式(7科目型)	206	206	128	1.6	583/800(72.9%)
		共通テスト方式(5教科型)	258	258	102	2.5	520/700(74.3%)
		共通テスト方式(3教科型)	195	195	79	2.5	383/500(76.6%)
		共通テスト方式(後期5教科型)	8	8	3	2.7	519/700(74.1%)
		共通テスト方式(後期4教科型)	11	11	3	3.7	380/500(76.0%)
		共通テスト方式(後期3教科型)	11	11	4	2.8	415/500(83.0%)
		小計	2,119	2,058	1,000	2.1	−
	建築都市デザイン学科	全学統一方式(理系)	928	897	233	3.8	196/300(65.3%)
		学部個別配点方式(理科1科目型)	294	281	68	4.1	257/400(64.3%)
		学部個別配点方式(理科2科目型)	61	56	19	2.9	338/450(75.1%)
		共通テスト併用方式(数学重視型)	102	93	24	3.9	294/400(73.5%)
		後期分割方式	79	72	5	14.4	142/200(71.0%)
		共通テスト方式(7科目型)	225	225	73	3.1	640/800(80.0%)
		共通テスト方式(5教科型)	174	174	39	4.5	563/700(80.4%)
		共通テスト方式(3教科型)	199	199	53	3.8	412/500(82.4%)
		共通テスト方式(後期5教科型)	12	12	3	4.0	563/700(80.4%)
		共通テスト方式(後期4教科型)	10	10	3	3.3	392/500(78.4%)
		共通テスト方式(後期3教科型)	9	9	3	3.0	433/500(86.6%)
		小計	2,093	2,028	523	3.9	−
	学部合計		17,099	16,515	7,058	2.3	−

学部	学科	方式	2024年度				
			志願者数	受験者数	合格者数	競争率	最低点/配点(得点率%)
情報理工学部	情報理工学科	全学統一方式(理系)	2,865	2,774	710	3.9	192/300(64.0%)
		学部個別配点方式(理科1科目型)	827	777	94	8.3	287/400(71.8%)
		共通テスト併用方式(情報理工学部型)	739	703	82	8.6	290/400(72.5%)
		「共通テスト＋面接」ISSE方式	3	3	1	3.0	345/400(86.3%)
		後期分割方式	293	265	53	5.0	129/200(64.5%)
		共通テスト方式(7科目型)	904	901	384	2.3	698/900(77.6%)
		共通テスト方式(5教科型)	514	514	148	3.5	632/800(79.0%)
		共通テスト方式(3教科型)	581	580	142	4.1	482/600(80.3%)
		共通テスト方式(後期5教科型)	51	51	4	12.8	710/800(88.8%)
		共通テスト方式(後期4教科型)	33	33	1	33.0	549/600(91.5%)
		共通テスト方式(後期3教科型)	24	24	1	24.0	564/600(94.0%)
	学部合計		6,834	6,625	1,620	4.1	－
生命科学部	応用化学科	全学統一方式(理系)	1,086	1,057	533	2.0	168/300(56.0%)
		学部個別配点方式(理科1科目型)	249	239	92	2.6	217/350(62.0%)
		学部個別配点方式(理科2科目型)	160	153	97	1.6	249/400(62.3%)
		共通テスト併用方式(数学重視型)	117	111	52	2.1	282/400(70.5%)
		後期分割方式	163	146	23	6.3	124/200(62.0%)
		共通テスト方式(7科目型)	466	465	212	2.2	682/900(75.8%)
		共通テスト方式(5教科型)	165	165	70	2.4	612/800(76.5%)
		共通テスト方式(3教科型)	166	166	46	3.6	404/500(80.8%)
		共通テスト方式(後期5教科型)	12	12	9	1.3	612/800(76.5%)
		共通テスト方式(後期4教科型)	5	5	1	5.0	394/500(78.8%)
		共通テスト方式(後期3教科型)	10	10	3	3.3	412/500(82.4%)
		小計	2,599	2,529	1,138	2.2	－
	生物工学科	全学統一方式(理系)	763	732	375	2.0	165/300(55.0%)
		学部個別配点方式(理科1科目型)	188	183	66	2.8	211/350(60.3%)
		学部個別配点方式(理科2科目型)	112	108	72	1.5	242/400(60.5%)
		共通テスト併用方式(数学重視型)	80	77	37	2.1	269/400(67.3%)
		後期分割方式	136	118	6	19.7	124/200(62.0%)
		共通テスト方式(7科目型)	344	344	143	2.4	672/900(74.7%)
		共通テスト方式(5教科型)	172	172	61	2.8	605/800(75.6%)
		共通テスト方式(3教科型)	115	115	24	4.8	398/500(79.6%)
		共通テスト方式(後期5教科型)	16	16	9	1.8	605/800(75.6%)
		共通テスト方式(後期4教科型)	3	3	1	3.0	388/500(77.6%)
		共通テスト方式(後期3教科型)	9	9	4	2.3	408/500(81.6%)
		小計	1,938	1,877	798	2.4	－
	生命情報学科	全学統一方式(理系)	638	613	315	1.9	161/300(53.7%)
		学部個別配点方式(理科1科目型)	182	173	60	2.9	210/350(60.0%)
		学部個別配点方式(理科2科目型)	71	68	45	1.5	237/400(59.3%)
		共通テスト併用方式(数学重視型)	97	90	47	1.9	264/400(66.0%)
		後期分割方式	99	93	19	4.9	117/200(58.5%)
		共通テスト方式(7科目型)	199	197	84	2.3	673/900(74.8%)
		共通テスト方式(5教科型)	89	89	29	3.1	606/800(75.8%)
		共通テスト方式(3教科型)	90	90	19	4.7	399/500(79.8%)
		共通テスト方式(後期5教科型)	19	19	10	1.9	606/800(75.8%)
		共通テスト方式(後期4教科型)	7	7	0	－	389/500(77.8%)
		共通テスト方式(後期3教科型)	10	10	3	3.3	409/500(81.8%)
		小計	1,501	1,449	631	2.3	－
	生命医科学科	全学統一方式(理系)	618	596	278	2.1	170/300(56.7%)
		学部個別配点方式(理科1科目型)	150	148	38	3.9	217/350(62.0%)
		学部個別配点方式(理科2科目型)	60	59	39	1.5	249/400(62.3%)
		共通テスト併用方式(数学重視型)	72	69	29	2.4	282/400(70.5%)
		後期分割方式	97	80	13	6.2	119/200(59.5%)
		共通テスト方式(7科目型)	279	278	129	2.2	681/900(75.7%)
		共通テスト方式(5教科型)	119	119	44	2.7	613/800(76.6%)
		共通テスト方式(3教科型)	94	93	27	3.4	405/500(81.0%)
		共通テスト方式(後期5教科型)	18	18	13	1.4	613/800(76.6%)
		共通テスト方式(後期4教科型)	7	7	2	3.5	395/500(79.0%)
		共通テスト方式(後期3教科型)	12	12	2	6.0	415/500(83.0%)
		小計	1,526	1,479	614	2.4	－
	学部合計		7,564	7,334	3,181	2.3	－
薬学部	薬学科	薬学方式	494	476	223	2.1	192/300(64.0%)
		全学統一方式(理系)	228	222	121	1.8	191/300(63.7%)
		学部個別配点方式(理科1科目型)	86	75	23	3.3	239/350(68.3%)
		学部個別配点方式(理科2科目型)	73	65	35	1.9	273/400(68.3%)
		後期分割方式	86	76	5	15.2	155/200(77.5%)
		共通テスト方式(7科目型)	312	311	142	2.2	700/900(77.8%)
		共通テスト方式(3教科型)	165	165	53	3.1	406/500(81.2%)
		共通テスト方式(後期3教科型)	23	23	9	2.6	420/500(84.0%)
		小計	1,467	1,413	611	2.3	－
	創薬科学科	薬学方式	328	315	156	2.0	182/300(60.7%)
		全学統一方式(理系)	161	159	98	1.6	178/300(59.3%)
		学部個別配点方式(理科1科目型)	26	25	11	2.3	225/350(64.3%)
		学部個別配点方式(理科2科目型)	24	22	13	1.7	258/400(64.5%)
		後期分割方式	34	34	10	3.4	108/200(54.0%)
		共通テスト方式(7科目型)	135	135	65	2.1	683/900(75.9%)
		共通テスト方式(3教科型)	83	83	34	2.4	387/500(77.4%)
		共通テスト方式(後期3教科型)	8	8	3	2.7	377/500(75.4%)
		小計	799	781	390	2.0	－
	学部合計		2,266	2,194	1,001	2.2	－

募集要項の入手方法

一般選抜はすべてインターネット出願となっています。詳細は大学ホームページでご確認ください。

問い合わせ先

立命館大学　入学センター
〒603-8577　京都市北区等持院北町 56-1
TEL 075-465-8351
(問い合わせ時間)
9：00〜17：30（大学休業日を除く月〜金曜日）
ホームページ　https://ritsnet.ritsumei.jp

合格体験記 募集

2025 年春に入学される方を対象に，本大学の「合格体験記」を募集します。お寄せいただいた合格体験記は，編集部で選考の上，小社刊行物やウェブサイト等に掲載いたします。お寄せいただいた方には小社規定の謝礼を進呈いたしますので，ふるってご応募ください。

応募方法

下記 URL または QR コードより応募サイトにアクセスできます。
ウェブフォームに必要事項をご記入の上，ご応募ください。
折り返し執筆要領をメールにてお送りします。

※入学が決まっている一大学のみ応募できます。

☞ http://akahon.net/exp/

応募の締め切り

総合型選抜・学校推薦型選抜	2025年 2 月 23日
私立大学の一般選抜	2025年 3 月 10日
国公立大学の一般選抜	2025年 3 月 24日

受験にまつわる川柳を募集します。
入選者には賞品を進呈！
ふるってご応募ください。

応募方法　http://akahon.net/senryu/　にアクセス！☞

UNIVERSITY GUIDE

大学情報

立命館アジア太平洋大学

基本情報

沿革

2000（平成 12）	立命館アジア太平洋大学開学（アジア太平洋学部・アジア太平洋マネジメント学部）
2009（平成 21）	アジア太平洋マネジメント学部を国際経営学部に名称変更
2016（平成 28）	国際経営学部が国際認証「AACSB」取得
2018（平成 30）	アジア太平洋学部が国連世界観光機関（UNWTO）の観光教育認証「TedQual」取得
2020（令和　2）	経営管理研究科（GSM）が国際認証「AMBA」取得
2022（令和　4）	国際学生の出身国・地域が 100 を超える
2023（令和　5）	サステイナビリティ観光学部開設

シンボルロゴ

●シンボルマーク

海を越えた若々しい生命の連帯を象徴する 3 つの波形に，知力と活力を表現する高品位でダイナミックな書体を融合したデザインです。

●タグライン

数多くの国・地域から集う若者が，APU のキャンパスで互いに切磋琢磨し，個としての自分を探求，発見し，新たな世界を切り開く。そんないきいきとした学生の姿を「Shape your world」は表現しています。

Shape your world
APU
Ritsumeikan
Asia Pacific University

学部・学科の構成

大　学

●アジア太平洋学部（APS）

文化・社会・メディア分野
国際関係分野
グローバル経済分野

●国際経営学部（APM）

経営戦略・リーダーシップ分野
マーケティング分野
会計・ファイナンス分野
アントレプレナーシップ・オペレーションマネジメント分野

●サステイナビリティ観光学部（ST）

環境学分野
資源マネジメント分野
国際開発分野
地域づくり分野
社会起業分野
データサイエンスと情報システム分野
観光学分野

ホスピタリティ産業分野

観光産業分野

大学院

アジア太平洋研究科 / 経営管理研究科

大学所在地

立命館アジア太平洋大学

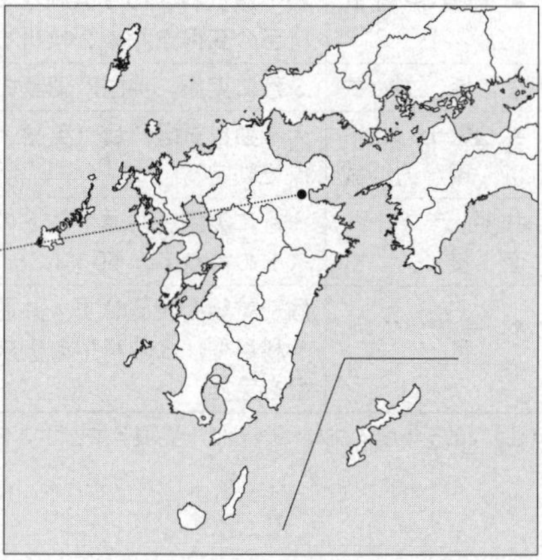

〒874-8577　大分県別府市十文字原 1-1

入試データ

2024 年度　一般選抜方式一覧

前期方式［スタンダード3教科型］	3 教科で総合的に評価する，APU のスタンダード入試。出題教科は英語，国語，選択科目（公民，地理歴史，数学）。
英語重視方式	前期方式と同一の出題形式で，英語力が活かせる方式。英語・国語・選択科目の 3 教科を受験し，「英語の得点」+「国語または選択科目の高得点」の 2 教科で判定。
後期方式	3 月に実施。英語，国語の 2 教科で実施。
共通テスト併用方式	大学独自試験科目（英語・国語）と共通テスト高得点 1 科目の合計点で判定。
共通テスト+面接方式	3 月に実施。共通テストの得点と面接により総合的に評価。共通テストの得点率が 60％以上であることが合格の条件。
共通テスト方式	個別試験を実施せず，共通テストの得点のみで合否判定。7 科目型，5 科目型，3 教科型を実施。後期型は 5 科目型，4 科目型，3 教科型を実施。

（注）2025 年度入試については，要項等で必ずご確認ください。

入試状況（志願者数・競争率など）

2024年度 一般選抜状況

○競争率は受験者数÷合格者数で算出。

○2024年4月入学の結果であり，2023年9月入学の結果は含まない。

●アジア太平洋学部

（　）内は女子内数

区分	入試方式		募集人数	志願者数	受験者数	合格者数	競争率	満点	合格最低点
独自試験	前期方式		35	128(72)	112(66)	40(19)	2.8	320	197
	英語重視方式		20	97(56)	88(51)	58(35)	1.5	250	165
	後期方式		8	63(23)	62(23)	7(3)	8.9	220	139
共通テスト利用	共通テスト併用方式		20	68(46)	66(45)	52(35)	1.3	300	196
	共通テスト方式	3教科型	35	127(75)	127(75)	88(54)	1.4	500	369
		5科目型		22(14)	22(14)	13(9)	1.7	1,000	715
		7科目型		20(10)	20(10)	17(9)	1.2	900	619
	共通テスト＋面接		2	4(2)	4(2)	3(2)	1.3	400	286
	共通テスト方式後期型	4科目型	5	4(3)	4(3)	3(2)	1.3	800	522
		3教科型		18(11)	18(11)	7(6)	2.6	500	384
		5科目型		4(1)	4(1)	3(0)	1.3	1,000	724

●国際経営学部

（　）内は女子内数

区分	入試方式		募集人数	志願者数	受験者数	合格者数	競争率	満点	合格最低点
独自試験	前期方式		25	166(41)	157(37)	47(15)	3.3	320	199
	英語重視方式		15	79(26)	77(26)	42(15)	1.8	250	167
	後期方式		8	72(19)	69(18)	2(2)	34.5	220	145
共通テスト利用	共通テスト併用方式		15	81(21)	77(21)	31(13)	2.5	300	214
	共通テスト方式	3教科型	30	109(42)	109(42)	61(27)	1.8	500	354
		5科目型		30(13)	30(13)	14(7)	2.1	1,000	688
		7科目型		26(10)	26(10)	19(6)	1.4	900	616
	共通テスト＋面接		2	3(1)	2(1)	1(1)	2.0	400	287
	共通テスト方式後期型	4科目型	5	7(4)	7(4)	2(2)	3.5	800	636
		3教科型		13(4)	13(4)	2(1)	6.5	500	404
		5科目型		3(0)	3(0)	1(0)	3.0	1,000	745

●サステイナビリティ観光学部

（　）内は女子内数

区分	入試方式		募集人数	志願者数	受験者数	合格者数	競争率	満点	合格最低点
独自試験	前期方式		20	170(60)	159(57)	47(15)	3.4	320	180
	英語重視方式		10	66(33)	57(30)	42(25)	1.4	250	153
	後期方式		8	84(26)	80(24)	14(6)	5.7	220	121
共通テスト利用	共通テスト併用方式		10	96(43)	91(40)	46(24)	2.0	300	191
	共通テスト方式	3教科型	30	132(67)	132(67)	80(40)	1.7	500	327
		5科目型		29(16)	29(16)	23(14)	1.3	1,000	627
		7科目型		21(11)	21(11)	15(9)	1.4	900	557
	共通テスト＋面接		2	4(3)	4(3)	2(1)	2.0	400	266
	共通テスト方式後期型	4科目型	5	7(3)	7(3)	3(1)	2.3	800	539
		3教科型		20(8)	20(8)	10(6)	2.0	500	328
		5科目型		3(1)	3(1)	3(1)	1.0	1,000	604

募集要項の入手方法

インターネット出願となっています。詳細は大学ホームページでご確認ください。

問い合わせ先

立命館アジア太平洋大学　アドミッションズ・オフィス
〒874-8577　大分県別府市十文字原 1-1
TEL　0977-78-1120
（問い合わせ時間）　9：00～17：30（土・日・祝除く）
ホームページ　https://www.apumate.net/

気になること、聞いてみました！

在学生メッセージ

大学ってどんなところ？ 大学生活ってどんな感じ？
ちょっと気になることを，在学生に聞いてみました。

以下の内容は 2020～2023 年度入学生のアンケート回答に基づくものです。ここで触れられている内容は今後変更となる場合もありますのでご注意ください。

メッセージを書いてくれた先輩 ［文学部］N.O. さん ［政策科学部］Y.N. さん S.Y. さん
［総合心理学部］N.K. さん ［食マネジメント学部］A.S. さん
［理工学部］宇井穂さん

大学生になったと実感！

高校では決められた授業に出席するだけでしたが，大学では授業を自分で選択できることです。言語科目の選択や制限はありますが，講義の選択個数も自由です。苦手だった科目を受けなくてよくなり，レポートは大変ですが興味のある分野の課題には楽しいものもあると思います。新たな専門的知識や自主的に学ぶ姿勢が養われると思います。（N.O. さん／文）

高校までとは違い，より専門的な内容についての勉強をしていること。私は総合心理学部だが，経営学や音楽学といった，専門外でも興味のある授業を選択して受講している。単に別の分野の知識を得られるだけでなく，心理学とのつながりを見出しながら勉強できるので，自分の学びの幅が広がっていると感じる。（N.K. さん／総合心理）

自分の取りたい授業を，取りたい時間に取れるようになったことが大きな変化だと思う。高校まではあまり興味のない授業も受けなければならなかったし，毎日朝から授業があった。しかし，大学では必修科目がすでに入っている場合を除き，時間割を自分で作っていく。たとえば１限目を入れない，１日全休などを作ることも可能である。そこが授業に関して，高校との変化を感じるところだと思う。（A.S. さん／食マネジメント）

大学生活に必要なもの

パソコン。レポートも授業内試験もほとんどパソコンを用いるので，パソコンがないと何もできない。また，講義資料（レジュメ）が PDF 形式で電子配布されるものもあるため，印刷するためのプリンターか iPad などのタブレット端末も持っていると便利だと思う。私は iPad を買い，電子配布されるレジュメをノートアプリにまとめるようにしている。レジュメへの記入や取り消しも簡単で，プリントの管理にも困ることがないのでおすすめ。（N.K. さん／総合心理）

春は，各学科で教科書などの準備が必要でした。建築都市デザイン学科では，製図板などの専門の道具を一から揃える必要があり，大変でした。大学生皆に共通することでは，スケジュール管理が重要になるので，今までスケジュール帳を使っていない人も，用意して使い始めるとよいと思います。一人暮らしをするつもりの人は，家具や家電の準備も必要です。（宇井さん／理工）

この授業がおもしろい！

哲学の講義がとてもおもしろいです。高校での勉強とは大きく異なり，講義では自発的に考えることや先生の話している内容を批判的に捉えること，私たちが普段考えもしないことを考えることなどを行います。内容も非常に興味深いですし，大学の講義っていう感じが強いです。（Y.N. さん／政策科）

歴史・地理分野から京都の個性や地域性を理解する京都学です。京都の大学ならではの講義で，講義で紹介された寺社や建物に実際に訪れてみると講義の内容が定着します。講義はリレー方式で，それぞれのテーマごとの専門の先生の講義を受けることができます。課題は毎回小レポートが出されるので大変ですが，寺社にも詳しくなり，京都に住んでいる実感が湧くのでおすすめです。（N.O. さん／文）

様々な国の言語について勉強する授業がおもしろいです。ネイティブの先生から，毎週１言語ずつ学びます。言語だけでなく，その国の料理や文化・歴史を学んだり国歌を聴いたりします。大教室で行う授業ですが，説明だけでなく，クイズが出題されて何人かの学生が当てられたりする授業方式なので，楽しみながら学ぶことができます。（S.Y. さん／政策科）

大学の学びで困ったこと＆対処法

エクセルなどといったコンピュータソフトの基礎知識がある前提で進む授業があることです。高校の授業でエクセルに関するものはなかったので非常に苦戦しました。また，コンピュータの授業以外でもパワーポイントで大量に資料を作ることがあり，慣れない最初のうちはスライドを１枚作るだけでもすごく時間がかかりました。対処法としては，コンピュータをよく理解している友達に教えてもらったり，大学に無料でパソコンの使い方を教えてくれるセミナーのようなものがあるのでそれに参加するなどして克服していきました。（S.Y. さん／政策科）

建築の学科なので，製図や模型などの時間のかかる課題と，数学や物理の課題をバランスよくやっていくことが本当に難しいです。時間の使い方がうまくなれるように，努力したいです。学習の難度が上がって，一つひとつのレポートに時間がかかります。ですが，「物理駆け込み寺」等の，質問できる機会も多いので，学習意欲があれば課題もこなしていけます。（宇井さん／理工）

部活・サークル活動

軽音サークルに所属しています。２カ月に１回ほどのペースで行われるサークルのライブで演奏します。バンドメンバーはライブごとに変わるので友達ができやすいです。バンドは同学年で組みますが，ライブ以外にもイベントなどがあるので先輩との交流もあり，バンドに関することだけでなく授業やゼミの情報などのリアルな声も聞かせてくれます。仲良くなった先輩は個人的に食事に連れて行ってくれたりもして，学年関係なく仲良く活動しています。（S.Y. さん／政策科）

交友関係は？

30 名ほどで行う少人数クラスがあって，そこで友達がたくさんできました。お互いに知らない人ばかりなので，気楽に周りの席の人と話すのがいいと思います。先輩との関係は部活やサークルに入っていないと築くのが難しいと思います。「この先生の講義は大変だ」などの情報が得られるので，同じ学部の先輩がいると安心かもしれません。（Y.N. さん／政策科）

いま「これ」を頑張っています

大学での勉強や趣味に時間を注いでいます。講義とその課題を済ませれば，自由な時間がかなり多くあります。私は就職のことを考えて，良い成績を取れるように大学での勉強を頑張って，その他の時間は自分の趣味やアルバイトに費やしています。（Y.N. さん／政策科）

普段の生活で気をつけていることや心掛けていること

早寝早起きと体調管理です。単純なことだと思うかもしれませんが，一人暮らしで体調を崩すと買い物にも行けず，家事も滞り，本当に辛いです。授業にも出席できないため，後々，出席日数が足りずに課題が未提出となると本当に困ります。また，1回生のうちは1限に必修科目が多いため，早寝早起きは本当に大事だと思います。（N.O. さん／文）

おススメ・お気に入りスポット

清心館の1階にあるラーニング・コモンズというベンチやハイテーブルが多くあるところです。2020年度に改修工事がされたばかりなので，とてもきれいで居心地がいいです。主に文学部の学生が，Zoomで授業を受けたり空きコマに課題をしたりするときに利用しています。パンの自動販売機も設置されているので，朝ご飯やお昼ご飯を食べている人も見かけます。（N.O. さん／文）

大阪いばらきキャンパスの図書館には，出入口前に1人用のソファーとテーブルがあって，そこがお気に入りです。課題をしたり昼寝をしたりしてリラックスできます。6席しかないので座れたらラッキーです。また，岩倉公園という大きな広場が大学に隣接しており，天気のいい日はみんなで昼ごはんを食べています。（Y.N. さん／政策科）

大阪いばらきキャンパスに隣接した岩倉公園には広い芝生があり，天気がいい日はランチをしたり球技をしたりする学生で賑わいます。遊具もあり，レストラン・スターバックスがある立命館いばらきフューチャープラザも隣接していて，周辺にある学校の子供や地域の人々が多く訪れるので，様々な人と交流することができるのも楽しいです。（S.Y. さん／政策科）

入学してよかった！

周りの学生の意識が高いことです。私の知っている立命館大学の学生はみんな，部活動やサークル，資格の勉強，アルバイトなど，常に何かにベクトルを向けて努力しています。そのため私もぼーっとしている暇はないと思って TOEIC の勉強をするようになりました。このように周りの意識が高いことに加えて，大学もこういった気持ちに応えてくれるように，豊富な部活動やサークル，快適な自習室，トレーニングルーム，英語力向上レッスンなどを用意してくれています。高い意識をもつ人たちが集まっていて，努力したい気持ちを支援してくれたり，モチベーションの上がる環境を整備してくれている立命館大学に入学できてよかったです。（S.Y. さん／政策科）

食マネジメント学部で学べること。日本で唯一の学部なので，学部自体が新しく，学んでいることも固定観念にとらわれない。また，食を幅広く学べること。食関係といえば大体が栄養士になりたい人向けになるが，食マネジメント学部は食ビジネスについてしっかり学べ，自分に合っている学部なのでよかったと思う。（A.S. さん／食マネジメント）

高校生のときに「これ」をやっておけばよかった

読書です。日本文学を学ぶうえで，授業で読んだことのない本をテーマにされるとグループワークの際に話についていけず，課題も本を読むところから始まるので大変な思いをしました。受験勉強で忙しいとは思いますが，大学で日本文学を学ぶ予定の人は，有名な文学作品や自分の好きな作家の作品だけでも読んでおくと入学前に差をつけられると思います。（N.O. さん／文）

数学の確率やデータ分野の勉強。総合心理学部では心理学統計法という授業があり，高校数学を発展させたものがしばしば出てくる。そのため，自分は文系だからとおざなりにするのではなく，ちゃんと理解しておいたほうがよかったなと思う。（N.K. さん／総合心理）

パソコンの基本的なスキルや用語を，もう少し学んでおけばよかったかもしれません。レポートを書いたり，発表資料のスライドを作ったりするときに，ちょっとしたパソコンスキルが作業効率につながるのだと実感しました。（宇井さん／理工）

合格体験記

みごと合格を手にした先輩に，入試突破のためのカギを伺いました。入試までの限られた時間を有効に活用するために，ぜひ役立ててください。

（注）ここでの内容は，先輩方が受験された当時のものです。2025 年度入試では当てはまらないこともありますのでご注意ください。

・アドバイスをお寄せいただいた先輩・

Message

K.W. さん　経済学部（経済専攻）
共通テスト併用方式 5 教科型 2023 年度合格，愛知県出身

合格のポイントは慌てずに最後まで問題に取り組むことです。最後まで諦めずに読むとわかる問題も相当数あるので根気強く取り組んでください！

その他の合格大学　立命館大（経済〈国際〉）

入試なんでもQ&A

受験生のみなさんからよく寄せられる，
入試に関する疑問・質問に答えていただきました。

**Q 「赤本」をどのように活用していましたか？
また，効果的な使い方があれば教えてください。**

A 3年生のときにまず自分の志望大学の赤本を1年分解きました。全く解くことができなくても，その大学の傾向や自分の苦手分野を過去問から読み取り，自分に足りないものを考えました。そこで自分が導き出した結論から，合格というゴールにたどり着くために必要な参考書を完璧になるまで繰り返しました。赤本や参考書でも同様ですが，自分が答えを見て一度解き直したところにマークをつけて1日の最後や翌日に復習をしていました。答えを見て解き直しをするだけではいくら得意科目でも一回で頭に入れるのは大変なので，このことだけは欠かさずやっていました。

Q 共通テストと個別試験とでは，それぞれの対策の仕方や勉強の時間配分をどのようにしましたか？

A 3年生の夏休みが終わるまでには共通テストに使う科目は一通り手をつけましょう。ここでの手をつけるの意味は，社会系なら今までやったことはほとんど頭に入っている状態にすること，古典などでは根拠をもって答えることができるようにすることです。数学は私が思うに共通テストと個別試験は別物です。なので共通テスト用の問題集に早めに取り組むことをおすすめします。数学は得意科目でしたが，共通テスト模試の数学では思った点数が取れず苦しみました。行き詰まってしまったら，苦手分野の公式を暗記ではなく理解できるようにすることをおすすめします。

Q 時間をうまく使うためにしていた工夫を教えてください。

A 電車で登校していたのですが，この時間を有効活用していました。英単語帳をずっとやっていました。毎日 300 単語は目を通すなど，自分の中で小さな目標をもっていました。初めのうちは 100 語くらいでもよいので単語帳を開く習慣をつけることが大切です。初めの 1 カ月は精神的には大変でしたが，やっていくうちにスラスラ次のページにいくことができるようになり，自分の成長を噛み締めながらできたことが習慣化につながりました。

Q 苦手な科目はどのように克服しましたか？

A 私は英語が大の苦手でとても苦労しました。大学受験では英語の配点が高いもしくは必須であることが大半です。なので避けては通れない道でした。私が英語を人並みに仕上げることができたのは，英文解釈の勉強を怠らず，わからないところがあればノートにまとめていたからです。苦手科目ほど見返せるものがあると記憶の整理や理解力の向上につながるのでとてもよいです。英文解釈ができるようになると長文もスラスラ読める部分が増えてくるので，これをモチベーションに毎日頑張りました。

Q 模試の上手な活用法を教えてください。

A 結果に一喜一憂することなく，自分の成績を客観的に分析することが大切です。模試は本番の形式で自分の実力や成果を知ることのできるよい指標なので，結果にとらわれることなく次回の模試までの目標を立てるために使うことをおすすめします。私が意識していたことは，模試を受けるたびに必ず前に反省したことを意識して勉強に取り組むことです。悪いことばかりに目が向きがちですが，逆に前の模試に比べて伸びたところを確認することも大切です。

Q 試験当日の試験場の雰囲気はどのようなものでしたか？緊張のほぐし方，交通事情，注意点等があれば教えてください。

A 試験会場には集合の30分前を目安に行くことをおすすめします。あまり早く行き過ぎても周りが気になってしまい最後の復習を思ったようにすることができません。また，会場に長くいることによって緊張感が薄れてしまい最後まで諦めないという気持ちが生じにくくなってしまいます。自分のペースで試験に臨むことが大切です。周りにいる人は自分より頭がよく見えます。しかし，自分が今までしてきた努力を胸に堂々と臨んでください。むしろ自分は絶対合格できるぞという気持ちでいると気が引き締まり落ち着いて受験できます。気持ちから他の受験生に差をつけていきましょう。

Q 受験生へアドバイスをお願いします。

A 受験勉強が始まると，終わりの見えないような戦いが始まります。何度も挫けそうになったり自暴自棄になりかけたりと精神的につらいこともありますが，毎日やるべきことはしましょう。ただし，受験生だからといって何もかも禁止にすると長続きせずつらいです。時には気分転換も大切です。１週間毎日やったら日曜日の午後は自由時間にするなどメリハリをつけた勉強習慣をつくってください。一生懸命勉強していたとしても親や先生に勉強しなさいと言われることもあると思いますが，自分を誰よりも応援してくれている人たちです。このことを忘れずに時には感謝の言葉を伝えてください。

科目別攻略アドバイス

みごと入試を突破された先輩に，独自の攻略法や
おすすめの参考書・問題集を，科目ごとに紹介していただきました。

英　語

英単語の復習の習慣化と英文解釈の強化を図りました。

おすすめ参考書　『大学受験スーパーゼミ　徹底攻略　基礎　英文解釈の技術 100』（桐原書店）
『話題別英単語リンガメタリカ』（Z会）

国　語

ディスコースマーカーと大切な部分に線を引くことです。安直に答えを選ぶのではなく，本文の中にある重要なポイントに解きながら線を引き，段落の内容ごとに問題文に取り組むことをおすすめします。もしそこで答えがわからなかったとしても選択肢を絞ることが大切です。

おすすめ参考書　『大学入試問題集　柳生好之の現代文ポラリス［2 標準レベル］』（KADOKAWA）

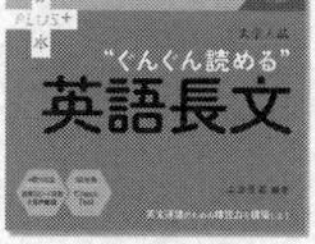

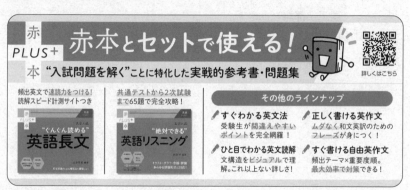

TREND & STEPS

傾向と対策

科目ごとに問題の「傾向」を分析し，具体的にどのような「対策」をすればよいか紹介しています。まずは出題内容をまとめた分析表を見て，試験の概要を把握しましょう。

注　意

「傾向と対策」で示している，出題科目・出題範囲・試験時間等については，2024 年度までに実施された入試の内容に基づいています。2025 年度入試の選抜方法については，各大学が発表する学生募集要項を必ずご確認ください。

掲載日程・方式・学部

2 月 8 日：共通テスト併用方式（3 教科型・5 教科型・数学重視型・情報理工学部型）

2 月 9 日：IR 方式・共通テスト併用方式（3 教科型・5 教科型）

英　語

年　度		番号	項　目	内　容
2024 ●	2月8日	〔1〕	読　　解	内容説明，内容真偽，主題
		〔2〕	読　　解	空所補充，内容説明
		〔3〕	会 話 文	空所補充
		〔4〕	文法・語彙	空所補充
		〔5〕	文法・語彙	空所補充，同意表現
	2月9日	〔1〕	読　　解	内容説明，内容真偽，主題
		〔2〕	読　　解	空所補充，内容説明
		〔3〕	会 話 文	空所補充
		〔4〕	文法・語彙	空所補充
		〔5〕	文法・語彙	空所補充，同意表現
2023 ●	2月8日	〔1〕	読　　解	内容説明，内容真偽，主題
		〔2〕	読　　解	空所補充，内容説明
		〔3〕	会 話 文	空所補充
		〔4〕	文法・語彙	空所補充
		〔5〕	文法・語彙	空所補充，同意表現
	2月9日	〔1〕	読　　解	内容説明，内容真偽，主題
		〔2〕	読　　解	空所補充，内容説明
		〔3〕	会 話 文	空所補充
		〔4〕	文法・語彙	空所補充
		〔5〕	文法・語彙	空所補充，同意表現

（注）　●印は全問，◐印は一部マークセンス法採用であることを表す。

読解英文の主題

年　度		番号	主　題
2024	2/8	〔1〕	人間とネコのコミュニケーション
		〔2〕	子どもの驚くべき学習能力
	2/9	〔1〕	市民科学者の台頭と役割
		〔2〕	虫歯の原因と予防

2023	2/8	〔1〕	消えゆく土星のリング
		〔2〕	アメリカ初の女性常設労働組合の設立まで
	2/9	〔1〕	アラスカでのビーバーの増殖
		〔2〕	アル=サイード・ベドウィン手話

傾向 読解，会話文，文法・語彙とバランスのとれた標準問題

01 出題形式は？

大問数は5題で，2月8日実施分と2月9日実施分は同じ大問構成で出題されている。全問マークセンス法で，試験時間はいずれも80分である。

02 出題内容はどうか？

読解問題の英文は，論説文が2題，または論説文1題とエッセーのようなやや軽めのもの1題となることもある。内容は環境問題，社会問題，文化論，人生論など多岐にわたる。〔1〕の内容真偽の問題には，一致・不一致のほかに「どちらとも判断しかねるもの」という選択肢もあり，本文内の記述を詳細に吟味しなければならない。過年度の問題を解くなかで，これらの判別に慣れていきたい。主題を選ぶ問題は，文章全体の段落構成，その展開，さらには筆者の意図をよく理解して答える必要がある。〔2〕の空所補充には一部難しいものがあり，設問箇所の前後をしっかり読んでヒントをつかみたい。内容説明は下線部の語句の内容を問う問題が多い。

〔3〕は，会話文中の空所に入れる適切な表現を問うもので，場面設定も様々である。選択する語句や文は基本的に短い。常識的な出題が多いが，会話の途中に話題の転換があるなど，難しいものもあり，会話の流れと登場人物の意向や気持ちとをしっかりつかむ必要がある。

文法・語彙問題のうち，〔4〕は短文の空所補充の問題である。語法・文法の基礎知識を問う問題が多いが，やや難しい問題も含まれる。不定詞，分詞，動名詞などの動詞関連，時制などの問題がよく出題されている。〔5〕は，単語の知識を問う問題で，短文中の空所補充と下線が引かれた語

の同意表現を選択する問題である。

03 難易度は？

読解問題の英文は，800 語程度とやや分量は多いが，扱われるテーマは具体的なものが多く，構文も難解ではない。設問については，紛らわしい選択肢が含まれることもあるが，英文を読み進める流れのなかでほぼ無理なく解答できるものといえる。ただし，大問 5 題に対し試験時間が 80 分なので読むスピードが必要である。会話文問題は時に即答しにくいものも含まれるが，おおむね標準かやや平易なレベル。文法・語彙問題は基本的な単語・熟語および文法事項・構文を問うものが中心である。全体的にみて標準的なレベルである。

対 策

01 長文読解問題

ここでいかに多く得点できるかがポイントとなる。分量が多めの英文なので，読解力の養成が何より優先すべき課題となる。論旨を理解しながら，着実かつ速やかに読み進めていく力が必要である。それには精読の力とともに速読の力を身につけることが要求される。読むスピードを上げるためには，自分の実力よりもやや易しめの長文問題に数多く当たることを勧める。英文の長さを意識した学習を積んで，内容を素早く読み取り，全体の主旨を把握する練習をしておこう。一文一文の意味を追うのではなく，段落ごとの要旨をつかみながら，段落どうしの関係や論の展開に注意して読む習慣をつけたい。接続詞やいわゆるディスコースマーカーに関する出題も毎年のようにあるので，基本的なものについては体系的に整理しておくとよいだろう。長文問題集や参考書は，『大学入試 ぐんぐん読める英語長文〔BASIC〕』（教学社）などの解説の詳しいもの，そして内容説明や内容真偽を数多く含んだものを選び，早い時期から取り組んでおこう。

02 会話文問題

会話文問題は会話の「文脈」を正しく追っているかどうかをみる問題が中心なので，５Ｗ１Ｈを意識しながら，会話の場面設定や流れを的確に把握する練習をしよう。会話の定型表現も出題されているので，会話で使われる慣用表現を『Bright Stage　英文法・語法問題』（桐原書店）などを活用し覚えておくことも必要である。実戦演習には，『英語入試問題解法の王道１　会話問題のストラテジー（改訂版）』（河合出版）などがお勧めである。

03 文法・語彙問題

文法力は読解の基礎である。文の構造を的確に把握し，長文を速読するためにも文法力は必要である。空所補充などでは文法的な知識が直接的に試されている。しかし特に細かい知識が問われることはなく難問もみられないので，標準レベルの構文問題集・参考書を中心とした，基礎力重視の学習がよいだろう。また詳細な内容の文法参考書を手元に置き，問題を解いていて疑問が生じたらすぐに参照するようにしよう。例えば，受験生が間違えやすいポイントを網羅した総合英文法書『大学入試 すぐわかる英文法』（教学社）などは，基礎から受験直前期まで使えて英語力アップに役立つだろう。

語彙力養成も読解問題対策の基本である。早い時期から少しずつ着実に覚えていく必要がある。3000～4000語レベルの単語集と標準的な熟語集に１冊ずつ取り組むことで対応できるだろう。また，自分で単語帳を作り，新出単語を整理し覚えるのも一つの方法である。派生語・同意語・反意語などを同時に覚えると語彙力は倍増する。

立命館大「英語」におすすめの参考書

Check!

- ✓『大学入試 ぐんぐん読める英語長文〔BASIC〕』（教学社）
- ✓『Bright Stage 英文法・語法問題』（桐原書店）
- ✓『英語入試問題解法の王道1 会話問題のストラテジー（改訂版）』（河合出版）
- ✓『大学入試 すぐわかる英文法』（教学社）
- ✓『立命館大の英語』（教学社）

英文読解

▶ IR 方式

年度	番号	項　目	内　容
2024	〔1〕	読　　解	内容説明
	〔2〕	読　　解	内容説明（25 語 2 問，30 語 3 問）
2023	〔1〕	読　　解	内容説明
	〔2〕	読　　解	内容説明（20 語 3 問，30 語 2 問）

傾向　高度な読解力と日本語・英語での記述力が必要

01　出題形式は？

試験時間は 80 分。すべて記述式の問題で，長文読解問題 2 題の出題が続いている。長文 2 題のうち 1 題は「日本語による問いと日本語による解答」，もう 1 題は「英語による問いと英語による解答」である。前者は字数制限がなく，解答欄の大きさで記述の量を判断する形式。後者は 20〜30 語の語数制限が設けられている。なお，いずれの年度でも英語による解答をする際に「極力，本文と異なる表現を用いること」との条件がつけられている。

02　出題内容はどうか？

現代の政治や社会の諸相を扱う論説文が出題されている。戦争と政治，貿易問題，環境問題，民族・人種問題，比較文化論，倫理的問題，ジャーナリズムなど，扱われるテーマは多様である。2024 年度は〔1〕が SDGs,〔2〕がイスラム恐怖症，2023 年度は〔1〕がロシアのウクライナ侵攻によるエネルギー危機，〔2〕がポピュリズムについて論じた文章からの出題であった。

03 難易度は？

読み取った内容を正確に日本語・英語で記述していく問題が中心である。書かれている内容を把握する読解力と，それをまとめる記述力が要求されている。また，日本語での解答は，解答用紙のスペースを考慮しながら解答に必要な事柄を絞り込んで記述する必要がある。難度は高いといってよい。

対策

01 読解力の養成

日本語での解答は，しっかりとした英文和訳の力が不可欠である。英文全体の内容を把握しながらも，設問の該当箇所については精読ができていなければならない。文構造をきちんと理解して和訳するためには，確固たる文法力が必要である。単語の意味をただつないで日本語にするのではなく，一文一文を構造どおり正確に和訳する精読演習に取り組んでもらいたい。『大学入試 ぐんぐん読める英語長文〔BASIC〕』（教学社）などの解説の詳しいものを活用するとよい。

02 和文英訳の演習

前提として，文法的に正しい英文を作成する力が求められることはもちろんだが，「極力，本文と異なる表現を用いること」という指示がある以上，本文内容を別の英語で言い換える力が鍵を握る。普段から，一つの表現を学ぶ際，英英辞典を引いてどのように言い換えられているかを確認する習慣をつけること，また，読んだり書いたりしたものを既習の語彙，構文でさまざまなパターンに言い換えるトレーニングを積むことが必要である。さらに，解答には語数制限があり，該当箇所の内容すべてを解答に盛り込むことは難しい。そのため，情報を取捨選択し，設問に直接関係のある部分のみを取り出す練習が不可欠である。具体的には，演習時に各パラグラフの要旨を一言でまとめたメモを作ってみることなどが考えられる。『大学入試 正しく書ける英作文』（教学社）は和文英訳の頻出パターンがまとめられていて無駄なく対策することができる。

03 記述問題への対応

国公立大学の個別学力検査を中心に記述問題の過去問に当たるなどして，日本語による記述や英作文の練習をしておきたい。内容を的確に把握して，的を射た記述を心がけよう。その際，解答の根拠となる該当箇所をまず確定させて，設問文に合わせて解答を作成するという，記述問題の解答プロセスを身につけていこう。ただ，記述問題の解答の良し悪しはなかなか自分ではわからないものなので，学校の先生などに添削をしてもらうとよい。

数　学

年度	番号	項　目	内　容
2024	〔1〕	集合と論理	集合の共通部分，和集合，集合の決定
	〔2〕	複素数平面	極形式，方程式の解，点の回転，軌跡
	〔3〕	図形と方程式	三角形の重心と外心，面積を半分にする線分の長さ
	〔4〕	微・積分法	部分積分，置換積分，無限等比級数
2023	〔1〕	確率，数列	カードの数字の和が 2， 3， 6 の倍数となる確率，漸化式，極限値
	〔2〕	微・積分法	三角方程式，微分と極値，2つの曲線によって囲まれた図形の面積
	〔3〕	微・積分法	陰関数で表された曲線，極値，面積，回転体の体積
	〔4〕	複素数平面	複素数の偏角・大きさ，回転，Σ計算

出題範囲の変更

2025 年度入試より，数学は新教育課程での実施となります。詳細については，大学から発表される募集要項等で必ずご確認ください（以下は本書編集時点の情報）。

2024 年度（旧教育課程）	2025 年度（新教育課程）
数学Ⅰ・Ⅱ・Ⅲ・A・B（数列，ベクトル）	数学Ⅰ・Ⅱ・Ⅲ・A・B（数列）・C（ベクトル，平面上の曲線と複素数平面）

旧教育課程履修者への経過措置

旧教育課程履修者に不利にならないように配慮した出題を行う。

傾向　基本から応用まで広範囲の学力が必要
確実な計算力を求める

01　出題形式は？

出題数は 4 題で，すべて空所補充形式の問題である。試験時間は 100 分。大問には小問が 2 ～ 4 問含まれていることが多く，順に解いていく構成になっている。解答用紙は B 4 判で，空欄に数や式を書き込む形式である。

02 出題内容はどうか？

いろいろな分野からバランスよく出題され，広範囲の学力が要求されている。微・積分法や複素数平面が頻出であるが，数列や他の分野との融合問題も多い。2023 年度は，例年出題されていたベクトルの出題がなく，「数学Ⅲ」中心の出題であった。2024 年度もベクトルの出題はなく集合が出題された。弱点のないように全範囲をしっかり学習しておきたい。

03 難易度は？

例年，〔1〕は基本問題で，〔4〕は標準的問題集のレベルを超える正確な計算力と思考力を必要とする問題である。2023 年度は，標準的な入試問題集で見られるタイプの出題が多かったが，〔4〕の 2 は単に文章に沿って式にしていけば解けるはずであるが，簡単ではなかった。2024 年度〔1〕の集合と論理の出題では，単に要素を比較するだけであるが，その個数が多く戸惑ったかもしれない。確実な計算力が必要となる問題は例年出題されており，要領よく計算を進めないと，時間が不足する。また誘導形式の問題が多いので，前半の計算ミスが最後まで影響してしまうことも心に留めておきたい。基本から応用まで総合的な力が試される出題である。基本～標準的な問題で確実に点数をとれるよう，また，見直しを余裕をもって行えるよう，時間配分をしていきたい。

対策

01 基本事項の整理

項目別学習に最も適した教材は教科書である。教科書の例題や章末問題を解いて，基本的な知識を整理しよう。また，公式集などで基本事項を整理するのも一つの方法である。

02 応用力の育成

教科書をマスターすることによって得られた知識が基礎力であり，それらの知識を融合したものが応用力である。標準的な入試問題に取り組み，別解にも挑戦することによって応用力は育成される。入試問題集で取り組んでいないと解きにくい出題もあるので，標準的な入試問題集をきちんと仕上げること。誘導形式の空所補充問題であっても，記述式の思考力が身についていなければ解けない。時間をじっくりかけて解答を仕上げる訓練を積んでおきたい。2023 年度〔4〕では，定義や計算法を知っている以上に，その扱い方に習熟していないと最後までたどりつけない出題があった。いずれの年度においても〔4〕は受験生にとっては初見である場合が多いであろう。平素より自ら考えて判断する力を養うように心がけておくべきである。

03 正確な計算力の養成

かなりの計算力を要求する問題もあるので，計算の要領と正確さが不可欠である。平素から計算を要領よく行う練習をしておきたい。速く正確な計算力を身につけるため，時間を制限して問題を解くことも必要である。立命館大学の過去問に挑戦し，計算の要領を体得しよう。参考書や問題集の例題・練習問題で解答の手順をつかむのも有益である。

国　語

年	度	番号	種　類	類別	内　容	出　典
2024●	2月8日	〔1〕	現代文	評論	書き取り，空所補充，内容説明，欠文挿入箇所，内容真偽	「生成と消滅の精神史」下西風澄
		〔2〕	現代文	評論	書き取り，表現効果，内容説明，空所補充，文整序，欠文挿入箇所，内容真偽	「労働の思想史」中山元
	2月9日	〔1〕	現代文	評論	書き取り，空所補充，内容説明，欠文挿入箇所，文章の構成，内容真偽	「公衆衛生の倫理学」玉手慎太郎
		〔2〕	現代文	評論	書き取り，内容説明，空所補充，指示内容，欠文挿入箇所，文整序，内容真偽	「アリストテレスの哲学」中畑正志
2023●	2月8日	〔1〕	現代文	評論	書き取り，内容説明，欠文挿入箇所，空所補充，内容真偽	「ヴィジュアルを読みとく技術」吉岡友治
		〔2〕	現代文	評論	書き取り，内容説明，空所補充，欠文挿入箇所，内容真偽	「ニーチェ 道徳批判の哲学」城戸淳
	2月9日	〔1〕	現代文	評論	書き取り，内容説明，空所補充，文整序，内容真偽	「視覚化する味覚」久野愛
		〔2〕	現代文	評論	書き取り，内容説明，空所補充，欠文挿入箇所，内容真偽	「アメリカ現代思想の教室」岡本裕一朗

（注）●印は全問，◑印は一部マークセンス法採用であることを表す。

傾向　長文を読み解く訓練を過去問の演習は非常に有効

01　出題形式は？

いずれの日程も現代文のみの出題で，古文・漢文からは出題されていない。例年，評論２題の出題で，解答形式はすべてマークセンス法である。試験時間は80分。

02 出題内容はどうか？

文化・社会や文学，思想，経済など幅広いテーマの評論が出題されている。設問は，書き取り，空所補充，内容説明，内容真偽など，オーソドックスなものを主とする。また，表現効果を問う問題，欠文挿入箇所や文章の構成といった本文全体の流れを把握しているかどうかをみる問題，文整序の問題なども出されている。大学での学びに必要な，広い視野と関心，高い読解力が求められる問題である。

03 難易度は？

細かい内容説明問題に根気よく取り組む力が必要となる。文章の構成をよく理解していないと解答できない問題もあるが，全体として標準レベルである。

80分で大問2題なので，それぞれの文章をじっくり読解することが求められているといえる。過去問演習を通じて，どの設問にどれぐらいの時間をかけるのがよいかのシミュレーションをしておきたい。

対策

01 知識問題

書き取りや言葉の知識を踏まえた設問は毎年出題されており，取りこぼしは避けたいところである。国語便覧などで，基本的な漢字は押さえておく必要がある。熟語などについては，やや難しめの概念語も問われているので，『読み解くための現代文単語［評論・小説］』（文英堂）などの現代文の用語集で細かな違いを押さえておくことも重要となる。また，通常の演習の際に辞書を引いて意味や漢字を確認することも当然有効である。

02 読解問題

　問題文の長さや傾向，設問パターンがだいたい決まっているので，過去問を演習することは非常に効果的である。その際には，問題文と選択肢文の内容をしっかりと把握する必要がある。問題文と選択肢文との微妙な違いが，正答と誤答とを分けるケースが非常に多いからである。それはまた，問題文の丁寧な読解の必要性を自覚するよいきっかけともなる。

　問題数をこなしたい人は，出題パターンがよく似ている同志社大学，関西学院大学などの過去問にも取り組んでみよう。問題集としては，標準レベルからハイレベルまで対応している『体系現代文』（教学社）を勧めたい。他の問題文にも応用できる読み方・解き方のルールが多数掲載されているので，実戦力を養うことができるだろう。いずれの場合も，問題文の抽象的な論説に慣れ，興味をもって読み解くことを意識して演習するとよいだろう。

立命館大「国語」におすすめの参考書

Check!

- ✓『読み解くための現代文単語［評論・小説］』（文英堂）
- ✓『体系現代文』（教学社）

2024年度

問題と解答

共通テスト併用方式（３教科型・５教科型・数学重視型・情報理工学部型）：２月８日実施分

問題編

▶試験科目・配点

○共通テスト併用方式（３教科型・５教科型）：

法・産業社会・国際関係（国際関係学専攻）・文・経営・政策科・総合心理・映像・経済・スポーツ健康科・食マネジメント学部，APU　（※５教科型は経済学部のみ）

学　部	教　科	科　　　　目	配　点
法・産業社会・経営・政策科・総合心理・映像・経済・スポーツ健康科・食マネジメント，APU	外国語	コミュニケーション英語Ⅰ・Ⅱ・Ⅲ，英語表現Ⅰ・Ⅱ	100点
	国　語	国語総合（近代以降の文章），現代文Ｂ	100点
国際関係（国際関係学専攻）	外国語	コミュニケーション英語Ⅰ・Ⅱ・Ⅲ，英語表現Ⅰ・Ⅱ	150点
	国　語	国語総合（近代以降の文章），現代文Ｂ	100点
文	外国語	コミュニケーション英語Ⅰ・Ⅱ・Ⅲ，英語表現Ⅰ・Ⅱ	100点
	国　語	国語総合（近代以降の文章），現代文Ｂ	70点

○共通テスト併用方式（数学重視型）：理工・生命科学部

教　科	科　　　　目	配　点
外国語	コミュニケーション英語Ⅰ・Ⅱ・Ⅲ，英語表現Ⅰ・Ⅱ	100点
数　学	数学Ⅰ・Ⅱ・Ⅲ・Ａ・Ｂ	100点

○共通テスト併用方式（情報理工学部型）：情報理工学部

教　科	科　　目	配　点
外国語	コミュニケーション英語Ⅰ・Ⅱ・Ⅲ，英語表現Ⅰ・Ⅱ	100 点
数　学	数学Ⅰ・Ⅱ・Ⅲ・A・B	200 点

▶備　考

- 「数学B」は「数列，ベクトル」から出題。
- 共通テスト併用方式は，これらの独自試験と各学部が指定する大学入学共通テスト科目の総合点で合否が判定される。

英語

（80分）

I 次の文を読んで，問いに答えなさい。

When María arrives home, her cat, Leia, greets her with affection. The cat stares at María. "Meow[1]!" María responds in that tone often used with babies, "What's the matter, Leia, did you miss me? Of course you did, of course you did. How could you not miss me when you've been alone all day? Come here, let me give you some love." A typical example of human-cat communication has just taken place. María spoke to her pet very differently from the way she would speak to an adult human. She used a higher, more variable pitch[2], and she repeatedly used short phrases. She spoke slowly and asked questions that she immediately answered herself. But the cat only meowed. While dogs bark at humans and other dogs, cats generally only meow at people and rarely meow at their own species. Humans and cats both adapt their communication styles to each other, but does it matter? Does María understand her cat's meowing? Does Leia recognize that María is talking to her? Well, scientists have been trying to answer these questions.

There are around 600 million cats living with people around the world. They are valued for their ability to communicate and form emotional bonds with humans. In fact, cats have the most complex vocal repertoire[3] of any carnivorous[4] species. The vocal repertoire of the cat is wide, and up to 21 different sounds have been described in the scientific research, although there are probably more. One of these, which is the most popular for communicating with humans, is the meow. Wild cats will meow on occasion to mark territory[5] or attract a mate[6], but domesticated[7] cats do it constantly when interacting with people. This is why scientists think that meowing may be a product of this domestication and interaction with humans. Perhaps meowing is more effective at capturing our attention, which may provide some benefit to the cat. However, this doesn't mean that we are able to understand meows well. In 2020, a study by the University of Milan set out to determine whether people could tell the difference between audio recordings of cat meows in three different situations: waiting for food, being groomed by a human, and being alone in an unfamiliar environment. The study participants generally did poorly, although they were a bit better at identifying the meow cats used when they wanted food.

People can get frustrated when a cat meows constantly and the context doesn't help them to know why. Well, there's good news — it's much easier when you're the cat's owner. Familiarity with our pets helps us understand them better. Women are also better at this than men, which is consistent with[8] previous studies indicating that women tend to be more perceptive[9] when it comes to interpreting emotions, whether human or animal emotions. A 2019 study found that humans can identify cats' emotional states from slight changes in facial expressions, and that women are also better at this than men.

Figuring out what cats are thinking when we talk to them is proving to be a challenge for scientists because cats just don't like to be examined in laboratories. As soon as a cat leaves its comfort zone, it gets so stressed that doing the research becomes almost impossible. Experiments in the cat's own home, where it feels safe and relaxed, are often a better approach. This method was followed in a 2022 study to learn whether cats can determine when a human is talking to them. The researchers placed audio speakers in a room with a cat, and played recordings of different people saying things like: "Do you want to play?"; "How are you?"; and "See you later!" Sometimes the recorded phrases were spoken with the typical intonation a person uses with a pet. Other times, the intonation was typical of human-to-human communication. The cat's reactions were filmed and analyzed for things like different ear movements and changes in eye direction. The study found that cats are able to tell the difference between the two types of intonation and know when they are being addressed, but only if it's their owner speaking.

An older study conducted in 2002 demonstrated similar results. Several people were asked to interact with a cat they didn't know. They found that speaking to the cat didn't persuade it to come closer, and even had the opposite effect if a male was speaking and giving a lot of orders. The only factor that had a clear effect on the results was how much or little the person liked cats. Although every study participant seemed to demonstrate the same behavior, the cats could identify small differences in the body language of cat lovers.

Not much research has been done on human-cat communication, and often these studies have only involved small numbers of cats. For example, the study with the audio recordings used just 16 cats. Much more research is needed before we can come to clear conclusions about how much cats and humans understand each other.

(Adapted from a work by Laura Camón)

（注）

1. meow	ニャー（猫の鳴き声のひとつ），（猫が）鳴く
2. variable pitch	変化に富んだ音の高さ
3. vocal repertoire	声の種類
4. carnivorous	肉食（性）の
5. mark territory	縄張りを主張する
6. mate	つがいの相手
7. domesticated	飼い慣らされた
8. be consistent with~	～と一致している
9. perceptive	敏感な

〔1〕本文の意味，内容にかかわる問い(A)～(D)それぞれの答えとして，本文にしたがってもっとも適当なものを(1)～(4)から一つ選び，その番号を解答欄にマークしなさい。

(A) What is NOT mentioned as a way humans speak differently to their cats?

(1) Using special words

(2) Talking more slowly

(3) Speaking in a higher pitch

(4) Answering their own questions

(B) Which type of meow were study participants able to distinguish most successfully?

(1) The meow for marking territory

(2) The meow for attracting a mate

(3) The meow for when cats are hungry

(4) The meow for when cats want to be groomed

(C) According to a recent study, do cats have the ability to recognize when a human is talking to them?

(1) It is unclear from the research.

(2) Yes, if the cat lives with the person.

(3) No, cats cannot recognize differences in people's intonation.

(4) Yes, they can usually tell when a human is talking to them.

(D) What encouraged a cat to approach an unknown study participant?

(1) The participant being fond of cats

(2) The participant giving orders to the cat

(3) The participant being familiar with the cat

(4) The participant speaking to the cat using a high-pitched voice

〔2〕次の(1)～(5)の文の中で，本文の内容と一致するものには1の番号を，一致しないものには2の番号を，また本文の内容からだけではどちらとも判断しかねるものには3の番号を解答欄にマークしなさい。

(1) Scientists understand what dogs are communicating with their barks.

(2) It is unusual for cats to meow at other cats.

(3) Scientists have identified the meaning of more than 21 different sounds made by cats.

(4) Female cats can express their needs to humans more effectively than male cats.

(5) Cats are good subjects for laboratory research.

〔3〕本文の内容をもっともよく表しているものを(1)～(5)から一つ選び，その番号を解答欄にマークしなさい。

(1) The process by which cats became pets

(2) The various ways in which cats communicate

(3) Researching the bond between animals and humans

(4) The difference between wild and pet cats' communication

(5) Understanding how cats and humans communicate with one another

Ⅱ 次の文を読んで，問いに答えなさい。

One day, they're having trouble walking; the next, they're running through the halls. Or their baby talk turns to full sentences almost overnight. Children undoubtedly develop new skills quickly, all while learning how to effectively navigate a world that is strange and new to them. Adults, [(A)], may take many years to learn a new language or master certain elements of mathematics, if they do at all.

Children learn quickly as a result of biological and environmental factors. "It is a common way of thinking that 'children are like sponges' and have the natural ability to learn new skills faster than an adult, but there are some misunderstandings here," according to Debbie Ravenscroft, a senior lecturer in early childhood studies. "A child's cognitive[1] development is [(B)] and, as a result, young children perform worse than older ones in most areas. However, there are times when being young gives an advantage, and this centers around their earliest years." This advantage is largely due to neuroplasticity, meaning the brain's ability to form and change its connections based on experiences. Neuroplasticity is what gives children the capacity to learn habits, routines, approaches and actions that are needed very quickly and, [(C)], unlearn those that are not. This ability is most constant and fastest before a child's fifth birthday, when much of what they encounter or experience is new. "This(あ) is connected to several areas, including their experiences with adults, their environment, and their biological drive to explore," Ravenscroft said. "Childhood is a place where children spend their time [(D)] adults' more mature abilities."

Language acquisition[2], in particular, is an area where children often have a huge advantage over adults, Ravenscroft noted. This is largely because "babies are able to tune in to the rhythm and sounds used in their native language, and can therefore become capable and fluent speakers by the age of four." This ability can help young children learn a second or third language with apparent ease, Ravenscroft said. In a research paper published in April 2022, the authors suggest that "babies are born seeing and hearing linguistic[3] information that older children and adults miss, [(E)] they lose this ability with more experience in their environments." Moreover, babies can "tell the difference between speech sounds and tones used in all of the world's languages, making them [(F)] all input, despite the linguistic environment they are born into." With language acquisition, time is an important factor. "If a child is not exposed to certain sound aspects of language by puberty[4], for example, it becomes impossible to tell the difference between them(い)," Ravenscroft said. Studies have found that, from birth to puberty, children are capable of learning language rapidly and effectively because of both their neuroplasticity and their "cognitive flexibility," which is the ability to mentally switch between two different concepts rapidly, as well as being able to think clearly about numerous concepts at the same time. This ability(う) is not limited to language learning.

A different 2022 study suggests that children and adults exhibit differences in a brain messenger known as gamma-aminobutyric acid (GABA)[5], which the research suggests may stabilize[6] newly learned material. The study found that children have a "rapid increase of GABA" when they participate in visual training and that this learning continues even once the training has concluded, whereas "the concentration of GABA in adults remained unchanged." This(え) suggests that children's brains respond to visual training in a way that allows them to stabilize new learning more quickly and efficiently. Consequently, the research supports the idea that children can acquire new knowledge and skills more rapidly than adults can. To learn quickly, however, children also need support, guidance, and access to appropriate learning materials. "While children do have the capacity to learn quickly, they will find challenges if they are not well supported by caring and compassionate[7] adults who shape their environment and experiences," Ravenscroft said. "The best time for learning is [(G)] ; reading offers a wonderful, shared bonding experience in addition to providing a love of language and ensuring connections are made in a baby's brain."

Birth to age five is a "critical period" for children, Ravenscroft added. During these early years, a young child's brain is much [(H)] than an adult's because the child is continually learning and figuring out the best way to approach and handle any given situation. A child's ability to learn and understand, therefore, is linked to these interactions. "What is needed is time for children to process and accept new knowledge and learning. In an effort to speed up children's learning, we can be guilty of rushing. On the other hand, if we can create an environment which encourages children to learn at their own pace, <u>this</u>(お) offers so much more opportunity for them to develop a love of interacting with people and places and engage in active learning."

(Adapted from a work by Joe Phelan)

(注)

1. cognitive　認知の
2. acquisition　習得
3. linguistic　言語に関する
4. puberty　思春期
5. gamma-aminobutyric acid (GABA)　ガンマアミノ酪酸（ギャバ）
6. stabilize　定着させる
7. compassionate　思いやりのある

〔1〕本文の [(A)] ～ [(H)] それぞれに入れるのにもっとも適当なものを(1)～(4)から一つ選び，その番号を解答欄にマークしなさい。

出典追記：Why are kids such fast learners?, Live Science on February 27, 2023 by Joe Phelan

(A) (1) by contrast　　(2) for example
(3) in addition　　(4) therefore

(B) (1) accidental　　(2) age-related
(3) complete　　(4) long-lasting

(C) (1) as a result　　(2) if necessary
(3) in spite of this　　(4) mistakenly

(D) (1) avoiding contact with　　(2) catching up with
(3) forgetting about　　(4) relearning some of

(E) (1) although　　(2) because
(3) provided　　(4) so

(F) (1) afraid of　　(2) cautious about
(3) ignore　　(4) open to

(G) (1) after a child matures　　(2) as early as possible
(3) during puberty　　(4) in elementary school

(H) (1) less active　　(2) less sensitive
(3) more active　　(4) more sensitive

〔2〕下線部㋐～㋔それぞれの意味または内容として，もっとも適当なものを(1)～(4)から一つ選び，その番号を解答欄にマークしなさい。

㋐ This
(1) Flexible rapid learning
(2) A child's acquired strength

(3) Developing common knowledge

(4) An adult's unique understanding

(い) them

(1) linguistic environments

(2) specific language sounds

(3) second and third languages

(4) the structure of certain languages

(う) This ability

(1) Recognizing different tones

(2) Processing information quickly

(3) Understanding complex concepts

(4) Considering several ideas at once

(え) This

(1) GABA decreasing in adults doing visual training

(2) GABA increasing in children doing visual training

(3) Children learning more quickly than adults even with less training

(4) Adults continuing to learn even after they have completed the training

(お) this

(1) the fast-paced learning environment

(2) the pressure-free learning environment

(3) the child's fondness for acquiring knowledge

(4) the child's ability to speed up their own learning

Ⅲ

〔1〕次の会話の あ ～ え それぞれの空所に入れるのにもっとも適当な表現を (1)～(10) から一つ選び，その番号を解答欄にマークしなさい。

At the gym

A：Hello. Welcome to DEF Fitness. (あ)

B：Hi. Yes, the 10 o'clock one. I'm thinking about joining.

A：Great, you're just in time. Let's get started. You can use any of these machines by following the instructions on the wall. Just don't do too much at the beginning.

B：OK, I'll be careful. Are the staff here 24 hours?

A：No, they're available from 9 a.m. to 8 p.m. After that you must have a membership card to enter, and we monitor everything on security camera. (い)

B：Well, I've been eating unhealthily since I started living alone at university. And I don't get much exercise because I haven't joined a club.

A：Oh, there was nothing that interested you?

B：Not really. Plus, I have a part-time job at a theme park most days. (う)

A：Actually, a busy daily life like you have is a common reason people join. The important thing is to try to make coming to the gym part of your routine. Even if it's just twice a week.

B：I don't work on Tuesdays and Thursdays, so I think I'll join. Would you be able to recommend some exercises for me?

A：You should have a session with a gym trainer. They'll know what's best for you. (え)

B：Fantastic.

(1) Do you need any help?

(2) Are you making a delivery?

(3) Be careful with this machine.

(4) But I'm going to quit next week.

(5) Are you here for the orientation?

(6) Do you use cameras at university?

(7) And you get one free with your membership.

(8) By the way, why are you thinking of joining the gym?

(9) That's why I don't have very much time after my classes.

(10) They cost $50 for one hour. Unfortunately, there is no student discount.

〔2〕次の会話の か ～ け それぞれの空所に入れるのにもっとも適当な表現を(1)～(10)から一つ選び，その番号を解答欄にマークしなさい。

During a homestay

A：Good morning, Yumiko. Did you sleep well?

B：Yes, really well. How about you?

A：Not bad, thanks. What are you going to do today?

B：(　か　) Recently, I've been missing Japanese food. Could I cook dinner tonight for the whole family?

A：That would be wonderful, but Harold and I already have plans with the Thompsons, next door. It's our weekly game night. (　き　)

B：Yes, that will give me more time to prepare. This afternoon, I'm planning to go to the food store with my friend Makiko to pick up the ingredients. She has a car, so she can drive me there.

A：Really? (　く　)

B：There isn't. But there is a Korean one that has Japanese products as well.

A：I didn't know that. We've never had Japanese food. (　㋘　) I wouldn't mind trying it, but I don't think Harold will.

B：Yes, we do eat sushi sometimes, but I'll make *nabe*. It's a stew of meat and vegetables. I'm sure you will like it.

A：I can't wait for tomorrow night. Have a nice day, and stay safe.

(1)　I usually play cards.

(2)　I wanted to talk to you about that.

(3)　I've heard that raw fish is popular.

(4)　Do you want us to cancel our plans?

(5)　I'm planning on watching TV all day.

(6)　I ate Japanese food with the Thompsons.

(7)　I didn't know Makiko had a driver's license.

(8)　Could we do the family dinner tomorrow night?

(9)　I didn't know there was a Japanese food store in town.

(10)　I saw a TV show where Japanese people were eating raw eggs.

Ⅳ　次の(A)～(H)それぞれの文を完成させるのに，下線部の語法としてもっとも適当なものを(1)～(4)から一つ選び，その番号を解答欄にマークしなさい。

(A) I didn't know that Mr. Suzuki was a classmate of ______.

(1) ours　(2) ourselves
(3) us　(4) we

(B) My brother says he doesn't like the sea because he can't swim ______.

(1) best　(2) better
(3) good　(4) well

(C) I can't thank you ______ your help.

(1) enough for　(2) less than
(3) more of　(4) much of

(D) I couldn't watch the politicians ______ each other in the debate.

(1) attack　(2) attacked
(3) being attacked　(4) to attack

(E) I fell asleep ______ her lecture yesterday.

(1) by　(2) during
(3) for　(4) within

(F) If it ______ for your help, I would have failed the project.

(1) had not been　(2) has not been
(3) may not be　(4) will not be

(G) ______ the students did as they were told by their instructor.

(1) Neither　(2) None of

(3) Not any (4) Nothing but

(H) Before retiring, Ms. Yamada ______ at the library for 20 years.

(1) has been working (2) has worked

(3) is working (4) worked

V

〔1〕次の(A)～(E)それぞれの文を完成させるのに，下線部に入れる語としてもっとも適当なものを(1)～(4)から一つ選び，その番号を解答欄にマークしなさい。

(A) It's important to ______ the situation by the weekend.

(1) recite (2) refund

(3) resemble (4) resolve

(B) The ______ of Nepal is completely different to the hills she usually hikes.

(1) cabin (2) geography

(3) lorry (4) representative

(C) Pat's ______ for business is well-known.

(1) fingernail (2) genius

(3) landslide (4) rebel

(D) The book gives several ______ for the improvement of safety.

(1) conquests (2) lances

(3) recommendations (4) undergraduates

(E) Some pet magazines use reader surveys to ______ a list of the best pet foods.

(1) cheat　　(2) compensate
(3) compile　　(4) contaminate

〔2〕次の(A)～(E)の文において，下線部の語にもっとも近い意味になる語を(1)～(4)から一つ選び，その番号を解答欄にマークしなさい。

(A) Tina felt upset after returning from her friend's birthday party.

(1) cheerful　　(2) content
(3) ill　　(4) unhappy

(B) This needs to be categorized before we can continue with our work.

(1) classified　　(2) complemented
(3) inscribed　　(4) installed

(C) That would be a difficult objective, but not impossible.

(1) concept　　(2) goal
(3) leap　　(4) reduction

(D) Revenue has decreased significantly in recent years.

(1) Courtesy　　(2) Goodwill
(3) Income　　(4) Output

(E) The tourist did her best to obey the local customs.

(1) interpret　　(2) investigate
(3) observe　　(4) outgrow

数　学

（100 分）

次のⅠ，Ⅱ，Ⅲ，Ⅳの設問について問題文の $\boxed{}$ にあてはまる適当なものを，解答用紙の所定の欄に記入しなさい。なお，分数を記入する際は，既約分数を記入しなさい。

Ⅰ　a を整数とし，3つの集合

$$A = \{-3,\ 1,\ a-6,\ -a^2-a+40,\ a^3-5a^2+3a-10\}$$

$$B = \{-2,\ 1,\ a^2-10a+29,\ 2a^2-8a-5\}$$

$$C = \{-3a^2+7a+18,\ -a^2+3a+5\}$$

を考える。

〔1〕 $A \cap B = \{1,\ 5\}$ のとき，$a = \boxed{\text{ア}}$ である。このとき，

$A \cup B = \left\{-3,\ -2,\ \boxed{\text{イ}},\ \boxed{\text{ウ}},\ \boxed{\text{エ}},\ \boxed{\text{オ}},\ \boxed{\text{カ}}\right\}$

である。ただし，$\boxed{\text{イ}}$ から $\boxed{\text{カ}}$ は小さい順に数値で答えよ。

〔2〕 $B \cap C = \{1,\ k\}$（k は整数で $k \neq 1$）のとき，$a = \boxed{\text{キ}}$，$k = \boxed{\text{ク}}$ である。このとき，$B \cup C = \left\{\boxed{\text{ケ}},\ \boxed{\text{コ}},\ \boxed{\text{サ}},\ \boxed{\text{シ}}\right\}$ である。ただし，$\boxed{\text{ケ}}$ から $\boxed{\text{シ}}$ は小さい順に数値で答えよ。

〔3〕 $A \cap C$ の要素の個数が1で，かつ $B \cap C = \phi$ のとき，$a = \boxed{\text{ス}}$ である。このとき，$A \cup B \cup C$ の要素の個数は $\boxed{\text{セ}}$ である。

Ⅱ　i は虚数単位である。複素数の偏角は 0 以上かつ 2π 未満とする。以下，$\boxed{\text{ア}}$ から $\boxed{\text{コ}}$ は実数で答えよ。

$\alpha = 2\sqrt{2} + 2\sqrt{2}i$，$\beta = 9\left(\cos\dfrac{5}{12}\pi + i\sin\dfrac{5}{12}\pi\right)$ とする。$\alpha\beta$ の絶対値は $\boxed{\text{ア}}$，偏角は $\boxed{\text{イ}}$ である。また $\dfrac{\beta}{\alpha}$ の絶対値は $\boxed{\text{ウ}}$，偏角は $\boxed{\text{エ}}$ である。

方程式 $z^4 = \alpha\beta$ の解のうち，実部が最も大きい解を z_1，2番目に大きい解を z_2 とする。三角関数を用いずに z_1 と z_2 を表すと $z_1 = \boxed{\text{オ}} + \boxed{\text{カ}}\,i$，$z_2 = \boxed{\text{キ}} - \boxed{\text{ク}}\,i$ である。

複素数平面上において z_1 と $\alpha\beta$ に対応する点をそれぞれ Q と R とする。複素数平面上のある点 S を中心に点 Q を $\dfrac{\pi}{2}$ だけ回転させると点 R と一致した。このとき点 S を表す複素数は $\dfrac{\boxed{\text{ケ}}}{4} + \dfrac{\boxed{\text{コ}}}{4}i$ である。

次に複素数平面上において原点を中心とする半径 $|z_2|$ の円上を動く点を表す複素数を v とする。ここで $w = x + yi$（x，y は実数）が $w = v + \dfrac{9}{v}$ を満たすとき，w に対応する点が描く図形は x と y を用いた方程式 $\boxed{\text{サ}} = 1$ で表される。

Ⅲ　a を正の整数とする。座標平面上で，直線 $y = x$ を ℓ_1，直線 $y = -x + 2$ を ℓ_2，放物線 $y = -\dfrac{a}{2}x^2 + x + \dfrac{a}{2}$ を C とする。

2つの直線 ℓ_1，ℓ_2 の交点を P とすると，点 P の座標は $\left(\boxed{\text{ア}},\ \boxed{\text{ア}}\right)$ である。また，放物線 C も点 P を通る。直線 ℓ_1 と放物線 C との交点のうち点 P とは異なる点を Q とする。このとき点 Q の座標は $\left(\boxed{\text{イ}},\ \boxed{\text{イ}}\right)$ である。直線 ℓ_2 と放物線 C が点 P とは異なる点 R で交わるとき，点 R の座標は a を用いて表すと $\left(\boxed{\text{ウ}},\ \boxed{\text{エ}}\right)$ である。

ここで線分 PQ の長さを $\overline{\text{PQ}}$，線分 PR の長さを $\overline{\text{PR}}$ とすると $\overline{\text{PQ}} = \boxed{\text{オ}}$，$\overline{\text{PR}} = \boxed{\text{カ}}$ である。ただし，$\boxed{\text{カ}}$ は a を用いて答えよ。さらに，$\overline{\text{PQ}} \leqq 2\overline{\text{PR}}$ かつ $\overline{\text{PR}} \leqq 2\overline{\text{PQ}}$ が成り立つとする。このとき正の整数 a がとり得る最小の値は $\boxed{\text{キ}}$ である。

以後，$a = \boxed{\text{キ}}$ とし，解答には a を用いないものとする。

このとき△PQR の重心と外心との間の距離は $\boxed{\text{ク}}$ である。また△PQR の内接円の半径は $\boxed{\text{ケ}}$ である。

線分 PQ 上で点 P，Q とは異なる点を D $(t,\ t)$ とする。また，線分 PR 上で点 P，R とは異なる点を E $(u,\ -u + 2)$ とする。△PQR の面積が△PDE の面積の 2 倍であるとき，u は t を用いて $u = \boxed{\text{コ}}$ と表される。このとき線分 DE の長さの 2 乗を t の関数 $f(t)$ とおく。$f(t)$ が最小となるときの t の値は $\boxed{\text{サ}}$ であり，$f(t)$ の最小値は $\boxed{\text{シ}}$ である。

Ⅳ　連続な関数 $f(x)$ は，2を周期とする周期関数とする。すなわち，すべての x に対して $f(x+2)=f(x)$ が成り立つ。
ここで $-1 \leqq x \leqq 1$ において $f(x)=|2x|$ とする。

〔1〕 $f(-2)=\boxed{\text{ア}}$，$f(2)=\boxed{\text{イ}}$，$f(3)=\boxed{\text{ウ}}$，$f(4)=\boxed{\text{エ}}$ であり，$-2 \leqq x \leqq 4$ において，$y=f(x)$ のグラフと x 軸で囲まれた図形の面積は $\boxed{\text{オ}}$ である。ただし，$\boxed{\text{ア}}$ から $\boxed{\text{オ}}$ は数値で答えよ。

〔2〕 $\displaystyle\int xe^{-x}\,dx=\boxed{\text{カ}}+C$（$C$ は積分定数）である。必要ならばこの不定積分を活用して，以下の問いに答えよ。

（a） $\displaystyle\int_{-1}^{1} e^{-x}f(x)\,dx=\boxed{\text{キ}}$ である。

（b） $1 \leqq x \leqq 2$ において，$f(x)$ は絶対値を用いずに $f(x)=\boxed{\text{ク}}$ と表されるので

$$\int_{0}^{2} e^{-x}f(x)\,dx=2\left(\boxed{\text{ケ}}\right)^2$$

である。

（c） 整数 k に対して

$$\int_{2k}^{2k+2} e^{-x}f(x)\,dx=\boxed{\text{コ}}\times 2\left(\boxed{\text{ケ}}\right)^2$$

である。

（d） n を自然数とするとき，$\displaystyle\lim_{n\to\infty}\int_{0}^{2n} ne^{-nx}f(nx)\,dx$ を考える。

$\displaystyle\int_{0}^{2n} ne^{-nx}f(nx)\,dx$ は，$t=nx$ と置換し，（c）の結果を用いると，等比数列の和で表される。

したがって，$\displaystyle\lim_{n\to\infty}\int_{0}^{2n} ne^{-nx}f(nx)\,dx=\boxed{\text{サ}}$ である。

自分の知性を結晶化させて道具を作る外化という異なる自己実現の方法を獲得することによって主と奴の転換を起こすのである。

5　自分の命を惜しんで従属的な意識を持つようになった人間は、主である人間から労働を強いられることになるが、自然に対して道具を作ったりそれを利用したりするという自律的な行為による自己変革を行うため、真の意味での自立的な存在となる。

1　奴は自らの生命を賭けた自己意識の承認の戦いには敗北したが、自然へ働きかける労働を担うことによって世界を生成する歴史的な存在となり、主は奴に従属する存在になるから。

2　主は他者を対等な存在と認める戦いに勝利したにもかかわらず、労働に関わる社会的存在としては財産の貯蓄と管理という二次的な役割しか担っておらず、奴が主として扱われるようになるから。

3　主は暴力による戦いに勝利したにもかかわらず、その力を自分の欲望を充足させる目的のみに用いるために他者からの信頼を失い、社会を変革する主体となる役割を奴に奪われることになってしまうから。

4　奴は自分の生命を失うことを恐れ、従属的な意識に甘んじることを余儀なくされたが、生命の維持に必要なものを手に入れる労働の戦いには勝利したため、結果として主が隷属的な存在に入れかわるから。

5　奴は主によって労働に従事することを強いられることになったが、直接自然にたいして働きかける役割を獲得したことによって自然を自分たちの思うがままに管理し、主に不利益を与えることが可能になっていくから。

問12　本文の内容に合致するものはどれか。次の中から最も適当なものを選び、その番号を解答番号 [28] にマークせよ。

1　人間が自己意識をもつためにはどのような過程を踏むのかを考察しようとしたヘーゲルは、財産の存在を前提とするホッブズを批判し、財産を構築するための労働の役割を前提としたロックの思想に大きな影響を受けた。

2　人間は自己の意識とは異なる対等な他者意識に出会えた瞬間に喜びを感じるが、その喜びは次第に薄れ、最終的には他者から取るに足らぬ存在としてみなされ、自己意識を否定されるのではないかという不安を抱くようになる。

3　人間は自分が自己意識をもつ人間であることを証明するために生命を賭けた闘争に臨むが、両方もしくは一方が死に至らぬように互いの自己意識を伝え合い、承認し合う対話を行うことこそが、人間の他者理解を促す弁証法だといえる。

4　強制的に労働を課せられる奴となった人間は、自分の自己意識を他者に認めさせるという欲望の充足を延期させるが、

2　奴の存在の拠《よ》り所
3　人類の歴史の遺産
4　工作人《ホモ・ファベル》誕生の契機
5　自己意識の勝利の証し

問10　傍線㋔「外化された理性は道具においてその否定的な姿を示す」とはどういうことか。次の中から最も適当なものを選び、その番号を解答番号 26 にマークせよ。

1　本来人間の理性は自己の欲望を消失させるためのものだったが、「道具」という物質を作ることによって欲望を増幅させる結果になったということ。
2　本来人間は理性によって動物と異なる存在であることを証明してきたが、「道具」という物質に頼ることによって人間の理性が変化しづらくなったということ。
3　本来人間の理性は自己の内部のみで評価されるべきものだが、「道具」という物質がいかに世界を豊かにしているかという外的要因によって評価されているということ。
4　本来人間の理性は人間の中にのみ存在する内的なものだが、人間の営為と工夫を投じて作られた「道具」という物質によって人間の理性が形となってあらわれているということ。
5　本来人間の理性は自己の意識の中だけで他者との闘争を行うはずのものだったが、客観的な評価を行いやすい「道具」という物質の有用性によって人間の理性が評価されているということ。

問11　傍線㋕「誇っている主を実際には奴隷の地位に貶めている」とあるが、それはなぜか。次の中から最も適当なものを選び、その番号を解答番号 27 にマークせよ。

から選び、その番号を解答番号　23　にマークせよ。

①　しかし今この欲望を充足するために食べてしまうと、穀物は「消失」する。

②　しかしこの穀物を種として畑に蒔《ま》いてみたらどうなるだろう。

③　そして一万粒になってから、一〇〇粒でも二〇〇粒でも千粒でも、好きなだけ消費すればよいのである。

④　手元にある一〇〇粒の穀物は、今そこで食べれば、空腹を満たすことができる。

⑤　来年の秋には一万粒になって戻ってくるかもしれない。

1　④→②→⑤→③→①

2　①→④→②→⑤→③

3　④→①→②→⑤→③

4　①→②→④→③→⑤

5　④→①→②→③→⑤

問8　〈Ⅰ〉〜〈Ⅴ〉のいずれかに、次の一文が入る。それはどこか。後の中から最も適当なものを選び、その番号を解答番号　24　にマークせよ。

この労働は人間と自然のあいだ、主と奴のあいだで二通りの弁証法的な運動を生みだす。

1〈Ⅰ〉　2〈Ⅱ〉　3〈Ⅲ〉　4〈Ⅳ〉　5〈Ⅴ〉

問9　　Y　に入れる語句として最も適当なものはどれか。次の中から選び、その番号を解答番号　25　にマークせよ。

1　人間の智恵の塊

3　弱いほうが生命を惜しんで負けを認め、両方が生き残る。

4　生命を失うことを恐れて屈服したほうが、従属的な意識に甘んじる。

5　勝負に勝って生き残った片方のみが、両者が出会う前の意識に戻る。

問5　傍線㋓「自己意識の弁証法」とあるが、この「弁証法」を成立させる要素として不要なものを次の中から一つ選び、その番号を解答番号 21 にマークせよ。

1　他者の自己意識に出会う前の最初のわたしの自己意識は、自己を肯定して自足しているだけである。

2　単独では真の意味での自己意識に到達しないことに気づいたわたしは、他者の自己意識を求めるようになる。

3　他者の自己意識に出会ったわたしは、他者がわたしを対等な他者として承認してくれるか確信できない。

4　わたしは生命を賭けた戦いに勝利することによって、他者の自己意識を否定することができるようになる。

5　わたしの自己意識は、自分とは異なる他者の意識を否定することによって、改めて自己意識を肯定する。

問6　（ａ）〜（ｅ）に入れる語句の組み合わせとして最も適当なものはどれか。次の中から選び、その番号を解答番号 22 にマークせよ。

	a	b	c	d	e
1	そもそも	たとえば	とくに	また	しかし
2	元来	とりわけ	なかでも	そして	したがって
3	もとより	とくに	むしろ	さらには	だが
4	およそ	なかでも	とりわけ	すなわち	とはいえ
5	ひいては	くわえて	なかんずく	かつ	ただし

問7　X には、次に示す①〜⑤の五つの文を並び替えたものが入る。最も適当な並び順を示したものを後の中

4　社会が成立する前の原始的な姿であるということ。
5　自己意識以外の他の要素が含まれないということ。

問3　傍線㋑「わたしの自己意識はそのことだけでは満足できないだろう」とあるが、それはなぜか。次の中から最も適当なものを選び、その番号を解答番号 19 にマークせよ。

1　自分と対等な外部の対象を認識したことだけでは終わらず、対象となる相手の自己意識を利用して自分の財産を構築しようともくろむから。
2　自分と対等な他なる自己意識と出会えたことだけでは終わらず、わたしの自己意識が相手と対等なものであることを認めさせたいと願うから。
3　わたしの自己意識から独立した存在を発見したことだけでは満足せず、自己意識と相手の意識との優劣を第三者に判定してもらうことを望むから。
4　わたしの自己意識を承認する他者の意識を発見したことだけでは満足せず、自己にはない相手の優位な点を取り込んで自己意識を改善しようと考えるから。
5　わたしの自己意識と対立する他者の意識の存在を知ったことだけではすまされず、わたしをたんなる動物扱いする他者の意識を改めさせることが次の課題となるから。

問4　傍線㋒「自分の生命を賭けてでも求めて戦う」とあるが、その結果として当てはまらないものを次の中から一つ選び、その番号を解答番号 20 にマークせよ。

1　力の強いほうが、弱いほうを殺害してしまう。
2　互いが互いを殺害し、両者とも存在しなくなる。

の労働に依存していたことで、従属した奴となった。主と奴はその立場を逆転させたのである。奴は労働して自分の手で自然に働きかけることで、世界を変えたのである。「この世界が変えられた以上、奴は自己自身をも変える。（中略）したがって、歴史的な過程、人間的な存在者の歴史的な生成は、主、すなわち戦闘する者ではなく、奴、すなわち労働する者が生み出す仕事である」。承認を求める闘争という自然状態では主であった者は、歴史的な世界では、奴隷に依存する者となった。奴はみずからの欲望の充足を否定することで、自分を否定する存在であった主を否定し、主の主となることができたのである。これが主と奴のあいだの弁証法である。

（中山元『労働の思想史』。なお、文意を損なわない範囲で省略をおこなっている。）

問1 傍線①～③のカタカナの部分と同じ漢字を用いるものはどれか。次の中からそれぞれ選び、その番号を解答番号 15 ～ 17 にマークせよ。

15 ① カン帰　1 遺カン　2 カン慢　3 交カン　4 果カン　5 カン暦

16 ② 尊ゲン　1 起ゲン　2 ゲン惑　3 顕ゲン　4 ゲン粛　5 ゲン免

17 ③ ヨク制　1 ヨク日　2 ヨク圧　3 肥ヨク　4 ヨク衣　5 貪ヨク

問2 傍線㋐「裸の人間と裸の人間との出会い」とあるが、「裸」という表現が意図することとして最も適当なものはどれか。次の中から選び、その番号を解答番号 18 にマークせよ。

1 自意識を持たない無意識の状態であるということ。
2 労働による損得勘定の意識を持たないということ。
3 財産を有していることが前提とされるということ。

るのである。〈 Ⅲ 〉

このようにして奴は主の命令で労働しながら、自然に働きかけることによって、人間の人間らしさを実現してきたのだった。奴は自分が主の命令によって他律的に労働するだけでなく、自然にたいしては道具を作り、利用するという自律的な行為をすることを学んできたのである。人間としての奴は自然との加工においては、「自ら自覚的に自分だけで（対自的に）存在する」ことを自覚するようになる。「他者の意ばかりにしたがっているかにみえたまさにその労働において我が意をえている」のである。奴は労働のうちで、世界を変え、自己を変える。この労働の結果として、真の意味で自立的な存在となったのは奴である。それは労働によって初めて可能になったのである。〈 Ⅳ 〉

まずこのように奴から承認された主は、自己を肯定し、他者を否定しながら、奴となった他者に労働を強いる。奴は主の命令で自然とのあいだの戦いである労働を開始する。労働するということは、自分の身体を酷使することであり、自然にたいして自己の欲望の充足を否定しながら、自然からその果実を手にすることである。しかし奴はこの自己否定としての労働によって、自然からその対価としての産物を獲得したのであり、しかも労働することで、みずからのうちに技術と経験を蓄積することができたのである。ここに人間と自然とのあいだの労働の営みという弁証法が成立したのであり、この労働こそが、人間をたんに自然から与えられる恵みを摂取して生きている動物とは異なり、労働する人間としての人間存在にしたのである。〈 Ⅴ 〉

しかしこの奴の労働という営みは、自然とのあいだで弁証法を生みだしただけでなく、主とのあいだにも別の弁証法を生みだしている。承認を求める闘争で勝利した主は、他者を否定して奴とすることによって主としての存在を誇っているが、否定された奴は、みずからの欲望の充足を否定しながら労働することによって、㋕この誇っている主を実際には奴隷の地位に貶《おとし》めているのである。

この段階ではもはや自立しているのは奴であり、従属しているのは主である。奴は労働することで自立した主になり、主は奴人間は自分の欲望をその場で充足するのではなく、自分の今の欲望の充足を延期する。

X

労働するということは、今そこにある欲望をヨク制し、消失を延期させることだ。これが人間が、欲望を充足するために目の前にあるものを消費して満足する動物と異なる存在になるための第一歩であるとヘーゲルは位置づける。次の一歩は、道具を作ることである。土を耕すためには、何か道具が必要である。最初は木を削ったものでもいいだろう。しかしやがては金属の有用性が認められ、鉄製の鋤《すき》のようなものが作られるだろう。〈　Ⅰ　〉

この道具は、たんに労働するために便利なものではない。そこには人間の営為と工夫のすべてが投じられている。 Y なのだ。それは人間そのものと言ってもいいだろう。「労働は現実に自己を物とする」行為である。道具という物のうちに、人間は自己を外化するのである。道具において人間は自分の知性を内的なものとしてではなく、ほんらいのありかたを否定された物質的なものとして外化するのである。㋔外化された理性は道具においてその否定的な姿を示す。「道具において、あるいは、耕作された、実り豊かな畑地において、自我は可能性を、一つの普遍的な内容としての内容を所有する」とヘーゲルは論じた。〈　Ⅱ　〉

道具において、実り豊かな畑において、人間はもはや動物ではなく、人間であることを確証する。労働と道具こそが、何よりも人間が人間であることを明らかにするものとみなされたのである。このように人間の知性を否定的に媒介した道具によって、重要な肯定的な成果を獲得するという道具の弁証法においては、奴としての人間が自然に働きかけることで、欲望を延期することでその欲望をさらに十分に満足させることができる存在となることを明らかにした。道具は外化というかたちで否定的に実現された人間の知性であり、欲望であり、この欲望はこのように否定的に実現された知性である道具を通じて、最大限に充足されままで肯定していることができず、生命を賭した戦いによって、相手の自己意識を否定し、そこで他者から承認される自己意識へとカン帰することができた。ここで自己意識は他なる自己意識の存在を認識することができたのであり、ここに㋓自己意識の弁証法は終了する。

このようにして他者から承認された自己意識としての主は勝ち誇って、自分の生命の維持に必要なものを手にいれるために、奴に労働するように強いるだろう。奴は自然に働きかけ、「物に労働を加えて加工する」ことを強いられるのである。労働しない主は、自然とのあいだでは、奴を通じた間接的な関係をもつだけである。奴は主に強いられて自然に働きかける労働をする。

このように自然に働きかける人間の営みは、奴にとっては強いられたものであるが、（ａ）人間はこのようにして労働することによって自然と直接に交わり、自然に加工し、何ものかを生産するものである。人間の定義に、制作する動物《ホモ・ファベル》という定義がある。（ｂ）フランスの思想家のアンリ・ベルクソンは、人間と動物を質的に異なる存在としているのは知性が存在するかどうかであり、知性とは、「人為的なものを作る能力、（ｃ）道具を作るための道具を作る能力であり、（ｄ）かかる制作を無限に変化させる能力である」と規定して、人間は知性人《ホモ・サピエンス》であるよりも工作人《ホモ・ファベル》であると規定している。人間はこのように労働することによって、道具を使って自然に働きかけることによって、動物とは異なる「人間」という存在になってきたのだった。

ヘーゲルは若い頃の『イエーナ精神哲学』では、このような人間の労働を、欲望をもつ人間の活動そのものとして描きだしていた。人間はこの労働によって動物から人間になるのである。人間は生存のために自己の欲求を満たす必要に迫られる。（ｅ）人間が動物と異なるのは、欲望の充足を延期することを知っていることにある。「労働は欲望の③ヨク制であり、消失の延期である」からである。

ここで両者のあいだに、たがいに他者を自己と同等で対等な存在であることを承認するように求める闘争が発生するとヘーゲルは考える。たがいに相手にたいして、自己の自己意識が相手と対等な自己意識であることを、相手が自己を一つの自己意識であることを認めることを、㋒自分の生命を賭けてでも求めて戦うのである。「そこで両方の自己意識の関係は、両者が死を賭する戦いによって、自分自身の、またおたがいの証《あか》しを立て」ようとするのである。

この自己意識の出会いにおいては、それぞれの自己意識は相手がたんなる動物のような取るに足らぬ存在であるとみなしている可能性があることを想定しなければならない。そして相手にたいして、自分は自己意識をもつ人間であることを証明しなければならない。ヘーゲルは自分がたんなる生き物としての動物であるのではなく一人の人間であることを証明するためには、自分の生命を賭ける行為に出る必要があると考えている。この戦いは二人のあいだの戦いであるから、これはたがいに自分の生命を賭けて、相手を殺す用意があることを示すことである。「各人は他者に〈挑み〉、他者をまったくの尊②ゲンのための生死を賭しての闘争に引き入れなければならない。そしてこの闘争の中に他者を引き入れた後、自己が殺されぬためには、他者を殺さざるをえない」のである。この闘争の結果として、二人が殺し合い、誰もいなくなるか、両方とも譲らずに、力の強いほうが相手を殺してしまうか、あるいは片方が生命を惜しんで相手に屈服することで、両方が生き残るかのいずれかになるだろう。誰もいなくなるならそれでおしまいだし、片方だけが生き残るのでは、状況は二人が出会う前と同じである。自己意識をめぐる状況に変化が生じるのは、片方が自分の命を惜しんで屈服した場合だけである。その場合には、一方の自己意識は自分の生命を失うことを恐れずに戦うことによって自立的な意識であることを承認されるだろう。そして他方の自己意識は自分の生命を失うことを恐れて、従属的な意識であることに甘んじることになるだろう。自立的な意識は主《しゅ》であり、隷属した意識は奴《ど》である。

たんなる意識は弁証法を経験して自己意識となったが、この自己意識はこのように他者との承認を求める闘争において、新たな弁証法を経験したのだった。自己意識は最初は自己を肯定して自足していたが、他なる自己意識に出会って、みずからをその

二　次の文章を読んで、問いに答えよ。

　ドイツにおいてカントの思想を批判的に受け継いだゲオルク・ヴィルヘルム・フリードリヒ・ヘーゲルは、労働の問題を根源的に考察するために、人間が自己意識をもつためにはどのように過程を踏むのかということから考えた。ヘーゲルは自己意識というものが、単独の自己だけでは実現されないことを承知している。他者が存在し、他者を意識することなしには、そして他者が自己と同等な他者であるということを認識しなければ、人間の意識が真の意味での自己意識となることはできないのである。この自己意識としての自我が、まだ社会というものが成立していない自然状態で他者と出会うと考えてみよう。

　ヘーゲルは自然状態において人間が他者と出会ったときにどのようなことが起こるかについて、ホッブズのように財産の存在を前提とせずに、そしてロックのように財産を構築するための労働の役割についても前提とせずに、㋐裸の人間と裸の人間との出会いとして考察しようとした。外部の対象を認識する意識から自己意識に①カン帰した状態の意識が、他なる意識に出会うときにはどうなるだろうか。ヘーゲルはこのときにはわたしの自己意識は他者を一人の人間として、自己意識をもつ独立した別の存在として承認するだろうと考える。この自己意識は他の自己意識と出会ったときには、ホッブズの想定したように相手の財産を奪おうなどとは考えずに、自分と対等な他なる自己意識と出会えたことに喜ぶだろうと考える。

　㋑ただしわたしの自己意識はそのことだけでは満足できないだろう。他者もまた自分と同じ一つの自己意識であり、この他なる自己意識にとっては、わたしは他者であるだろう。そのとき、他なる自己意識がわたしを自分と対等な他者として承認してくれるかどうか、わたしは確信することができないだろう。他者にとってわたしは、たんなる動物と同じような取るに足らぬ存在にみえているかもしれないのである。その可能性についてはわたしは自分の自己意識に問い掛けてみれば確認できる。こうしてわたしの自己意識は他者においてみずからの自己意識が否定されているかもしれないことに気づく。そこでわたしの自己意識は、他者にたいして、わたしが相手と同等な自己意識であることを承認してほしいと要求することになるだろう。

によって解消しようとしたということ。

3　近代化によって自己の内面と向き合わざるを得なかった夏目金之助は、自然主義にも浪漫派にも属さない物語を夏目漱石として書くことで現状を打破しようとしたということ。

4　西洋文化に憧れながら「日本的」な伝統や慣習から抜け出せないでいる夏目金之助の自己矛盾を、漱石文学の登場人物に共鳴させたり否定させたりすることによって解決しようとしたということ。

5　都市と環境といった関係性の中で生じる夏目金之助の苦悩を、漱石文学の登場人物の心を矛盾によって引き裂いたり、異常な圧力によって挫折させたりすることで浮きだたせようとしたということ。

問12　本文の内容に合致するものはどれか。次の中から最も適当なものを選び、その番号を解答番号 14 にマークせよ。

1　漱石は西洋近代の影響を受けて変容しようとする旧来の日本人の精神を、「小説」という制度を通して試行錯誤の中で新たに作り上げようとした。

2　明治近代の東京に住むすべての人にとって、そこにあるものはヴァーチャルなものであり、世界は触れることのできないパラレルワールドであった。

3　漱石が抱えた心の傷は、グローバル化された西洋的な価値観と「日本的」な伝統の間に生じたもので、現代に生きる私たちも同じ傷を抱えている。

4　完全に自律した心の形成は十分な歴史的蓄積がないと不可能であるが、明治期の日本においては早急にその自律した心を形成することが迫られた。

5　人間の主体化は不能性、不完全性に直面する中で成立していくため、漱石文学の中にはその圧力に耐えかねて挫折してしまった姿も描かれている。

［11］にマークせよ。

1　外界の自然をそのまま写実的に描写するのではなく、自己の「内面」を描き出そうとした自然。
2　日本古来の文化を形成する言語によって支えられた、日本独自の歴史性を再現しようとした自然。
3　現実の自然そのものではなく、自身の思想が無意識に反映された漱石の想像の中に存在する自然。
4　失われた過去や異国のユートピアを再現するものであり、明治近代文学の自然主義を体現した自然。
5　明治近代に必要とされた完全に自律した心のモデルの代替となるような、擬似的な環境としての自然。

問10　（ a ）～（ d ）に入れる語句の組み合わせとして、最も適当なものはどれか。次の中から選び、その番号を解答番号［12］にマークせよ。

1	a　そして	b　それは	c　ところが	d　だから
2	a　だから	b　それゆえ	c　たとえば	d　しかし
3	a　ところが	b　たとえば	c　しかし	d　一方
4	a　そのため	b　けれども	c　そして	d　それゆえ
5	a　しかし	b　なぜなら	c　そもそも	d　むしろ

問11　傍線㋖「夏目金之助はこの困難を、作家・夏目漱石が描く登場人物たちの苦悩と共に生きようとした」とあるが、それはどういうことか。次の中から最も適当なものを選び、その番号を解答番号［13］にマークせよ。

1　急激な近代化によって生じた夏目金之助の不安を、漱石文学の登場人物に模擬的に体験させることによって明確にしようとしたということ。
2　東京には自分の居場所がないのではないかという夏目金之助の不安を、漱石文学の中の自然をヴァーチャルに描くこと

1　日本では情報環境に対して、個人がその環境に適応するように振る舞おうとする受動的な意識がはたらくから。

2　日本では情報環境が自然よりも優先されることで、主体性の発揮がしにくくなるという現状が促進されるから。

3　日本では情報環境の整備が進むにつれ、自然の代替となるような擬似的な環境を求めるようになっているから。

4　日本では情報環境が新たな制度として捉えられて、それによって若者の行動が変質するという問題があるから。

5　日本では情報環境と個人が密接に結びつき、自覚的に利用することのない制度や道具だと認識されているから。

問8　傍線㋔「内的な主体と外的な客体を結びつける『透明な』言語の創世運動」とあるが、その目的の説明として最も適当なものはどれか。次の中から選び、その番号を解答番号 10 にマークせよ。

1　漱石たち文学研究者が利用しきれなかった「言文一致」を、明治の日本人の主体化を実現する上では効果的であると見なし、その活用を意図した。

2　主体性に欠けていた明治の日本人と近代に生まれた「小説」という「制度」を、「言文一致」という制度で結びつけて主体性を取り戻そうとした。

3　国木田独歩が「自然」と「風景」を書くことで「内面」を発見したことから、「言文一致」を作品に用いることで個人の主体を描き出そうとした。

4　明治の作家たちは「小説」を「言文一致」で書くことによって、西欧のような主体を持たなかった日本人が主体を獲得できるようにしようとした。

5　近代西欧の主体的な作品に出会うことのなかった日本人が「言文一致」という手段を活用することによって、急速に主体性を構築しようとした。

問9　傍線㋕「漱石の描く自然」とあるが、それはどのようなものか。次の中から最も適当なものを選び、その番号を解答番号

2　『三四郎』の登場人物たちがもつ不安を、同時代の作品に描かれた不安と重ね合わせて読むこと。

3　『三四郎』に描かれている不安を、それ以後の漱石作品を読むことによって、深く理解すること。

4　『三四郎』に描かれた不安を、それ以前に書かれた漱石の作品の筆致や思想と比較して読むこと。

5　『三四郎』に託して描いた漱石自身の不安が、それ以後の漱石作品にもあると確認しながら読むこと。

問5　傍線㋒「漱石的青年の苦悩」とあるが、それはどういう「苦悩」か。次の中から最も適当なものを選び、その番号を解答番号 7 にマークせよ。

1　自分の居場所が破壊され再構築されてしまい、どこにも存在しないのではないかという苦悩。

2　自分の意識の在り様が劇的に変化することで、これまでと違う感覚しか持てないという苦悩。

3　自分が居るべき世界と現実の世界に接点がなく、置き去りにされるのではないかという苦悩。

4　自分が居る場所が非場所なる場所である、という感覚がいつまでも抜けきらないという苦悩。

5　自分の居場所は浮遊したまま地に足がつかない、という感覚を持ち続けてしまうという苦悩。

問6　〈Ⅰ〉〜〈Ⅴ〉のいずれかに、次の一文が入る。それはどこか。後の中から最も適当なものを選び、その番号を解答番号 8 にマークせよ。

その意味で漱石は極めて日本的でありまた現代的な想像力のもとに、その世界を構築している。

1　〈Ⅰ〉　2　〈Ⅱ〉　3　〈Ⅲ〉　4　〈Ⅳ〉　5　〈Ⅴ〉

問7　傍線㋓「日本では情報環境がまるで擬似的な自然環境や生態系のように機能する」とあるが、それはなぜか。次の中から最も適当なものを選び、その番号を解答番号 9 にマークせよ。

問1　傍線①〜③のカタカナの部分と同じ漢字を用いるものはどれか。次の中からそれぞれ選び、その番号を解答番号 1 〜 3 にマークせよ。

1　①　マ擦　1 鈍マ　2 手マ　3 邪マ　4 マ天楼　5 マ子《ご》

2　②　証サ　1 サ遷　2 サ汰　3 検サ　4 サ配　5 動サ

3　③　ツムいで　1 ボウ観　2 ボウ績　3 ボウ壁　4 美ボウ　5 解ボウ

問2　本文中二カ所の A に入れる語句として最も適当なものはどれか。次の中から選び、その番号を解答番号 4 にマークせよ。

1 景勝地　2 登竜門　3 蜃《しん》気楼　4 金字塔　5 桃源郷

問3　傍線㋐「その波がいずれ（いや今や）日本（東京）を襲う」とはどういうことか。次の中から最も適当なものを選び、その番号を解答番号 5 にマークせよ。

1　西欧と同じように人口が増え、自分の居場所がなくなるという事態が日本や東京に近いうちに訪れるということ。
2　西欧の近代化による都市への急激な人口集中と技術革新に、いやおうなくすぐに日本も巻き込まれるということ。
3　近代化によって、自分の存在価値が失われていくという不安がそう遠くない未来に日本にやってくるということ。
4　技術革新によって、古来からの伝統の価値がなくなり、西欧の価値観が日本に持ち込まれる日がくるということ。
5　西欧近代の輸入という抗《あらが》いがたい動きに、すぐにでも対応しないといけないという危機を感じているということ。

問4　傍線㋑「『三四郎』の不安を遡行的に前提して読むこと」とはどういうことか。次の中から最も適当なものを選び、その番号を解答番号 6 にマークせよ。

1　『三四郎』に描かれた不安を念頭におきながら、それ以前に書かれた漱石の作品を読むこと。

（　ａ　）、この特異な挫折のなかにこそ、日本の心の来歴と現在を考える鍵がある。（　ｂ　）長大な歴史のなかで「主体（制御する心）」を構築してきた西欧とは違い、この未知の存在への戸惑いこそ日本における主体であるからだ。（　ｃ　）、あらゆる世界と身体を制御する心を持てるから人間は主体化できるのではない。（　ｄ　）主体化を要請する運動のなかでの挫折において、その不能性、不完全性に直面することで主体は浮かび上がってくる。人間というものは、傷を負い、その傷を修復しようとする過程のなかではじめて心を主体化できるという逆説のうちにある。西欧世界はこの弁証法を幾度となく繰り返し、数百年もかけてゆっくりと主体という存在を構築してきたが、日本ではものの数十年で火急に主体化しなければならないという尋常ならざる圧力がかかっていた。漱石文学のなかには、その異常な圧力に耐えかねて挫折し、彷徨《さまよ》ってしまった、ふわふわとした中途半端な主体、あるいは矛盾に引き裂かれた心が描かれている。〈　Ｖ　〉

　明治に生きた作家のなかで、漱石ほどこうしたテクストと主体の関係や、都市環境と自然環境の関係など「文学の条件」に敏感だった人間もいない。その意味で漱石文学の総体とは、この時代に生きる一人の人間としてのリアルな生を賭した実験でもあった。㋖夏目金之助はこの困難を、作家・夏目漱石が描く登場人物たちの苦悩と共に生きようとした。物語の青年たちは時に限りなく漱石と共鳴し、また時に自らを否定してくる矛盾そのものでもある。金之助はこの小説作品という仮構の世界にいくつもの心をシミュレーションすることによって、自らの実存的な苦悩を昇華し、また自己のパラレルな心を極限まで際立たせることによって、生きて書く夏目金之助の心を救っていたのかもしれない。

（下西風澄『生成と消滅の精神史』文藝春秋。なお、文意を損なわない範囲で省略し、表記の一部を改めている。）

注　ヴァーチャリティ＝ここでは、「仮想性」「空想性」という意味。
　エンパワメント＝権限を与えること。
　柄谷行人＝哲学者、文芸批評家。

ないような環境においては、なにか自然の代替となるような擬似的な環境を求める。したがって私たちは、明治近代という、おそらくは日本史上最大の環境の変化において、とりわけその心のモデルの形成の過程に、いったい何が生じていたのかに立ち戻る必要がある。〈 Ⅲ 〉

また、言うまでもなく漱石は日本近代文学の誕生に立ち会った作家であり、その苦悩は近代に生まれた「小説」という新たな「制度」との格闘でもあった。明治の作家たちは「言文一致」という試みを通じて人間の主体化というプロジェクトの実行を試みていたことを柄谷行人《からたにこうじん》は指摘した。それはいわば、㋔内的な主体と外的な客体を結びつける「透明な」言語の創世運動である。とりわけ国木田独歩が武蔵野の「自然」を描いたことではじめて「風景」を発見し、そのことによって風景と対置されるべき「内面」を同時に発見した。しかし他方で漱石は、自然をそのような「風景」として発見することに失敗したからこそ、あるいは拒絶していたがゆえに、内面の重力に飲み込まれていった。作家であると同時に文学研究者でもあった漱石にとって、外界の自然を自然そのままに描写する「透明」な言語（言文一致体）は、あくまでも設立された制度であって、素朴に利用できるものではなかった。〈 Ⅳ 〉

漱石は幼少期から漢文学を身体に染み付かせ、学生時代には『方丈記』を英訳し、シェークスピアはじめ幾多の英文学を読み解き、子規と共に写生文を書き、文学理論を構築し、近代文学の成立条件たるその歴史性と方法論とを十分すぎるほど自覚していたのだ。それゆえに透明な主体も確立できなかったし、一人の作家とは思えないほどの多種多様な文体を実験した。漱石作品にはそれゆえ、老荘思想やイギリスロマン主義文学、漢詩や山水画、俳諧や滑稽本、能や落語など、ありとあらゆる言語的に媒介された自然が立ち現れてくる。だからこそ㋕漱石の描く自然は、独歩のようにリアリズムによる「風景」ではなく、絶えず意識の外部に揺蕩《たゆた》う、まさにヴァーチャルな自然であり、失われた過去や異国のユートピアであり、明治近代文学の創世期において自然主義にも浪漫派にも属さない特異な文学を③ツムいでいた。

同じ一つの座標軸の空間に存在しながら、その世界と接触できない。この存在感を感じられない非場所的な場所で、三四郎は実感を取り戻すように過去の世界を追想する。彼は故郷である熊本から母の手紙が届くとしばし安心し、また東京にいて不安にあっても空を眺めると田舎を思い出して魂の回復を感じる（この点に注目するとき、漱石における「自然」を「母」と読み替えてみるのも、日本の現代的な心を考えるうえで重要な観点になる）。

しかし三四郎はもはや過去（熊本）へと戻ることはできないから、彼の居場所はどこにも存在しない。すべての世界が手触りのないヴァーチャルであり、過去の［A］へ向かおうと、未来の迷宮都市へ向かおうと、それらは決して触れることのできないパラレルワールドであった。〈Ⅱ〉

漱石の心の傷は決して古びたものではないどころか、むしろ現代の私たちの心が直面している傷である。私たちは今なお、グローバル化された西洋的な価値観が飛来する度に、一方ではその表面的な価値に憧れつつ、他方では「日本的」な伝統を参照してその慣習との間で激しい①マ擦を起こしている。自ら育て上げた思想ではなく、到来するモデルの導入に戸惑いながら、その軋轢《あつれき》から逃げるようにヴァーチャルで無垢《むく》なパラレルワールドを夢想している私たちは、漱石と同じ苦悩を繰り返している。あるいはインターネットの波が到来した二〇〇〇年代において、アメリカではウェブが個人の自由をエンパワメントする技術として歓迎されたのに対し、（エ）日本では情報環境がまるで擬似的な自然環境や生態系のように機能すると捉えられた。人間は主体的な自由を発揮するのではなく、データベースという情報環境に駆動される動物的な存在として振る舞うという日本特有の問題が生じていたのだ。日本ではどのような技術的・社会的な変容があったとしても、それを新たなる制度や道具として自覚的に利用するのではなく、新たなる自然環境であるかのように意識を受動化する。主体性の発揮よりも環境への適応を重視するこうした態度は、自律的な心というモデルが日本では徹底的に根付かないことの証②サである。自然なき心、完全に自律した心というモデルは十分な歴史的な蓄積なくしては不可能なのだ。別の言い方をすれば、心はその母体であった自然を常に求めるし、その自然がや今や）日本（東京）を襲うことを予見していた漱石は『三四郎』で、ロンドンの不安を東京という都市に重ねて描いた。それゆえ『吾輩は猫である』の透徹されたアイロニー、『坊っちゃん』の戯画的なまでの解放感、『草枕』で描かれる過剰に美しい自然、における複雑でアイロニカルな筆致と思想は、むしろ㋑『三四郎』の不安を遡行的に前提して読むことによって理解できる。

三四郎が田舎の熊本から上京し、はじめてその眼に映した東京の光景は印象的だ。

> 尤《もつと》も驚いたのは、何処迄《どこまで》行《いつ》ても東京が無くならないと云《い》ふ事であつた。しかも何処をどう歩いても、材木が放り出してある、石が積んである、新しい家が往来から二三間引込んで居る、古い蔵が半分取崩《とりくづ》されて心細く前の方に残つてゐる。凡《すべ》ての物が破壊されつゝある様に見える。さうして凡ての物が又同時に建設されつゝある様に見える。

三四郎が東京という新世界へ来たとき、すでに彼は迷宮《ラビリンス》に迷い込んでいる。そうでなければ「東京が無くならない」などという奇妙な書き方はしない。だからこそ三四郎は大学で出会った美禰子《みねこ》に「迷へる子《ストレイシープ》」と呼ばれ、自らを呪縛するようにその言葉をつぶやく。この明治近代を象徴する新世界、東京という都市の光景から、㋒漱石的青年の苦悩は始まる。すべての物が破壊され再構築される場所。世界のすべてを覆い尽くすかのような無限なる場所。都市の誕生は人間の意識を変える。万葉から古今の変化の契機において、平安京という新たな都市が自然を情報論的に再構築、意識の在り様を劇的に変容させたように、漱石の生きた明治近代の都市・東京は、いっそうラディカルに意識と自然の関係を変えた。この非場所なる場所に、三四郎の意識は浮遊する。彼は「自分は此世界のどこかの主人公であるべき資格を有してゐるらしい」と感じている。しかしそれにもかかわらず、この世界はまるで自分の存在すべき場所ではないかのように存在する。〈　Ｉ　〉

> 世界はかやうに動揺する。自分は此動揺を見てゐる。けれどもそれに加はる事は出来ない。自分の世界と、現実の世界は一つ平面に並んで居りながら、どこも接触してゐない。さうして現実の世界は、かやうに動揺して、自分を置き去りにして行つて仕舞ふ。甚だ不安である。

国語

（八〇分）

一　次の文章を読んで、問いに答えよ。

「死ぬか、気が違ふか、夫《それ》でなければ宗教に入るか。僕の前途には此《この》三つのものしかない」（『行人』）と漱石は書いた。彼は西欧近代の輸入という巨大な波に一個の人間として飲み込まれ、狂気に苛《さいな》まれながらも抵抗し、新たなる心のモデルを模索しようとした。

私たちはこれから、初期の『草枕』から後期の『行人』に至るまでの過程において、漱石がいかに意識の苦悩を深めていったのかを辿《たど》っていく。しかしその前に、いったいなぜ彼はこのような複雑な苦悩を抱えるべきことになったのか、明治近代という時代性における都市環境と文学運動という点から、その背景を考えてみたい。

漱石が自然を［A］のように理想化したのは、単にそれが失われたものだったからだけでなく、現実空間もまたヴァーチャリティを帯びたふたしかな場所になってしまっていたからである。こうした居場所なき実存的な不安は、漱石作品を貫く重要な感覚であるが、その不安の最初の一撃は、『三四郎』における東京という新都市の光景において書かれている。漱石は小説を書き始める前に、イギリスに留学し、ロンドンという近代都市を目撃して衝撃を受けた。『倫敦塔《ろんどんとう》』で「表へ出れば人の波にさらはれるかと思ひ、家《うち》に帰れば汽車が自分の部屋に衝突しはせぬかと疑い、朝夕安き心はなかった」と書き、(ア)その波がいずれ（い

解答編

英　語

I　解答　〔1〕(A)—(1)　(B)—(3)　(C)—(2)　(D)—(1)
〔2〕(1)—3　(2)—1　(3)—2　(4)—3　(5)—2
〔3〕—(5)

全訳

《人間とネコのコミュニケーション》

1　マリアが家に着くと，彼女のネコのレイアが愛情たっぷりに出迎えてくれる。そのネコはマリアをじっと見つめる。「ニャー！」 マリアはよく赤ちゃんに使われる声のトーンで応える。「どうしたの，レイア，寂しかったの？　もちろん寂しかったのね。もちろんそうよね。一日中独りぼっちだったのに，寂しくなかったはずないわね？　こっちにおいで，可愛がってあげるよ」 人間とネコのコミュニケーションの典型的な例が今，起こったのだ。マリアはペットに話しかけるとき，大人の人間に話しかけるときとはまったく違う話し方をした。彼女はより高く，より変化に富んだ音の高さを使い，短いフレーズを繰り返し使った。彼女はゆっくりと話し，問いかけてはすぐにそれに自分で答えた。しかし，ネコはニャーと鳴くだけだった。イヌは人間や他のイヌに向かって吠えるが，ネコは一般的に人間に向かってニャーと鳴くだけで，自分と同じ種の生き物に向かってニャーと鳴くことはほとんどない。人間もネコもコミュニケーションの方式を互いに合わせているが，それは重要なことなのだろうか？　マリアはネコの鳴き声を理解しているのだろうか？　レイアはマリアが自身に話しかけているということを認識しているのだろうか？　さて，科学者たちはこれらの疑問に答えようとしている。

2　世界中で約6億匹のネコが人間と暮らしている。彼らは人間とコミュニケーションをとる能力や感情的な絆を形成する能力を高く評価されている。実際，ネコは肉食動物の中で最も複雑な声の種類を持っている。その声の種類は広く，科学研究では21種類もの異なった鳴き声が報告されているが，おそらくもっと多いだろう。それらの中で人間とのコミュニケーションに最も一般的なものがニャーという鳴き声である。野生のネコは縄張りを主張するため，あるいはつがいの相手を惹きつけるために時々ニャーと鳴くが，飼い慣らされたネコは人と接するときに常にニャーと鳴く。このため科学者たちは，ニャーと鳴くのはこの家畜化と人間との交流の産物ではないかと考えている。もしかしたら，ニャーと鳴く方が人間の注意をひくのに効果的で，それがネコに何らかの利点をもたらすのかもしれない。しかし，だからといって私たちがニャーという鳴き声をよく理解できているわけではない。2020年，ミラノ大学による研究では，餌を待っている，人間に毛繕いされている，なじみのない環境で独りでいるという3つの異なる状況で録音されたネコのニャーという鳴き声の違いを，人間が聞き分けられるかどうかを調べることになった。被験者は，ネコが餌を欲しがっているときに使う鳴き声を識別することにおいては，他より少しはうまくできたが，全体的にはうまくいかなかった。

③　ネコが絶えずニャーと鳴き，その状況ではなぜ鳴いているのかわからない場合，人はイライラするものだ。ただ，いいニュースがある。ネコを飼っていれば，それはずっと簡単だ。ペットに慣れ親しんでいることで，彼らをよりよく理解できるのだ。また，これは女性の方が男性よりも得意で，このことは人間の感情であれ動物の感情であれ，感情を理解することに関しては女性の方がより敏感だという傾向があることを示す先行研究と一致している。2019年の研究では，人間はわずかな表情の変化からネコの感情の状態を見分けることができ，これも女性が男性より優れているということがわかった。

④　私たちがネコと話すときにネコが何を考えているのかを解明することは，科学者にとって難題であると判明しつつある。なぜならネコは研究室で調べられるのを好まないからだ。ネコは居心地のよい場所から離れるとすぐにストレスを感じ，調査をするのがほぼ不可能になる。ネコ自身が安全でリラックスできると感じる場所である自分の家での実験が，よりよい方法である。2022年に行われた，ネコがいつ人間から話しかけられているの

かを判断できるかどうか調べる研究では，この方法が用いられた。研究者たちは，ネコのいる部屋に音声スピーカーを設置し，さまざまな人が以下のように言っている録音音声を流した。「遊びたい？」「元気？」「またね！」 録音されたフレーズは，人がペットに使う典型的なイントネーションで話されることもあったし，人間対人間の典型的なイントネーションで話されることもあった。ネコの反応は撮影され，さまざまな耳の動きや視線の向きの変化などが分析された。その研究の結果，ネコは2種類のイントネーションの違いを聞き分けることができ，いつ自分が話しかけられているかを知ることができるが，それは自分の飼い主が話している場合に限られることがわかった。

5　2002年に行われたより古い研究でも同様の結果が示されている。何人かの人は，彼らが知らないネコと触れ合うように依頼された。その結果，話しかけたからといってネコが寄ってくるわけではなく，話しかけるのが男性で，多くの命令をした場合は逆の効果でさえあることがわかった。結果に明確に影響した唯一の要因は，その人がどの程度ネコ好きかネコ嫌いかということだった。どの研究参加者も同じ行動をとっているように見えたが，ネコはネコ好きの身振り手振りの小さな違いを識別することができた。

6　これまで，人間とネコとのコミュニケーションに関する研究はそれほど多くなく，それらの多くは少数のネコしか対象としていない。たとえば，先ほどの音声録音を使った研究では，わずか16匹のネコしか使っていない。ネコと人間がどの程度理解し合っているのかについて明確な結論に至るには，はるかに多くの調査が必要である。

解説

〔1〕(A)　質問文は「人間がネコに対してする異なった話し方として，挙げられていないものはどれか」の意。人間がネコに対してする，大人の人間に話しかけるときとはまったく違う話し方については，第1段第10・11文（She used a … immediately answered herself.）「彼女はより高く，より変化に富んだ音の高さを使い，短いフレーズを繰り返し使った。彼女はゆっくりと話し，問いかけてはすぐに自分でそれに答えた」に書かれている。選択肢の中でこれに該当しないのは，(1)「特別な単語を使う」のみである。

(B)　質問文は「被験者は，どのタイプのニャーという鳴き声を最もうまく聞き分けることができたか」の意。第2段最終文（The study participants …）「被験者は，ネコが餌を欲しがっているときに使う鳴き声を識別することにおいては，他より少しはうまくできた」より，(3)が正解。

(C)　質問文は「最近の研究によると，ネコには人間がいつ自分に話しかけているかを認識する能力があるか」の意。第4段最終文（The study found …）の「ネコは…いつ自分が話しかけられているかを知ることができるが，それは自分の飼い主が話している場合に限られることがわかった」より，ネコが飼い主と暮らしている場合には，識別能力があることがわかる。よって，(2)が正解。

(D)　質問文は「何がネコを見知らぬ研究参加者に接近させるよう促すのか」の意。第5段第4文（The only factor …）に「結果に明確に影響した唯一の要因は，その人がどの程度ネコ好きかネコ嫌いかということだった」とあることから，研究参加者がネコ好きであれば，ネコが寄っていくことがわかる。よって，(1)が正解。(3)の the cat は特定のネコを指しているが，この実験では，ネコ全般 cats を好きであることが要因とされている。

〔2〕(1)「科学者はイヌが吠えることで何を伝えているのかを理解している」

本文ではイヌに関しては，第1段第13文（While dogs bark …）に「人間や他のイヌに向かって吠える」という記述があるだけで，正誤の判断はしかねる。

(2)「ネコが他のネコに向かってニャーと鳴くのは珍しい」

第1段第13文（While dogs bark …）の「ネコは一般的に人間に向かってニャーと鳴くだけで，自分と同じ種の生き物に向かってニャーと鳴くことはほとんどない」より，本文の内容と一致する。

(3)「科学者はネコが発する21種類より多くの鳴き声の意味を特定した」

第2段第4文（The vocal repertoire …）の「科学研究では21種類もの異なった鳴き声が報告されている」より，本文の内容と一致しない。

(4)「雌ネコは雄ネコよりも人間に対して，より効果的に自分の要求を表現できる」

第3段第4文（Women are also …）に「感情を理解することに関して

は女性の方がより敏感だという傾向がある」とあるが，これは人間の男女の差についての記述であり，ネコの雌雄での差については本文中に言及はない。よって，正誤の判断はしかねる。

(5)「ネコは実験室での研究に適している」

第4段第2文（As soon as …）「ネコは居心地のよい場所から離れるとすぐにストレスを感じ，調査をするのがほぼ不可能になる」より，本文の内容と一致しない。

〔3〕 本文では，第1段でのマリアと飼いネコとのコミュニケーションの場面から始まり，ネコの鳴き声や人間からネコへの声かけの実験例を挙げつつ，最終段でも，「人間とネコとのコミュニケーション」に言及して，文章を締めくくっている。よって，(5)「ネコと人間との相互コミュニケーションの方法の理解」が最も適切。

II ― 解答

〔1〕(A)―(1)　(B)―(2)　(C)―(2)　(D)―(2)　(E)―(1)　(F)―(4)　(G)―(2)　(H)―(3)

〔2〕あ―(1)　い―(2)　う―(4)　え―(2)　お―(2)

全訳

《子どもの驚くべき学習能力》

1 ある日，うまく歩けないかと思えば，次の日には廊下を走り回っている。あるいは，赤ん坊言葉がほぼ一夜で完全な文に変わる。子どもは間違いなく，自分たちにとって見知らぬ新しい世界を効果的に進んでいく方法を学びながら，新しいスキルを素早く身につけていく。対照的に大人は，新しい言語を学んだり，数学の特定の分野を習得したりするとしても何年もかかる。

2 生物学的要因と環境的要因の結果として，子どもは素早く学習するのだ。「『子どもはスポンジのようなもの』で，大人よりも早く新しい技術を習得する能力が備わっているというのが一般的な考え方です。しかしここにはいくつかの誤解があります。子どもの認知能力の発達は年齢と関係しており，その結果，ほとんどの分野で年少児は年長児よりも成績が悪いのです。しかし，若いことが有利に働く場合もあります。そしてこれは幼少期に集中しています」と幼児学の上級講師デビー＝レーベンスクロフトは言う。この利点は，神経可塑性，つまり経験に基づいて脳のつながりを形成し，

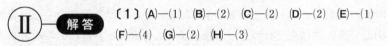

変化させる能力によるところが大きい。神経可塑性は，必要な習慣，日課，物事のやり方，行動を非常に早く習得させ，必要に応じて，そうでないものは忘れ去る能力を子どもたちに与えるものである。この能力は，遭遇するものや経験することの多くが新しいものである5歳の誕生日以前に，最も持続的に，また最も早く発揮される。「これは，大人との経験，彼らの環境，探求しようとする生物学的衝動など，いくつかの分野と関係しています」とレーベンスクロフトは言う。「子ども時代は，大人のより成熟した能力に子どもが追いつくために時間を費やす時期なのです」

[3]　特に言語習得は，子どもたちがしばしば大人よりも大きな強みを持つ分野であるとレーベンスクロフトは指摘する。これは主に，「赤ん坊が，母国語で使われるリズムや音に波長を合わせることができ，それゆえ4歳までに有能かつ流暢に話すことができるようになる」からだ。この能力は，幼児が第2，第3の言語を明らかに簡単に習得するのに役立つとレーベンスクロフトは言っている。2022年4月に発表された研究論文の中で，著者らは，「赤ん坊は生まれつき，年長の子どもや大人が見逃している言語に関する情報を見聞きしているが，環境の中でより多くの経験をするにつれてこの能力を失っていく」と示唆している。さらに，赤ん坊は「世界中のあらゆる言語で使われている音声や音調の違いを聞き分けることができ，生まれたときの言語環境にかかわらず，あらゆるインプットを受け入れることができる」のだ。言語習得において，時間は重要な要素である。「たとえば，思春期までに言語の特定の音の特徴に触れなければ，それらの違いを区別することは不可能になります」とレーベンスクロフトは言う。誕生から思春期までの期間に，子どもは，神経可塑性と「認知の柔軟性」の両方があるおかげで，迅速かつ効果的に言語を学習できるということが研究でわかっている。「認知の柔軟性」とは，同時に多数の概念について明確に考えるだけでなく，2つの異なる概念を頭の中で素早く切り替える能力である。この能力は言語学習に限ったことではない。

[4]　2022年の別の研究で，子どもと大人ではガンマアミノ酪酸（ギャバ）として知られる脳内のメッセンジャーに違いがあることが示された。その調査ではガンマアミノ酪酸は新たに学んだ事項を定着させるかもしれないということが示唆されている。この研究では，子どもは視覚トレーニングに参加すると「ギャバが急激に増加」し，この学習はトレーニングが終わ

った後も継続するのに対し，「大人のギャバの濃度は変化しない」ということがわかった。このことは，子どもの脳が視覚トレーニングに対して，新しい学習内容をより迅速かつ効率的に安定させるような反応をすることを示唆している。その結果，この研究は，子どもは新しい知識や技能を大人よりも素早く習得できるという考えを裏づけている。しかし，素早く学習するためには，子どもたちは支援や指導を受けることや適切な学習教材を利用できることも必要となる。「子どもたちはたしかに素早く学ぶ能力を持っていますが，彼らの環境や経験を作ってくれる思いやりのある優しい大人のサポートが十分でなければ，困難を感じるでしょう」とレーベンスクロフトは言う。「学習に最もよい時期はできるだけ幼い時期です。読み聞かせは，言語への愛情をもたらし，赤ん坊の脳につながりを確保するだけでなく，素晴らしい絆を共有する体験となるのです」

5　誕生から5歳までは，子どもにとって「重要な時期」である，とレーベンスクロフトは付け加えている。この時期には，子どもは，絶えず学習し，どのような状況にも取り組み，対処できる最善の方法を見つけ出しているため，子どもの脳は大人よりもはるかに活動的なのだ。それゆえ，子どもの学習能力や理解力は，こうした相互作用と結びついている。「必要なのは，子どもが新しい知識や学習内容を処理し，受け入れるための時間です。子どもたちの学びを早めようとするあまり，私たちは急ぎすぎてしまうことがある。その一方で，子どもたちが自分のペースで学ぶよう促す環境を整えることができれば，その環境は子どもたちが人や場所と関わることへの愛着を育み，能動的な学習に取り組む機会を増やすことになるのです」

解説

〔1〕(A)　第1段第3文（Children undoubtedly develop …）では子どもが新しいスキルを素早く身につけることを述べ，空所の後では「大人は，新しい言語を学んだり，数学の特定の分野を習得したりするとしても何年もかかる」とその習得の遅さについて言及している。よって，対比を表す(1)「対照的に」が正解。

(B)　空所直後には「その結果，ほとんどの分野で年少児は年長児よりも成績が悪いのです」とあることから，因果関係を持つようにするために(2)を入れて，子どもの認知能力の発達が年齢と関係がある（年齢とともに上がっていく）とするのが適切。

(C)　空所を含む文は，神経可塑性の説明となっている箇所で，空所以前では「必要な習慣，日課，物事のやり方，行動を非常に早く習得させる能力」，空所の後では，「そう（必要）でないものは忘れ去る能力」と書かれている。この2つに因果関係はないので(1)は不適切。逆接でつなぐ内容でもないため(3)も入らない。(4)も capacity「能力」の説明にはそぐわない。よって，(2)「必要に応じて，必要ならば」が最も適切。

(D)　子どもが学習により技術を習得していく話題が展開されているので，(2)「〜に追いつく」を入れて，「子ども時代は，大人のより成熟した能力に子どもが追いつくために時間を費やす…」とするのが最も適切。

(E)　空所の前では，「赤ん坊は生まれつき，年長の子どもや大人が見逃している言語に関する情報を見聞きしている」とあり，赤ん坊に大人以上の能力が備わっていることが示唆されている。一方，空所の後では「…この能力を失っていく」と能力が失われることに焦点が置かれている。よって，(1)が正解。

(F)　空所の前の making 以降は分詞構文で，前文に対して結果を付け加える役割をする。「（赤ん坊が）世界中のあらゆる言語で使われている音声や音調の違いを聞き分けることができ」る結果，どういった状況となるかを考えると，(4)を入れて，「あらゆるインプットを受け入れることができる」とするのが最も適切。open to 〜「〜を受け入れる」

(G)　空所を含む段には「子どもは新しい知識や技能を大人よりも素早く習得できる」という記述もあり，第4段最終文（“The best time …”）では読み聞かせをすることが赤ん坊の脳によい影響を及ぼすとも書かれていることから，幼い時期が学習に最も適していると考えられる。よって，(2)が正解。

(H)　空所を含む文の because 節の中では「子どもは，絶えず学習し，どのような状況にも取り組み，対処できる最善の方法を見つけ出しているため」とあるので，これより子どもの脳の方が大人よりも，活発に活動していると推測される。よって(3)が正解。

〔2〕 ㋐　下線部 This は，前文の主語 This ability を指しており，これはさらに前文の the capacity 以下「必要な習慣，日課，物事のやり方，行動を非常に早く習得させ，必要に応じて，そうでないものは忘れ去る能力」のことである。よって，(1)が正解。

ⓘ　下線部 them は直近の複数名詞である certain sound aspects「言語の特定の音の特徴」を指しており，子どもは最初は「世界中のあらゆる言語で使われている音声や音調の違いを聞き分けることができ」るが，徐々にその区別ができなくなってくるという主旨である。よって，(2)「ある特定の言語の音」が正解。

ⓤ　下線部 This ability は前文の their “cognitive flexibility” のことである。これは「同時に多数の概念について明確に考えるだけでなく，2つの異なる概念を頭の中で素早く切り替える能力」と説明されている。この定義に合うのは(4)「複数のアイデアを同時に考えること」である。at once「直ちに，同時に」

ⓔ　下線部 This の指示内容は，前文のなかでも研究で判明した「子どもは視覚トレーニングに参加すると『(記憶を定着させる作用があるとされる）ギャバが急激に増加』」したという内容である。よって，(2)が正解。

ⓞ　下線部 this は直前の an environment 以下の「子どもたちが自分のペースで学ぶよう促す環境」を指している。前文では，子どもの学習を急がせてはいけないとの主張もあり，(2)「プレッシャーのない学習環境」と同義とするのが適切。pressure-free「重圧のない」

Ⅲ — 解答　〔1〕ⓐ—(5)　ⓘ—(8)　ⓤ—(9)　ⓔ—(7)
〔2〕ⓚ—(2)　ⓚⓘ—(8)　ⓚⓤ—(9)　ⓚⓔ—(3)

全訳

〔1〕《ジムで》

A：こんにちは。DEF フィットネスへようこそ。((5)オリエンテーションのためにいらっしゃったんですか？)

B：こんにちは，そうです。10時のです。入会を考えているんです。

A：いいですね，ちょうど間に合いましたね。さっそく始めましょう。壁に貼ってある指示に従えば，これらのどのマシンも使えますよ。ただ，最初はあまりやりすぎないようにしてください。

B：わかりました，気をつけます。スタッフは24時間いますか？

A：いいえ，朝9時から夜8時までです。それ以降は入るのに会員カードが必要で，防犯カメラですべてを監視しています。((8)ところで，どうしてジムに入ろうと思っているんですか？)

B：えぇと，大学で一人暮らしを始めてから不健康な食生活が続いているんです。部活動にも入ってないからあまり運動をしていないんです。

A：なるほど，興味のあるものがなかったんですか？

B：あんまりなかったですね。それに，ほぼ毎日テーマパークでアルバイトしてるんです。((9)だから授業の後はあまり時間がないんです。)

A：実際，あなたのような忙しい毎日が，入会のよくある理由なんです。大切なのは，ジムに通うことをあなたの日課の一つにすることです。たとえ週に２回だけでも。

B：火曜日と木曜日はアルバイトがないので，来ようと思います。おすすめのエクササイズを教えていただけますか？

A：ジムのトレーナーとの面談をするといいですよ。彼らはあなたに最適な方法を知っています。((7)会員であれば，面談は無料で受けられます。)

B：すばらしい。

〔２〕《ホームステイ中に》

A：おはよう，ユミコ。よく眠れた？

B：うん，よく眠れたわ。あなたは？

A：悪くないわ，ありがとう。今日はどうするの？

B：((2)そのことについて話したかったの。) 最近，日本食が恋しくて。今夜，私が家族みんなに夕食を作りましょうか？

A：それはすばらしい。でもハロルドと私は隣のトンプソン家との予定がもうあるの。毎週恒例のゲームナイトよ。((8)家族での夕食は明日の夜にしない？)

B：ええ，そのほうが準備する時間がとれるわ。今日の午後，友人のマキコと食材を買いに食料品店に行く予定なの。彼女は車を持っているから，車で連れて行ってくれるの。

A：そうなの？ ((9)町に日本の食料品店があるなんて知らなかったわ。)

B：それはないわ。でも，日本の商品も扱っている韓国のお店があるの。

A：知らなかったわ。日本食は食べたことがないの。((3)生魚が人気だって聞いたことがある。) 私はそれを食べてみてもいいけど，ハロルドは食べないと思うわ。

B：うん，たしかに日本人は寿司を時々食べるけど，鍋を作ることにするわ。肉と野菜のシチューよ。きっと気に入ると思うわ。
A：明日の夜が待ち遠しいわ。気をつけて行ってらっしゃい。

解説

〔1〕あ　Bの第1発言「10時のです」やAの第2発言の「ちょうど間に合いましたね」より，Bは10時から始まるイベントに参加すると推測される。またジムへの入会を考えているとの発言から，(5)が適切。

い　直後のBの発言では「大学で一人暮らしを始めてから不健康な食生活が続いている」「部活動にも入ってないからあまり運動をしていない」とジムに入る理由を述べているので(8)が最も適切。by the way「ところで」

う　直後のAの発言で「実際，あなたのような忙しい毎日が，入会のよくある理由なんです」とあることから，空所部分でBは，自分は忙しいという内容の発言をしていると考えられる。よって，(9)が正解。

え　直前でAは，ジムのトレーナーとの面談を勧めている。直後のBの「すばらしい」の応答から，面談に関する前向きな情報が入っている(7)「会員であれば，面談は無料で受けられます」が正解。ここでのoneは代名詞でa sessionを指している。

〔2〕か　直前の「今日はどうするの？」の質問を受けて，Bの第2発言では，今夜夕食を作りたいと申し出ている。ここでは，(2)「そのことについて話したかったの」を入れて，相手の発言を受けて自分の要望を話す流れにするのが自然。

き　今晩の夕食を作ることを提案したBに対して，Aは「でもハロルドと私は隣のトンプソン家との予定がもうあるの」と述べている。直後のBの「ええ，そのほうが準備する時間がとれるわ」という返答と，Aの最終発言「明日の夜が待ち遠しいわ」より，夕食を作るのは明日に延期したと推測される。よって，(8)が正解。

く　直後のBの発言「それはないわ。でも，日本の商品も扱っている韓国のお店があるの」より，食料品店の有無に関して話していることがわかる。日本食を作るという話の流れから，(9)「町に日本の食料品店があるなんて知らなかったわ」が最も適切。

け　直後の発言でBが「うん，たしかに日本人は寿司を時々食べるけど」と受けていることから，空所直後の「私はそれを食べてみてもいいけど，ハロルドは食べないと思う」の「それ」は寿司に関連するものだと推測される。よって，(3)「生魚が人気だって聞いたことがある」を入れるのが自然。

Ⅳ 解答 (A)—(1) (B)—(4) (C)—(1) (D)—(1) (E)—(2) (F)—(1) (G)—(2) (H)—(4)

解説

(A) 「鈴木さんが私たちの同級生だったとは知らなかった」

すでに冠詞がついている名詞に「～の」という所有の意味を付け加えたいときには of＋所有代名詞が使われる。ここでは a classmate の後ろに「私たちの」の意味となるよう we の所有代名詞である(1) ours を置くのが正しい。

(B) 「私の兄はうまく泳げないから海は嫌いだと言っている」

(3) good は形容詞なので動詞 swim を修飾することはできない。(1) best と(2) better はそれぞれ(4) well の最上級と比較級であるが，いずれも比較対象が明確でないため，(4) well を入れるのが最も適切である。

(C) 「君には感謝してもしきれない」

can't thank you enough で「(いくら感謝しても）十分には感謝しきれない」の意である。よって，(1)が正解。

(D) 「私は討論会で政治家たちがお互いを攻撃しあうのを見ていられなかった」

watch を含む知覚動詞は SVOC の第 5 文型をとり，C の部分には文脈に応じて，原形不定詞，現在分詞あるいは過去分詞が入る。ここでは，politicians（主語），attack（動詞）という SV 関係が成り立つので，選択肢の中では原形不定詞の(1)を入れるのが適切。それぞれ意味の違いは以下を参照するとよい。

原形不定詞：I heard someone shout.「私は誰かが叫ぶのを聞いた」

現在分詞：I heard someone shouting.「私は誰かが叫んでいるのを聞いた」

過去分詞：I heard my name called.「私は自分の名前が呼ばれるのを聞いた」

(E) 「私は昨日，彼女の講義中に寝てしまった」

(1) by は「～までに」と期限を表す。(4) within は後ろに時間の長さを表す表現をとり,「～以内に」の意味である。(3) for は「その間じゅうずっと」の意であり, fall asleep「眠りに落ちる」という動作動詞とは結びつかない。よって,「その間じゅうずっと」または「その期間のある時に」という意味を持つ(2) during が正解。

(F)「もしあなたの助けがなかったら, 私はこのプロジェクトに失敗していただろう」

カンマ以降の帰結節では would have *done* の形が使われており, 過去のことを仮定した仮定法過去完了であることがわかる。よって空所には過去完了形を使った(1)がふさわしい。

(G)「講師に言われたとおりにした生徒は一人もいなかった」

否定の意味で空所の直後の the students につながるのは,「(それらの生徒) のうち誰も～ない」の意味を持つ(2)のみ。(4) nothing but は「～以外に何もない」の意で, ここで用いるなら No one but the students … とすべきである。

(H)「退職前, 山田さんは 20 年間図書館で働いていた」

Before retiring と for 20 years があることから, 山田さんが図書館で働いていたのは, 退職までの 20 年間ということになる。退職の時期が明示されていないが, もしも過去ならば, 過去完了形を使い Ms. Yamada had been working … か, 単にすべて過去ということで Ms. Yamada worked … となるし, 退職がこれから先ならば Ms. Yamada will have been working … となる。よって, ここでは(4)が最も適切。

V 解答

〔1〕 **(A)**―(4)　**(B)**―(2)　**(C)**―(2)　**(D)**―(3)　**(E)**―(3)

〔2〕 **(A)**―(4)　**(B)**―(1)　**(C)**―(2)　**(D)**―(3)　**(E)**―(3)

解説

〔1〕(A)「週末までに状況を解決することが重要だ」

(4) resolve「～を解決する」が正解。(1) recite「～を復唱する」(2) refund「～を払い戻す」(3) resemble「～に似ている」

(B)「ネパールの地理は, 彼女が普段ハイキングしている丘陵地帯とはまったく異なる」

(2) geography「地理」が正解。(1) cabin「小部屋」(3) lorry「貨物車」(4) representative「代表者」

(C)「パットのビジネスの才能はよく知られている」

(2) genius「才能」が正解。(1) fingernail「爪」 (3) landslide「地滑り」 (4) rebel「反逆者」

(D)「その本は安全性の向上にいくつかの提言をしている」

(3) recommendations「提言」が正解。(1) conquests「征服」 (2) lances「槍」 (4) undergraduates「学部生」

(E)「ペット雑誌の中には，読者アンケートを利用してベストペットフードのリストを編集しているものもある」

(3) compile「～を編集する」が正解。(1) cheat「～をだます」 (2) compensate「～を補う」 (4) contaminate「～を汚染する」

〔2〕(A)「ティナは友人の誕生日パーティーから帰ってきて腹を立てていた」

upset「腹を立てた」より，(4) unhappy「幸せでない」が意味的には最も近い。(1) cheerful「元気のいい」 (2) content「満足している」 (3) ill「体調が悪い」

(B)「私たちは仕事を続ける前に，これを区分する必要がある」

categorize「区分する」より，(1) classified「分類された」が正解。(2) complemented「補充された」 (3) inscribed「刻まれた」 (4) installed「設置された」

(C)「それは難しい目標だが，不可能ではない」

objective「目標」より，(2) goal「目標」が正解。(1) concept「概念」 (3) leap「飛躍」 (4) reduction「減少」

(D)「収入は近年著しく減少している」

revenue「収入」より，(3) Income「収入」が正解。(1) Courtesy「礼儀」 (2) Goodwill「善意」 (4) Output「生産高」

(E)「その観光客はその土地の慣習に従うよう最善を尽くした」

obey「～に従う」より，(3) observe「～を順守する」が正解。(1) interpret「～を解釈する」 (2) investigate「～を調査する」 (4) outgrow「～より大きくなる」

講評

例年と変わらぬ問題構成で，そのうち多くの比重を占めるのがⅠとⅡの長文読解問題である。この2題は，設問形式に違いこそあれ文章の難度に大きな差はなく，いずれも語数は800語程度である。内容説明問題や指示語の指す内容を問う問題は，問われた部分の前後に答えの根拠となる箇所がある場合がほとんどである。段落の要旨や文章の流れに注目することが正解への糸口となることが多い。たとえば，Ⅱ〔1〕(A)や(E)の空所を埋める問いでは，前後の文脈と，埋める語句の役割を考えて解くことになる。 (A) の前と後では大人と子どもの学習が対比的に書かれているので by contrast「対照的に」という対比の役割を持つフレーズが入るし， (E) であれば，文脈から，逆接の役割のフレーズでつなぐことが自然だとわかる。また，選択肢が本文中の字句そのままではなく，パラフレーズされたものとなっていることがほとんどで，たとえば，Ⅰ〔1〕(C)では，本文中の only if it's their owner speaking が，選択肢では if the cat lives with the person と言い換えられていることに気づかないと正解できない。イメージを伴う幅広い語彙知識が必要になってくる。2024年度の問いの中にも，幾問かは正答率が低いのではないかと考えられるものもあるが，合否を分けるのはそういった難問の成否ではなく，限られた時間の中で標準的難度のものをいかに確実に正解するかであろう。

また，Ⅲの会話文は長文とは異なり，ホームステイ先での会話など日常的な状況設定のもので，カジュアルな会話表現がみられる。また，空所補充という形式では，前後の発話と矛盾しないものを選ぶことができるかを問うている。2024年度は，当初のスケジュールがやりとりの中で変わったりする場面もあり，会話の流れに注意して読み進めねばならない。選択肢数も比較的多く，吟味にはある程度時間を要する問いでもある。Ⅳ・Ⅴの文法・語彙問題は，標準的な難度のものが多く，これらを確実に得点できるだけの力をつけて臨みたい。

いずれにせよ，80分という試験時間の中で，長文2つを含む計5題を解答しきるだけの英語への慣れが試される試験といえよう。

数学

I　解答

〔1〕ア．5　イ．−1　ウ．1　エ．4　オ．5　カ．10

〔2〕キ．4　ク．−2　ケ．−5　コ．−2　サ．1　シ．5

〔3〕ス．−2　セ．9

解説

《集合の共通部分，和集合，集合の決定》

〔1〕(i)　$A \ni 5$ より

$a-6=5$　……①

$-a^2-a+40=5$　……②

$a^3-5a^2+3a-10=5$　……③

のいずれかが成り立つ。

①のとき　$a=11$

②のとき　$a^2+a-35=0$　$a=\dfrac{-1\pm\sqrt{141}}{2}$

これは整数ではない。

③のとき　$(a-5)(a^2+3)=0$　$a^2+3>0$ より　$a=5$

(ii)　$B \ni 5$ より

$a^2-10a+29=5$　……④

$2a^2-8a-5=5$　……⑤

のいずれかが成り立つ。

④のとき　$(a-4)(a-6)=0$ より　$a=4,\ 6$

⑤のとき　$2(a-5)(a+1)=0$ より　$a=5,\ -1$

(i)，(ii)で共通するものは　$a=5$

このとき，$A=\{-3,\ 1,\ -1,\ 10,\ 5\}$，$B=\{-2,\ 1,\ 4,\ 5\}$ であり

$A\cap B=\{1,\ 5\}$

となり適する。

よって　$a=5$　→ア

$A\cup B=\{-3,\ -2,\ -1,\ 1,\ 4,\ 5,\ 10\}$　→イ，ウ，エ，オ，カ

〔2〕 $C \ni 1$ より

$-3a^2+7a+18=1$ ……⑥

$-a^2+3a+5=1$ ……⑦

のいずれかが成り立つ。

⑥のとき　$3a^2-7a-17=0$ より　$a=\dfrac{7\pm\sqrt{253}}{6}$

これは整数ではない。

⑦のとき　$(a+1)(a-4)=0$ より　$a=-1,\ 4$

$a=-1$ なら

$B=\{-2,\ 1,\ 40,\ 5\}$，$C=\{8,\ 1\}$ で $B\cap C=\{1\}$ となり，不適。

$a=4$ なら

$B=\{-2,\ 1,\ 5,\ -5\}$，$C=\{-2,\ 1\}$ で $B\cap C=\{-2,\ 1\}$ となり，適する。

よって　$a=4$，$k=-2$ →キ，ク

このとき　$B\cup C=B=\{-5,\ -2,\ 1,\ 5\}$ →ケ，コ，サ，シ

〔3〕 $A\cap C$ の要素の個数が1個なので，A と C に共通する要素がある。

$B\cap C=\phi$ なので，それは1ではない。よって，次の8通りが考えられる。

(i) $-3=-3a^2+7a+18$ のとき

$3a^2-7a-21=0$　$a=\dfrac{7\pm\sqrt{301}}{6}$　これは整数ではない。

(ii) $-3=-a^2+3a+5$ のとき

$a^2-3a-8=0$　$a=\dfrac{3\pm\sqrt{41}}{2}$　これは整数ではない。

(iii) $a-6=-3a^2+7a+18$ のとき

$3(a-4)(a+2)=0$　$\therefore\ a=4,\ -2$

(iv) $a-6=-a^2+3a+5$ のとき

$a^2-2a-11=0$　$\therefore\ a=1\pm2\sqrt{3}$　これは整数ではない。

(v) $-a^2-a+40=-3a^2+7a+18$ のとき

$2(a^2-4a+11)=0$　$\therefore\ a=2\pm\sqrt{7}i\ \ (i=\sqrt{-1})$

これは実数ではない。

(vi) $-a^2-a+40=-a^2+3a+5$ のとき

$4a-35=0 \quad \therefore \quad a=\dfrac{35}{4}$　これは整数ではない。

(vii)　$a^3-5a^2+3a-10=-3a^2+7a+18$ のとき

$$a^3=2a^2+4a+28$$

これより a は偶数で，$a=2b$（b は整数）とおくと

$$(2b)^3=2(2b)^2+4\cdot 2b+28 \qquad \therefore \quad 2(b^3-b^2-b)=7$$

左辺は偶数，右辺は奇数で矛盾。

よって，整数解はない。

(viii)　$a^3-5a^2+3a-10=-a^2+3a+5$ のとき

$$a^3-4a^2=15 \qquad \text{よって} \qquad a^2(a-4)=15$$

$|a|=1$ のときは成り立たない。また，$|a|\geqq 2$ のとき，左辺はある平方数を素因数にもつが，右辺はもたない。

よって，整数解はない。

以上の(i)〜(viii)より，$a=4,\ -2$ であることが必要となる。

$a=4$ のときは，〔2〕より，$B\cap C=\{-2,\ 1\}$ で $B\cap C=\phi$ に反する。

$a=-2$ のとき

$A=\{-3,\ 1,\ -8,\ 38,\ -44\}$

$B=\{-2,\ 1,\ 53,\ 19\}$

$C=\{-8,\ -5\}$

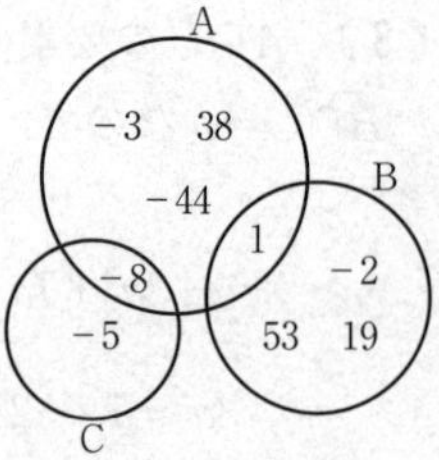

このとき，$A\cap B=\{1\}$，$B\cap C=\phi$ で適する。

よって　$a=-2$　→ス

このとき　$A\cup B\cup C=\{-44,\ -8,\ -5,\ -3,\ -2,\ 1,\ 19,\ 38,\ 53\}$

となり，$A\cup B\cup C$ の要素の個数は　9　→セ

（注）(vii)で整数解がないことを次のように示してもよい。

$a^3-2a^2-4a-28=0$ より　$a(a^2-2a-4)=28$

よって，整数解があるとすれば，その整数解は 28 の約数すなわち ± 1，± 2，± 4，± 7，± 14，± 28 に限られるが，これら 12 個はどれも解ではない。したがって，整数解はない。

また，グラフを用いて示すこともできる。

$f(x)=x^3-2x^2-4x-28$ とおくと　$f'(x)=3x^2-4x-4=(x-2)(3x+2)$

x	…	$-\frac{2}{3}$	…	2	…
$f'(x)$	$+$	0	$-$	0	$+$
$f(x)$	↗	$-\frac{716}{27}$	↘		↗

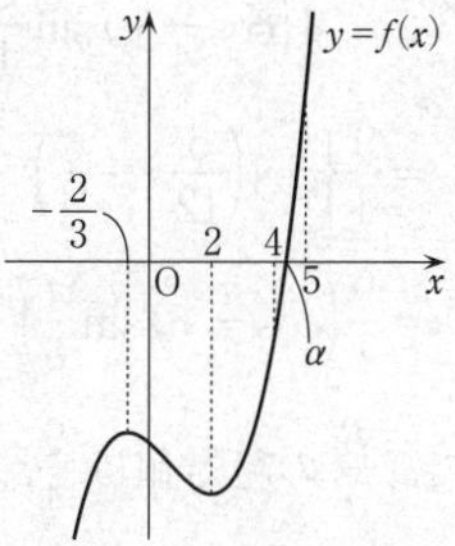

$y=f(x)$ のグラフは右の図のようになり

$$f(4)=-12,\ f(5)=27$$

であるから，$f(x)=0$ の実数解はただ1つだけ存在し，それを α とすると，$4<\alpha<5$ である。よって，整数解はない。

(viii)も同様にして示すことができる。

II　解答

ア. 36　**イ.** $\frac{2}{3}\pi$　**ウ.** $\frac{9}{4}$　**エ.** $\frac{\pi}{6}$　**オ.** $\frac{3}{2}\sqrt{2}$

カ. $\frac{\sqrt{6}}{2}$　**キ.** $\frac{\sqrt{6}}{2}$　**ク.** $\frac{3}{2}\sqrt{2}$　**ケ.** $-(36-\sqrt{6})(\sqrt{3}+1)$

コ. $(36-\sqrt{6})(\sqrt{3}-1)$　**サ.** $\frac{2}{75}x^2+\frac{2}{3}y^2$

解説

《極形式，方程式の解，点の回転，軌跡》

$$\alpha=2\sqrt{2}+2\sqrt{2}i=4\left(\frac{1}{\sqrt{2}}+\frac{1}{\sqrt{2}}i\right)$$

$$=4\left(\cos\frac{\pi}{4}+i\sin\frac{\pi}{4}\right)$$

$$\alpha\beta=4\left(\cos\frac{\pi}{4}+i\sin\frac{\pi}{4}\right)\times 9\left(\cos\frac{5}{12}\pi+i\sin\frac{5}{12}\pi\right)$$

$$=4\times 9\left\{\cos\left(\frac{\pi}{4}+\frac{5}{12}\pi\right)+i\sin\left(\frac{\pi}{4}+\frac{5}{12}\pi\right)\right\}$$

$$=36\left(\cos\frac{2}{3}\pi+i\sin\frac{2}{3}\pi\right)\quad\cdots\cdots①$$

よって，$\alpha\beta$ の絶対値は 36，偏角は $\frac{2}{3}\pi$　→ア，イ

$$\frac{\beta}{\alpha}=\frac{9\left(\cos\frac{5}{12}\pi+i\sin\frac{5}{12}\pi\right)}{4\left(\cos\frac{\pi}{4}+i\sin\frac{\pi}{4}\right)}$$

$$=\frac{9}{4}\left\{\cos\left(\frac{5}{12}\pi-\frac{\pi}{4}\right)+i\sin\left(\frac{5}{12}\pi-\frac{\pi}{4}\right)\right\}$$

$$=\frac{9}{4}\left(\cos\frac{\pi}{6}+i\sin\frac{\pi}{6}\right)$$

よって，$\frac{\beta}{\alpha}$ の絶対値は $\frac{9}{4}$，偏角は $\frac{\pi}{6}$　→ウ，エ

$z^4=\alpha\beta$ の解を $z=r(\cos\theta+i\sin\theta)$，$r>0$，$0\leqq\theta<2\pi$ とおく。

$$z^4=r^4(\cos\theta+i\sin\theta)^4$$

$$=r^4(\cos 4\theta+i\sin 4\theta)\quad\cdots\cdots②$$

①＝② とすると，$0\leqq 4\theta<8\pi$ より

$$r^4=36\quad かつ\quad 4\theta=\frac{2}{3}\pi,\ \frac{2}{3}\pi+2\pi,\ \frac{2}{3}\pi+4\pi,\ \frac{2}{3}\pi+6\pi$$

$$\therefore\quad r=\sqrt{6}\quad かつ\quad \theta=\frac{\pi}{6},\ \frac{2}{3}\pi,\ \frac{7}{6}\pi,\ \frac{5}{3}\pi$$

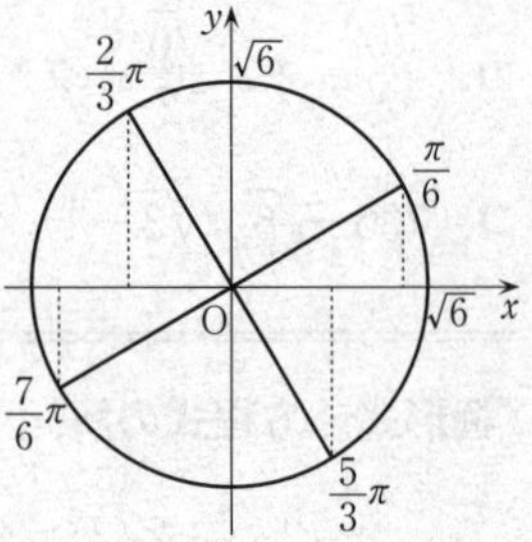

実部の大きさが最大となるのは $\theta=\frac{\pi}{6}$，２番目に大きくなるのは $\theta=\frac{5}{3}\pi$ のとき。

よって

$$z_1=\sqrt{6}\left(\cos\frac{\pi}{6}+i\sin\frac{\pi}{6}\right)$$

$$=\sqrt{6}\left(\frac{\sqrt{3}}{2}+\frac{1}{2}i\right)$$

$$=\frac{3}{2}\sqrt{2}+\frac{\sqrt{6}}{2}i\quad →オ，カ$$

$$z_2=\sqrt{6}\left(\cos\frac{5}{3}\pi+i\sin\frac{5}{3}\pi\right)$$

$$=\sqrt{6}\left(\frac{1}{2}-\frac{\sqrt{3}}{2}i\right)$$

$$=\frac{\sqrt{6}}{2}-\frac{3}{2}\sqrt{2}i\quad →キ，ク$$

複素数γが，点Sに対応しているとすると，条件より

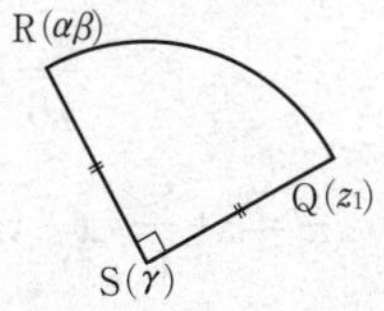

$$\alpha\beta-\gamma=i(z_1-\gamma)$$

が成り立つ。

$\alpha\beta-\gamma=iz_1-i\gamma$ より　　$(1-i)\gamma=\alpha\beta-iz_1$　……③

ここで

$$\alpha\beta-iz_1=36\left(-\frac{1}{2}+\frac{\sqrt{3}}{2}i\right)-\sqrt{6}\left(\frac{\sqrt{3}}{2}+\frac{1}{2}i\right)i$$

$$=36\left(-\frac{1}{2}+\frac{\sqrt{3}}{2}i\right)-\sqrt{6}\left(-\frac{1}{2}+\frac{\sqrt{3}}{2}i\right)$$

$$=\frac{36-\sqrt{6}}{2}(-1+\sqrt{3}i)$$

であるから，③より

$$\gamma=\frac{36-\sqrt{6}}{2}\times\frac{-1+\sqrt{3}i}{1-i}=\frac{(36-\sqrt{6})(-1+\sqrt{3}i)(1+i)}{2\times(1-i)(1+i)}$$

$$=\frac{(36-\sqrt{6})\{-(\sqrt{3}+1)+(\sqrt{3}-1)i\}}{2\times2}$$

$$=\frac{-(36-\sqrt{6})(\sqrt{3}+1)}{4}+\frac{(36-\sqrt{6})(\sqrt{3}-1)}{4}i$$ →ケ，コ

参考　**ケ・コ.** $\alpha\beta=6\sqrt{6}iz_1$ なので

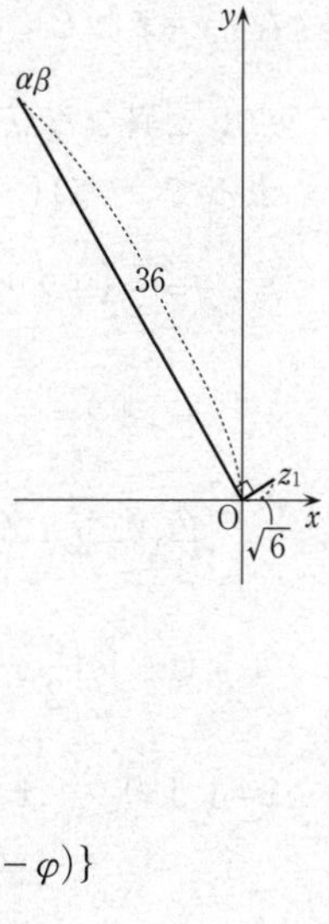

$\dfrac{6\sqrt{6}iz_1-\gamma}{z_1-\gamma}=i$ より

$$\gamma=\frac{(6\sqrt{6}-1)i}{1-i}z_1=\frac{(6\sqrt{6}-1)i}{1-i}\cdot\sqrt{6}\left(\frac{\sqrt{3}}{2}+\frac{1}{2}i\right)$$

と計算すると，少し早い。

次に $|z_2|=\sqrt{6}$ より，v の満たす式は

$$|v|=\sqrt{6}$$

よって，$v=\sqrt{6}(\cos\varphi+i\sin\varphi)$　$(0\leqq\varphi<2\pi)$ とおける。

$$v+\frac{9}{v}=\sqrt{6}(\cos\varphi+i\sin\varphi)+\frac{9}{\sqrt{6}(\cos\varphi+i\sin\varphi)}$$

$$=\sqrt{6}(\cos\varphi+i\sin\varphi)+\frac{9}{\sqrt{6}}\{\cos(-\varphi)+i\sin(-\varphi)\}$$

$$=\frac{15}{\sqrt{6}}\cos\varphi-\frac{3}{\sqrt{6}}i\sin\varphi$$

$w=v+\dfrac{9}{v}=x+yi$ より　　$x=\dfrac{15}{\sqrt{6}}\cos\varphi,\ \ y=-\dfrac{3}{\sqrt{6}}\sin\varphi$

$\cos\varphi=\dfrac{\sqrt{6}}{15}x,\ \ \sin\varphi=-\dfrac{\sqrt{6}}{3}y$ であるから，$\cos^2\varphi+\sin^2\varphi=1$ より

$$\left(\frac{\sqrt{6}}{15}x\right)^2+\left(-\frac{\sqrt{6}}{3}y\right)^2=1$$

よって　　$\dfrac{2}{75}x^2+\dfrac{2}{3}y^2=1$　→サ

Ⅲ 解答

ア. 1　**イ.** -1　**ウ.** $\dfrac{4}{a}-1$　**エ.** $3-\dfrac{4}{a}$　**オ.** $2\sqrt{2}$

カ. $\sqrt{2}\left|\dfrac{4}{a}-2\right|$　**キ.** 1　**ク.** $\dfrac{2}{3}$　**ケ.** $2\sqrt{2}-2$　**コ.** $\dfrac{2}{1-t}+1$　**サ.** $1-\sqrt{2}$

シ. 8

解説

《三角形の重心と外心，面積を半分にする線分の長さ》

$l_1 : y=x$ と $l_2 : y=-x+2$ を連立して　　$\mathrm{P}(1,\ 1)$　→ア

$l_1 : y=x$ と $C : y=-\dfrac{a}{2}x^2+x+\dfrac{a}{2}$ を連立して　　$-\dfrac{a}{2}(x+1)(x-1)=0$

点Pと異なる点より　　$x=-1$

よって　　$\mathrm{Q}(-1,\ -1)$　→イ

$l_2 : y=-x+2$ と $C : y=-\dfrac{a}{2}x^2+x+\dfrac{a}{2}$ を連立して

$$-x+2=-\frac{a}{2}x^2+x+\frac{a}{2}$$

$$\frac{a}{2}x^2-2x-\frac{a}{2}+2=0$$

$$(x-1)\left(\frac{a}{2}x+\frac{a}{2}-2\right)=0$$

$x\neq1$ より　　$x=\dfrac{2}{a}\left(2-\dfrac{a}{2}\right)=\dfrac{4}{a}-1$

このとき　　$y=2-x=2-\left(\dfrac{4}{a}-1\right)=3-\dfrac{4}{a}$

よって　　$\mathrm{R}\left(\dfrac{4}{a}-1,\ 3-\dfrac{4}{a}\right)$　→ウ，エ

$\overline{\mathrm{PQ}}=\sqrt{\{1-(-1)\}^2+\{1-(-1)\}^2}=2\sqrt{2}$　→オ

$\overline{\mathrm{PR}}=\sqrt{\left(\dfrac{4}{a}-1-1\right)^2+\left(3-\dfrac{4}{a}-1\right)^2}=\sqrt{\left(\dfrac{4}{a}-2\right)^2+\left(2-\dfrac{4}{a}\right)^2}=\sqrt{2\left(\dfrac{4}{a}-2\right)^2}$

$=\sqrt{2}\left|\dfrac{4}{a}-2\right|$　→カ

ここで，$\dfrac{1}{2}\overline{\mathrm{PQ}}\leqq\overline{\mathrm{PR}}\leqq2\overline{\mathrm{PQ}}$ より

$\dfrac{1}{2}\times2\sqrt{2}\leqq\sqrt{2}\left|\dfrac{4}{a}-2\right|\leqq2\times2\sqrt{2}$

$1\leqq\left|\dfrac{4}{a}-2\right|\leqq4$ より

$-4\leqq\dfrac{4}{a}-2\leqq-1$　または　$1\leqq\dfrac{4}{a}-2\leqq4$

$-2\leqq\dfrac{4}{a}\leqq1$ または $3\leqq\dfrac{4}{a}\leqq6$ と $a>0$ より　　$4\leqq a$　または　$\dfrac{2}{3}\leqq a\leqq\dfrac{4}{3}$

a は整数なので，その最小値は

$a=1$　→キ

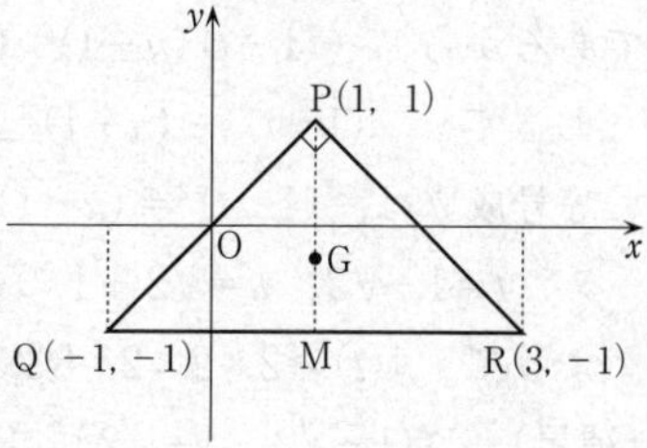

このとき，$\mathrm{R}\left(\dfrac{4}{a}-1,\ 3-\dfrac{4}{a}\right)$ より

$\mathrm{R}(3,\ -1)$

$\angle\mathrm{QPR}=90^\circ$ なので，$\triangle\mathrm{PQR}$ の外心は線分 QR の中点Mであり

$\mathrm{M}(1,\ -1)$

重心をGとして

$\mathrm{GM}=\dfrac{1}{3}\mathrm{PM}=\dfrac{1}{3}\{1-(-1)\}=\dfrac{2}{3}$　→ク

$\triangle\mathrm{PQR}$ の面積は $\dfrac{1}{2}\times2\sqrt{2}\times2\sqrt{2}=4$ なので，内接円の半径を r とすると

$\dfrac{1}{2}(2\sqrt{2}+2\sqrt{2}+4)r=4$ より

$$r=\frac{2}{\sqrt{2}+1}=2(\sqrt{2}-1)=2\sqrt{2}-2 \quad \to ケ$$

$\overline{\mathrm{PD}}=\sqrt{2}(1-t)$，$\overline{\mathrm{PE}}=\sqrt{2}(u-1)$

；$(-1<t<1,\ 1<u<3)$ であるので

$$\triangle \mathrm{PDE}=\frac{1}{2}\cdot\sqrt{2}(1-t)\sqrt{2}(u-1)$$
$$=(1-t)(u-1)$$

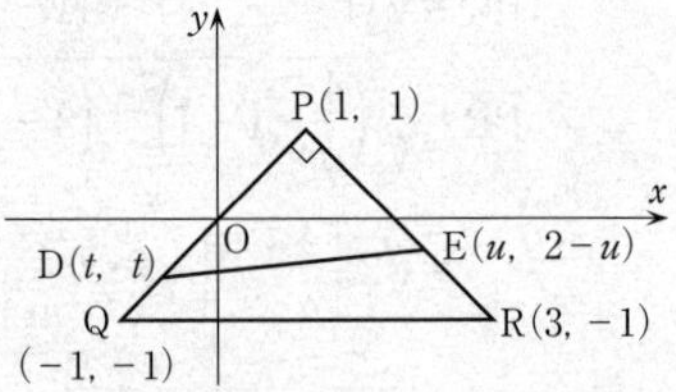

これが，△PQR の面積の半分，つまり 2 なので

$$(1-t)(u-1)=2 \quad \cdots\cdots ①$$

これより　$u=\dfrac{2}{1-t}+1$　→コ

$$f(t)=\overline{\mathrm{DE}}^2=\overline{\mathrm{PD}}^2+\overline{\mathrm{PE}}^2 \quad (\because\ \angle \mathrm{QPR}=90^\circ)$$
$$=2(1-t)^2+2(u-1)^2=2\{(1-t)^2+(u-1)^2\}$$

ここで，$(1-t)^2>0$，$(u-1)^2>0$ であるから，相加平均と相乗平均の関係より

$$(1-t)^2+(u-1)^2 \geqq 2\sqrt{(1-t)^2(u-1)^2}=2|(1-t)(u-1)|$$
$$-1<t<1,\ 1<u<3 \quad \cdots\cdots ②$$

であるから　$(1-t)(u-1)>0$

よって　$(1-t)^2+(u-1)^2 \geqq 2(1-t)(u-1)=2\times 2 \quad (\because\ ①)$

等号成立は，$(1-t)^2=(u-1)^2=2$ と②より

$t=1-\sqrt{2}$，$u=\sqrt{2}+1$ のとき　→サ

よって，$f(t) \geqq 2\times 2\times 2=8$ より，最小値は　8　→シ

（補足）　$\mathrm{D}(1-\sqrt{2},\ 1-\sqrt{2})$，$\mathrm{E}(1+\sqrt{2},\ 1-\sqrt{2})$ のとき，$f(t)$ は最小になる。

$f(t)=\overline{\mathrm{DE}}^2$ を 2 点D，E の座標から直接計算すると

$$f(t)=(u-t)^2+(-u+2-t)^2$$
$$=\left(\frac{2}{1-t}+1-t\right)^2+\left(-\frac{2}{1-t}-1+2-t\right)^2$$
$$=\left(\frac{2}{1-t}+1-t\right)^2+\left(1-t-\frac{2}{1-t}\right)^2$$

となる。

$1-t=s$，$f(t)=g(s)$ とおくと

$-1<t<1$ より，$0<s<2$ であり

$$g(s)=\left(\frac{2}{s}+s\right)^2+\left(s-\frac{2}{s}\right)^2=2\left(s^2+\frac{4}{s^2}\right)\geqq 2\cdot 2\sqrt{s^2\cdot\frac{4}{s^2}}=8$$

等号成立は，$s^2=\frac{4}{s^2}$ のときで，$0<s<2$ より $s=\sqrt{2}$ のとき。

よって，$f(t)$ は $t=1-\sqrt{2}$ のとき最小値 8 をとる。

別解　**ケ．** 接線の長さは等しいから，右図より，

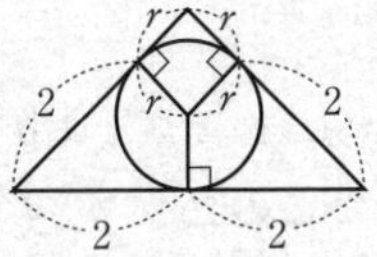

$r+2=2\sqrt{2}$ で

$r=2\sqrt{2}-2$

Ⅳ　解答

〔1〕ア． 0　**イ．** 0　**ウ．** 2　**エ．** 0　**オ．** 6

〔2〕カ． $-(x+1)e^{-x}$　**キ．** $4(1-e^{-1})$　**ク．** $-2x+4$

ケ． $1-e^{-1}$　**コ．** e^{-2k}　**サ．** $\frac{2(e-1)}{e+1}$

解説

《部分積分，置換積分，無限等比級数》

〔1〕　$-1\leqq x\leqq 1$ で $f(x)=|2x|$ かつ $f(x+2)=f(x)$ なので

$f(-2)=f(0)=|2\times 0|=0$　→ア

$f(2)=f(0)=0$　→イ

$f(3)=f(1)=|2\times 1|=2$　→ウ

$f(4)=f(2)=0$　→エ

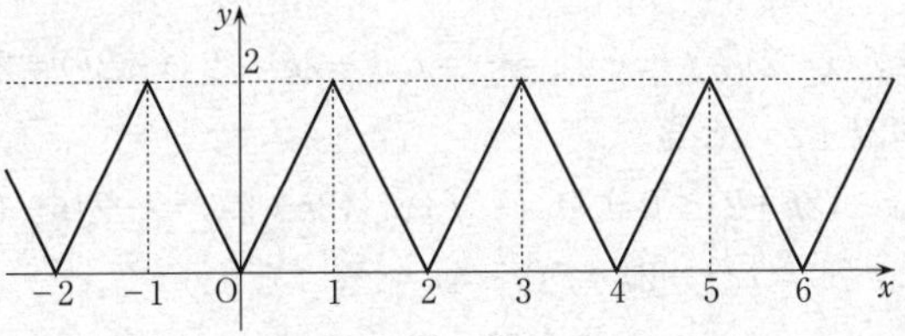

$y=f(x)$ のグラフは上図のようになり，$-2\leqq x\leqq 4$ で x 軸と $y=f(x)$ のグラフで囲まれる部分の面積は

$$2\times 2\times\frac{1}{2}\times 3=6\quad →オ$$

〔2〕　$\int xe^{-x}dx=x(-e^{-x})-\int 1\cdot(-e^{-x})\,dx$

$$=-xe^{-x}-e^{-x}+C$$

$$=-(x+1)e^{-x}+C \quad (C\text{は積分定数}) \quad \to カ$$

(a)
$$\int_{-1}^{1}e^{-x}f(x)\,dx=\int_{-1}^{0}e^{-x}(-2x)\,dx+\int_{0}^{1}e^{-x}\cdot 2x\,dx$$
$$=\Big[2(x+1)e^{-x}\Big]_{-1}^{0}+\Big[-2(x+1)e^{-x}\Big]_{0}^{1}$$
$$=2e^{0}-0-4e^{-1}+2e^{0}$$
$$=4(1-e^{-1}) \quad \to キ$$

(b)　$1\leqq x\leqq 2$ より　$-1\leqq x-2\leqq 0$

このとき　$f(x-2)=|2(x-2)|=-2x+4$

よって　$f(x)=f(x-2)=-2x+4$　→ク

$0\leqq x\leqq 1$ のとき　$f(x)=|2x|=2x$ なので

$$\int_{0}^{2}e^{-x}f(x)\,dx=\int_{0}^{1}e^{-x}\cdot 2x\,dx+\int_{1}^{2}e^{-x}(-2x+4)\,dx$$
$$=2\int_{0}^{1}xe^{-x}dx-2\int_{1}^{2}xe^{-x}dx+4\int_{1}^{2}e^{-x}dx$$
$$=\Big[-2(x+1)e^{-x}\Big]_{0}^{1}+\Big[2(x+1)e^{-x}\Big]_{1}^{2}+4\Big[-e^{-x}\Big]_{1}^{2}$$
$$=-4e^{-1}+2+6e^{-2}-4e^{-1}-4e^{-2}+4e^{-1}$$
$$=2e^{-2}-4e^{-1}+2$$
$$=2(1-e^{-1})^{2} \quad \to ケ$$

(c)　$2k\leqq x\leqq 2k+1$ のとき

$0\leqq x-2k\leqq 1$ より　$f(x-2k)=2(x-2k)$

よって

$$f(x)=f(x-2)=f(x-4)=\cdots=f(x-2k)=2(x-2k)=2x-4k$$

$2k+1\leqq x\leqq 2k+2$ のとき

$-1\leqq x-(2k+2)\leqq 0$ より　$f(x-(2k+2))=-2\{x-(2k+2)\}$

よって　$f(x)=f(x-2)=f(x-4)=$

$$\cdots=f(x-(2k+2))=-2\{x-(2k+2)\}=-2x+4k+4$$

したがって

$$\int_{2k}^{2k+2}e^{-x}f(x)\,dx=\int_{2k}^{2k+1}(2x-4k)e^{-x}dx+\int_{2k+1}^{2k+2}(-2x+4k+4)e^{-x}dx$$
$$=2\int_{2k}^{2k+1}xe^{-x}dx-4k\int_{2k}^{2k+1}e^{-x}dx-2\int_{2k+1}^{2k+2}xe^{-x}dx+(4k+4)\int_{2k+1}^{2k+2}e^{-x}dx$$
$$=\Big[-2(x+1)e^{-x}\Big]_{2k}^{2k+1}+\Big[4ke^{-x}\Big]_{2k}^{2k+1}+\Big[2(x+1)e^{-x}\Big]_{2k+1}^{2k+2}$$

$$+\Big[-(4k+4)e^{-x}\Big]_{2k+1}^{2k+2}$$

$$=-2(2k+2)e^{-2k-1}+2(2k+1)e^{-2k}+4ke^{-2k-1}$$
$$-4ke^{-2k}+2(2k+3)e^{-2k-2}-2(2k+2)e^{-2k-1}$$
$$-(4k+4)e^{-2k-2}+(4k+4)e^{-2k-1}$$
$$=2e^{-2k-2}-4e^{-2k-1}+2e^{-2k}$$
$$=e^{-2k}\times 2(1-e^{-1})^2 \quad \toコ$$

(d)　$t=nx$ のとき　　$dt=ndx$

x	$0\to 2n$
t	$0\to 2n^2$

$$\int_0^{2n}e^{-nx}f(nx)\cdot ndx=\int_0^{2n^2}e^{-t}f(t)\,dt$$
$$=\sum_{k=0}^{n^2-1}\int_{2k}^{2k+2}e^{-t}f(t)\,dt=\sum_{k=0}^{n^2-1}e^{-2k}\times 2(1-e^{-1})^2=2(1-e^{-1})^2\sum_{k=1}^{n^2}e^{-2(k-1)}$$
$$=2(1-e^{-1})^2\times\frac{1-(e^{-2})^{n^2}}{1-e^{-2}}$$

$$\lim_{n\to\infty}\int_0^{2n}ne^{-nx}f(nx)\,dx=\lim_{n\to\infty}\left\{2(1-e^{-1})^2\times\frac{1-(e^{-2})^{n^2}}{1-e^{-2}}\right\}$$
$$=2(1-e^{-1})^2\times\frac{1-0}{1-e^{-2}} \quad \left(\because \quad \lim_{n\to\infty}(e^{-2})^{n^2}=0\right)$$
$$=\frac{2(1-e^{-1})^2}{(1-e^{-1})(1+e^{-1})}$$
$$=\frac{2(1-e^{-1})}{1+e^{-1}}=\frac{2(e-1)}{e+1} \quad \toサ$$

講評

試験時間は100分で，大問4題の出題は例年どおりである。例年は各大問とも2～4問の小問から構成されていたが，2024年度のⅡ，Ⅲは小問に分けずに，文章の流れに沿って解いていく形になっている。小問に分けていないだけで，誘導に従って空欄を埋めるという形式としては例年どおりとも言える。Ⅰは集合，Ⅱは複素数平面，Ⅲは図形と方程式，Ⅳは微・積分法の問題で，2024年度はベクトルの出題はなかったが，幅広くバランスよく出題されている。集合からの出題は意外に思った受験生も多かっただろう。

Ⅰ　未知数は a のみであるが，不確定な要素が多く解答に時間を要する。〔1〕は $A\ni 5$，$B\ni 5$ となる共通の a をさがす方法が早い。〔2〕は $C\ni 1$ を利用する。$B\supset C$ となっている。〔3〕は要素を比較すると8通りあるが，空所補充形式なので，1つ見つかった段階であとは考えなくてよいだろう。

Ⅱ　ア～クは教科書レベル，ケ・コの値が解答としては若干美しくはないので悩むかもしれない。計算方法は教科書通りなのでしっかり計算しよう。サは方程式を作るので，v を極形式にして媒介変数を消去する。

Ⅲ　$\overline{\mathrm{PQ}}\leqq 2\overline{\mathrm{PR}}$ かつ $\overline{\mathrm{PR}}\leqq 2\overline{\mathrm{PQ}}$ を満たす最小の a を求める際，a が正の整数という条件を読み落とさないようにしよう。導入に沿って出したコを用いようとすると，サ・シに手間取るので，コを用いず相加平均と相乗平均の関係を利用することに気づきたい。

Ⅳ　$f(x)$ が周期2の関数なので，積分域を幅2ずつに区切ってつないでいくことで(d)の結果を出すことができる。その誘導が(c)になっている。標準的な出題であるが，慣れていない受験生はとまどっただろう。

どちらかに影響を受けた、という話はされていない。2は「その喜びは次第に薄れ、最終的には」という〈時間の流れ・過程〉を確認できる記述が本文に存在しない。第二・三段落を参照。3、「人間の他者理解」を扱う記述が本文に存在しない。4は「自分の自己意識を他者に認めさせるという欲望の充足の延期」が誤り。第九段落を見れば、本文の「欲望」が〈動物的な欲望〉と同じものであり、「自己意識」とは無関係であることがわかる。

講評

一は近代化の波の中で自分の居場所を失った文学者夏目漱石の苦悩を、現代の私たちの心の傷と絡めて論じた文章。内容は標準的だが文章が長めで、〈類似・対比〉を軸にした論点整理を部分ごとに行うことが望ましい。設問は正確な読解を様々な切り口、方法で問うものとなっている。その中でも問4は「遡行」の正確な知識を前提としたものでやや難しい印象。また問11および問12も、二択からの絞り込みの際に本文の正確な読解力が求められる良問である。

二は自己意識の闘争と、その結果生じる「労働」の意味を〈主と奴〉〈人間と自然〉という二つの観点から論じた文章。内容は硬質だが論旨は明快で全体としては標準的なレベルの文章と言える。設問は工夫が凝らされたものが多く、問2の表現意図、問4・問5の不適切なものを選択、問7の文整序などが目をひく。全体的には正確な読解と論理的思考を確認する、という明確な意図が感じられる。こうした意図を念頭に置いた対策が求められる。

の延期〉を〈仮定→推測できる結果〉のかたちで表すと②→⑤の順番となるので、これを④→①の後につなぐ。そして⑤→③が〈推測できる結果→結果を前提とした行為〉というかたちで論理的につながっているので、③を最後に置く。よって3が正解。

問8　挿入文から「この労働」＝〈前部で「労働」の話〉、「人間と自然」＝〈後部で「人間と自然」の話〉、「主と奴」＝〈後部で「主と奴」の話〉、「二通りの弁証法」＝〈後部で「二通りの弁証法」の話〉が〈Ⅰ〉～〈Ⅴ〉のいずれかで出てきていると考える。〈Ⅳ〉の前部には「奴は主の命令で労働」とあり、後部には「奴は主の命令で自然とのあいだの戦いである労働を開始する」「人間と自然とのあいだの労働の営みという弁証法（＝一つめの弁証法）」が確認できる。さらに一段落後には「主とのあいだにも別の弁証法（＝二つめの弁証法）」が確認できる。よって4が正解。〈Ⅴ〉だと前後に一つずつの「弁証法」の話が分かれているので「二通り」という言い方を用いることができない。

問9　空欄Y直前の「道具は……人間の営為と工夫のすべてが投じられている」に着目。〈工夫をこらす＝智恵を絞る〉と理解する。

問10　傍線㋔前部の「道具……に、人間は自己を外化する」「道具において人間は自分の知性を内的なものとしてではなく、ほんらいのありかたを否定された物質的なものとして外化する」に着目。ここから〈道具＝人間の内的な知性を、物質的なものとして外化する〉と理解する。各選択肢の「理性」は「知性」と読み換える。

問11　まず傍線㋕前部の「承認を求める闘争で勝利した主」から、承認を求める闘争に対して〈勝者＝主／敗者＝奴〉という関係を理解する。次に後部をみると「奴は労働して自分の手で自然に働きかけることで、世界を変えた」「歴史的な過程……歴史的な生成は……奴……が生み出す仕事である」「歴史的な世界では……主を否定し、主の主となることができた」とあるので、これらの記述を踏まえて選択肢を選ぶ。

問12　5は第七・十四段落の内容を踏まえており、本文の内容に合致する。1は第二段落に着目。第二段落は〈ヘーゲルはホッブズやロックのような前提を排除して他者との出会いを考えた〉という話であって、どちらかを批判したり、

「片方だけが生き残るのでは、状況は二人が出会う前と同じである」とあるが、同じであるのは「状況」つまり〈他の自己意識からの承認をもらえない、という状況〉であると理解できる。それは「両者が出会う前の意識」、つまり〈自然状態の自己意識〉のことではない。

問5　傍線㋓の段落を冒頭から確認すると、「自己意識は最初は自己を肯定して自足していた」→「他なる自己意識に出会って、みずからをそのままで肯定していることができず」→「生命を賭した戦い」→「相手の自己意識を否定」→「他者から承認される自己意識へとカン（還）帰」とあり、これが〈自己意識の弁証法のプロセス〉であると理解できる。このプロセスの中に2の記述に対応するものは存在しないので、不要なものは2である。

問6　a、直後の「人間は……生産するものである」という〈定義的表現〉に着目。後部により〈根本的・本質的〉な記述を導くための語が入ると理解する。5以外のすべてが該当。b、直前の「人間の定義」「制作する動物という定義」を直後で「アンリ・ベルクソン」の〈例を挙げて〉説明していると理解する。1が最も可能性が高いが、〈典型の例示〉と考えれば2・3・4も候補に入る。c、直前の「人為的なもの」の〈例・典型的な例〉として直後「道具を作るための道具を作る」を挙げていると理解する。3以外のすべてが該当。d、直前の「道具を作る能力」と直後の「制作を無限に変化させる能力」という〈二つの異なる能力〉を何らかのかたちで〈つなぐ〉役割を果たす語が入る。〈順接・並列・添加〉のいずれも可能。4以外のすべてが該当。e、直前の「生存のために自己の欲求を満たす」と直後の「欲望の充足を延期する」が〈逆接・対立〉の関係にあると理解する。2以外のすべてが該当。よって1が正解。

問7　直前の「人間は自分の欲望をその場で充足するのではなく、自分の今の欲望の充足を延期する」という一文を、空欄Xで五文に分けて説明し直す設問であると理解する。よって説明の順番は〈欲望のその場での充足→欲望の充足の延期〉を論理的につなぐかたちになると考える。まず〈欲望のその場での充足〉に該当する文は④なので、これを冒頭に置く。次に①は〈欲望をその場で充足するとどうなるか？〉という話なので④の後につなぐ。次に〈欲望の充足

問9　1
問10　4
問11　1
問12　5

要旨

わたしの自己意識は他者にたいして、自己の自己意識が相手と対等な自己意識であることを承認するように求め、闘争を発生させる。片方が自分の生命を惜しんで屈服すれば、意識に主従（主奴）関係が発生する。相手の自己意識を否定し、他者から承認される自己意識へと還帰できれば自己意識の弁証法は終了する。主は奴に労働を強い、奴は自然に働きかける労働をするが、人間はこの労働によって人間になる。なぜなら労働は欲望を抑制し、道具を作らせるからである。これこそ人間が人間たるゆえんであり、結果、奴は真の意味で自律的な存在となり、主に対して「主の主」となることができる。

解説

問2　「裸」とは〝服を着ていない状態、むきだしの状態〟という意味。傍線㋐前部の「自然状態」がこれに当てはまると考え、そのさらに前の「自己意識としての自我」と重ね合わせ、〈裸の人間＝自然状態の自己意識としての自我〉と理解する。次に傍線㋐前後で追加のヒントをさがすと、一段落前の「社会というものが成立していない」、傍線㋐直前の「財産の存在を前提とせず」「労働の役割についても前提とせず」とあるので、ここから〈裸＝自然状態＝様々な前提や条件が排除された状態〉と考え、それが5の「他の要素が含まれない」に該当すると理解する。

問3　傍線㋑後部に「他なる自己意識がわたしを自分と対等な他者として承認してくれるか……確信することができない」「わたしが相手と同等な自己意識であることを承認してほしい」とあるので、この記述を踏まえて選択肢を選ぶ。

問4　傍線㋒の一段落後の文章内容を確認する。5は「両者が出会う前の意識に戻る」が当てはまらない。一段落後には悩を昇華し」という記述を踏まえて選択肢を検討する。５は「矛盾によって引き裂いたり、異常な圧力によって挫折させ」が誤り。傍線㋖の一段落前にある「異常な圧力に耐えかねて挫折し……た中途半端な主体」「矛盾に引き裂かれた心」は漱石自身の主体のありようや心を投影したものであって、意図的に「させた」ものではない。

問12　４は第十一段落の内容に合致する。１は「漱石は……旧来の日本人の精神を……新たに作り上げようとした」に対応する記述が本文に存在しない。２は「明治近代の東京に住むすべての人」に対応する記述が本文に存在しない。３の「グローバル化……『日本的』な伝統」は「現代に生きる私たち」の傷であるが、漱石の傷ではない。漱石の心の傷は〈過去の自然（桃源郷）にも、未来の迷宮都市にも自分の居場所がない〉ことに由来する。第七・八段落を参照。５の「その圧力」は〈挫折を通した主体化をものの数十年で行わなければならないという圧力〉であり「不能性、不完全性」を通した「主体化」自体は圧力ではない。第十一段落参照。

二

出典　中山元『労働の思想史――哲学者は働くことをどう考えてきたのか』〈第６章　近代哲学における労働　第６節　ヘーゲルの労働論〉（平凡社）

解答

問１　①－５　②－４　③－２

問２　５

問３　２

問４　５

問５　２

問６　１

問７　３

問８　４

年の苦悩〉と理解して選択肢を選ぶ。

問6　挿入文より「漱石」と「日本的でありまた現代的な想像力」との〈つながり・類似性〉を確認できる箇所をさがす。〈Ⅱ〉の直後を見ると「漱石の心の傷は……むしろ現代の私たちの心が直面している傷である」「グローバル化された西洋的な価値観……『日本的』な伝統」「私たちは、漱石と同じ苦悩を繰り返している」とある。

問7　傍線㋓の「自然環境」を手がかりにして後部を見ると、「自然環境であるかのように意識を受動化する」「環境への適応を重視する」とあるので、これらの記述を踏まえて選択肢を選ぶ。

問8　設問文の「目的」という語に注意。傍線㋔直前の「明治の作家たちは『言文一致』という試みを通じて人間の主体化というプロジェクトの実行を試みていた」の「試みていた」が設問文の「目的」に合致すると理解する。

問9　傍線㋕直前の「老荘思想……など、ありとあらゆる言語的に媒介された自然」および直後の「リアリズムによる『風景』ではなく……ヴァーチャルな自然」に着目。これらのキーワードを反映した選択肢を選ぶ。

問10　a、直後の「この特異な挫折のなかにこそ、日本の心の来歴と現在を考える鍵がある」に着目。「この特異な挫折」より前部は挫折（＝マイナスイメージ）の話であることがわかる。そして「鍵がある」とは〈重要なポイント（＝プラスイメージ）がある〉という意味である。よって前後は〈逆接・対立〉の関係であると理解する。3と5が該当。b、後部の「であるからだ」に着目。〈因－果〉を表す語が入ると理解する。1・5が該当。c、前部の「未知の存在への戸惑いこそ日本における主体であるからだ」という話が、後部では「世界と身体を制御する心を持てるから人間は主体化できるのではない」というかたちで、より〈根本的・本質的〉な次元で言い換えられている。5が該当。d、直前「世界と身体を制御する心を持てるから人間は主体化できるのではない」と直後「挫折において……主体は浮かび上がってくる」から、前の「制御」よりも後の「挫折」が重要とわかる。よって5が正解となる。

問11　傍線㋖直前「漱石文学の総体とは、この時代に生きる一人の人間としてのリアルな生を賭した実験」および直後「金之助はこの小説作品という仮構の世界にいくつもの心をシミュレーションすることによって、自らの実存的な苦石）の持つ、東京（未来）にも故郷の熊本（過去）にも接触できない、という居場所のなさ、存在感のなさがもたらす心の傷は、現代の私たちの心が直面している傷でもある。グローバル化された西洋的な価値観と「日本的」な伝統や慣習との軋轢から逃れて、私たちはヴァーチャルで無垢なパラレルワールドを夢想する。データベースという情報環境さえも日本人は擬似的な自然として受動的に適応しようとする。漱石は小説を通して、主体化の圧力に挫折した彷徨う中途半端な主体を登場人物に託し、彼らの苦悩と共に生きようとした。

解説

問2　一つめの空欄A直後の「理想化」、二つめの空欄Aの前の「居場所」より〈理想的な場所〉に該当する語が入ると理解する。「桃源郷」とは〝俗世を離れた理想郷〟という意味。

問3　傍線㋐「その波」に着目して前部を見ると、「ロンドンという近代都市」「人の波」「汽車」とあるので、これらのキーワードを各選択肢に当てはめて考える。2は〈西欧・都市（＝ロンドン）〉、〈近代化・技術革新（＝近代都市・汽車）〉、〈人口集中（＝人の波）〉にそれぞれ対応している。

問4　「遡行」とは〝流れをさかのぼる〟という意味。これを踏まえて傍線㋑とその前後を読み換えると〈『吾輩は猫である』『坊っちゃん』『草枕』における複雑でアイロニカルな筆致と思想は、むしろ『三四郎』の不安を前提として、そこから流れをさかのぼるようにして読む（＝読み直す・捉え直す）ことによって理解できる〉となる。よりわかりやすく言い換えると、〈『三四郎』以前に成立した『吾輩は猫である』『坊っちゃん』『草枕』における複雑でアイロニカルな筆致と思想を理解することは、三作品以後に成立した『三四郎』の不安を前提とし、それに関連づけて考えることによって可能となる〉となる。

問5　〈漱石的青年＝三四郎〉という関係を踏まえて傍線㋒後部の引用文を見ると「自分は……それ（＝動揺する世界）に加はる事は出来ない」「自分の世界と、現実の世界は一つ平面に並んで居りながら、どこも接触してゐない」「現実の世界は……自分を置き去りにして行つて仕舞ふ」「甚だ不安である」とあるので、この〈三四郎の不安＝漱石的青

国語

一

出典

下西風澄『生成と消滅の精神史――終わらない心を生きる』〈第Ⅱ部 日本編 第6章 夏目漱石の苦悩とユートピア 引き裂かれた心〉（文藝春秋）

解答

問1 ①－4 ②－1 ③－2
問2 5
問3 2
問4 1
問5 3
問6 2
問7 1
問8 4
問9 3
問10 5
問11 1
問12 4

要旨

漱石はロンドンで感じた居場所なき実存的な不安を『三四郎』で東京という都市に重ねて描いた。三四郎（に託した漱

IR 方式・共通テスト併用方式（3 教科型・5 教科型）：2月9日実施分

問 題 編

▶試験科目・配点

○ IR 方式(英語資格試験利用型)：国際関係学部

教 科	科 目	配 点
外国語	【英語】コミュニケーション英語Ⅰ・Ⅱ・Ⅲ，英語表現Ⅰ・Ⅱ	100 点
	【国際関係に関する英文読解】コミュニケーション英語Ⅰ・Ⅱ・Ⅲ，英語表現Ⅰ・Ⅱ	100 点
英語外部資格試験（得点換算）		100 点

○共通テスト併用方式(3 教科型・5 教科型)：

法・産業社会・国際関係(国際関係学専攻)・文・経営・政策科・総合心理・映像・経済・スポーツ健康科・食マネジメント学部，APU　(※5 教科型は経済学部のみ)

学 部	教 科	科 目	配 点
法・産業社会・経営・政策科・総合心理・映像・経済・スポーツ健康科・食マネジメント，APU	外国語	コミュニケーション英語Ⅰ・Ⅱ・Ⅲ，英語表現Ⅰ・Ⅱ	100 点
	国　語	国語総合(近代以降の文章)，現代文Ｂ	100 点
国際関係(国際関係学専攻)	外国語	コミュニケーション英語Ⅰ・Ⅱ・Ⅲ，英語表現Ⅰ・Ⅱ	150 点
	国　語	国語総合(近代以降の文章)，現代文Ｂ	100 点
文	外国語	コミュニケーション英語Ⅰ・Ⅱ・Ⅲ，英語表現Ⅰ・Ⅱ	100 点
	国　語	国語総合(近代以降の文章)，現代文Ｂ	70 点

▶**備　考**

- IR 方式（英語資格試験利用型）における「英語外部資格試験」の得点は，スコア等に応じて以下の点数（80 点・90 点・100 点のいずれか）に換算される。

換算点	実用英語技能検定	TOEFL iBT® テスト	IELTS (Academic Module)	GTEC	TEAP (4 技能)
100 点	準 1 級または 1 級	71−120	5.5−9.0	1180−1400	309−400
90 点		61−70	5.0	1100−1179	281−308
80 点	2 級		4.5	1050−1099	255−280

- 共通テスト併用方式は，これらの独自試験と各学部が指定する大学入学共通テスト科目の総合点で合否が判定される。

英語

（80分）

I　次の文を読んで，問いに答えなさい。

A team of seven scuba divers crawled along the seafloor in a shallow bay off Tasmania, Australia, parting bunches of seaweed and peering[1] under small rocks as they hunted for a red handfish, a species hardly bigger than a mouse, with hand-like fins[2] and a frog-like appearance. The divers, five of whom were trained volunteers with an Australia-based citizen science group called Reef Life Survey, had already spent many hours underwater searching after receiving a report from a member of the public about a sighting of a species that was thought to be critically endangered[3]. Now, after more than two hours without luck, it appeared they were on another unsuccessful search. They were ready to give up when Antonia Cooper, of the Institute for Marine and Antarctic Studies, came in direct contact with a red handfish, one of just several dozen individuals believed to survive. The group searched even harder and quickly found seven more of the animals.

The discovery in 2018 resulted in the creation of the Handfish Conservation Project, a national effort to protect red handfish and their two remote patches of Tasmanian habitat. The event was also significant for another reason: it might not have been possible without the volunteer labor of citizen scientists. Rick Stuart-Smith, a co-founder of Reef Life Survey and one of the divers who discovered the new red handfish population, says the collective effort that it took to find the rare fish outweighed what he and his university colleagues might have been able to accomplish in the absence of volunteers. He says teams of trained volunteer divers explored about 30 underwater locations in Tasmania, specifically searching for red handfish, before succeeding. Their work allowed Stuart-Smith and his team to know for sure that the species was in real trouble. “Citizen science was critical for the conservation of this species,” he says.

Around the world, research by citizen scientists is increasingly accepted. Their involvement is now a critical research tool for monitoring endangered species and documenting the massive environmental changes sweeping the planet. Global warming and ocean acidification[4] are causing entire ecosystems, including coral reefs and seaweed forests, to collapse. These changes are occurring at scales and speeds that scientists and conservationists have never dealt with before, says John Cigliano, a marine ecologist at Cedar Crest College. Professional researchers and university scientists can no longer adequately study them on their own.

That’s where citizen scientists come in. Cigliano has been working with trained volunteers since the 1990s. He is now leading a long-term study of the intertidal zone[5] of Acadia National Park, in Maine, watching for effects of warming and acidification. Because of the project’s scale, he says it would be more challenging without the help of volunteers — in this case, high school students. He and the teenagers count invertebrates[6] and algae[7], and monitor pH, water temperature, dissolved oxygen, and salt levels.

By putting so many eyes on the water for extended lengths of time, citizen science projects are revealing significant changes in marine ecology as carbon dioxide dissolves into the ocean and its waters grow warmer. Since the early 1990s, divers from REEF — a major citizen-science organization — have recorded 235,000 underwater surveys, largely of tropical reef fishes. The reports are uploaded by member divers, reviewed by staff for potential errors and — if they appear to be accurate —

published on the website.

Some researchers question the quality of data collected by volunteers. Legitimate[8] concerns include misidentifying plants and animals and showing a tendency to detect more interesting species while overlooking the less-noticeable ones. Stuart-Smith says that Reef Life Survey selects volunteers based on their experience, then trains them and closely evaluates their skills. Some divers, he says, are removed from the program if their skills aren't up to standard.

In fact, an analysis published in 2016 found that the concerns of those who doubt the effectiveness of citizen scientists are often mistaken. The paper's authors, led by Margaret Kosmala, assessed the accuracy of data gathered by citizen scientists. "While scientists are often unsure of the ability of unpaid volunteers to produce accurate data sets, recent research clearly shows that diverse types of citizen-science projects can produce data with accuracy equal to or surpassing[9] that of professionals," Kosmala and her colleagues wrote.

Financially, it can be more cost-effective to use citizen scientists to do this sort of work than to hire professionals. Reef Life Survey co-founder Graham Edgar estimates that conventional marine survey work costs US $7,000 per day, whereas his group works on a daily budget of about $500. Steve Gittings, chief scientist with the National Marine Sanctuary System, says volunteers contributed over three million dollars' worth of labor in 2018 to the sanctuary system.

In a 2016 paper published in the journal *Frontiers in Marine Science*, Cigliano and several co-authors warned that funding[10] and government support for long-term marine conservation research has declined, just when it's needed most. In such circumstances, citizen scientists are proving a vital workforce. They are laying the foundations for future research, helping guide conservation projects, and generally promoting the flow of science.

(Adapted from a work by Alistair Bland)

(注)

1．	peer	凝視する
2．	fin	ひれ
3．	critically endangered	絶滅寸前の
4．	acidification	酸性化
5．	intertidal zone	潮間帯
6．	invertebrate	無脊椎動物
7．	algae	藻草
8．	legitimate	もっともな，正当な
9．	surpass～	～にまさる
10.	funding	資金提供

〔1〕本文の意味，内容にかかわる問い(A)～(D)それぞれの答えとして，本文にしたがってもっとも適当なものを(1)～(4)から一つ選び，その番号を解答欄にマークしなさい。

(A) What did the volunteer divers in Tasmania confirm?

(1) That reports from the locals were mistaken

(2) That the red handfish was in danger of extinction

(3) That Antonia Cooper was sufficiently qualified for this type of research

(4) That volunteers of the Handfish Conservation Project would not have found the handfish without the guidance of professionals

(B) What reason is given by John Cigliano for involving high school students in his research project?

(1) He is an expert at training volunteers of all age groups.

(2) The scope of his investigation made their assistance necessary.

(3) He had lost the government funding required to pay professional scientists.

(4) The students requested he allow them to participate as part of a school assignment.

(C) What does Margaret Kosmala think about the information collected by citizen scientists?

(1) It is not always accurate, but it is cheap.

(2) It frequently contains errors regarding the identification of rare species.

(3) Its quality can be just as good as that collected by professional scientists.

(4) It is easy for professional scientists to confirm before it is included in studies.

(D) According to the article, why will the use of citizen scientists become more important in the future?

(1) People have become more interested in conservation.

(2) Students will be required to gain more practical experience in the real world.

(3) Research institutions are now receiving less money from the government.

(4) Politicians are now gradually relaxing the restrictions on citizen science programs.

〔2〕次の(1)～(5)の文の中で，本文の内容と一致するものには1の番号を，一致しないものには2の番号を，また本文の内容からだけではどちらとも判断しかねるものには3の番号を解答欄にマークしなさい。

(1) A member of the Tasmanian public thought they might have seen a red handfish in the shallow bay.

(2) The students working with Cigliano discovered a rare jellyfish in

the intertidal zone.

(3) Some of the citizen scientists from REEF eventually became professional scientists.

(4) Some researchers are worried about the use of citizen scientists.

(5) Graham Edgar doubts that the use of citizen scientists saves his organization money.

〔3〕本文の内容をもっともよく表しているものを(1)～(5)から一つ選び，その番号を解答欄にマークしなさい。

(1) The economic benefits of using citizen scientists

(2) Efforts to protect the red handfish from extinction

(3) International cooperation between volunteers trying to protect the environment

(4) How ordinary people can help scientists conduct large-scale research projects

(5) A project involving the efforts of professionals and volunteers to save endangered species

Ⅱ　次の文を読んで，問いに答えなさい。

Our dental health has changed with our diets. Ancient humans and their ancestors really didn't have much of a problem with cavities[1]. In fact, finding an ancient skeleton with a cavity is so significant that you can publish an academic article just to show off (あ)the discovery. Dental problems became more common only after the development of farming led to humans eating a lot more carbohydrates[2] — a shift that continued as processed flour and sugar became widely available during the 19th century.

But in the past decade or so, scientists recovered the DNA from ancient dental plaque[3] and figured out that something else in our mouths was changing at the same time as our dental health. It [(A)] that some varieties of bacteria are more common in mouths with cavities. And as human diets changed and cavities became more common, those bacteria started taking over our mouths. Today, our oral bacteria are less diverse than our ancestors' were, and (い)they are dominated by the types associated with cavities.

Increasingly, scientists are thinking of cavities as a microbiome[4] problem. The advice you got as a kid — brush your teeth, floss[5], eat less candy — is [(B)]. But it's becoming clear that the types of bacteria living in your mouth matter, too. Some people do everything for good oral hygiene and still get cavities because of the bacteria living in their mouths. Which presents a question: If the types of bacteria in your mouth can make you more prone to[6] cavities, could you fix your teeth by getting different bacteria?

I got interested in (う)this issue for personal reasons: Namely, I am one of those people who brush and floss and eat a diet lower in sugar compared with the average American and still regularly end up with cavities. [(C)], it looks like one of my two children might be in the same position. I wondered if I had caused my kid's cavities by passing my bacteria on to her and if, somehow, I could solve the problem with...a saliva[7] transplant?

My fear that I had spread cavity-causing bacteria to my kid is, unfortunately, [(D)] science, said Robert Burne, a professor at the University of Florida. "You can take an animal that naturally develops cavities and feed it a high-sugar diet, and it will get cavities. And if you house it with animals that seem to naturally resist cavities, they will then develop cavities," he said. Cavities, in other words, are a disease that can be passed between people. [(E)], Burne told me, research has shown that a caregiver's susceptibility[8] to cavities — be it a parent or a day care provider — can predict how likely a kid is to get cavities.

But transplanting bacteria through saliva isn't really an option. Rob Knight, a researcher at the University of California, San Diego, was once approached by a dentist who wanted his help with a study based on (え)<u>that very idea</u>. "He had noticed that some of his patients tended to get cavities at very high rates, even though they were careful about brushing and flossing, and other patients did basically nothing and they got no cavities at all. So he was hoping to do an oral microbiome transplant, essentially, by transferring saliva from people who did not get cavities to people who did get cavities," Knight said.

Now the basic idea here — to give people better oral health by changing their oral microbiome — isn't a bad one. But the problem is that scientists simply don't know enough about the oral microbiome to guess whether a saliva transplant would work, would work only temporarily, or would make things [(F)]. That's because the connections between specific bacteria and cavities are merely correlations[9] — nobody knows yet if one causes the other. As Knight explained, changing a kid's microbiome does not necessarily mean changing whether that kid gets cavities. Does the bacteria cause the cavities, or are the bacteria and the cavities together a response to some other factor? Nobody knows.

There is [(G)] in all this. Scientists definitely know a handful of ways to make your oral microbiome healthier. Are you ready for this insider knowledge? OK, here goes: You should brush twice a day, floss, and eat a diet low in sugars and carbohydrates. Eventually, researchers may find out enough about the oral microbiome to start modifying it in a more high-tech way — a way that could help people who do the basics but still get unfortunate results. But despite the promises of unproven probiotic supplements[10] on the market, we aren't yet able to ㋔do so.

So the best thing to do is continue the stuff you've already (hopefully) been doing. That is not, shall we say, [(H)]. Instead, I wanted some easy solution that would improve my life and my child's. But in the time it took to research and write this story, I found a pile of her empty candy wrappers. And that, at least, gives us a place to start making changes. Step one: Don't give the cavity bugs a free meal.

(Adapted from a work by Maggie Koerth)

（注）

1. cavity 虫歯
2. carbohydrate 炭水化物
3. plaque 歯垢
4. microbiome ヒトの体に共生する微生物の総体
5. floss デンタルフロス（糸ようじ）を使用する
6. prone to～ ～になりやすい
7. saliva 唾液
8. susceptibility 影響・感染されやすいこと
9. correlation 相関関係
10. probiotic supplement 体に良い微生物の成長を促進するサプリメント

〔1〕本文の [(A)] ～ [(H)] それぞれに入れるのにもっとも適当なものを(1)～

出典追記：Why People Who Brush Still Get Cavities, FiveThirtyEight on August 18, 2021 by Maggie Koerth

(4)から一つ選び，その番号を解答欄にマークしなさい。

(A) (1) helps (2) hides the fact
(3) is beside the point (4) turns out

(B) (1) not enough (2) still important
(3) the only solution (4) too old-fashioned

(C) (1) All in all (2) As an example
(3) Sadly (4) Specifically

(D) (1) a question for psychological
(2) an area of disagreement in
(3) not addressed by
(4) supported by

(E) (1) In spite of this (2) Lastly
(3) On the other hand (4) What's more

(F) (1) better (2) clearer
(3) less clear (4) worse

(G) (1) a major difficulty (2) much room for doubt
(3) one exception (4) some good news

(H) (1) anything to worry about (2) so hard to do
(3) useful advice (4) what I wanted to hear

〔2〕下線部㋐～㋔それぞれの意味または内容として，もっとも適当なものを(1)～(4)から一つ選び，その番号を解答欄にマークしなさい。

㋐ the discovery

(1) the discovery of a damaged tooth

(2) the discovery that diet has changed

(3) the discovery that ancient people could keep their teeth clean

(4) the discovery of bones showing that the majority of ancient people had bad teeth

㋑ they

(1) ancient people

(2) modern people

(3) bacteria in ancient people

(4) bacteria in modern people

㋒ this issue

(1) how bacteria can cause cavities

(2) which people are the most likely to get cavities

(3) whether changing the oral microbiome can prevent cavities

(4) why some people who keep their mouths clean get more cavities than others who do not

㋓ that very idea

(1) the idea that transplants are not a realistic solution

(2) the idea that Rob Knight is qualified to provide help

(3) the idea that most people have the same type of saliva

(4) the idea that introducing someone else's bacteria could help

㋔ do so

(1) purchase the new supplements

(2) prove that diet affects the oral microbiome

(3) produce new technology for keeping teeth clean

(4) develop the tools to change the bacteria in people's mouths

Ⅲ

〔1〕次の会話の あ ～ え それぞれの空所に入れるのにもっとも適当な表現を(1)～(10)から一つ選び，その番号を解答欄にマークしなさい。

A telephone call to a driving school

A：Good morning. *Excellent Driving Academy*. This is Alice speaking. How may I help you?

B：Oh hello, Alice. (あ) But there're a few things I'd like to know before making my decision.

A：Certainly. What is it specifically that I can help you with?

B：Well, if I sign up today, roughly when could I start taking lessons?

A：(い) From as early as Wednesday, to be more precise.

B：Really? That soon? And how long will it take me to get my license?

A：(う) In other words, some people take longer than others. But most pass the test within three months, so you should be driving by the summer!

B：How exciting!

A：I should warn you, though. (え) Don't leave it too long.

B：I see. I'll talk this over with my parents and be sure to get back to you later this afternoon.

A：Terrific. I look forward to hearing from you then.

(1) This week.

(2) Places are filling up fast.

(3) Nice to speak to you again.

(4) Tests are held every weekday.

(5) When were you hoping to get it?

(6) Would you mind speaking up a little?

(7) I'm thinking about getting my license.

(8) Some of our instructors are quite strict.

(9) It really depends on how quickly you learn.

(10) We're fully booked right up until the end of the summer vacation.

〔2〕次の会話のⓚ～ⓚそれぞれの空所に入れるのにもっとも適当な表現を(1)～(10)から一つ選び，その番号を解答欄にマークしなさい。

Talking about hobbies

A：What's up, Sam? You look stressed.

B：I have to give a presentation on hobbies for a class.

A：So, what's the problem? Talk about your own hobby.

B：That's one problem. I'm not sure I have one. What is a hobby? (ⓚ) For some reason, those don't feel like hobbies to me, but they're what I do.

A：Maybe you can define what a hobby is — you know, as part of the presentation.

B：Actually, that might solve my other problem! I think the teacher expects us to talk about our topic in a general sense, not just about ourselves.

A：Sorry? I'm not following. (ⓚ)

B：You suggested giving a definition. I can think about different categories of hobbies. Some people build things, for example. Others like some kind of performing, like dancing or playing guitar.

A：Ahh! (ⓚ)

B：Well yeah, more than watching some drama on a streaming site anyway. Somehow, I think a hobby requires enthusiasm or effort. I imagine some old guy searching for one rare book in a lot of dusty old shops.

A：(ⓚ) A collector is usually passionate about their collecting.

Anyhow, it seems like you already have plenty of ideas for your presentation.

(1) They're not boring.
(2) OK, I can see that.
(3) What do you mean?
(4) I really enjoy sleeping.
(5) I spent lots of money on it.
(6) What did your teacher say?
(7) What interests do you have?
(8) You mean a hobby is something active.
(9) There's so much of that online these days.
(10) Is shopping a hobby? Or watching videos online?

Ⅳ　次の(A)～(H)それぞれの文を完成させるのに，下線部の語法としてもっとも適当なものを(1)～(4)から一つ選び，その番号を解答欄にマークしなさい。

(A) The weather prevented us from ________ the island.

(1) to visit　　(2) visit
(3) visited　　(4) visiting

(B) It was kind ________ them to pay for our dinner.

(1) at　　(2) by
(3) of　　(4) on

(C) All she could do was ________ their arrival.

(1) to wait　　(2) wait for
(3) waited for　　(4) waiting

(D) My teacher ______ me to review my English vocabulary before tomorrow's test.

(1) said　(2) says

(3) tell　(4) told

(E) Whenever we ______ on a long hike, my dog comes with us.

(1) go　(2) travel

(3) will go　(4) will travel

(F) I won't watch that movie because it's ______ scary for me.

(1) much so　(2) much too

(3) so much　(4) too much

(G) Contracts should be understood ______ before being agreed to.

(1) completed　(2) completely

(3) completing　(4) more complete

(H) Coal consumption has increased in the region, ______ is shown below.

(1) as　(2) in which

(3) that　(4) where

V

〔1〕次の(A)〜(E)それぞれの文を完成させるのに，下線部に入れる語としてもっとも適当なものを(1)〜(4)から一つ選び，その番号を解答欄にマークしなさい。

(A) Your _______ is required when we vote on the new rules.

(1) appetite (2) discount
(3) moss (4) presence

(B) Due to the recent rain, the path was _______ and slippery.

(1) animated (2) damp
(3) deaf (4) diverse

(C) The hotel is in close _______ to an airport.

(1) agony (2) delicacy
(3) mastery (4) proximity

(D) Careless mistakes _______ the project.

(1) assured (2) audited
(3) despised (4) doomed

(E) The variety of _______ available in shops increased greatly during the 1990s.

(1) anguish (2) merchandise
(3) permanence (4) testimony

〔2〕次の(A)〜(E)の文において，下線部の語にもっとも近い意味になる語を(1)〜(4)から一つ選び，その番号を解答欄にマークしなさい。

(A) Their most interesting duty was to record movements of animals in the wild.

(1) ambition　(2) decision

(3) mission　(4) motivation

(B) The students were <u>merely</u> following the guidelines.

(1) almost　(2) diligently

(3) just　(4) quietly

(C) It took a little time to <u>arrange</u> everything.

(1) define　(2) minimize

(3) plug　(4) position

(D) They used <u>dated</u> technologies.

(1) ancient　(2) digital

(3) manual　(4) particular

(E) Various factors explain the artist's <u>prominence</u>.

(1) dedication　(2) distinction

(3) persistence　(4) privilege

英文読解

（80分）

I 次の英文を読んで，以下の設問に**日本語**で答えなさい。

In 2015, the United Nations (UN) introduced 17 Sustainable Development Goals (SDGs) and 169 associated targets as a “blueprint to achieve a better and more sustainable future for the world by 2030.” These targets include poverty, hunger, climate change, environmental degradation[1], peace, justice, and other global issues. However, thirty years after the Rio Earth Summit[2], the report from the United Nations on progress towards the Sustainable Development Goals (SDGs) may trigger some anger (1). More people are suffering, environments are being further degraded, and the life-support systems for current and future generations are being compromised. In March 2022, UN Secretary-General António Guterres warned that humanity is “moving backwards in relation to the majority of the Sustainable Development Goals.” Although some setbacks[3] could be attributed to the pandemic and associated policies, the SDGs were already losing focus before COVID-19 emerged.

In the early years of developing the Sustainable Development ideas, one of the main criticisms was that it implied that economic, social, and environmental values were equivalent[4], so that a forest could be replaced by a cattle ranch and still be regarded as Sustainable Development. This concern led to debate about ‘strong’ and ‘weak’ commitments to environmental protection. Even today this issue has not been resolved, with substitutions being emphasized over biodiversity. Therefore, the framework does not deny destruction of key ecosystems.

Another criticism is that the concept ignores evidence that, globally, (2)human settlement is already exceeding the planet's 'carrying capacity', which is the total use of natural resources and the amount of pollution that the global environment can take without being degraded. Sometimes described as humanity's ecological footprint, this excess involves the current levels of population and energy consumption by billions of people as well as people's resource-intensive consumer lifestyles. The problem of exceeding the Earth's carrying capacity is worse when considering the further series of effects on ecosystems and societies. This led scientists to explain that Earth's systems could be broken, threatening most life on Earth. With this devastating possibility in mind, any plan for improving both the environment and people's lives that seeks to expand economic systems rather than reduce excess is simply adding to the problem.

This brings people to the problem of Sustainable Development in general and of the SDGs in particular: relying upon and promoting economic growth. Sustained economic expansion is not only assumed in SDGs, but (3)the pursuit of growth is also built in the framework in SDG 8 on 'decent work and economic growth.' Therefore, the SDGs reflect the habits of centuries of economic models and political institutions that have equated[5] human flourishing with the growth of material wealth. Although SDGs offer no clear explanation of how global economic expansion will reduce poverty and environmental destruction, the implicit[6] assumption is that such economic growth is essential for achieving the objectives on poverty, hunger, and health.

(4)The focus on economic growth is also flawed. There is a belief that technological change and resource substitution allows people to separate economic growth from resource exhaustion, loss of biodiversity and increase in carbon emissions. Instead, data show that the growth goal of the SDGs is incompatible with[7] the framework's sustainability objectives to rapidly reduce the use of global resources and carbon emissions, yet still stay within a safer range of global warming. Even if economic growth could be separated from emissions by replacing fossil fuels with renewable energy, this cannot be done quickly enough if the economy continues to grow at the usual rates.

Further recent analyses have unfortunately revealed that (5) to power all societies with renewable energy, including battery storage, is both unlikely and destructive. In 2021, the UN's International Energy Agency (IEA) calculated that a global energy transition from fossil fuels would increase demand for key minerals such as lithium, graphite[8], nickel, and rare earth metals by 4200%, 2500%, 1900%, and 700%, respectively, by 2040. The IEA noted that there is no capacity to meet such a demand, there are no plans to build enough mines and refineries[9], and such expansion would take decades. The report also noted that the environmental impacts of delivering that level of supply would be massive, including not only the devastation from earth removal, but also the toxic and radioactive wastes produced from the mining and refining processes. An analysis finds that critical minerals are typically in locations occupied by people living outside of the urban societies that want the metals from their land.

Economic growth cannot endlessly continue on an already over-developed planet. Due to poor performance and arguments, calls have multiplied for SDGs to abandon growth in favor of 'degrowth', which would involve 'reduction of energy and resource use to bring the economy back into balance in a way that reduces inequality and improves human well-being.' Such a change is a big challenge, since current financial systems rely upon and encourage economic expansion. It also involves major cultural changes, such as less consumerism. Therefore, many researchers conclude that people must abandon narrow and old concepts and shift responses to environmental and social problems.

(Adapted from a work by Jem Bendell)

(注)

1. degradation　悪化
2. Rio Earth Summit　1992年に開催されたリオデジャネイロでの地球環境会議
3. setback　後退
4. equivalent　等価の，同等な
5. equate　同等とみなす，同一視する
6. implicit　暗黙の
7. be incompatible with~　～と両立不可能な，相容れない
8. graphite　黒鉛
9. refinery　精錬所

(設問)

〔1〕下線部(1) may trigger some anger とあるが，どのような事実がこの推測の根拠になっているかを，本文の内容に沿って説明しなさい。

〔2〕下線部(2) human settlement is already exceeding the planet's 'carrying capacity' とあるが，この状態がさらに進行すれば，将来どのようなことが予測されるかを本文の内容に沿って説明しなさい。

〔3〕下線部(3) the pursuit of growth とあるが，これはどのような政治経済的モデルや制度および前提に基づいて「持続可能な開発目標」の1つになったか，本文の内容に沿って説明しなさい。

〔4〕下線部(4) The focus on economic growth is also flawed. とあるが，どのような考え方がなぜ間違っているのか，本文の内容に沿って説明しなさい。

〔5〕下線部(5) to power all societies with renewable energy, including battery storage, is both unlikely and destructive とあるが，その具体的な

内容を本文の内容に沿って説明しなさい。

〔解答欄〕〔1〕～〔3〕：各17.5cm×6行
〔4〕・〔5〕：各17.5cm×8行

Ⅱ　次の英文を読んで，以下の設問に**英語**で答えなさい。極力，本文と異なる表現を用いること。下線部(1)—(5)は問〔1〕～〔5〕にそれぞれ関連している。

Earlier this week at the Hague in the Netherlands, Edwin Wagensveld, the Dutch leader of the far-right group Europeans Against the Islamisation of the West, publicly desecrated[1] a copy of Islam's holy book and published a video of the hateful act on social media. This followed an incident over the weekend in which Rasmus Paludan, leader of the Danish far-right party Stram Kurs (Hard Line), burned a copy of the Quran near the Turkish Embassy in Stockholm.

As he tore out and discarded a page from the Quran, Wagensveld signaled that the incidents in Sweden and the Netherlands are part of a coordinated campaign of hate speech. He predicted further incidents in other cities. As the provocateurs[2] intended, protests erupted (1) across the Muslim-majority world. Western leaders then responded by lecturing Muslims on the subtleties[3] of free speech and "respect" for diverse opinions.

This is a familiar pattern of Islamophobic provocation (2) followed by Muslim rage followed by Western condescension[4]. But do such acts which target vulnerable[5] minorities have any effect on the societies in which they occur? Should non-Muslims living in Western societies care if a holy book they don't believe in is used in a hateful publicity stunt[6]? Yes, they should. This is because the spread of Islamophobia makes democracies less free and less safe — not only for Muslims, but for everyone.

I lead a research project at the Institute for Social Policy and Understanding (ISPU), a Washington, DC-based non-partisan think tank that provides research and education about US Muslims and the policies that affect them. Our researchers, in partnership with academic institutions and advisers, created the ISPU Islamophobia Index, which measures the degree to which different groups in America endorse key anti-Muslim ideas.

In the past five years, we have measured the Islamophobia Index among Americans of different races, ages, and faiths and no faith. We have explored what predicts and protects against Islamophobic bias. We have seen how anti-Muslim bigotry[7] manufactures public consent for certain policies. The results paint a complex picture, but in the end expose a simple truth: Islamophobia threatens democracy.

What we found is that endorsement of anti-Muslim stereotypes is unsurprisingly linked to favouring state policies that target Muslims, such as mosque surveillance[8] and the so-called "Muslim ban" — a Trump-era policy that barred travel to the US from several Muslim-majority countries. But (3)believers in Islamophobic ideas aren't just ready to take rights away from Muslims. Our research showed that they are also willing to give up their own: higher scores on the Islamophobia Index are a prediction of acceptance of authoritarianism[9]. All else being equal, people who endorse anti-Muslim ideas are more likely to approve of reducing freedom of the press and suspension of checks and balances[10] in the wake of a terrorist attack. Examples of anti-Muslim ideas are statements like: "Muslims are partially responsible for acts of violence carried out by other Muslims" or "Muslims are less civilised than other people." In short, the propagation[11] of Islamophobia undermines the very foundation of a free society: a dissenting[12] and well-informed citizenry.

Moreover, Islamophobia produces other bigotries. We found that anti-semitism[13] and anti-Black racism are among the leading predictors of

Islamophobia. Our research also demonstrated that Islamophobia doesn't just make democracies less free and more bigoted. It makes them less safe — and not just in the ways many assume.

A very small number of people who claim to act in support of Islam use Western anti-Muslim political language to recruit people to their violent cause. But that's far from (4)the greatest risk. We found that people who endorse anti-Muslim ideas like "Muslims are more likely to do violence than other people" or "Most Muslims have negative attitudes about the United States" in fact approve these very types of attitudes and acts. Such acts include deliberate attacks on and killings of civilians by a military, something that is considered a war crime. They also approve of killings by a small group or an individual, usually called "terrorism". Therefore, it should be no surprise that the rise in violent cases by white supremacists[14] in the United States is the number one terrorist threat to American lives in the Trump era.

(5)All of this does not mean hate stunts like those we witnessed in Europe during the past week should be made illegal, as some have demanded. As a believing Muslim who reads the Quran daily, and as a student of history, I believe that the messenger of God endured far worse and that the book of God does not need our protection. Moreover, we should not feed the image of these otherwise irrelevant provocateurs as "free speech heroes" by silencing them. The worst punishment we can provide is to give them the attention they deserve: none. Political speech aimed at promoting Islamophobia should be viewed by the rest of society for what it is, not a defence of democracy, but an act which weakens it.

(Adapted from a work by Dalia Mogahed)

〈Notes〉

1　desecrate:　to deliberately damage or insult something sacred

2　provocateur:　a person who intentionally encourages people to

出典追記：Islamophobia makes democracies less safe for everyone, Al Jazeera on January 27, 2023 by Dalia Mogahed feel angry or to do something illegal

3 subtlety: an important but difficult idea that is described in an indirect way

4 condescension: behavior which shows you think you are superior to others

5 vulnerable: weak and easily hurt physically or emotionally

6 stunt: something that is done in order to attract attention

7 bigotry: the expression of opposition to anyone who has a different opinion

8 surveillance: the careful watching of someone suspicious

9 authoritarianism: the belief that people should be absolutely obedient to those in power

10 checks and balances: a system that prevents one person or group from having too much power

11 propagation: the act of spreading information so that it will influence a lot of people

12 dissenting: disagreeing strongly with established ideas or values

13 anti-semitism: a strong dislike for Jewish people

14 supremacist: someone who believes that their own particular race or group is better than others

〈Questions〉

〔1〕What incidents triggered protests in Europe? *Answer in approximately 30 words.*

〔2〕How do Western authorities try to persuade Muslim societies when faced with Islamophobic provocation? *Answer in approximately 25 words.*

〔3〕According to the author's analysis, what do believers in Islamophobic ideas tend to allow? *Answer in approximately 30 words.*

〔4〕Why do anti-Muslim ideas hold greater risks? *Answer in approximately 25 words.*

〔5〕Why does the author believe that hate stunts by provocateurs should not be made illegal? *Answer in approximately 30 words.*

のである。つまり行為のあり方が人のあり方にもとづいているということである。徳ある人の行為は外形的に特定できないので、私たちは、その人が徳ある人かどうかを、長い時間をかけてでも見分けられるようになることが必要である。

たまたま火災現場に居合わせ、燃える家のなかに取り残された人がいる状況に直面したとき、その人を助けようという欲求を持つ人が徳ある人である。また、どうすれば人を助けることができるのかを考えることができるのも徳ある人である。このように、人を助けたいという欲求を実現するための手段を考えて、家に飛び込む人が真に勇敢な人である。

④　しかし思慮のはたらきの議論に仄《ほの》めかされていたように、個々の行為も、論理的な性格をそなえており、構造化することが可能である。

1　④→②→③→①
2　④→①→③→②
3　③→②→①→④
4　③→①→④→②
5　①→③→②→④

問12　本文の内容に合致するものはどれか。次の中から最も適当なものを選び、その番号を解答番号 28 にマークせよ。

1　アリストテレスは、徳ある人がどのような心理状況を経てその行為を選択するのかを述べており、徳倫理学の議論ではアリストテレスの考察が参照される。たとえば、どういう思慮が働いてその行為を選択したかという点である。それは、行為者が描いた倫理的ビジョンに照らして選択している適切な行為をさしている。

2　アリストテレスの徳倫理学の議論で徳ある行為を考える場合、徳の概念の重要性を強調するだけでは説明できないものがある。それは行為の合理性や論理性である。つまり、人の行為や生き方の善悪の判断が、徳ある人の判断に委ねられていることから生じる行為者自身の行為選択に対する合理性や主体性への疑義である。

3　交差点で立ち往生している白い杖の人の手を引いて交差点を渡る行為は、親切な行為だと言い切れない。なぜならば、行為者の心理や動機が分からないからである。ただし、この行為者が、親切な人が望む行為をしたいという欲求を感じ、そうすることに悦びを感じるような傾向を持ち続けるならば、親切な行為だと言える。

4　徳ある人がおこなう行為は、「しかるべきことを、しかるべき仕方で、しかるべきときに」恐れたり欲求したりするも

1　誠実さが必要な場面で、嘘をつく行為が誠実さを表すと見なされる場合。
2　誠実な人が、ある場面で行う徳のある行為は嘘をつくことであると判断する場合。
3　徳のある人が、嘘をつくことが誠実であると考えた選択をするような状況の場合。
4　誠実な人が、ある場面で嘘をついても多数の人の幸せにつながると判断する場合。
5　徳のある人がある状況下で、自分の気持ちに嘘をつくことができないと判断する場合。

問10　傍線㋔「基本的な一致点」とあるが、「現代の徳の倫理」と「アリストテレスの考え方」の間にはどのような一致点があるか。次の中から最も適当なものを選び、その番号を解答番号 26 にマークせよ。

1　それぞれの状況に応じた行為を選択するために、そのときの行為者の心のあり方に重きを置くという点。
2　どのような行為を選択すればどのような効用があったか、という結果に倫理的な価値を求めるという点。
3　選択した行為により、行為者の目指すべき良い結果がもたらされることに倫理的な価値があるという点。
4　行為を選択する心理や欲求等がどのように養われたか、その行為者の持続的なあり方に注目するという点。
5　目的に向かうための思慮の働きによって適切な行為が選択され、行為者の望む目的が達成されるという点。

問11　Z には、次に示す四つの文を並べ替えたものが入る。後の中から最も適当な並び順を示したものを選び、その番号を解答番号 27 にマークせよ。

①　たしかに個々の行為選択においては、欲求や感情が絡み合い、またそのときどきの直観的な判断にもとづくように見える。
②　それは行為を結論とする推論であり、「実践的推論」と呼ばれる。
③　しかしアリストテレスは、それぞれの行為に対して、前提と結論によって構成される推論の形式を与える。

2　ある人が困っている状況下で、自分の気持ちとは関係なくその人を助けようとする欲求を養うこと。

3　自分がそうしたいと思っても、それぞれの場面に応じてその欲求をコントロールする心を養うこと。

4　ある状況下で自分がどのような行為を取るべきか、その状況にかかわらず対処する意欲を養うこと。

5　どのような行為が自分にとって快さを感じ苦痛を感じないのか、無意識に選択できる心を養うこと。

問7　［Y］に入れる表現として最も適当なものはどれか。次の中から選び、その番号を解答番号［23］にマークせよ。

1　思考にかかわる徳と人柄にかかわる徳

2　行為にかかわる徳と善き人にかかわる徳

3　欲求にかかわる知と善き人にかかわる知

4　人柄にかかわる知と行為選択にかかわる知

5　善き人にかかわる知と行為選択にかかわる知

問8　〈Ⅰ〉～〈Ⅴ〉のいずれかに、次の一文が入る。それはどこか。後の中から最も適当なものを選び、その番号を解答番号［24］にマークせよ。

思慮のはたらきは、このように、よく生きること、幸福であることまでを射程におさめている。

1〈Ⅰ〉　2〈Ⅱ〉　3〈Ⅲ〉　4〈Ⅳ〉　5〈Ⅴ〉

問9　傍線㋓「嘘をつくことも許される」とあるが、それはどのような場合か。次の中から最も適当なものを選び、その番号を解答番号［25］にマークせよ。

3　a　そもそも　b　そのため　c　たとえば　d　ようやく　e　さらに
4　a　また　b　したがって　c　いわば　d　はじめて　e　すなわち
5　a　さらに　b　ところが　c　しかも　d　さいごに　e　つまり

問5　傍線㋑「このような考え」とあるが、それはどのような考えか。次の中から最も適当なものを選び、その番号を解答番号 [21] にマークせよ。

1　同じ状況下で同じ振る舞いをしたとしても、「徳のある人」と「抑制ある人」とでは、その欲求の程度は大きく異なるという考え。
2　徳ある人の心のあり方を獲得するために、徳ある人の心の傾向性を、長い時間をかけてどのように習慣づけられるかを学ぶという考え。
3　「抑制ある人」は、ある行為を実行した場合の得失を計算し、「徳のある人」は得失関係なく正義に従って行為を選択するという考え。
4　徳ある行為は外形的に特定できず、徳ある人のあり方と個々の状況での認知や感情や欲求などの「道徳的な心理」が基準となるという考え。
5　徳ある人の行為に快さを感じ苦痛を感じないという感覚を磨くことによって、私たちの認知や感情や欲求は徳ある人に近づいていくという考え。

問6　傍線㋒「欲求の方向を養うこと」とあるが、具体的にどういうことか。次の中から最も適当なものを選び、その番号を解答番号 [22] にマークせよ。

1　どのような状況下にあっても、自分を犠牲にしてまで人のために役立ちたいという欲求を養うこと。

問2　傍線㋐「人がおこなうべき行為」とあるが、それは筆者が考えるどのような行為のことか。次の中から最も適当なものを選び、その番号を解答番号 [18] にマークせよ。

1　危険を承知で火災現場に飛び込み、人の命を救うような勇敢な行為。
2　しかるべきことを、しかるべき仕方で、しかるべきときに欲求する行為。
3　自分の行為が最終的に人の幸せにつながる、ということを見通した行為。
4　外形的に徳ある行為と特定できないように、自然体でさりげなく行う行為。
5　どうすることがその場にふさわしいかを考え、適切な手段を用いて行う行為。

問3　[　X　] に入れる表現として最も適当なものはどれか。次の中から選び、その番号を解答番号 [19] にマークせよ。

1　仕方や見方
2　模倣や習慣
3　欲求や動機
4　情報量と判断力
5　倫理観と道徳律

問4　（ａ）～（ｅ）に入れる語句の組み合わせとして最も適当なものはどれか。次の中から選び、その番号を解答番号 [20] にマークせよ。

1　ａ しかも　ｂ そして　ｃ すなわち　ｄ だんだん　ｅ 一方では
2　ａ そして　ｂ ところで　ｃ つまり　ｄ にわかに　ｅ いわば

個別的な状況における徳ある人のそのときどきの判断に委ねるとすれば、それはいわば目③キきの倫理に終わるかもしれない。その道の達人が一つ一つの骨董《こっとう》品の年代と作者そして価値を「直観的に」見分けるように、徳ある人が個別の行為の善悪をその都度判定するのだから。

Z

最も単純なものは次のようになる。

すべての甘いものは快い

これは甘い

∴これを食べる

この形式化によって、行為選択の背景にある全体的動機と各状況において特定の行為を選択する理由が明白となる。行為は、徳ある行為であれそうでない行為であれ、このように説明し理解することが可能である。

（中畑正志『アリストテレスの哲学』。なお、文意を損なわない範囲で省略をおこなっている。）

問1　傍線①～③のカタカナの部分と同じ漢字を用いるものはどれか。次の中からそれぞれ選び、その番号を解答番号 15 ～ 17 にマークせよ。

15　①　陶ヤ　　1　ヤ金　　2　ヤ行　　3　ヤ心　　4　ヤ面　　5　ヤ根

16　②　ソウ遇　　1　ソウ出　　2　ソウ失　　3　ソウ難　　4　血ソウ　　5　抗ソウ

17　③　目キき　　1　キ公子　　2　行きキ　　3　キき手　　4　キ苦労　　5　キ心地

　近現代の倫理学においては、倫理的価値をどこに求めるのか、という問題に対して、行為や行為の規則の生み出す結果としての善さや効用を重視する立場と、行為が普遍的規範に従っていることを重視する立場とが有力であった。最大多数の最大幸福を求める理論などの功利主義は前者に、道徳律に従うことによって行為のただしさを定めるような義務倫理学的な理論は後者に属する。しかし徳の倫理は、行為者の心理や動機、それも一時的ではなく人柄や性格などの行為者の比較的持続的なあり方に注目する。

　戯画化と言えるほど単純化された例を挙げるなら、「なぜ嘘をついてはいけないか」という問いに対して、それが社会のルールだからとか人間としての道徳的義務だから、というのが義務を重視する考え方である（この場合は、それが義務に反するかぎり、どんな状況でも嘘をつくことは悪い）。またこの問いに対して、嘘をつくことによって他者に危害が及んだり社会的悪影響があるという結果に訴える答え方がある（この場合、結果がよければ嘘をついてもよい）。徳の倫理の答えは、いずれとも異なる。「嘘をつかないことが徳のある人のおこなうことだから」である。つまり嘘をつくことにかかわる徳が誠実さであるとすれば、嘘をつくことを誠実な人であっても選択するような状況においては、㋓嘘をつくことも許される。ある女性を匿《かくま》いながら、追いかけてきたストーカーに対して彼女はここには不在だと告げる場合のように。

　こうした現代の徳の倫理とアリストテレスの考え方の間には、ルールや義務ないし行為の結果よりも、徳という、安定した人の性格や特徴を最も基本的な概念とすることはもちろん、行為者の感情や欲求の重視、教育や発達の局面の顧慮など、㋔基本的な一致点が多い。事実、徳倫理学における議論では、アリストテレスの考察がしばしば参照されている。

　しかしアリストテレスの〈倫理的な事柄〉をめぐる考察には、徳の概念の重要性を強調するだけでは汲《く》み尽くすことができない論点がある。

　その一つは、行為の合理性ないし論理性である。もしも徳にもとづく倫理学的な考え方が、行為や生き方の善し悪しの判別を

「思慮を欠いては本来的な意味での善き人にはなりえないし、人柄の徳を欠いては、思慮ある人にはなりえない」。思考にかかわる徳もまた、当然、その獲得に至るまでに一定の経験を積むことが必要である。

思慮のはたらきは、行為者が望む目的を実現するための具体的で適切な手段を考えて提示することにとどまらない。〈　Ⅰ　〉アリストテレスは、行為の選択にかかわるこの思慮のはたらきを次のように描いている。

> 自分自身にとって善きもの、利益となるものについて、適切に熟慮思案する能力があることが、思慮ある人の特徴だと考えられているが、その思案とは、たとえば健康を保つためには、あるいは体が強健であるためには、どのようなものが善いものなのか、といった仕方で部分的に考えるのではなく、まさに「よく生きること」全体のためには、いかなることが善いのかを考えることである。

〈　Ⅱ　〉

もちろん、行為者は、そして思慮ある行為者であっても、行為の選択に際して、自分自身の目指すもの――最終的には幸福――の概念を思い浮かべ、それに照らしていまこの状況ではこれをおこなえば幸福に貢献する、などと意識したり推論したりはしない。〈　Ⅲ　〉じっさいには、特定の状況の現われ方とそれに呼応する欲求によって、行為はそれと意識されなくても「自然と」選択されるであろう。アリストテレスも行為を選ぶうえでの心理的プロセスを記述しているのではない。〈　Ⅳ　〉しかしそれぞれの行為の選択には思慮がはたらいており、そのことによってその行為者の幸福の理解にまで遡るような、倫理的なビジョンの全体が関係している。〈　Ⅴ　〉たとえその場かぎりのおこないでも、それが行為であるかぎり、選択の理由があり、説明が可能なのだ。

徳の概念を重視することは古代の倫理的思想全般にみられる傾向であるのに対して、近代の哲学はそれとは異なる思考を基調に展開されてきた。

求を感じ、またじっさいにそうすることに悦《よろこ》びを感じるような心の傾向性を形成することでもある。習慣づけることが重要視されるのも、そうした時間を要するプロセスを通じて、（　d　）この心のあり方が獲得できるからだ。

　習慣づけられ陶①ヤされるべき重要な要素は、快楽と苦痛、（　e　）何に悦びを感じ何に苦しみを感じるのか、という欲求や感情の方向性である。この習慣づけによって、徳ある人がおこなうような行為に快さを感じ苦痛を感じないという仕方で、感情や欲求は特定の方向へ向けて形成される。

　アリストテレスが「徳のある人」と「抑制ある人」とを区別するのも㋑このような考えにもとづく。二つのタイプの人が同じ状況で同じ振る舞いをしたとしても、その心理や動機は大きく異なるからだ。パートナーを裏切るといった行為をしないとしても、抑制ある人の場合はそうしたいと思いながらも、それを実行した場合の得失を計算してその欲求を抑えるが、徳ある人はそうした欲求を抱かないか、少なくともそうすることが行為の選択肢に上らないのである。徳を身につけることは、欲求を抑圧することではない。㋒欲求の方向を養うことなのだ。

　ただし、たんに欲求がよい目的へ向かうというだけでは、アリストテレスの言う徳ある人とは言えない。たとえば、たまたま火災の現場に②ソウ遇して燃える家のなかに取り残された人がいる状況に直面したとき、勇敢な人には、その状況が自分に助けを求めているように——その求めに応えたいと思うような仕方で——現われるだろう。しかし、すっかり火の手が回っているとすれば、丸腰で家のなかに飛び込むのは勇敢ではなく無謀な人である。

　徳ある人にふさわしい行為をおこなうには、たんに欲求がよい目的へと向かうものであったり、よい動機をもったりするだけでなく、それを実現するための適切な行為を選択しなければならない。その適切な行為を指示する役割を担うのが、行為選択にかかわる知としての「思慮」である。人びとが目指すべき「善き人」は、［　Y　］の二つが共同することではじめて実現する。アリストテレスはその相互補完的性格を、カントが直観と概念の関係を語るような口調で、次のように述べている。

である。倫理的なものの見方のただしさは、その意味で徳ある人の見方のただしさとして規定される。そのことをアリストテレスは次のかたちで語っている。

> 　じっさい、すぐれた人がそれぞれの物事をただしく判定するのであり、またそれぞれの状況において真なることがすぐれた人に現われるのである。すなわち、それぞれの性向に応じて、それに固有の美しさや快さがあるが、すぐれた人というのは、それぞれの状況で真実を見るという点で、おそらく最も抜きんでた存在であり、そのような人は、美しいものや快いものの、いわば基準であり尺度である。

　親切という身近な徳を例にとって具体的に考えてみよう。たとえば交差点で戸惑っている白い杖《つえ》の人がいるとき、その人の手を引いて交差点を渡るのは親切な行為だろうか？　アリストテレスなら、そうとはかぎらない、と答えるだろう。ある人Aは、その人が困っているという認知と、だからその人の手助けになりたい、という欲求をもち、したがって文字通り快くそうするであろう。こうした人は親切という徳をそなえている人であり、その行為は親切な行為である。しかし別の人Bは、同じ状況に直面したとき、ひそかに好意を寄せている相手がたまたま隣にいたため、ここはよいところを見せたいという動機から、内心は面倒くさいと思いながらも、同じように白い杖の人を導くかもしれない。同じ振る舞いでありながら、Bは親切な人ではなく、（　a　）彼の行為は親切な行為ではない。

　徳ある行為は、交通規則に従うのとは異なり、特定の振る舞い方として外形的に特定できない。基準となるのは、徳ある人自身のあり方であり、そのような人の個々の状況での認知、感情、欲求といった「道徳的な心理」である。（　b　）徳を獲得するために求められるのは、たんにその振る舞いを模倣することではない。徳ある人がどのように状況を把握し意味づけ、それに対してどのように反応するのかを習慣づけを通じて学ぶことである。（　c　）徳ある人の心のあり方全体を獲得するのだ。先の親切という徳の場合であれば、それぞれの状況で、親切な人なら望むであろう行為をしたいという欲性に依拠するよりもむしろ、なるべく無自覚のうちに健康格差の是正へと国民を導く政策案に注目が集まっている。

4　国民の自発性を前提にした健康格差是正のための政策は、既存の経済格差や健康格差をさらに拡大させたり差別意識を助長したりする恐れがあるが、社会経済的背景によらず国家が強制的に国民の生活に介入する政策もまた、国民の自主性を侵害しうるという問題を抱えている。

5　「健康ゴールド免許」は個人の自主性を尊重したうえで提案されたものの、その目的が健康格差の是正にあったため施行されなかったのに対し、「セルフメディケーション税制」はその目的が国民による自発的な健康管理や疾病予防の取組の推進にあり、かつそれは医療費の適正化にもつながるものであったことからも施行されるに至った。

二　次の文章を読んで、問いに答えよ。

㋐人がおこなうべき行為とはどのような行為だろうか。アリストテレスによれば、それは、「徳ある行為」であり、「徳ある行為」とは「徳ある人のおこなう行為」である。徳ある人は、「しかるべきことを、しかるべき仕方で、しかるべきときに」恐れたり欲求したりするからである。これでは、情報量がなく、ほとんど何も語っていないと思われるかもしれない。しかしアリストテレスの説明は、ある重要な論点を伝えている。つまり、行為のあり方を人のあり方にもとづいて考えるということだ。ある状況でおこなう特定の行為が徳ある行為と言えるのは、徳ある人がおこなうような行為であるから、つまり徳ある人が把握するような仕方でその状況を把握し意味づけ、そして徳ある人がもつような［　X　］のもとでそれをおこなう行為であるからである。

したがって徳を中心とする倫理的な考え方にとって、ただしい倫理的な見方とは、徳ある人においてはじめて見えてくる見方おいてイギリスの政策が紹介されている。それら両国の事例に基づき、第[18]段落から第[20]段落にかけて、両国の健康増進政策に共通して認められる人道上の問題が検討されている。

3　この文章では、個々人の自発性に働きかける健康増進政策が抱える諸問題について第[13]段落までに説明され、第[14]段落と第[15]段落では、個人の自発性に一切頼らず実施された健康格差是正のための政策が紹介されている。さらに第[16]段落以降、後者の政策には問題が無かったかどうかについての検討が行われている。

4　この文章では、健康格差の是正のための望ましい手段を明らかにするべく、第[2]段落から第[4]段落にかけて一連の健康増進政策のうちの失敗事例が、第[14]段落では成功事例が紹介されている。そのうえで第[17]段落以降、両事例が比較され、第[19]段落以降において、成功事例にも道徳的な面での課題が残ることが指摘されている。

5　この文章では、個々人の自発性に働きかける政策の問題点について第[4]段落で解説され、続く第[5]段落から第[11]段落にかけて、日本のこれまでの政策が二例紹介され、第[12]段落でそれら二例が抱える問題が総括されている。また、第[14]段落以降は個人の自発性に頼らず実施され、国民全体の健康に寄与したイギリスの政策が紹介されるものの、その政策もまた倫理面での課題を抱えていたことについて、第[16]段落以降で説明がなされている。

問12　本文の内容に合致するものはどれか。次の中から最も適当なものを選び、その番号を解答番号[14]にマークせよ。

1　個々人の自発性や努力を一切必要としない、政府による国民生活への直接的介入は、国民の自己決定権が侵害されない限りにおいて極めて有効だと考えられる。

2　不平等は是正すべきものだが、それが国民の尊厳や自主性、自律など何らかの重要な価値を尊重した末に生じたものである場合には、国民はその不当さに対して反発心を抱かなくなる傾向がある。

3　健康増進政策の基本方針は長らく、いかに国民自身の自発性に訴えかけるかを中心に据えられてきたが、最近では自発

2　私たちは個々人の自己決定権を尊重しており、それを軽んじる政策は不当なものと見なしているのに対し、その一方で健康格差は是正すべきものと考えており、自己決定権を軽んじた政策介入が実施されることについては当然のこととして受け止めてもいるジレンマ。

3　私たちは健康格差の是正のために自発的な生活改善を国民に強要する類の政策誘導を、倫理面での問題が多いことから否定的に捉えているのに対し、その一方で人々が無自覚に取り組めるような直接的政策介入については、その手軽さゆえに歓迎してもいるジレンマ。

4　私たちは個々人の自発的・主体的な行動を重視しているため、人々の自発性・自主性を損なうような強制的な政策介入を不当と見なしているのに対し、その一方で健康格差は不当なものであり、その是正のためならば強制的な政策介入は有効と見なしてもいるジレンマ。

5　私たちは個々人が自らの健康に配慮し行動を改善するよう促す政策介入を、道徳的に不当なものと捉えているのに対し、その一方で人々の自発性に働きかける政策介入を、社会経済的背景によらず誰もが無自覚に取り組めることから有効な政策だと捉えてもいるジレンマ。

問11　この文章の構成に関する説明として最も適当なものはどれか。次の中から選び、その番号を解答番号 [13] にマークせよ。

1　この文章では、健康増進政策の概要が第 [4] 段落までに説明されたうえで、その具体例として日本の政策がイギリスの政策と比較されつつ第 [14] 段落にかけて紹介されている。そのうえで第 [15] 段落以降は、日本のこれまでの健康増進政策に対する批判的検討が行われている。

2　この文章では、これまでの健康増進政策の具体例として第 [5] 段落から第 [11] 段落において日本の政策が、第 [14] 段落にそれはどういうことか。次の中から最も適当なものを選び、その番号を解答番号 11 にマークせよ。

1　国家が国民の主体性や自己決定権を限りなく尊重した結果として個々人の間に健康上の差異が生じた場合には、その差異を是正するよう要求する道徳的正当性は弱まるということ。

2　社会経済的な背景に由来する不健康が改善されるとしても、それが個々人の自尊心や自律など、人々にとっての重要な価値を犠牲にしなければ成り立たない政策である場合には、その政策の道徳的正当性は弱まるということ。

3　国民の間に広がる健康格差が是正され、個々人の社会経済状況の差異をも縮減しうる効果的な政策であるとしても、その施行によって個々人の主体性や自律が著しく侵害されうる場合には、その政策の道徳的正当性は弱まるということ。

4　個々人が置かれる社会経済的な差異に関わらず人々の健康状態を改善し、結果として健康格差を縮減しうる政策だとしても、他方で自ら考えて行動したり選択したりする自由が著しく損なわれかねない場合には、健康格差の是正に対する道徳的正当性は弱まるということ。

5　個々人が健康上被っている何らかの不利益を効果的に縮減しうる政策であるとしても、それが施行されることで健康とは別の重要な価値、たとえば自己肯定感や自尊心などが傷つけられかねない場合には、その不利益を縮減すべきと要求する道徳的正当性は弱まるということ。

問10　傍線㋔「一つのジレンマ」とあるが、ここでの「ジレンマ」とは何か。次の中から最も適当なものを選び、その番号を解答番号 12 にマークせよ。

1　私たちは個々人の自己決定権を尊重しており、そのため過度に強制的な政策介入を望ましくないものと見なしているのに対し、その一方で健康格差は不当なものであり、それを解消するには政府が国民の生活に直接介入する働きかけが必要だとも考えているジレンマ。

4 経済的インセンティブを付した健康管理のための施策において、その恩恵を受けるのは結局のところ社会経済的に恵まれた健康な人であるため、経済的な格差がさらに広がってしまうのではないかという懸念。

5 個人の主体性にアプローチする健康改善のための施策は、社会経済的理由によってやむなく施策に応じられなかった人にも健康対策を怠った人間というスティグマを付与してしまう危険があるのではないかという懸念。

問7 傍線㋒「興味深い例」は、何を説明するための例か。次の中から最も適当なものを選び、その番号を解答番号 [9] にマークせよ。

1 個々人の自発性に一切頼らない政策が、社会経済的背景に関わらず国民にとって有効であったことを説明するための例。

2 国民全体の健康格差を是正する手段として、政府が国内における食品の販売を管理・規制したことを説明するための例。

3 健康格差を縮減するための強制的な政策介入が、日本に先立ってイギリスで実施され成功したことを説明するための例。

4 パンに含まれる食塩の量を事前に低減して販売する手法が、国民の健康改善に効果的であったことを説明するための例。

5 自動的に健康を実現する政策の方が、個々人の自主性に任せる政策に比べてより効果的であることを説明するための例。

問8 〈Ⅰ〉～〈Ⅴ〉のいずれかに、次の一文が入る。それはどこか。後の中から最も適当なものを選び、その番号を解答番号 [10] にマークせよ。

私たちがそのような社会を望まないのは、健康およびその平等と他の価値を秤《はかり》に掛けたとき、必ずしも前者を全面的に優先するわけではないからである。

1 〈Ⅰ〉　2 〈Ⅱ〉　3 〈Ⅲ〉　4 〈Ⅳ〉　5 〈Ⅴ〉

問9 傍線㋓「その差異を是正することで他の重要な価値が損なわれる場合には、是正要求の道徳的正当性は弱まる」とあるが、

2　自発的に健康状態を改善することに困難を抱えている人も少なからずいることになるからである

3　健康格差の是正よりも経済格差の是正の方が優先すべき課題と見なされることになるからである

4　経済的余裕のない人にもバランスの良い食事を摂るよう強要することになりかねないからである

5　経済格差の是正をどれほど声高に訴えても、行動変容に結びつくことなどありえないからである

問5　傍線㋐「健康ゴールド免許と同様の方針」とあるが、それはどういう「方針」か。次の中から最も適当なものを選び、その番号を解答番号 [7] にマークせよ。

1　日頃から健康管理に努めているかどうかにかかわらず、国として国民を一律に税制面で優遇するという方針。

2　公的医療費削減のために、健康診断や保健指導の積極的受診を国が主導して国民に徹底させようとする方針。

3　自分の健康に気を配ったり、健康管理に積極的に励んだりする国民を国が経済的な面で優遇するという方針。

4　自己の健康管理に励んできた国民が病院で診療を受ける場合は、医師への診療報酬を安くしようとする方針。

5　社会経済的状況の差異についてはまったく考慮せず、国民に一律に自主的な行動変容を求めようとする方針。

問6　傍線㋑「懸念」とはどういう「懸念」か。次の中から最も適当なものを選び、その番号を解答番号 [8] にマークせよ。

1　本来は健康格差の是正を目的とするはずであった政策が、かえって人々の間の健康格差を広げたり、不健康な人への偏見や差別意識を助長したりするのではないかという懸念。

2　自助を促すインセンティブを強化しすぎる政策によって、施策に関心をもつ人の健康状態ばかりが改善され、そうではない人は不健康なまま社会に取り残されてしまうのではないかという懸念。

3　社会経済的格差が存在する状況において、それが理由で不健康な生活を余儀なくされている人たちは、自発的な行動変容を求められても的確に反応することなどできないのではないかという懸念。

3 ③ コウ塞　　1 コウ概　　2 コウ束　　3 コウ貨　　4 コウ架　　5 コウ新

問2 A ～ D に入れる語句の組み合わせとして最も適当なものはどれか。次の中から選び、その番号を解答番号 4 にマークせよ。

1 A 自律的存在　B 倫理的問題　C 分配的な正義　D 道徳的責任
2 A 自律的存在　B 道義的責任　C 資源の効果的活用　D 社会的責任
3 A 主体的存在　B 倫理的問題　C 富の公平的分配　D 自己責任
4 A 主体的存在　B 人道的課題　C 富の公平的分配　D 自己責任
5 A 能動的身体　B 人道的課題　C 分配的な正義　D 社会的責任

問3 （ a ）～（ e ）に入れる語句の組み合わせとして最も適当なものはどれか。次の中から選び、その番号を解答番号 5 にマークせよ。

1 a 一方　b だとすると　c ひいては　d ともあれ　e たとえば
2 a ところで　b であれば　c くわえて　d なお　e たしかに
3 a しかし　b とすれば　c すなわち　d とはいえ　e 実際のところ
4 a とはいえ　b ともすれば　c さらには　d けれども　e 事実
5 a ところが　b ともすると　c つまりは　d ただし　e 現に

問4 X に入れる表現として最も適当なものはどれか。次の中から選び、その番号を解答番号 6 にマークせよ。

1 十分な教育を受けてきた健康な人だけが、健康増進政策の対象に含まれることになるからである

[19] 人々の自発的な取り組みを求めることはせず、社会制度の巧妙な設計を通じてシステマティックに健康を実現するような介入は、この第五の条件に照らして問題含みである可能性があることになる。というのも一見して明らかなように、そのような介入は個人の自律を尊重しているとは必ずしも言えないものだからである。〈Ｖ〉

[20] ここに健康格差対策をめぐる㋔一つのジレンマを認めることができる。

（玉手慎太郎『公衆衛生の倫理学』。なお、文意を損なわない範囲で省略をおこなっている。）

注　スティグマ＝恥辱。汚名。負の印。

インセンティブ＝ある行動へ促すための動機や誘因。

不平等に基づく不利益の不当さを強める第五の条件＝不平等に基づく不利益の不当さを強める五つの条件のうち、五番目の条件のこと。なお、ここまでに次の四つの条件について言及されている。

第一の条件：人々に対してもたらされる不利益が深刻なものであること。

第二の条件：その不平等が当人の選択に由来するものではないこと。

第三の条件：もたらされる不利益が現実に是正可能であること。

第四の条件：その不平等がさらに別の不平等を導くものであること。

問1　傍線①〜③のカタカナの部分と同じ漢字を用いるものはどれか。次の中からそれぞれ選び、その番号を解答番号 [1] 〜 [3] にマークせよ。

[1] ①　シュ旨　　1　シュ肯　　2　シュ向　　3　シュ玉　　4　シュ瘍　　5　シュ肉

[2] ②　キす　　1　キ軸　　2　キ泡　　3　キ待　　4　キ途　　5　キ図

はパンに含まれる塩分をはじめから減らしてしまうことで、個々人が食塩を控えようと努力することなしに、食塩摂取量の低減に成功したわけである。

15　このように人々の自発的な選択を経ずに作用する政策は、社会経済的背景に関係なく効果を発揮し、それゆえ健康格差の縮小に関しても有力なものと考えられる。〈　Ⅰ　〉

16　しかしながら、そのようにいわば自動的に健康を実現するような政策を推し進めていけば良いという結論で話は終わらない。ここで先に言及しつつ先延ばしにしていた、不平等に基づく不利益の不当さを強める第五の条件について考えたい。第五の条件とは、その不平等が何らかの重要な価値を尊重することの結果として生じたものではないということである。これだと少しわかりにくいので、不当さを弱める条件として書き直せば次のようになる。㋓その差異を是正することで他の重要な価値が損なわれる場合には、是正要求の道徳的正当性は弱まる。〈　Ⅱ　〉

17　たとえば、いかに健康に害があるとしても、私たちは「大容量の加糖飲料の全面的な販売禁止」といったような、非常に厳しい規制を適切なものとはみなさない。なぜなら、そのような介入は人々の自律という重要な価値を大きく損なうものだからである。私たちは健康な生活を送ることに価値をおいているが、同時にまた、自由に自分の生活を選び取っていくことにも価値をおいている。それゆえ、健康格差を効果的に是正するような介入だったとしても、それに伴う自律の侵害の方がいっそう重大なものだとみなされる場合には、価値の比較考量の上に、その介入の正当性は弱まることになる。〈　Ⅲ　〉

18　より極端な例を挙げれば、私たちはすべての個人の食生活を政府が統制する、すなわち、バランスのとれた食事をすべての家庭に毎日配送すると同時にあらゆる外食店舗を閉鎖するような、そのような社会を望むだろうか。そこでは、人々の社会経済的背景に関係なくすべての人に健康状態の改善がもたらされ、健康格差は大きく縮小されるだろう。しかしまた、食生活をめぐる人々の自己決定権は徹底的に損なわれることになるだろう。〈　Ⅳ　〉

メディケーションはＷＨＯにおいて「自分自身の健康に責任を持ち、軽度な身体の不調は自分で手当すること」と定義されています。セルフメディケーションを推進していくことは、国民の自発的な健康管理や疾病予防の取組を促進することはもちろん、医療費の適正化にもつながります」。

11　要するに、各種の健康管理に積極的に参加し、かつ自助努力で対応できる病気については病院に行かず薬を自ら購入・服用することで対応するよう、税制上の優遇措置によって人々を動機づけることで、公的医療費を削減したいというわけである。制度がいささか複雑であるためわかりづらいところもあるが、健康の自己管理に経済的なインセンティブを付すという点では、セルフメディケーション税制は健康ゴールド免許と大きく変わるところがない。それゆえ、先の㋑懸念が同様に当てはまることになるだろう。

12　自発的な行動変容を促すことが健康の改善につながる、というシンプルな考え方は、そのシンプルさゆえに説得力があるように見えるかもしれないが、実のところ複雑な問題を抱えている。そしてその問題は、すでに日本において実際の政策実践のレベルで一つの焦点になりうるものである。このことを、健康ゴールド免許とセルフメディケーション税制の例は明瞭に示していると言えるだろう。

13　個々人の自発的な生活改善を求める政策は健康格差の縮減に資するとは限らない、という上述の議論をふまえれば、健康格差の縮小のためには、自発的な生活改善に訴えるのではなく、より直接的に人々の生活に介入するアプローチが求められる、と考えられるだろう。実のところそのようなアプローチは、生活習慣の改善と疾病予防の文脈においてすでに注目されてきたものである。

14　㋒興味深い例を一つ挙げよう。イギリスにおいて、国内で販売されるパンの食塩含有量を少しずつ減らしていくことで、人々の平均食塩摂取量が大きく下がり、さらに平均血圧、心筋③コウ塞や脳卒中の死亡率も低下したことが報告されている。ここで方が病気になった場合は、自己負担を低くすることで、自助を促すインセンティブを強化すべきだ」。

7　ここまでの議論から、この政策案の問題点を指摘することができる。健康ゴールド免許の考え方は、個人を自主的な健康管理によって健康を実現することのできる主体であるとみなしている。しかし健康の社会的決定要因をめぐる議論をふまえれば、自律的に健康管理をすることが容易な人とそうではない人が存在すると推定される。であれば、上に論じたように、このような施策は健康格差をよりいっそう深め、そして不健康に陥った人物に対する差別を助長する可能性がある。なお公正を②キすために付言すれば、この提言においても「自助で対応できない方にはきめ細かく対応する必要がある」と補足されてはいる。（　d　）、この対応の具体的内容が見えない限り、健康ゴールド免許に対する懸念は解消されない。

8　（　e　）、健康ゴールド免許は人々に否定的に受け止められ、実現にはいたらなかった。しかしながら、㋐健康ゴールド免許と同様の方針の下にある施策が実のところすでに実施されている。二〇一七年一月に始まった「セルフメディケーション税制」である。これは医療費控除の一種であり、「健康の保持増進及び疾病の予防に関する一定の取組」を条件に、特定の医薬品の購入に関して有利な税額控除を受けることができるという仕組みである。

9　種々の健康診断を条件とし、また一般販売の医薬品の購入額が対象になるということから、この政策には次のような意図があると推測される。病院にかからないよう日頃から自己管理し、また軽度な身体の不調については薬を自分で買って対処するように、人々を誘導するという意図である。この意味で、セルフメディケーション税制は、税負担の公平性を目的とする通常の医療費控除とは異なり、政策的意図をもつものと位置づけられる。

10　ではなぜ自助努力による健康管理へと誘導するのかといえば、その目的は医療費の適正化、ひいては公的医療費支出の削減にある。というのも厚生労働省はこの税制について、「適切な健康管理の下で医療用医薬品からの代替を進める観点から」の新税制であるとし、次のように述べているからである。「国民のセルフメディケーションの推進を目的としています。セルフ

4　より細かく見ていくならば、個々人の社会経済的状況の差異を考慮せずに自発的な生活改善を強調するアプローチには、大きく三つの B が指摘されている。（1）非効率的である：社会経済的状況のゆえに不健康な行動を変えることに困難を抱えている人は、自発的な行動変容を求めるアプローチには的確に応答できないため、十分にサポートされない。公衆衛生政策として、希少な資源を成果の見込めない用途に用いることは C の観点から望ましくない。（2）不平等を深める：自発的な行動変容を求めるアプローチは、実際に行動変容をなすことができる個人にのみ効果を発揮するが、そのような個人は大抵の場合より良い社会経済的状況の下にあり、もともと健康状態はそれほど悪くない場合が多い。（ b ）、すでに好ましい健康状態にある人ばかりが改善され、そうでない人は不健康なままに取り残されることになり、健康格差はむしろ広がってしまう。（3）差別を助長する：健康への個人的な取り組みを強調することは、個人の D をも強調することになり、そのことは不健康である人に対する道徳的非難を誘発する。（ c ）、政策に対して反応しなかった（できなかった）人に対して、健康対策を怠《おこた》っただらしない人間であるというスティグマが付与されてしまう可能性がある。行動を変容することがそもそも難しい個人は、そのようなスティグマによっていっそう苦しめられることになるだろう。

5　ここで日本における実際の政策案を簡単にではあるが見てみよう。以上の問題の具体例として、数年前に話題になった「健康ゴールド免許」が挙げられる。健康ゴールド免許は二〇一六年一〇月に自民党の若手議員たちが提言としてまとめた社会保障改革案のなかの提案の一つであり、健康管理に努めた人を対象に、医療保険の自己負担割合を三割より低い水準へと引き下げることを打ち出したものであった。

6　提案の中では政策の①シュ旨について次のように述べられていた。「現行制度では、健康管理をしっかりやってきた方も、そうではなく生活習慣病になってしまった方も、同じ自己負担で治療が受けられる。これでは、自助を促すインセンティブが十分とは言えない。今後は、健康診断を徹底し、早い段階から保健指導を受けていただく。そして、健康維持に取り組んできた

国語

（八〇分）

一　次の文章を読んで、問いに答えよ。なお、設問の都合で本文の段落に［1］～［20］の番号を付してある。

［1］　健康格差の是正を求める主張の現実的な射程について明らかにするために、健康格差の是正のためにいかなる手段が求められるかについて考えていこう。

［2］　これまでの健康増進政策の基本は、当人に自発的な行動変容を求めるものであった。たとえば健康診断の受診率向上のために広く呼びかけを行ったり、その受診にかかる費用を安価にしたりといったように、個々人が自らの健康について配慮し行動を改善する、その手助けをするようなアプローチが実施されてきた。この背景には、人々は［　A　］であって、自分の人生については自分で熟慮し決定してゆくことができるのであり、またそれが認められるべきだという考え方がある。

［3］（　a　）、不健康には社会経済的な背景があるということを考慮に入れると、このようなアプローチには疑問の余地が生じてくる。というのも、不健康のリスクがあらかじめ社会経済的に規定されてしまっているとするならば、［　X　］。たとえば、所得が低く長時間労働の仕事に就いており、キッチンのない小さなアパートに暮らしていて、バランスの良い食事について十分な教育を受けられなかった人に対して、「食事に野菜を一品増やそう」というアピールをしてもおそらく有効性は低い。そんなことにまで気を配って生活スタイルを変更する余裕はないだろうからである。

解答編

英語

I　解答　〔1〕(A)―(2)　(B)―(2)　(C)―(3)　(D)―(3)

〔2〕(1)―1　(2)―3　(3)―3　(4)―1　(5)―2

〔3〕―(4)

全訳

《市民科学者の台頭と役割》

1　オーストラリアのタスマニア沖の浅い湾で，7人のスキューバダイバーのチームが海底を這い回って，海藻の束をより分け，小さな岩の下を凝視しながら，レッドハンドフィッシュを探した。レッドハンドフィッシュはネズミほどの大きさしかない種で，手のようなひれを持ち，カエルのような姿をしている。ダイバーたち――そのうちの5人はオーストラリアを拠点とする市民科学の団体「リーフ・ライフ・サーベイ」の訓練を受けたボランティアである――は，絶滅寸前と思われているこの種の目撃の報告を一般市民から受け，すでに何時間もを水中での捜索に費やしていた。今や2時間以上経っても幸運には恵まれず，彼らはまたしても捜索に失敗したように思えた。まさに彼らが諦めかけたとき，海洋・南極研究所のアントニア=クーパーが，たった数十匹しか生存していないと思われているレッドハンドフィッシュのうちの1匹と直接接触した。一行はさらに懸命に探し，すぐにさらに7匹を見つけた。

2　2018年の発見は，レッドハンドフィッシュとタスマニアにある2つのそれぞれ離れた彼らの生息区域を保護するための全国的な取り組み，ハンドフィッシュ保護プロジェクトの創設につながった。そのできごとはまた別の理由でも重要であった。つまり，それは市民科学者のボランティアの労働力なしには実現しなかったかもしれないのだ。リーフ・ライフ・サーベイの共同設立者であり，レッドハンドフィッシュの新たな個体群を発見したダイバーの１人であるリック=スチュアート-スミスは，この珍しい魚を発見するのに要した努力の総和は，ボランティアの存在なしで彼と彼の大学の同僚たちで成し遂げられただろうものを上回ったと言う。訓練されたボランティア・ダイバーのチームは，レッドハンドフィッシュだけを探して，タスマニアの水中約30カ所を探索し，そしてその発見に成功したと言う。彼らの働きによって，スチュアート-スミスと彼のチームは，この種が本当に危機的状況にいることを確信することができた。「市民科学はこの種の保護に不可欠でした」と彼は言う。

3　世界中で，市民科学者による調査はますます受け入れられつつある。絶滅危惧種を監視し，地球を覆う大規模な環境の変化を記録する上で，市民科学者の関わりは今や必要不可欠な調査の手法となっている。地球温暖化と海の酸性化によって，サンゴ礁や海中林を含む生態系全体の崩壊が起こりつつある。これらの変化は，科学者や自然保護活動家がこれまで扱ったことのない規模と速度で起こっている，とシダークレスト大学の海洋生態学者ジョン=チリアーノは言う。専門の研究者や大学の科学者は，もはや自分たちだけでは十分に研究することができないのだ。

4　そこで市民科学者の出番となる。チリアーノは1990年代から訓練を受けたボランティアとともに活動してきた。彼は現在，メイン州にあるアカディア国立公園の潮間帯の長期調査を主導し，温暖化と酸性化の影響を監視している。このプロジェクトは，その規模のせいで，ボランティア（この場合は高校生）の協力なしにはより困難になるだろうと彼は言っている。彼とボランティアのティーンエイジャーたちは，無脊椎動物や藻草を数え，pH，水温，溶存酸素，塩分濃度を監視している。

5　市民科学プロジェクトは，非常に多くの人々の目を長い時間海に注ぐことで，二酸化炭素が海に溶け込み，海水が暖かくなるにつれて海洋生態系に大きな変化が起きていることを明らかにしつつある。1990年代初頭以来，大きな市民科学団体であるREEFのダイバーたちは，主に熱帯のサンゴ礁に住む魚を中心に235,000もの水中調査を記録してきた。その報告書はメンバーのダイバーによってアップロードされ，起こりうる誤りをスタッフによって点検され，そしてそれが正確でありそうなら，ウェブサイトで公表される。

[6] ボランティアによって収集されたデータの質を疑問視する研究者もいる。もっともな懸念としては，植物や動物の特定を誤ること，あまり目立たない種を見落とす一方でより興味深い種を見つけやすい傾向などが含まれる。スチュアート-スミスによれば，リーフ・ライフ・サーベイはボランティアを経験に基づいて選び，訓練を施し，そのスキルをしっかりと評価すると言う。スキルが基準に達していなければ，プログラムから外されるダイバーもいると彼は言う。

[7] 実際には，2016 年に発表された分析によって，市民科学者の実効性を疑う人々の懸念は多くの場合間違っていることが判明した。マーガレット=コスマラが筆頭著者であるこの論文の著者らは，市民科学者が収集したデータの正確性を評価した。「科学者たちは，無報酬のボランティアの正確なデータを作成する能力について確信が持てないことが多いが，最近の研究では，多様なタイプの市民科学プロジェクトが，専門家と同等かそれにまさる正確さでデータを作成できることがはっきりと示されている」とコスマラと仲間の著者たちは書いている。

[8] 経済的にも，専門家を雇うより市民科学者を使ったほうが，この種の作業の費用効率は高くなる。リーフ・ライフ・サーベイの共同設立者であるグラハム=エドガーは，従来の海洋調査の仕事には 1 日あたり 7000 米ドルの費用がかかるのに対し，彼のグループは 1 日あたり約 500 ドルの予算で活動していると見積もっている。国立海洋保護区の主任研究員であるスティーブ=ギティングスによると，2018 年にはボランティアがその保護区に対して，300 万ドル以上の価値の労働で貢献したという。

[9] 2016 年に『Frontiers in Marine Science』誌に掲載された論文で，チリアーノと数人の共著者は，長期的な海洋保護研究に対する資金提供や政府の支援が，まさにそれが最も必要とされる時期なのに減少していると警告した。そのような状況において，市民科学者は欠かせない労働力だと判明しつつある。彼らは将来の研究の基礎を築き，保護プロジェクトを進める手助けをし，そして広く科学の流れを推進しているのである。

出典追記：Citizen Science Comes of Age, Hakai Magazine on February 19, 2019 by Alastair Bland

解説

〔1〕(A)「タスマニアのボランティア・ダイバーは何を確認したか」

第 2 段第 5 文（Their work allowed …）に「彼らの働きによって，…

この種が本当に危機的状況にいることを確信することができた」とあることから，(2)が正解。be in danger of extinction「絶滅の危機にある」

(B)「ジョン=チリアーノが高校生を研究プロジェクトに参加させた理由は何か」

チリアーノが行ったプロジェクトの詳細について書かれているのは第4段である。第4段第4文（Because of the …）に「このプロジェクトは，その規模のせいで，ボランティア（この場合は高校生）の協力なしにはより困難になるだろうと彼は言っている」とあり，この大規模な調査には高校生ボランティアが欠かせない存在であると述べていることから，(2)が正解。scope「範囲」

(C)「市民科学者によって収集された情報について，マーガレット=コスマラはどう考えているか」

市民科学者によって収集されたデータの正確性に関するマーガレット=コスマラの論文については第7段に書かれている。第7段第3文（“While scientists are …）に「多様なタイプの市民科学プロジェクトが，専門家と同等かそれにまさる正確さでデータを作成できる」とあることから，彼女の考えとしては(3)が正解。

(D)「記事によれば，なぜ市民科学者の活用が将来重要になるのか」

最終段第2文（In such circumstances, …）には「そのような状況において，市民科学者は欠かせない労働力だと判明しつつある」とあり，ここでいう「そのような状況」は前文の「長期的な海洋保護研究に対する資金提供や政府の支援が…減少している」状況を指している。よって，資金難に言及した(3)が正解。

〔2〕(1)「タスマニアの一般市民が，浅い湾でレッドハンドフィッシュを見たかもしれないと思った」

第1段第2文（The divers, five …）に「絶滅寸前と思われているこの種（レッドハンドフィッシュ）の目撃の報告を一般市民から受け…」より，ダイバーたちはこの報告を受けてタスマニア沖の浅い湾で捜索をしたことがわかる。よって，本文の内容と一致する。

(2)「チリアーノと一緒に働いていた学生たちは，潮間帯で珍しいクラゲを発見した」

第4段最終文（He and the …）に「彼とボランティアのティーンエイ

ジャーたちは，(国立公園の潮間帯で) 無脊椎動物や藻草を数え…」とあり，もちろんクラゲは無脊椎動物に含まれるが，「珍しい」クラゲを発見したかどうかは記されていない。よって，正誤の判断はしかねる。

⑶「REEF の市民科学者の中には，やがてプロの科学者になった者もいる」

REEF の市民科学者については第5段に書かれているが，ここには彼らの活動状況についてしか記述がなく，この団体からプロの科学者になった者がいるかどうかは不明。よって，正誤の判断はしかねる。

⑷「市民科学者の活用について心配する研究者もいる」

第6段第1文 (Some researchers question …)「ボランティアによって収集されたデータの質を疑問視する研究者もいる」より，本文の内容と一致する。

⑸「グラハム=エドガーは，市民科学者の利用が彼の組織の経費節減につながることはなさそうだと思っている」

市民科学者の活用の経済性について述べられた第8段の中で，グラハム=エドガーの活動について，第8段第2文 (Reef Life Survey …) に「従来の海洋調査の仕事には1日あたり7000米ドルの費用がかかるのに対し，彼のグループは1日あたり約500ドルの予算で活動している」とあり，これは大きな経費節減になっていることから，本文の内容と一致しない。

〔3〕 ⑴「市民科学者の活用による経済効果」
⑵「レッドハンドフィッシュを絶滅から守る取り組み」
⑶「環境保護に取り組むボランティアの国際協力」
⑷「一般市民が科学者の大規模な調査プロジェクトを手助けする方法」
⑸「専門家とボランティアによる絶滅危惧種を救う取り組みに関するあるプロジェクト」

第1・2段では，レッドハンドフィッシュの研究に市民科学者が一役買っているという具体例による導入があり，以降市民科学者の活躍例や利点が挙げられている。また，本文のまとめとなる最終段でも「市民科学者は欠かせない労働力だと判明しつつある」とその有用性を説いている。よって，⑷が最も適切である。⑴は「経済効果」のみに限定した文章ではないため不適。また，⑸は a project「あるプロジェクト」と単数形になっているが，本文自体は特定の1つのプロジェクトについて述べたものではないので不適。

Ⅱ 解答

〔1〕(A)―(4)　(B)―(2)　(C)―(3)　(D)―(4)　(E)―(4)
(F)―(4)　(G)―(4)　(H)―(4)

〔2〕あ―(1)　い―(4)　う―(3)　え―(4)　お―(4)

全訳

《虫歯の原因と予防》

1　私たちの歯の健康は，食生活とともに変化してきた。古代人やその祖先にとって，実は虫歯の問題はそれほど深刻ではなかったのである。実際，虫歯のある古代の骨格の発見というのは非常に重要で，その発見を示すだけで学術論文を発表することもできるほどだ。歯の問題が一般的になったのは，農耕が発達して人類が炭水化物をはるかに多く食べるようになってからである。これは19世紀に加工された小麦粉や砂糖が広く出回るようになってからも続いた変化だ。

2　しかし過去10年ほどの間に，科学者たちは古代の歯垢からDNAを復元し，私たちの歯の健康と同時に，私たちの口の中の別の何かもまた変化していたということに気づいた。いくつかの種の細菌は虫歯のある口の中において，よりよく見られることが判明したのだ。そして，人間の食生活が変化し，虫歯がより一般的になるにつれて，それらの細菌が私たちの口内を乗っ取り始めたのである。今日，私たちの口内の細菌は，先祖が持っていたものよりも多様性に乏しく，虫歯菌に関連した種類のものが大半を占めている。

3　ますます，科学者は虫歯を微生物の問題と考えるようになっている。歯磨き，デンタルフロス，キャンディを控えるなど，あなたが子どもの頃に受けたアドバイスは今でも重要だ。しかし，口の中に生息する細菌の種類もまた重要であることが明らかになってきている。口内の衛生のためにあらゆることをしても，口内に生息する細菌のせいで虫歯になる人がいるのだ。そこである疑問が生じる。もし口の中の細菌の種類によって虫歯になりやすくなるのであれば，別の細菌を得ることで歯を治すことができるのではないだろうか。

4　私はこの問題に個人的な理由で関心を持った。つまり，私は歯磨きやデンタルフロスをするし，平均的なアメリカ人と比べると糖分の少ない食事

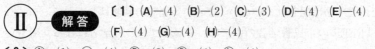

をしているにもかかわらず，定期的に虫歯になってしまう人の１人だということだ。悲しいことに，私の２人の子どものうちの１人が同じ状況のようだ。私は，自分の細菌を彼女に移すことによって，子どもの虫歯を引き起こしてしまっているのではないかと考えた。そして，どうにかして問題を解決できないかと考えた，たとえば…唾液移植で。

5　フロリダ大学のロバート=バーン教授によると，虫歯を引き起こす菌を私が子どもに移してしまったのではないかという私の恐れは，残念ながら科学的に裏づけられている。「自然に虫歯になってしまう動物に糖質の高い食事を与えれば，虫歯になります。そして，その動物を，もともと虫歯に抵抗力があると思われる動物と一緒にすると，その動物も虫歯になるのです」と彼は言う。つまり，虫歯は人と人の間で移る病気なのだ。さらに，バーンによれば，親であれ保育士であれ，子どもの面倒をみる人の虫歯への感染しやすさで，子どもがどの程度虫歯になりやすいかを予測できるということが研究で示されているそうだ。

6　しかし，唾液を通して細菌を移植するというのは，実際には選択肢ではないのだ。カリフォルニア大学サンディエゴ校の研究者であるロブ=ナイトは，ある歯科医から，まさにこのアイデアに基づいた研究を手伝ってほしいという申し出を受けたことがある。「彼は，ある患者は気をつけてブラッシングとデンタルフロスをしているのに，非常に高い割合で虫歯になる傾向にあり，別の患者は基本的に何もしていないのに虫歯がまったくないことに気づいていた。そこで彼は，虫歯にならない人の唾液を虫歯になる人に移植することによって，口の中の微生物の移植を行おうと考えたのです」とナイトは言った。

7　ここでの基本的なアイデア，すなわち口腔内の微生物を変化させることで口腔内の健康を改善するという考えは悪くはない。しかし問題は，科学者たちは口腔内の微生物について十分に知らないため，唾液移植がうまくいくのか，一時的にしかうまくいかないのか，あるいは事態を悪化させるのかがわからないということだ。というのも，特定の細菌と虫歯との関係は単なる相関関係であり，一方が他方を引き起こすかどうかはまだ誰にもわからないからである。ナイトが説明したように，子どもの口の中の微生物を変えたからといって，その子どもが虫歯になるかどうかが変わるとは限らないのだ。細菌が虫歯を引き起こすのか，それとも細菌と虫歯の両方が何か他の要因に対する反応なのか。それは誰にもわからない。

8　ここにはよいニュースがある。科学者たちは，あなたの口腔内の微生物をより健康にする方法を確実にいくつか知っているのだ。この内部情報を聞く準備はできているだろうか。よし，始めよう。1日2回のブラッシング，デンタルフロス，そして糖分と炭水化物の少ない食事を心がけることだ。最終的には，研究者たちは口腔内の微生物について十分な知識を得て，より先端技術を使用した方法でそれを変化させ始めるかもしれない。すなわち，虫歯予防の基本をすべて行っているのに，それでも不幸な結果になってしまう人を助けられるような方法で。しかし，市場に出回っているまだ効果が実証されていない，体によい微生物の成長を促進するサプリメントがうたう効能にかかわらず，私たちはまだそれを実行できていない。

9　だから一番いいのは，すでに（やっているといいのだが）やっていることを続けることだ。これは，はっきり言って，私が聞きたかったことではない。その代わりに，私は自分の人生と子どもの人生をよりよくするような簡単な解決策を求めていたのだ。しかし，この話を調べて書いている間に，私は子どもの空になったキャンディの包み紙の山を見つけた。そして それは，少なくとも，変化を起こすための出発点を与えてくれた。ステップ1，虫歯菌にタダ飯を与えないこと，だ。

解説

〔1〕(A)　空所直前では「私たちの歯の健康と同時に，私たちの口の中の別の何かもまた変化していた」という発見について触れられており，空所の後では，「いくつかの種の細菌は虫歯のある口の中において，よりよく見られる」，また「人間の食生活が変化し，虫歯がより一般的になるにつれて，それらの細菌が私たちの口内を乗っ取り始めた」と発見された変化の具体的な内容が書かれている。よって，空所には(4)を入れて，It turns out that ～「～だということがわかる」とするのが適切。

(B)　空所直後の第3段第3文（But it's becoming …）が，「しかし，口の中に生息する細菌の種類もまた重要であることが明らかになってきている」となっており，「～も重要だ」という表現から，これ以前に何か重要なものについての記述があると考えられる。よって，(2)が正解。

(C)　空所直前では，筆者自身が「歯磨きやデンタルフロスをするし，平均的なアメリカ人と比べると糖分の少ない食事をしているにもかかわらず，定期的に虫歯になってしまう人」であると書かれており，空所の後では今度は「私の２人の子どものうちの１人が同じ状況のようだ」と書かれている。これは親子で同じくマイナスの性質を持っているということになり，(3) Sadly「残念なことに」でつなぐのが最も適切。

(D)　空所を含む文の主語は My fear that …「虫歯を引き起こす菌を私が子どもに移してしまったのではないかという私の恐れ」である。同段後半の教授による研究結果では，「虫歯は人と人の間で移る病気なのだ」とあることから，研究結果は私の不安を裏づけて（support）いることになる。よって，(4)が正解。

(E)　空所直前の第５段第４文（Cavities, in other …）では「虫歯は人と人の間で移る病気なのだ」と述べて，空所の後では「子どもの面倒をみる人の虫歯への感染しやすさで，子どもがどの程度虫歯になりやすいかを予測できる」とより具体的な虫歯の移り方に言及している。よって，(4)が正解。

(F)　第７段第２文（But the problem …）の whether 節の中では a saliva transplant を主語として，would work と would work only temporarily と would make things [(F)] の３つの動詞部が並列となっている。最初の２つはそれぞれ，「(唾液移植が) うまくいく」「一時的にしかうまくいかない」なので，空所には(4)を入れて，それ以外の「うまくいかない」の意を表す語彙が適切である。

(G)　前段では，虫歯のメカニズムについてははっきりわかっていないという内容が書かれている。一方で，空所直後の一文では，「科学者たちは，あなたの口腔内の微生物をより健康にする方法を確実にいくつか知っている」と記されており，あとには具体的な虫歯予防の方法の紹介が続く。メカニズムは解明されていない中，対策があるというのは「よいニュース」と捉えられるので，(4)が正解。

(H)　まず，空所直前に挿入されている shall we say は，これから言うことが相手を不快にさせたり，驚かせたりする可能性があることを示す前置きとなる句で「なんというか」「はっきり言えば」の意である。よって，この文の基本的な構造は，That is not [(H)]. である。空所直前の文では「(虫歯を防ぐのに) 一番いいのは，すでにやっていることを続けることだ」と，結局は歯磨きなどをせよというアドバイスを紹介している。一方，第9段第3文（Instead, I wanted …）には「その代わりに，私は…簡単な解決策を求めていた」と最初のアドバイスでは満足していないとの記述がある。よって，空所には(4)を入れて，従来どおりの歯磨きなどの方法は「私の聞きたかったこと」ではないとするのが自然。

〔2〕 あ　下線部の指示内容は，第1段第3文（In fact, finding …）にある finding an ancient skeleton with a cavity である。よって(1)が正解。「古代人やその祖先にとっては，実は虫歯の問題はそれほど深刻ではなかった」ことから，an ancient skeleton と単数形となっているように，1つでも見つかれば，学術論文となるほど重要なものだと記されているため，(4)は the majority of … の部分が不適。

い　下線部の指示内容は，同じ文の our oral bacteria であり，文頭の Today からもわかるように，ここでの our は現代人を指している。よって，(4)が正解。

う　下線部の指示内容は，前段の最後で提示されている「もし口の中の細菌の種類によって虫歯になりやすくなるのであれば，別の細菌を得ることで歯を治すことができるのではないだろうか」という疑問のことである。これは口腔内の細菌を変えることで虫歯の予防をするという意であり，(3)と一致する。

え　下線部が指す内容は，第6段第1文（But transplanting bacteria …）の transplanting bacteria through saliva「(虫歯を予防するために) 唾液を通して細菌を移植する」ことである。よって，(4)「別の人間の細菌を取り入れることが役に立つという考え」が最も適切。

お　下線部は，第8段第5文（Eventually, researchers may …）の「口腔内の微生物について十分な知識を得て，より先端技術を使用した方法でそれを変化させ始める」ことを指している。よって，(4)が正解。

Ⅲ　解答

〔1〕 あ—(7)　い—(1)　う—(9)　え—(2)
〔2〕 か—(10)　き—(3)　く—(8)　け—(2)

全訳

〔1〕《自動車教習所への電話》

A：おはようございます。エクセレント・ドライビング・アカデミー，アリスです。どうされましたか？

B：こんにちは，アリス。（⑺免許を取ろうと思っているんです。）でも，決める前にいくつか知りたいことがあるんです。

A：もちろん。私がお手伝いできることとは具体的に何でしょう？

B：えーと，今日申し込んだら，だいたいいつからレッスンを受けられますか？

A：（⑴今週です。）正確に言うと早くて水曜日からです。

B：本当？　そんなに早く？　免許を取るのにどのくらいかかりますか？

A：（⑼それは実際にはあなたがどれだけ早く習得するかによります。）つまり，他の人より時間がかかる人もいます。でも，ほとんどの人は3カ月以内に試験に合格しますから，夏までにはきっと運転できるようになりますよ！

B：楽しみだなぁ！

A：でも注意しておいてください。（⑵定員はどんどん埋まっていっています。）あんまり放っておかないようにしてください。

B：なるほど。両親と相談して，今日の午後には必ず連絡します。

A：いいですね。では，ご連絡お待ちしています。

〔2〕《趣味についての話》

A：どうしたの，サム？　ストレスがたまっているみたいだけど。

B：授業で趣味についてのプレゼンをしなきゃいけないんだ。

A：どうしたの？　自分の趣味について話しなよ。

B：それが一つの問題なんだ。僕に趣味なんてあるのかなと思って。趣味って何なんだろう？（⑽買い物は趣味？　ネットで動画を見るのは？）どうにもそういうのは趣味とは思えないんだけど，でもそれが僕のやってることなんだ。

A：趣味とは何かを定義するのもいいんじゃない，ほら，プレゼンの一部として。

B：実は，それでもう一つの問題が解決するかもしれないんだ！　自分のことだけでなく，一般的な意味でトピックについて話すことを先生は期待していると思うんだ。

A：ごめん，よくわからないんだけど。（⑶どういう意味？）

B：定義を述べるっていうことを提案してくれたよね。趣味にはいろいろなカテゴリーがあると思うんだ。たとえば，物を作る人もいるし，ダンスとかギターを弾くとかいう一種のパフォーマンスをするのが好きな人もいる。

A：ああ！ ((8)趣味は能動的なものだってことだね。)

B：そうだね，ストリーミングサイトでドラマを見ることよりはね。趣味って，何らかの形で熱意とか努力が必要なものだと思うんだ。僕はたくさんのほこりっぽい古書店から1冊の珍しい本を探し出すおじさんを想像してしまうんだ。

A：((2)なるほどね。) コレクターというのは，たいてい自分の収集に情熱を持っているものだしね。ともあれ，プレゼンのアイデアはすでにたくさん持ってるように思えるけど。

解説

〔1〕(あ)　自動車教習所へ電話しているBは，空所直後で「でも，決める前にいくつか知りたいことがある」と述べている。また，第2発言で「今日申し込んだら，だいたいいつからレッスンを受けられますか？」と質問していることからも，ここでの「決める前」というのは，教習所でレッスンを受け（免許を取）ることだと推測される。よって，(7)が適切。

(い)　空所直前のBの質問「今日申し込んだら，だいたいいつからレッスンを受けられますか？」の答えとなり，空所直後の「正確に言うと早くて水曜日からです」と矛盾しないのは(1)である。

(う)　空所直前のBの質問「免許を取るのにどのくらいかかりますか？」への返答である。空所直後でAは「つまり，他の人より時間がかかる人もいます」と言い換えていることから，期間は人によって異なるということが示唆されている(9)が正解。depend on ～「～による，～次第である」

(え)　空所直後でAは「あんまり放っておかないようにしてください」と発言している。これは申し込みを遅らせすぎないようにという警告であることから，早く申し込みをした方がいい理由としてふさわしい(2)「定員はどんどん埋まっていっています」が最も適当。

〔2〕(か)　趣味についてのプレゼンで悩んでいるBは第2発言で「趣味って何なんだろう？」と問うたあと，空所直後で「どうにもそういうのは趣味とは思えないんだけど」と発言している。よって，空所にはBが「趣味とは思えない」と考えているものが入ると推測される。また，ここでBはthoseと複数形の指示代名詞を使っていることから，買い物とネットでの

動画視聴という２つを挙げている⑽が適切。

㋖　直前のI'm not following. は「(相手の言っていることが) よくわからない」という意味。よって，その後には⑶「どういう意味？」と聞き返していると考えるのが自然。

㋗　直前のBの発言では，趣味の定義が話題となっており，ここでは演奏や演技をするものを趣味のカテゴリーとして挙げている。これに対する空所のAの返答を受けて，さらにBは「趣味って，何らかの形で熱意とか努力が必要なものだと思う」と発言している。よって，ここでは趣味を“熱意や努力をもって，何かを自分が主体的に行うもの”と定義しようとしていると考えられ，この会話の流れにあうのは，直後のBの発言を言い換えた⑻「趣味は能動的なものだってことだね」が最も適切。

㋘　ここでも直前のBの発言「趣味って，何らかの形で熱意とか努力が必要なものだと思うんだ。(趣味と言うと) 僕はたくさんのほこりっぽい古書店から１冊の珍しい本を探し出すおじさんを想像してしまうんだ」を受けて，空所直後でAが「コレクターというのは，たいてい自分の収集に情熱を持っているものだ」と同調しているので，相手の言うことを理解していることを示す⑵が正解。

Ⅳ　解答

(A)―(4)　(B)―(3)　(C)―(2)　(D)―(4)　(E)―(1)　(F)―(2)
(G)―(2)　(H)―(1)

解説

(A)　「天候のせいで島を訪れることができなかった」

from は前置詞で，後ろには名詞がくるのが原則。ここでは動名詞⑷を選ぶのが適切である。prevent *A* from *doing*「*A* が～するのを妨げる」

(B)　「夕食代を払ってくれるとは彼らは親切だった」

形式主語の it と不定詞を使った表現には

① It is difficult for you to solve this problem.「君がこの問題を解くのは難しい」

② It is polite of you to greet everyone.「皆に挨拶するとは，彼は礼儀正しい」

がある。用いられる形容詞が〈人の性質・評価〉を表す場合は，②のように前置詞 of を用いる。よって，⑶が正解。その形容詞が〈人の性質・評

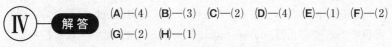

価〉を表すかどうかはShe is polite.のように文を作って同じ意味を表せるかを考えてみるとよい。

(C)「彼女にできることは，彼らの到着を待つことだけだった」

ここで動詞wasの後ろに補語としてとることができるのは，原形不定詞waitもしくはto不定詞のto waitのいずれかである。waitは自動詞なので後ろのtheir arrivalの前にはforが必要。よって，(2)が正解。All *A* can do is *do*.「*A*ができることは〜だけだ」

(D)「先生は，明日のテストの前に英単語を復習するよう私に言った」

後ろにmeを目的語としておいて第5文型をとることができるのはsayではなくtellである。現在形の(3)であれば三単現のsが必要なので(4)が正解。

(E)「私たちが長いハイキングに出かけるときは，いつも私の犬も一緒に来る」

現在の習慣を表す文なので現在形の動詞を使う。またgo on a hikeは「ハイキングへ行く」という表現である。よって(1)が正解。go onを使う表現にはほかにgo on a date「デートに行く」，go on a trip「旅行に行く」，go on a picnic「ピクニックへ行く」などがある。

(F)「私には怖すぎるので，あの映画は観ない」

too scary「怖すぎる」のtooの前にさらに副詞muchを置いて強調した表現である(2)が正解。(3) so muchと(4) too muchはいずれも後ろに名詞をとることはできるが，形容詞をとることはできないので不適。

(G)「契約は，合意する前に完全に理解されるべきである」

空所までのContracts should be understoodですでに文の要素が揃っているため，空所には副詞となる(2) completelyを入れてbe understoodを修飾するのが最も自然。

(H)「下に示されているように，石炭の消費量はその地域で増えている」

空所以降はisの主語が欠けた不完全な文となっている。よって，カンマ以前とつなぐには関係代名詞が必要となる。(2)と(4)は後ろに完全文をとるので不適。関係代名詞thatには非制限用法がなく，カンマの後ろでは用いることができないので，疑似関係代名詞(1) asが正解。

V 解答

〔1〕(A)―(4)　(B)―(2)　(C)―(4)　(D)―(4)　(E)―(2)
〔2〕(A)―(3)　(B)―(3)　(C)―(4)　(D)―(1)　(E)―(2)

解説

〔1〕(A)「私たちが新しい規則の採決をする際に，あなたの出席が必要だ」

(4) presence「出席」が正解。(1) appetite「食欲」 (2) discount「値引き」 (3) moss「苔」

(B)「最近降った雨のせいで，道は湿っていて滑りやすかった」

(2) damp「湿った」が正解。(1) animated「生き生きとした」 (3) deaf「耳の聞こえない」 (4) diverse「多様な」

(C)「そのホテルは空港にごく近い」

(4) proximity「近さ」が正解。(1) agony「苦悩」 (2) delicacy「繊細さ」 (3) mastery「習熟」 in close to ～も in proximity to ～も「～に近い」の意味。

(D)「不注意なミスがそのプロジェクトを破滅させた」

(4) doomed「破滅させた」が正解。(1) assured「保証した」 (2) audited「監査した」 (3) despised「軽蔑した」

(E)「1990年代に，店で買うことのできる商品の種類が大幅に増加した」

(2) merchandise「商品」が正解。(1) anguish「苦悩」 (3) permanence「永続性」 (4) testimony「証言」

〔2〕(A)「彼らの最も興味深い任務は，野生の動物の動きを記録することだった」

duty「義務，任務」より(3) mission「使命」が正解。(1) ambition「野心」 (2) decision「決断」 (4) motivation「やる気」

(B)「生徒たちは単にガイドラインに従っていただけだ」

merely「単に」より(3) just「ただ～だけ」が正解。(1) almost「ほとんど」 (2) diligently「勤勉に」 (4) quietly「静かに」

(C)「すべてのものを配置するのに少し時間がかかった」

arrange「～を配置する」より(4) position「～を位置づける」が正解。(1) define「～を定義する」 (2) minimize「～を最小化する」 (3) plug「～を差し込む」

(D)「彼らは時代遅れの技術を使っていた」

dated「時代遅れの」より(1) ancient「古い，古代の」が正解。(2) digital「デジタルの」(3) manual「手動の」(4) particular「特定の」

(E)「様々な要因がこのアーティストの卓越性を説明している」

prominence「卓越性」より(2) distinction「優秀さ」が正解。(1) dedication「献身」(3) persistence「粘り強さ」(4) privilege「特権」

講評

例年と変わらぬ問題構成で，そのうち多くの比重を占めるのがⅠとⅡの長文読解問題である。この2題は，設問形式に違いこそあれ，文章の難度に大きな差はなく，いずれも語数は800語程度である。内容説明問題や指示語の指す内容を問う問題は，問われた部分の前後に答えの根拠となる箇所がある場合がほとんどである。ただし，選択肢は本文中の字句そのままではなく，パラフレーズされたものとなっており，たとえば，Ⅱ〔2〕㊔では，本文中の modifying it in a more high-tech way が，選択肢では develop the tools to change the bacteria in people's mouths と言い換えられていることに気づかないと正解できない。ゆえに，一語一語に拘泥して読むのではなく，文章の大意を把握しながら読むことが大切である。また，Ⅱ〔1〕(A)・(D)のように，動詞を補充する問題では，空所前後の主語と動詞の関係を正確につかむことに加え，動詞の単なる和訳（support なら「～を支援する」）のみではなく，文脈内での役割（supported by science「科学によって裏づけられている」）を踏まえて自然なものを選ぶことが必要となってくる。2024年度は，Ⅰ〔3〕のように冠詞 a のニュアンスに気をつけなければならないような紛らわしい選択肢もあり，正答率が低いのではないかと考えられるものもある。ただ合否を分けるのはそういった難問の成否ではなく，限られた時間の中で標準的難度のものをいかに確実に正解するかであろう。

また，Ⅲの会話文は長文とは異なり，電話での会話といった身近な状況設定のものである。2024年度は Places are filling up fast. における places など文脈に合わせて判断せねばならない表現もあり，会話の流れから語義を推測する想像力も必要だろう。さらに解答の選択肢数も比較的多いことから，注意力と時間を要する問いとなっている。ただ，基本的には，前後の発話と矛盾しないものを空所に補えるかを問うたものが多く，指示語の内容やディスコースマーカーが解答のカギとなることが多い。2024 年度も It really depends on how quickly you learn. や those don't feel like hobbies のような指示語周りに問いがつけられている。

Ⅳ・Ⅴの文法・語彙問題は，標準的な難度のものが多く，これらを確実に得点できるだけの力をつけて臨みたい。

いずれにせよ，80 分という試験時間の中で，長文 2 つを含む計 5 題を解答しきるだけの英語への慣れが試される試験といえよう。

英文読解

I 解答 〔1〕苦しんでいる人は増加し，環境はさらに悪化し，現在と未来の世代の生活を支える体制は弱体化しつつあるという事実。

〔2〕地球システムは崩壊し，その結果地球上のほとんどの生命が脅かされる可能性があることを念頭に置くと，資源の過剰利用を減らすのではなくむしろ経済システムの拡大を求めるという，環境および人々の生活の双方を改善するためのどんな計画も，問題をさらに悪化させるだけとなる。

〔3〕物質的な豊かさが増えることと人間が繁栄することを同一視してきた経済モデルや政治制度の慣習および貧困や飢餓，健康に関連した目標の達成に経済成長が不可欠であるという前提。

〔4〕技術革新や資源代替により，資源の枯渇，生物多様性の喪失，炭素排出量の増加を抑制しつつ，同時に経済を成長させることができるようになると考えるのは誤りである。これは，SDGs の成長目標が，地球資源の使用量と炭素排出量を急激に削減しつつ，地球温暖化をより安全な範囲に収めるという持続目標とは両立できないと指摘されており，経済がこれまで通りのペースで成長を続ける限り，たとえ化石燃料を再生可能エネルギーに代えることで炭素排出量を削減できるとしても，それを即座に実現するのは不可能であるからだ。

〔5〕世界が化石燃料からエネルギーを移行すると，リチウムや黒鉛，ニッケル，レアアースなどの主要鉱物の需要が増加するが，その需要を満たすほどの産出量もなければ鉱山や精錬所の建設計画もなく，たとえ建設を拡大しても数十年を要することに加え，需要を満たすほどの供給を実現すると環境への影響は甚大であり，採鉱によって土地が荒廃するだけでなく採鉱作業や精錬の過程で有害廃棄物や放射性廃棄物までもが排出されること。

全訳

《持続可能な開発と経済成長を再考する》

1 2015 年，国際連合（UN）は「2030 年までの，世界にとってよりよく，より持続可能な未来の実現に向けた基本的な構想」として，17 の持続可能な開発目標（SDGs）およびそれに関連する 169 のターゲット（行動目標）を掲げた。こうしたターゲット（行動目標）には，貧困，飢餓，気候変動，環境悪化，平和，正義，その他地球規模の問題が含まれている。しかしながら，リオの地球サミットから 30 年が経ち，国際連合が発出した，持続可能な開発目標（SDGs）達成に向けた進捗状況を伝える報告書が一部の人の怒りを招くことになるかもしれない。苦しんでいる人は増加し，環境はさらに悪化し，現在と未来の世代の生活を支える体制は弱体化しつつある。2022 年 3 月には，アントニオ=グテーレス国連事務総長が「大多数の持続可能な開発目標に関して，人類は後退している」と警鐘を鳴らした。その後退の中には，新型コロナウイルスの世界的大流行とその関連施策が原因となっているものもあるかもしれないが，新型コロナウイルス感染症が確認される前からすでに SDGs は方向性を見失いつつあったのである。

[2]　持続可能な開発構想を発展させていく初期の頃，主な批判の一つに挙げられたのは，経済的価値，社会的価値，環境的価値は等価であるということがそれとなく示され，そのため，森林は牛の牧場に置き換えられる可能性があるが，そうなってもなお「持続可能な開発」とみなすことができてしまう，ということであった。このような懸念から，環境保護との関わりが「強い」のか「弱い」のかという点に関する議論が行われるようになった。今もなおこの問題は未解決であり，生物多様性よりも「入れ替え」が重要視されている。それゆえ，その枠組みは主要な生態系の破壊を否定してはいないのである。

[3]　別の批判は，その概念が，地球規模で考えると人間の居住は地球の「環境収容力」をすでに超過しているという証拠を軽視している，というものである。ここで言う「環境収容力」とは，天然資源の総使用量および地球環境が悪化することなく受容できる汚染量のことを指す。人間活動が環境に与える負荷と表現されることもあるこのような超過は，現在の何十億人もの人口とエネルギー消費のレベル，加えて，資源を大量に使用する人々の消費生活に関係している。生態系や社会への一連の影響がさらに強まることを考慮すれば，地球の環境収容力を超過するという問題はいっそう深刻なものとなる。これを受けて科学者たちは，地球システムは崩壊し，そ

の結果地球上のほとんどの生命が脅かされる可能性があると説明している。このような壊滅的な可能性を念頭に置くと，環境と人々の生活の双方を改善させるための，資源の過剰利用を抑えようとしないで経済システムの拡大を求める計画は，それがたとえどのようなものだったとしても，この問題をさらに悪化させるだけである。

[4]　このことによって，人々は持続可能な開発全般が抱える問題，そして特にSDGsが抱える問題へと目を向けるようになる。その問題とはすなわち，経済成長に対する依存と経済の成長促進である。持続的な経済の拡大はSDGsで想定されているだけでなく，成長を追求することもSDGsの８番「働きがいも経済成長も」という目標の枠組みにも組み込まれている。したがって，SDGsは何世紀にもわたる経済モデルや政治制度の慣習を反映しており，そうしたものは物質的な豊かさが増えることと人間が繁栄することを同一視してきたのだ。SDGsでは地球規模の経済拡大がどのようにして貧困や環境破壊を軽減するのかということについて明確な説明がなされていないが，暗黙の前提としてあるのは，そうした経済成長は貧困や飢餓，そして健康に関連した目標を達成するために不可欠である，ということである。

[5]　経済成長を重視することにも問題がある。技術革新や資源代替により，人々は資源の枯渇，生物多様性の喪失，炭素排出量の増加と経済成長を切り離すことができるようになるという考えがあるが，そうではなく，SDGsの成長目標は，地球資源の使用量と炭素排出量を急激に削減しつつ，地球温暖化をより安全な範囲に収めるという，枠組みの持つ持続目標とは両立できないとデータが示している。化石燃料を再生可能エネルギーに代えることによって，たとえ経済成長を炭素排出から切り離すことができるとしても，経済がこれまでのペースで成長を続ける限り，これを即座に実現するのは不可能ということになる。

[6]　残念ながら，最近のさらなる分析が明らかにしたのは，電力の貯蔵を含め，全社会の電力を再生可能エネルギーで供給することは実現しそうになく，非建設的でもあるということだ。2021年，国連の国際エネルギー機関（IEA）が算出したところによると，世界の化石燃料からのエネルギー移行によって，2040年までにリチウムや黒鉛，ニッケル，レアアースのような主要鉱物の需要がそれぞれ，4200％，2500％，1900％，700％増加

するだろうとのことだ。IEA は，そうした需要を満たすほどの産出量もなければ，十分な鉱山および精錬所の建設計画もなく，たとえ建設を拡大するとしても数十年を要すると指摘している。また，その報告では，そうした基準の供給を実現することの環境への影響は甚大であり，土壌除去による土地の荒廃だけでなく，採鉱作業や精錬の過程で生み出される有害廃棄物や放射性廃棄物までもが含まれると述べられている。ある分析によれば，通常重要な鉱物がある場所には，その土地から出る金属を求める都市社会ではなく，その外側にいる人々が暮らしているということがわかっている。

7　すでに発展しすぎた地球で，経済成長が際限なく続くはずはない。成果が乏しく議論が粗末なため，「脱成長」を支持して，SDGs に成長を断念するよう求める声が高まっている。ここで言う「脱成長」とは，「エネルギーと資源の使用を削減し，不平等を緩和し，人間の幸福度を向上させるようにして経済のバランスを取り戻すこと」を指す。現在の金融システムは経済の拡大に依存し，それを推進しているため，このような変化は大きな挑戦である。また，それには大量消費主義の緩和など，大きな文化的変化を伴う。したがって人々は，古くて視野の狭い考えを捨てて，環境問題や社会問題への対応を変えていかねばならないというのが多くの研究者の結論である。

解説

Ⅰの解答欄は，〔1〕～〔3〕は横 17.5cm×縦 1cm の行がそれぞれ 6 行あるので，1 行 30 字程度と考えて，最大 180 字程度が記述の目安となる。〔4〕〔5〕は同じサイズの行がそれぞれ 8 行あるので，最大 240 字程度を記述の目安とする。

〔1〕　下線部(1)の may trigger some anger という推測はどのような事実が根拠となっているかを説明するよう求められている。trigger は「引き金となる，引き起こす」の意。そこで，下線部(1)の主語に注目すると，「国際連合が発出した，持続可能な開発目標（SDGs）達成に向けた進捗状況を伝える報告書」である。下線部(1)以前の英文では怒りを招くような否定的な内容は言及されていないため，下線部(1)直後の第 1 段第 4 文（More people are…）を見ると，人々や環境などについて触れられていることから，ここに報告書の内容が述べられていると判断する。ここでは

More people are suffering と environments are being further degraded, そして the life-support systems … are being compromised の3つの文が並列されているため，そのすべてを解答に入れる必要がある。3つ目の life-support systems は for current and future generations「現在と未来の世代の」に修飾されていることから，人々の「生活を支える体制」などと訳すのがよい。他動詞の compromise はややレベルの高い語であるが，怒りを招く可能性があるという文脈から，否定的な動詞であると推測し，さらに主語の「生活を支える体制」から，「損なわれる，弱体化する」などの意味だと考える。

〔2〕 本問ではまず下線部(2)の意味を把握するのが難しい。settlement は動詞の settle「移住する」から「移住，居住」の意であると考える。planet は「惑星」の意味もあるが，特定の惑星について言及がなく，the とともに用いられている場合は「地球」の意味になることが多い。'carrying capacity' については，直後に定義されており，「天然資源の総使用量および地球環境が悪化することなく受容できる汚染量」のことで，「環境収容力」などと訳される専門用語である。よって下線部(2)は「人間の居住は地球の『環境収容力』をすでに超過している」となり，本問ではそれが進行した場合の事態を説明することが求められている。まず，第3段第3文（The problem of …）に「地球の環境収容力を超過するという問題はいっそう深刻なものとなる」との記述があることから，今後の事態がこの後述べられると判断する。続く第4・5文（This led scientists … to the problem.）にその予測される具体的な内容が述べられていることから，直接の解答根拠はこの2文である。まず第4文を見ると，Earth's systems「地球システム」は環境用語で，生態系や大気といったサブシステムの相互作用によって地球環境が作られていることを示す語。また，threatening 以下は文末にあることから結果を表す分詞構文と考え「～，その結果…」などとつなげると意味が通る。よって，「地球システムは崩壊し，その結果地球上のほとんどの生命が脅かされる可能性がある」と訳す。次に，第5文の文頭にある this devastating possibility「この壊滅的な可能性」は前述の第4文の内容だとわかるので，with *A* in mind「*A* を念頭に置くと」を生かして前の文につなげる。any plan 以下の構造は，まず主語が any plan … reduce excess，動詞が is（simply）adding とな

っている。主語は，for improving … people's lives の前置詞句と that seeks … reduce excess の関係詞節が，前の any plan を修飾している。any は肯定文では「どんな～も」で，〔解答〕では「どんな計画も」と直訳したが，〔全訳〕内の「それがたとえどのようなもの（計画）だったとしても」のようにしてもよいだろう。reduce excess の部分は「過剰を減らす」とするだけでは意味が不明瞭であるため，「過剰」が指す具体的な内容を明示して「資源の使用量の過剰を減らす」などとする。以上より，第５文は「(…を念頭に置くと，) 資源の過剰利用を減らすのではなくむしろ経済システムの拡大を求めるという，環境および人々の生活の双方を改善するためのどんな計画も，問題をさらに悪化させるだけとなる」などと訳せる。

〔3〕　下線部(3)は「(経済) 成長の追求」という意味。本問では，この追求の基となっているものを説明するよう求められている。問題文にある「政治経済的モデルや制度および前提」については，下線部(3)の文に続く第４段第３文（Therefore, the SDGs …）に economic models and political institutions「経済モデルや政治制度」とあり，続く第４文（Although SDGs offer …）に the implicit assumption「暗黙の前提」とあることから，これら２文が解答根拠だと判断する。flourishing は「繁栄（すること）」の意で，material wealth は「物質的豊かさ」の意である。よって，「物質的な豊かさが増えることと人間が繁栄することを同一視してきた経済モデルや政治制度の慣習」と「貧困や飢餓，健康に関連した目標の達成に経済成長が不可欠であるという前提」の両方を解答に入れればよい。

〔4〕　本問では，経済成長に関する誤った考え方の具体的な内容とその誤りの理由を説明することが求められている。具体的な内容については，第５段第２文（There is a …）に a belief とあることから，that 以下が解答の根拠となると考えればよい。resource substitution は「資源の代替」という意味で，たとえばエネルギー資源を化石燃料から別のエネルギー源に移行することを指す。carbon emissions は「炭素排出量」という意味で環境等の分野で頻出表現である。直訳すると「技術革新や資源代替により，人々は資源の枯渇，生物多様性の喪失，炭素排出量の増加と経済成長を切り離すことができるようになるという考え」となる。「切り離す」とはど

ういうことかを「持続可能目標」という文脈に照らして解釈すると，「資源の枯渇，生物多様性の喪失，炭素排出量の増加を抑えつつ，経済成長を実現できる」といった内容で理解すればよい。誤りの理由については，続く第３文（Instead, data show …）の instead「そうではなくて」が前言を受けて，正しい内容を伝える役割をすることから，この文以降に解答根拠が述べられていると判断する。ここでは「SDGs の成長目標と持続目標は両立できない」と述べられており，続く第４文（Even if economic …）は，「これまでの経済成長のペースを考えれば，化石燃料を再生可能エネルギーに代えることで炭素排出量の削減を即座に実現することは不可能だ」という趣旨の内容である。以上を誤りの理由としてまとめればよい。

〔5〕　下線部(5)の具体的な内容を説明することが求められている。下線部(5)の power は to に続くことから動詞と考え，目的語の all societies「全社会」および with renewable energy「再生可能エネルギー」から，「電力を供給する」の意だと判断する。battery storage は「（災害時などに備えて）電力を蓄えること，蓄電」，destructive は「非建設的な，否定的な」の意味である。よって，下線部(5)の意味は，「電力の貯蔵を含め，全社会の電力を再生可能エネルギーで供給することは実現しそうになく，非建設的でもある」となる。ただ，これらの語を知らなくとも，第６段の第１文目にあることから，段落の要約が書かれていると考え，続く第２～４文（In 2021, the … and refining processes.）に数値などを交えた具体例があるので，ここから大意を読み取ることもできる。本問ではこれら３つの文の内容を解答に入れればよい。第２文の global energy transition は「世界規模のエネルギー移行」の意で，化石燃料から再生可能エネルギーへの転換を指している。また，minerals はその後の such as 以下の具体例が指す通り，リチウムや黒鉛などの「鉱物」のことで，respectively は「それぞれ」の意である。簡単にその内容をまとめて「世界が化石燃料からエネルギーを移行すると，リチウムや黒鉛，ニッケル，レアアースなどの主要鉱物の需要が増加すること」などとすればよい。続く第３文の capacity の語義は「生産能力，産出能力」であるが，本文では「鉱物」の capacity のことを指すため，「産出量，埋蔵量」などが適訳であろう。meet は demand(s) や need(s) と結びついて「～を満たす」という意味がある。また，expansion は「拡大」で，such expansion は直前の「鉱山

や精錬所の建設を，需要を満たすほど拡大すること」と解釈できる。would は，仮定法の帰結節「(たとえ〜だとしても) …だろう」なので，ここでは if 節があるかのように訳すとよい。よってこの文は「その需要を満たすほどの産出量もなければ鉱山や精錬所の建設計画もなく，たとえ建設を拡大するとしても数十年を要すること」などと表せる。さらに，第 4 文 (The report also …) の massive は「(影響などが) 大きい，甚大な」，devastation は「(土地の) 荒廃」，earth removal は「土壌除去 (=鉱物を採掘すること)」，radioactive は「放射性の」を意味する。よって，第 4 文からは「需要を満たすほどの供給を実現すると環境への影響は甚大であり，採鉱によって土地が荒廃するだけでなく採鉱作業や精錬の過程で有害廃棄物や放射性廃棄物までもが排出される」ことが読み取れる。

Ⅱ 解答　**〔1〕〈解答例 1〉** The protests were caused by the hateful acts of the far-right leaders Wagensveld and Paludan against the Quran and by their message predicting similar incidents in other parts of Europe. (30 語程度)

〈解答例 2〉 They occurred because Wagensveld and Paludan, two far-right leaders, disrespected the Quran and suggested that there would be more incidents like theirs in other places in Europe. (30 語程度)

〔2〕〈解答例 1〉 They try to explain to Muslims in detail what freedom of speech is and tell them that they should respect many different opinions of others. (25 語程度)

〈解答例 2〉 They tell Muslims that they should deeply understand what freedom of speech means and accept a wide variety of opinions held by others. (25 語程度)

〔3〕〈解答例 1〉 They tend to approve of authoritarianism and to believe that freedom of the press should sometimes be restricted, and accept that Muslims and they themselves have fewer rights. (30 語程度)

〈解答例 2〉 They are more likely to support the idea of authoritarianism, believing that it could restrict press freedom and deny Muslims, and even themselves, some of their rights. (30 語程度)

〔4〕〈解答例 1〉Because they can lead people to support war crimes and terrorism, where a small group or an individual, not just a military, deliberately kills other people. (25 語程度)

〈解答例 2〉Because they can make anti-Muslim people approve of militaries and small groups or individuals deliberately killing citizens, which is considered a war crime or terrorism. (25 語程度)

〔5〕〈解答例 1〉Because as a Muslim, the author does not believe that the Quran must be protected or that we should pay any attention to provocateurs, which is the worst punishment for them. (30 語程度)

〈解答例 2〉Because the author, as a Muslim, does not believe that the Quran needs protection and instead thinks it's a good idea to completely ignore provocateurs, which is the harshest punishment for them. (30 語程度)

全訳

《イスラム恐怖症が民主主義にもたらす影響》

[1]　今週に入って，オランダのハーグでは，「西欧のイスラム化に反対するヨーロッパ人」という極右団体のオランダ人指導者であるエドウィン=ワーゲンスベルトが1冊のイスラム教聖典を公然と冒涜し，SNS にそのヘイト行動の動画を公開した。これはデンマークの極右政党ストラム・クルス（ハードライン）の指導者であるラスムス=パルダンが週末にかけてストックホルムのトルコ大使館近辺で1冊のコーランを燃やした事件に続いたものであった。

[2]　ワーゲンスベルトは，コーランの1ページを破り捨てながら，スウェーデンとオランダで起こった事件はヘイトスピーチの組織的な運動の一環であると示した。彼は今後，他の都市でもさらなる事件が起こると述べた。そうした扇動家たちの意図した通り，イスラム教徒が多数派の世界各地で抗議デモが沸き起こった。その後，欧米の指導者たちは，イスラム教徒に対して言論の自由の機微，そして多様な意見に対する「尊重」について長々と説明する（説教をする）という対応をとった。

[3]　これはイスラム恐怖症の人たちによる挑発に続いて，イスラム教徒が激怒し，その後に欧米が見下すというおなじみのパターンである。だが，弱者であるマイノリティを標的にするそのような行為は，それが生じる社会

に何らかの影響を及ぼすのだろうか。西洋社会で暮らす非イスラム教徒は，自分が信仰していない宗教の聖典が憎悪に満ちた宣伝行為で使われることに関心を持つべきなのだろうか。答えはイエスだ。これは，イスラム恐怖症が蔓延することによって，民主主義国家はイスラム教徒にとってだけでなく，すべての人にとって，自由でなくなり，安全でなくなるからだ。

4　私は，「社会政策・社会理解研究所」（ISPU）である研究事業を率いている。ISPU とは，ワシントン DC を拠点とし，特定の支持政党を持たないシンクタンクで，米国のイスラム教徒および彼らに影響する政策に関して研究活動と教育活動を行っている団体のことである。ISPU の研究者は，学術機関やアドバイザーと提携して，ISPU イスラム恐怖症指数を開発したが，これは米国のさまざまな団体が，どの程度反イスラム教の主要な考えを支持しているのかを測定するものである。

5　過去5年間で，我々は人種，年齢，信仰の有無が異なる米国人を対象に，イスラム恐怖症指数を測定してきた。何がイスラム恐怖症の偏見を予測し，何がその偏見から守ってくれるのかということを探究してきた。反イスラムの偏狭な考えが，どのようにしてある特定の政策に対する大衆の同意を生み出すのかということを見てきた。得られた結果は当初，複雑な様相を呈していたが，最終的には一つの単純な真実が明らかになった。その真実とは，イスラム恐怖症は民主主義を脅かす，ということである。

6　我々がわかったのは，反イスラムの固定観念を支持することは，当然ながらモスクの監視やいわゆる「イスラム教徒追放令」（イスラム教徒が多数派の数カ国から米国への渡航を禁じたトランプ政権時代の政策）などといった，イスラム教徒が対象の国家政策を支持することにつながる，ということだ。しかし，イスラム恐怖症の思想を信奉する人々は，イスラム教徒から権利を奪おうとしているだけにとどまらない。我々の研究が示すところによると，彼らは自分自身の権利を放棄することも厭わないようだ，ということである。すなわち，イスラム恐怖症指数の値が高いほど，権威主義を受け入れやすいことが予想されるということである。他の条件がすべて同じであれば，反イスラム思想の支持者は，テロ攻撃があった後に，報道の自由度を低下させたり，抑制と均衡を一時的に無効にしたりすることを是とする傾向が強い。反イスラム思想の例としては，以下のような発言である：「イスラム教徒は他のイスラム教徒が行った暴力行為の責任の一端を担っている」「イスラム教徒は他の人たちと比べて文明的でない」これらを要約すれば，イスラム恐怖症を広げることは，自由社会の基盤そのものである，反対意見を言い，十分な情報を持った一般市民を蝕んでいくということである。

7 さらに，イスラム恐怖症は他にも偏狭な考えを生み出す。反ユダヤ主義や反黒人の人種差別も，イスラム恐怖症から予測される主要なものの一つである，ということを我々は発見したのだ。また，我々の研究が示すところによると，イスラム恐怖症により，民主主義国家は自由が減ったり，偏狭さが増したりするだけではなく，さらには民主主義国家の安全性を低下させるということだ。そして，これは多くの人が想定しているような方法でだけではないのである。

8 イスラム教を支持して行動しているというごく少数の人々は，欧米の反イスラム主義の政治的な言葉遣いを用いて，暴力的な大義に人々を勧誘している。だが，このこと自体は決して最も危険なことであるとはいえない。我々がわかったことに，「イスラム教徒は他の人たちに比べて暴力をはたらく可能性が高い」「大半のイスラム教徒は米国に対して否定的な態度をとっている」といった反イスラム思想を支持する人々は，実のところまさにこの種の態度や行為に賛成しているのだ。そのような行為には，戦争犯罪とみなされている，軍による民間人への意図的な攻撃や殺害がある。同時に彼らは，通常テロ行為と呼ばれるような，小規模集団や個人による殺害行為を是としているのだ。したがって，米国での白人至上主義者による暴力行為の増加が，トランプ政権時代の米国人の生命にとって最大の脅威となっていることは驚くに値しない。

9 とはいえここまで述べたことは，一部の人がこれまで要求してきたように，我々が先週ヨーロッパで目の当たりにしたようなヘイト行為を違法にすべきであるということを意味しているわけではない。私は，毎日コーランを読んでいる一人のイスラム教信者として，また一人の歴史学徒として，神の使徒がはるかにひどい状況に耐えたと信じているし，神の書は我々の保護など必要としていないと信じている。さらに言えば私たちは，このような本来ならば取るに足らない存在のはずの扇動家たちを沈黙させることによって，彼らを「言論の自由の英雄」であると印象づけてしまってはいけない。我々が彼らに課すことのできる最も厳しい罰は，彼らに与えられて当然の注意を払うこと，すなわち，いささかも相手にしないということだ。イスラム恐怖症を助長することを狙った政治的な言論は，社会の他の人々から，それそのままの形で，つまり民主主義を守るものとしてではなく，民主主義を弱体化させる行為として捉えられるべきなのだ。

解説

〔1〕 設問の英文は「どのような出来事がヨーロッパでの抗議の引き金となったか。30語程度で述べなさい」である。下線部(1)に世界各地で抗議があったことが示されているので，その前の第1段，および第2段の下線部を含む文より前（As he tore … in other cities.）に着目すると，オランダとスウェーデンで起こったイスラム教に対するヘイト行為について述べられていることがわかる。本文の解答に関わる部分の記述が非常に多いので，2つの段落から必要な情報のみを抽出するように注意し，第1段の「コーラン（イスラム教の聖典）に対するヘイト行為が極右の指導者によって行われた」ことと，第2段の「極右の指導者はヨーロッパの他の地域でも同様の行為が行われると述べた」ことが引き金になったなどとまとめればよい。設問文には trigger「～の引き金となる」が使われているが，無理に使う必要はなく，正確に使える表現を優先して解答を書くことが重要で，〔解答〕のように，The protests were caused by … や They occurred because … のように，平易な表現でも十分に正答できるものである。また，後半についても，there would be more incidents like theirs のように簡単な表現で言い換えて確実に得点したい。

〔2〕 設問の英文は「イスラム恐怖症の人々から挑発に遭ったとき，欧米の権力者たちはどのようにイスラム教徒社会を納得させようとしたのか。25語程度で述べなさい」である。まず，下線部(2)の Islamophobic provocation の Islamophobic は「イスラム教嫌悪の」「イスラム恐怖症の」などと訳される。第3段最終文（This is because …）の Islamophobia が名詞形である。なお，phobia は「恐怖症」の意で，acrophobia「高所恐怖症」のようにさまざまな恐怖症を表すのに用いられる。provocation は「挑発」，「怒らせること」という意味なので，Islamophobic provocation は先の設問で問われた「抗議」を引き起こした一連の事件をまとめて言い換えたものだとわかる。この抗議の後に欧米がとった対応は第2段最終文（Western leaders then …）に「欧米の指導者たちは，イスラム教徒に対

して言論の自由の機微，そして多様な意見に対する『尊重』について長々と説明する（説教をする）という対応をとった」とある。よって，この文を解答根拠とすればよいが，本文とは異なる表現を用いる必要があるので，「イスラム教徒に言論の自由とは何かを説明し，多様な意見を尊重するよう伝えた」などと言い換えれば，〔解答例〕のように正しいと自信が持てるであろう平易な英語で表現することができる。

〔3〕 設問の英文は「筆者の分析によれば，イスラム恐怖症の考えを信じる人々はどんなことを受け入れる傾向にあるといえるのか。30 語程度で述べなさい」である。下線部(3)を含む文は直訳すると「イスラム恐怖症の考えを信じる人々は，イスラム教徒から権利を奪う準備ができているだけではない」という意味であるが，be ready to *do* は「～する準備ができている」という意味で解釈するとやや不自然。続く文に be willing to *do* と言い換えられていることから，「進んで～する」「～するのを厭わない」という意味で使われていると考えればよい。したがって，この部分は設問文にある「受け入れる傾向」を説明しているといえる。また，下線部(3)を含む文には not just があることから，not just *A* but also *B*「*A* だけでなく *B* も」という表現に気づくことができれば，この文の後に（but）also があることが予測でき，（but）also *B* の *B* にあたる「彼ら自身の権利を放棄することも厭わない」という内容も「受け入れる傾向」として解答に入れればよいとわかる。さらに，a prediction of acceptance of authoritarianism「権威主義を受け入れやすいことが予測される」と述べられていることから，「受け入れる傾向」の一つとして捉え，続く第 4 文（All else being …）の more likely to approve of reducing freedom of the press and suspension of checks and balances「報道の自由度を低下させたり，抑制と均衡を一時的に無効にしたりすることを是とする傾向が強い」も解答に入れなければならないと判断する。最後に，解答の際には，ここで確認した 4 つの傾向を 30 語程度という語数に収める必要があるため，それぞれを短くまとめて確実に解答に入れられるかが肝要である。〔解答例〕の accept that Muslims and they themselves have fewer rights や deny Muslims, and even themselves, some of their rights のように，最初の 2 点を同じ動詞で並列させると，語数を節約しながら残りの 2 つを入れることができ，解答作成が楽になる。なお後者では，deny *A*

B「*A*に*B*を与えない」を用いて「権利を奪う」の部分を表現している。

〔4〕 設問の英文は「なぜ反イスラム教の考えは大きな危険をはらんでいるのか。25語程度で述べなさい」である。下線部(4)を含む文の far from ～ は「～とはほど遠い，決して～とはいえない」という熟語表現で，全体の意味は「だが，このこと自体は決して最も危険なことであるとはいえない」となる。主語である that「このこと」は直前の内容であり，「最大の危険」に関する記述は続く第3文（We found that …）以降に述べられていると考え，解答の根拠とすればよい。すると，people who endorse … attitudes and acts「イスラム教徒は暴力的で反米的だ，といった反イスラム思想を支持する人々は，実はその種の態度や行為に賛成している」とあり，続く第4・5文（Such acts include … usually called "terrorism".）で述べられている具体的な内容である deliberate attacks on and killings of civilians by a military, something that is considered a war crime「戦争犯罪とみなされている，軍による民間人への意図的な攻撃や殺害」および approve of killings by a small group or an individual, usually called "terrorism"「通常テロ行為と呼ばれるような，小規模集団や個人による殺害行為を是としている」の部分を答えればよいとわかる。

ここでも解答根拠となる部分が比較的長いため，killings of civilians by a military と killings by a small group or an individual の似た構造の箇所を一つにまとめることで，語数を節約しながらポイントを盛り込んでいくことが大切である。

〔5〕 設問の英文は「筆者が，扇動家たちによる扇情的なヘイト行為を違法にするべきではないと考えるのはなぜか。30語程度で述べなさい」である。最終段第2文（As a believing …）で，「毎日コーランを読んでいる一人のイスラム教信者として…神の書は我々の保護など必要としていないと信じている」と述べられていることから，まずこれが理由の一つであるとわかる。次に，同段第3・4文（Moreover, we should … they deserve: none.）に注目する。第3文の feed は「餌をやる」なので，ここでは「(印象を) 与える」という意味。otherwise は「そうでなければ」で，irrelevant は「無関係な，重要でない」なので，these otherwise irrelevant provocateurs は「(黙らせなければ) 本来ならば取るに足らな

い存在のはずの扇動家」のように考える。第 4 文の最後 to give them the attention they deserve : none の部分はやや解釈が難しいが，コロンは具体化または言い換えの役割をしているとわかれば，the attention they deserve「彼らに値する注目」の言い換えを none「まったく～ない」，つまり「まったく注目を払われないこと」を表現しているとわかる。よって第 4 文は「我々が彼らに課すことのできる最も厳しい罰は，彼らに与えられて当然の注意を払うこと，すなわち，いささかも相手にしないということだ」という意味だと考えられる。したがって，「神の書は我々の保護など必要としていない」「扇動者にはまったく注意を払わないのが一番の罰になる」という 2 点を含んだ解答を作成すればよい。筆者の考えを答える問題であるので，〔解答例〕のように，believe や think などを用いて，that 節を並列させることによって 2 つの理由を述べればすっきりとした印象の英文になる。

講評

約 800～850 語の英文を 2 題読み，Ⅰの日本語記述 5 問と，Ⅱの 5 問で約 140 語の英語記述の解答を，試験時間 80 分で作成する必要がある。さらには，「国際関係に関する英文読解」であるため，Ⅰでは SDGs，Ⅱではイスラム恐怖症がテーマとなっており，時間的にも，内容的にも難度の高い試験といえる。

Ⅰはすべて内容説明問題であった。SDGs と経済成長を両立することの問題点が述べられていた。解答の根拠となる箇所を探すことはそこまで難しくはないため，問題文の要求によく注意して特定すれば，想定解から大きくはずれた答案を作成することはないように思われる。ただし，該当箇所を精読し，正しく理解したうえで，答案に必要な情報を選び取る力も同時に求められる点で難しいといえる。また，解答根拠となる部分には，受験生にとってなじみのない，経済分野やエネルギー問題に関連した難しい表現が複数含まれているものがあるため，各パラグラフの要旨に沿って意味を推測しながら読解し，それを意味の通る自然な日本語で表現しなければならない。英文読解の試験に変わりはないが，同時に日本語の表現力も問われている点で，国公立の難関大学のレベルと同等の難易度といえる問題もあった。

個々の問題については，〔1〕や〔3〕は中でも容易に解答根拠となる箇所が特定でき，必要な情報を整理する必要があまりないため，落としてはいけない問題と考えてよいだろう。〔2〕は根拠となる部分を精読し，和訳するだけでは解答が情報不足となる，あるいは不自然になってしまうため，解答に工夫を要するという点で差がつく問題であったように思われる。〔4〕および〔5〕についても〔2〕で述べたような特徴があることに加えて，求められる字数も非常に多いため，答案がまとまらない可能性が高く，文章内で展開される論理関係を把握できていないと的外れな解答ができあがってしまう。そのため，パラグラフ全体の趣旨を理解したうえで，必要な箇所を選び取って解答すること，さらには自分の答案を読み返し，論理的なつながりがうまく表現できているか確認することを怠らないことが肝要である。その意味で，難易度の高い設問であったといえる。

Ⅱの出題形式は，語数制限付きの英問英答であった。イスラム恐怖症がテーマであり，反イスラムの考えを支持することの危険性が述べられていた。宗教や政治に関連した表現が比較的多く，受験生にはあまりなじみのない表現やレベルの高い語彙が散見され，意味を把握するのに苦労した人も少なくないだろう。

Ⅱの解答プロセスとしては，まず英語の問題文で要求されていることを確認する。特に疑問詞に注意して読むことが大切である。これを怠ると時間をかけて作成した答案であっても，得点に大きな差が出てしまう。

次に，指示文に明記されている通り，原則的には下線部に関連した内容の説明が求められていることから，下線部の前後を中心に解答根拠を探ると効率よく見つけられるだろう。

また，指示文に「極力，本文と異なる表現を用いること」とあるので，自信を持って使える語彙や文型，構文で言い換えをする必要がある。内容理解の際には難しくないと感じる表現であっても，いざ自ら使いこなすとなると，名詞の可算名詞・不可算名詞の区別や自動詞・他動詞の区別など，要求される知識の幅は格段に広がるため，誤って用いることになり，かえって点数が出にくいこともある。自信を持って英訳し，間違いを減らすためにも，普段から読解や英作文の授業で学んだ語彙や構文をメモするなどして，内容理解のためではなく，使いこなすための知識を広げる意識を持っておくことが重要である。さらに重要なのは，中学の時に学んだような一見簡単に思える単語ほど辞書を頻繁に引き，より深い知識を身につけられるよう丁寧な学習を心がけることである。これにより，英問英答の答案の質が改善される可能性が高い。

見分ける〉ということではない。5は「家に飛び込む人が真に勇敢な人である」が誤り。第八段落を見ると「丸腰で家のなかに飛び込むのは勇敢ではなく無謀な人である」と書いてある。

講評

一は健康格差の是正に関する、相反する二つのアプローチの抱える問題点やジレンマについて論じた文章。論旨は明快で読解は容易である。一方で設問は作り込まれた重厚なものであり、難易度はやや高めである。特に問10・問11・問12は本文の内容を俯瞰的に捉え、〈話の流れ〉や〈構成〉を意識した読解に基づいて正誤判断をおこなうものであった。設問全体としては受験生の読解力をミクロとマクロの両面から多面的に確認しようとする作問者の意図を強く感じた。

二は人がおこなうべき行為をアリストテレスの「徳ある人」の分析を通して考察した文章。表現は平明だが、内容は哲学・倫理学特有の論理に沿って展開されており、読解は容易ではない。慎重な読みが求められる。設問も文章の論理的かつ正確な読解を要求するものが多く、難易度はやや高めである。特に問7の空所補充、問9の内容説明、問11の文整序にそうした傾向を強く感じた。正しく読み、理解するという、基本的だが難しいことを念頭に置いた対策が重要となる。

である、ということになる。これらの理解を踏まえて選択肢を選ぶ。

問10 設問文の「現代の徳の倫理」を手がかりにして傍線㋔の前部を見ると、二段落前に「徳の倫理は……人柄や性格などの行為者の比較的持続的なあり方に注目する」とある。また傍線㋔直前には「行為者の感情や欲求の重視」とあるので、これらのヒントを踏まえて選択肢を選ぶ。

問11 まず②の「それ」「推論」を手がかりにして、②の前部に「推論」の話があると想定して他の文を見ると、③に「前提と結論によって構成される推論の形式を与える」とあるので、ここから③→②という並びが選択肢に存在すると理解する。2・5が該当。次に④の「しかし」が何に対する「しかし」なのかという観点から空欄の前後を確認すると、空欄前部に「行為や生き方の善し悪しの判別を個別的な状況における徳ある人のそのときどきの判断に委ねる」―「徳ある人が個別の行為の善悪をその都度判定する」、つまり〈徳ある人による行為の善悪の判定が個別的な状況に対してその都度行われている〉という話がされていることがわかる。これを踏まえて④を見ると「しかし……個々の行為も……構造化することが可能である」つまり〈行為にはパターンが存在し、構造化できる＝行為の善悪については、状況に応じて個別的に判定する必要はない〉と述べていることがわかる。よって空欄Zの冒頭にくるのは④である。これらの分析を踏まえて2を正解とする。

問12 3は第三段落から第五段落までの内容に合致する。1は「アリストテレスは、徳ある人がどのような心理状況を経てその行為を選択するのかを述べており」が誤り。第十一段落に「アリストテレスも行為を選ぶうえでの心理的プロセスを記述しているのではない」とある。2は「合理性や主体性への疑義」が誤り。第十七段落から本文末尾までの内容は〈アリストテレスは行為の合理性や論理性を肯定する〉というものである。4は「私たちは、その人が徳ある人かどうかを、長い時間をかけてでも見分けられるようになることが必要」が誤り。第四・五段落を見ると、焦点となっているのは「徳を獲得する」ことであり、そのために「習慣づけを通じて」「徳ある人の心のあり方全体を獲得する」必要があり、それが「時間を要するプロセス」であると述べられている。それは〈ある人を徳ある人かどうかが傍線㋑直後の「その心理や動機は大きく異なるからだ」の「心理」の部分に対応していることを確認する。つまり徳のある人の「心理」が「徳のある人」と「抑制ある人」を区別すると理解し、それを反映した選択肢を選ぶ。

問6　傍線㋒の「欲求」「方向」という語を手がかりにして前段落の記述を確認すると「快楽と苦痛」「何に悦びを感じ何に苦しみを感じるのか」「快さを感じ苦痛を感じない」「感情や欲求は特定の方向へ向けて形成される」とあるので、これらの記述を踏まえて選択肢を選ぶ。

問7　空欄Y直前の「善き人」を手がかりにして後部を見ると「思慮を欠いては本来的な意味での善き人にはなりえないし、人柄の徳を欠いては、思慮ある人にはなりえない」とあるので、「人柄」と「思慮」の二つが「善き人」の条件であると理解する。また「善き人」はこの段落の冒頭にある「徳ある人」と同じであると考えられるので、ここから「善き人」＝「徳ある（＝徳を持っている）人」であり、持っている「徳」の二つが「人柄」と「思慮」であると判断する。

問8　挿入文の「思慮のはたらき」「よく生きること」「幸福であること」を手がかりにして各候補の前後を確認する。〈Ⅱ〉の前部には「思慮のはたらき」、その段落の引用文には「『よく生きること』全体のためには、いかなることが善いのかを考える」とある。また後部には「それぞれの行為の選択には思慮がはたらいており、そのことによってその行為者の幸福の理解にまで遡る」とある。これらのヒントを踏まえて〈Ⅱ〉が妥当であると判断する。

問9　傍線㋓直前の内容を正確に理解する。まず「徳の倫理の答えは……『嘘をつかないことが徳のある人のおこなうことだから』である」とは、〈嘘をつかないことが徳であるから、徳ある人は嘘をつかない〉という意味である。次の「嘘をつくことにかかわる徳が誠実さであるとすれば」とは〈誠実さが「嘘をつくことにかかわる徳」であるなら〉つまり〈徳＝誠実さ＝嘘をつく、という関係が成立するなら〉という意味である。最後に「嘘をつくことを誠実な人であっても選択するような状況においては」とは〈誠実な人が嘘をつくことを選択する状況が生じた場合には、誠実さは「徳」の条件なのだから〉という意味である。よって傍線㋓の「嘘をつくことも許される」のは〈徳のある人〉

解説

問2　設問文の「筆者が考える」という指摘に注意。傍線㋐の「人がおこなうべき行為」を手がかりにして後部を見ると、第九段落に「徳ある人にふさわしい行為をおこなうには」とあるので、その後の「欲求がよい目的へと向かう」「よい動機をもったりする」だけでなく「それを実現するための適切な行為を選択しなければならない」という記述を踏まえて選択肢を選ぶ。2はアリストテレスの考える定義であり、筆者の考えではない。

問3　空欄X直前の「徳ある人が把握するような仕方でその状況を把握し意味づけ」という記述を手がかりにして後部を見ると「親切な人なら望むであろう行為をしたいという欲求」とあるので、この「親切な人なら望むであろう行為をしたい」を〈動機〉と読み換えたうえで選択肢を選ぶ。

問4　a、直前の「Bは親切な人ではなく」と直後の「彼の行為は親切な行為ではない」の間には〈順接・添加・並列・因―果〉のいずれも入る可能性がある。3以外の選択肢が該当。b、前部の「徳ある行為は……特定の振る舞い方として外形的に特定できない」と直後の「徳を獲得するために求められるのは、たんにその振る舞いを模倣することではない」の間には〈因―果〉を表す語が入ると理解する。3・4が該当。c、直前の「徳ある人がどのように状況を把握し意味づけ、それに対してどのように反応するのか」と直後の「徳ある人の心のあり方」より〈前後同一・言い換え〉を表す語が入ると理解する。1・2・4が該当。d、直前の「時間を要するプロセスを通じて」と直後の「心のあり方が獲得できる」より、〈時間の必要性を強調する〉役割を持つ語が入ると理解する。2以外の選択肢が該当。e、直前の「快楽と苦痛」と直後の「何に悦びを感じ何に苦しみを感じるのか」より〈前後同一・言い換え〉を表す語が入ると理解する。2・4・5が該当。よって4が正解。

問5　傍線㋑の「このような」という指示語を踏まえて前部の内容を確認する。三段落前を見ると「徳ある行為は……外形的に特定できない」「基準となるのは……認知、感情、欲求といった『道徳的な心理』である」とあるので、これ

二

出典　中畑正志『アリストテレスの哲学』〈Ⅱ　なぜ倫理学は月並みなのか——幸福・徳・共同体　1　「倫理学」という知　2　徳の倫理とそれを超えるもの〉（岩波新書）

解答

問1　①－1　②－3　③－3
問2　5
問3　3
問4　4
問5　4
問6　5
問7　1
問8　2
問9　3
問10　4
問11　2
問12　3

要旨

アリストテレスの考える「人がおこなうべき行為」とは「徳ある行為」である。徳とは「道徳的な心理」と「思慮」で構成され、徳ある行為はこれらによって「自然と」選択される。近現代の倫理学は結果の善さや効用、あるいは普遍的規範に行為の倫理的価値を求めるが、近現代の「徳の倫理」は徳という安定した人の性格および行為者の感情や欲求の重視という点でアリストテレスと一致点が多い。だがアリストテレスにおいては、行為や生き方の善し悪しの判別を、個別的にではなく合理性や論理性に基づいて定式化し、全体的動機と特定の行為選択の理由を明示できる点で違いがある。

ション税制、[9]・[10]その続き、[11]両者の問題点の確認、[12]は[5]〜[11]を踏まえた結論／[13]人々の生活に直接介入するアプローチ、[14]は[13]のイギリスでの具体例、[15]は[13]・[14]のまとめ／[16]は[13]の問題点の提示、[17]は[16]の具体例、[18]その続き、[19]は[16]の問題点の確認／[20]すべてのまとめ、となる（※「／」は構成上の区切り）。こうした構成上の区切りを最もよく反映した選択肢は5である。以下、他の選択肢の問題点を挙げる。1、「第[15]段落以降は、日本のこれまでの健康増進政策に対する批判的検討が行われている」が誤り。批判的検討は「イギリス」の政策に対するものである。2、「共通して認められる人道上の問題」が誤り。日本・イギリス両国の抱える「人道上の問題」は〈相反的〉なものであり、「共通」はしていない。3、「第[13]段落までに説明され」が誤り。個々人の自発性に働きかける政策の問題点の解説は第[12]段落で終わっている。4、「健康格差の是正のための望ましい手段を明らかにするべく」が誤り。第[1]段落にはこの文章の目的として「健康格差の是正を求める主張の現実的な射程について明らかにするために」と述べられている。また本文で述べられている「例」はいずれも〈メリットとデメリット〉の両面が挙げられており、〈失敗・成功〉と分けられるかたちとはなっていない。

問12

4は問10および問11で確認した内容をほぼ反映しており、本文の内容に合致する。1、論理的には類推可能だが、本文の内容は〈自己決定権が侵害される〉という点を強調している。2、これも論理的には類推可能だが、本文の内容は〈国民の自主性を当てにした健康格差の是正では、格差（不平等）は改善されない〉というものであり、〈自己決定権に基づく不平等の不当さに対する反発の有無〉については語られていない。3、本文の内容は「国民自身の自発性に訴えかける」政策にも「無自覚のうちに健康格差の是正へと国民を導く」政策にも問題がある、というものである。5、「健康ゴールド免許」も「セルフメディケーション税制」も、その目的は〈国民による自発的な健康管理や疾病予防の取組の推進〉であって、〈施行の有無〉とは別の話である。

よる「健康の平等」の強制〉、後者を〈個人による特定の価値の優先〉の話だと理解し、これらが挿入文の内容に対応すると考える。

問9　まず傍線㋓の「その差異を是正」を手がかりにして前部を見ると、第15段落に「社会経済的背景に関係なく効果を発揮」「健康格差の縮小」とあるので、これらを〈社会経済的背景による個人の差異に関係なく効果を発揮する健康格差の縮小〉と読み換え、〈その差異の是正〉の話とする。次に傍線㋓の「他の重要な価値が損なわれる」を手がかりにして後部を見ると、第17段落に「人々の自律という重要な価値を大きく損なう」「自由に自分の生活を選び取っていく」「自律の侵害」とあるので、これらを〈自由に自分の生活を選び取る自律という価値の侵害〉と読み換え、「他の重要な価値が損なわれる」話とする。こうした内容を反映した選択肢を選ぶ。

問10　「ジレンマ」とは〝相反する二つのことの板挟みになって身動きが取れない状態〟という意味。傍線㋔直前の「健康格差対策」には〈相反する二つのことが含まれる〉と考え、その内容を本文で確認する。まず第13段落を見ると「個々人の自発的な生活改善を求める政策は健康格差の縮減に資するとは限らない……より直接的に人々の生活に介入するアプローチが求められる」とあるので、これが〈相反する二つのことのうちの一つめ〉であると理解する。次に第17段落を見ると「そのような介入は人々の自律という重要な価値を大きく損なう」「私たちは……自由に自分の生活を選び取っていくことにも価値をおいている」「健康格差を効果的に是正するような介入だったとしても、それに伴う自律の侵害の方がいっそう重大なものだとみなされる場合には……その介入の正当性は弱まる」とあるので、これが〈相反する二つのことのうちの二つめ〉であると理解する。最後に両者が「介入」に関して〈相反する二つの考え〉であることを確認し、該当する選択肢を選ぶ。

問11　本文全体の構成を段落ごとに簡単にまとめると、1健康格差是正の手段、2自発的な行動変容を求め、手助けするアプローチ、3そのアプローチへの疑問、4自発的な生活改善を強調するアプローチの倫理的問題点／5は4の日本での具体例・健康ゴールド免許、6その続き、7健康ゴールド免許の問題点、8日本での別の例・セルフメディケーよって3が正解。

問4 空欄X直後の記述に着目。「たとえば、所得が低く……十分な教育を受けられなかった人」が、空欄Xで指摘されている「人」の具体例であると理解し、該当する「人」の話が入っている選択肢を選ぶ。

問5 まず傍線㋐の「健康ゴールド免許」の「方針」を前部で確認すると、第7段落に「健康ゴールド免許の考え方は、個人を自主的な健康管理によって健康を実現することのできる主体であるとみなしている」とあるので、これが「方針」であると理解する。次に傍線㋐およびその直後にある「同様の方針の下にある施策」を後部で確認すると、「特定の医薬品の購入に関して有利な税額控除を受けることができる」とあるので、ここから〈自主的に健康管理を行う者→税制的・経済的優遇〉という関係を読み取る。

問6 「懸念」という語を手がかりにして傍線㋑前部を見ると、第7段落の末尾に「健康ゴールド免許に対する懸念」とあるので、その前部を確認すると「このような施策は健康格差をよりいっそう深め、そして不健康に陥った人物に対する差別を助長する可能性がある」とある。この時点での正解の候補は1と5の二つ。第7段落の内容を冒頭から確認すると「個人を自主的な健康管理によって健康を実現することのできる主体であるとみなしている」「健康の社会的決定要因」とあるので、これらの内容を含んだ5が正解であると理解する。

問7 傍線㋒の「興味深い例」が何を説明するための例なのかを前部で確認する。第13段落に「自発的な生活改善に訴えるのではなく、より直接的に人々の生活に介入するアプローチが求められる」とあるので、これが説明したいことの中身であると理解する。このアプローチの成功例として第14段落の例がある、と理解して選択肢を選ぶ。

問8 挿入文の「そのような社会を望まない」を手がかりにして各候補の前後を確認する。〈Ⅳ〉の前部第18段落を見ると、「そのような社会を望むだろうか」「しかし」とあるので、この後に「望まない」という話が来ると理解する。また「そのような社会」の中身を同じ段落内で確認すると「すべての個人の食生活を政府が統制する……バランスのとれた食事をすべての家庭に毎日配送……あらゆる外食店舗を閉鎖」「人々の自己決定権」とあるので、前者を〈政府に対する差別を助長する、という倫理的問題がある。他方で健康格差の縮小のためにより積極的に人々の生活に介入するアプローチも、人々の自律という価値を大きく損なう、という問題がある。このように、健康増進政策をめぐって一つのジレンマを認めることができる。

解説

問1 ③の選択肢1は「梗概」と書く。意味は〝話のあらまし・あらすじ〟である。

問2 A、直後の「自分で熟慮し決定してゆく」がヒント。すべての選択肢が該当する。B、第5段落第二文にある「以上の問題」が第4段落の「三つの［B］」を指していると理解する。2以外の選択肢が該当する。C、直前の「希少な資源を……用途に用いる」がヒント。これは〈資源の分配・資源の活用〉のいずれにも当てはまる。よって1・2・5の選択肢が該当。D、直後の「道徳的非難」がヒント。1が該当。よって1が正解。

問3 a、直後の「このようなアプローチには疑問の余地が生じてくる」に着目。これは前段落で述べたアプローチの〈否定〉なので、aには〈逆接・対立〉を表す語が入ると理解する。2以外の選択肢が該当。b、直前の「自発的な行動変容を求めるアプローチは、実際に行動変容をなすことができる個人にのみ効果を発揮する」と直後の「好ましい健康状態にある人ばかりが改善」に着目。〈前提→前提から導かれる結果〉を表す語が入ると理解する。1・2・3が該当。4の「ともすれば」、5の「ともすると」は〝場合によっては、ひょっとすれば〟という〈起こる確率の低い極端な場合〉を示す語なので該当しない。c、直前の「不健康である人に対する道徳的非難」と直後の「政策に対して反応しなかった……人に対して……だらしない人間であるというスティグマ」が〈同一〉の内容であると理解する。3・5が該当。d、直前の「自助で対応できない方にはきめ細かく対応する必要がある」と直後の「この対応の具体的内容が見えない限り……懸念は解消されない」が〈逆接・対立〉の関係であると理解する。3・4・5が該当。e、直前の「健康ゴールド免許に対する懸念は解消されない」と直後の「健康ゴールド免許は人々に否定的に受け止められ、実現にはいたらなかった」が〈懸念→実際の結果〉という関係であると理解する。3・4・5が該当。

国語

一

出典　玉手慎太郎『公衆衛生の倫理学——国家は健康にどこまで介入すべきか』〈第2章　健康の社会経済的な格差の倫理〉（筑摩選書）

解答

問1　①—2　②—3　③—1
問2　1
問3　3
問4　2
問5　3
問6　5
問7　1
問8　4
問9　4
問10　1
問11　5
問12　4

要旨

自発的な生活改善を求める健康増進政策には、健康の社会経済的決定要因を軽視し、健康格差を深め、不健康な人物に

//////////////////// · memo · ////////////////////

//////////////////// · memo · ////////////////////

/////////////////// · memo · ///////////////////

//////////////////// · memo · ////////////////////

2023年度

問題と解答

■共通テスト併用方式（３教科型・５教科型・数学重視型・情報理工学部型）：２月８日実施分

問題編

▶試験科目・配点

○共通テスト併用方式(３教科型・５教科型)：

法・産業社会・国際関係(国際関係学専攻)・文・映像・経営・政策科・総合心理・経済・スポーツ健康科・食マネジメント学部，APU　(※５教科型は経済学部のみ)

学　部	教　科	科　　　目	配　点
法・産業社会・映像・経営・政策科・総合心理・経済・スポーツ健康科・食マネジメント・APU	外国語	コミュニケーション英語Ⅰ・Ⅱ・Ⅲ，英語表現Ⅰ・Ⅱ	100 点
	国　語	国語総合(近代以降の文章)，現代文B	100 点
国際関係(国際関係学専攻)	外国語	コミュニケーション英語Ⅰ・Ⅱ・Ⅲ，英語表現Ⅰ・Ⅱ	150 点
	国　語	国語総合(近代以降の文章)，現代文B	100 点
文	外国語	コミュニケーション英語Ⅰ・Ⅱ・Ⅲ，英語表現Ⅰ・Ⅱ	100 点
	国　語	国語総合(近代以降の文章)，現代文B	70 点

○共通テスト併用方式(数学重視型)：理工・生命科学部

教　科	科　　　目	配　点
外国語	コミュニケーション英語Ⅰ・Ⅱ・Ⅲ，英語表現Ⅰ・Ⅱ	100 点
数　学	数学Ⅰ・Ⅱ・Ⅲ・A・B	100 点

○共通テスト併用方式(情報理工学部型)：情報理工学部

教　科	科　　　　目	配　点
外国語	コミュニケーション英語Ⅰ・Ⅱ・Ⅲ，英語表現Ⅰ・Ⅱ	100点
数　学	数学Ⅰ・Ⅱ・Ⅲ・A・B	200点

▶備　考

- 「数学B」は「数列，ベクトル」から出題。
- 共通テスト併用方式は，このほかに各学部が指定する大学入学共通テスト科目が課される。

英語

(80分)

I　次の文を読んで，問いに答えなさい。

Of all the planets in our solar system, Saturn might be the prettiest. As a space enthusiast, I love those rings! String after string of icy material with the smallest amount of rock is arranged in a delicate halo[1]. Up close, the rings shine in soft pinks, grays, and browns, glowing in the darkness. It's hard to imagine Saturn without them. But Saturn's rings aren't a permanent feature. In fact, the rings are losing material every year. Incoming micrometeorites[2] and the sun's radiation disturb the small, dusty pieces of ring matter, charging them with electricity. The particles[3], suddenly transformed, react to Saturn's magnetic field lines[4] and start spiraling along those invisible paths. When the particles get too close to the top of Saturn's atmosphere, gravity pulls them in, and they dissolve in the planet's clouds.

Astronomers call this "ring rain," and over time, this and other phenomena will destroy the feature that makes Saturn unique, until nothing is left. "Now we are looking at Saturn's rings at their peak," James O'Donoghue, a planetary scientist at JAXA, Japan's space agency, told me. It is a magnificent sight that from our perspective seems permanent but, considering the age of the universe, is temporary. It might help to know that the process is going to take a while. O'Donoghue and other scientists estimate that the rings will disappear in about 300 million years. Although astronomers understand that the rings are on the way out, they still don't know everything about them — including how Saturn

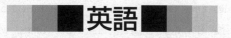

got them in the first place.

Saturn's rings have dazzled observers for centuries, but we got truly close to them for the first time in the early 1980s, when the United States' NASA Voyager spacecraft flew by at top speed during a grand tour of the outer planets. At that time, scientists suspected that the rings formed billions of years ago when the solar system was young and boisterous[5]. Back then, with rocky objects flying around everywhere, a new planet could easily have captured some, pulled them around its middle, and let gravity completely break them apart. But Voyager's close passage suggested a different story. The observations captured the rings in great detail for the first time, revealing that the system didn't have as much mass as researchers had predicted, which meant that they couldn't be billions of years old. The rings had to be much younger, perhaps only 10 million to 100 million years old. "Those results were totally puzzling and strange," said Jeff Cuzzi, a research scientist at NASA and an expert on planetary rings.

Saturn's ring system had seemed as ancient as the solar system itself; after Voyager, it seemed that the rings didn't exist even when dinosaurs began roaming the Earth. The solar system had quieted down by then, so where would Saturn have gotten the raw material? Paul Estrada, a NASA research scientist who has studied Saturn's rings for years, said, "The probability of an event forming the rings now is very unlikely." From an astronomer's point of view "now" means within the past 100 million years or so. And still more recent observations support this hypothesis[6]. In 2017, a NASA spacecraft called Cassini glided past Saturn's rings, sending home as much information as possible before it was destroyed in the planet's atmosphere. Its final measurements confirmed what the Voyager missions had observed — that the rings weren't massive enough to be ancient.

From far away, Saturn's rings look so solid, like a bench you could sit on. However, they are anything but solid. "Those particles are slowly pushing and bumping into each other," Linda Spilker, a planetary scientist at NASA who worked on the Cassini mission, told me. When Cassini dived between Saturn and the rings, "we could actually measure the amount of ring material flowing into the planet's atmosphere," she said. The Voyager mission, which Spilker also worked on, had spotted some evidence of the same phenomenon. With Cassini, astronomers could really investigate this and make their best estimates yet for how long the rings would stick around.

A few hundred million years is a very long time. And yet, on a personal level, I feel a particular twinge[7] of sadness about the idea of Saturn losing its rings. So do some astronomers I've spoken with, as well as others who aren't astronomers at all, but who grew up with a very clear picture of Saturn as a ringed planet. I felt similar waves of intense emotions when I learned that the moon is slowly drifting away from Earth; that a tiny Mars helicopter tried to take flight in the red planet's atmosphere; that an interstellar[8] comet traveled for millions of years without experiencing the warmth of a star. I've come to think of these reactions as "space feels." None of these events has any real influence on our daily lives, and yet they tug at the heartstrings[9] in a cosmic way. "It's very, very sad that the rings will disappear in the future," O'Donoghue said. "But I'm very happy that we're lucky enough to see them now."

(Adapted from a work by Marina Koren)

(注)

1. halo　光の輪
2. micrometeorite　微小隕石
3. particle　粒子
4. magnetic field line　磁力線
5. boisterous　荒々しい

6. hypothesis　仮説

7. twinge　胸がキュンとすること

8. interstellar　星の間に存在する

9. tug at the heartstrings　心を揺り動かす

〔1〕本文の意味，内容にかかわる問い(A)～(D)それぞれの答えとして，本文にしたがってもっとも適当なものを(1)～(4)から一つ選び，その番号を解答欄にマークしなさい。

(A) What do astronomers mean by “ring rain”?

(1) The debris that flows towards a planet

(2) The clouds that gather close to a planet

(3) The material that forms a circle around a planet

(4) The dust rings that the sun heats up from a distance

(B) What are astronomers not entirely certain about regarding planetary rings?

(1) How Saturn’s rings emerged

(2) What age Saturn and its rings can attain

(3) Why gravity is breaking Saturn’s rings apart

(4) Whether Saturn’s rings are similar to other planets’ rings

(C) What 1980s scientific discovery was confirmed by a follow-up spacecraft mission?

(1) That the rings were billions of years old

(2) That the original theories were mistaken

(3) That the solar system was young and full of energy

(4) That Saturn and its rings were formed simultaneously

(D) What is characteristic of the events that cause the author’s “space feels"?

(1) They are affecting her work.

(2) They are limited to astronomers.

(3) They are not important to everyday life.

(4) They are painful reminders of personal experiences.

〔2〕次の(1)～(5)の文の中で，本文の内容と一致するものには1の番号を，一致しないものには2の番号を，また本文の内容からだけではどちらとも判断しかねるものには3の番号を解答欄にマークしなさい。

(1) Micrometeorites are composed of the same material as Saturn's rings.

(2) The Voyager mission was able to estimate the approximate age of the rings.

(3) For planetary scientists, "ancient" means existing for 10 million to 100 million years.

(4) The ring material's substantial volume creates a stable surface for researchers to gather evidence.

(5) The Cassini spacecraft was able to calculate the mass of the rings by collecting samples.

〔3〕本文の内容をもっともよく表しているものを(1)～(5)から一つ選び，その番号を解答欄にマークしなさい。

(1) How studying space brings out emotions

(2) The reasons why some planets form rings

(3) The latest discovery of a mission to space

(4) The history of space travel to the outer planets

(5) The inevitable fate of a planet's beloved feature

Ⅱ　次の文を読んで，問いに答えなさい。

Suffragist[1] Susan B. Anthony, who was a leader in gaining the right for all women in the United States to vote, remembered the Collar Laundry[2] Union of Troy, New York, as “the best organized” union of women workers that she ever knew. The union was started by teenage Irish immigrants in the growing manufacturing city of Troy during the United States Civil War[3]. Irish-born Kate Mullany led the union in negotiations with wealthy businessmen and in strikes against the exploitation[4] of women workers. Many historians consider Mullany to be the founder of the first permanent women's labor union in the United States.

The women's rights advocate[5] and the union leader met to discuss the position of women in the workplace and the necessity of solidarity[6]. While Anthony saw the poor treatment of factory women as (A) gender discrimination, Mullany said that the tendency of employers to take advantage of all wage workers, male and female, could not be ignored by the suffragist. Anthony, born into the middle class, did not seem to understand Mullany's argument that while women workers faced special disadvantages in the workplace, they also had much in common with the male members of the labor movement. Mullany agreed that unity among women was desirable but argued that unity of the working class (B) for women workers to make gains.

The first group of workers in Troy to unionize[7] were the iron moulders[8]. These men made the iron stoves and other moulded iron products that were part of the new mass production economy. Moulders worked long hours under dangerous conditions. But they were relatively (C) , unlike other Irish men in cities like New York, where immigrants could spend their lives at the lowest economic level as temporary laborers, struggling to earn a living. When the iron moulders of Troy organized their union, they involved diverse members of the city's Irish community in their struggles to improve their working conditions. With three out of five of the city's residents being either immigrants or the children of immigrants, the mobilization[9] of such a mass of support held political and economic promise. (あ)That solidarity was shown at the start of the Civil War when whole groups of members of the Iron Moulders' Union of Troy enlisted[10] together in the army.

The social status of the iron factory owners was [(D)] their workers. Although most of the workers were Irish Catholic immigrants, eight out of ten owners were not only born in the United States, but their fathers were as well. The owners did not live in the same communities as their workers or belong to the same churches or social organizations as their employees did. The wealthy bosses lived lives apart from the workers, often not even being a familiar sight on the factory floor. In the 1850s, the bosses controlled not only business but the local government as well. It was no wonder that Irish immigrants resented the total concentration of power in the hands of (い)this elite.

Troy was [(E)] a mid-19th century industrial city. At the time, factory work was gender-determined. Jobs were typically considered either "men's work" or "women's work." Iron moulding was a man's job, and laundry and cloth manufacturing work was reserved for women. In most small cities, only one type of work was readily available. For example, in the factory towns of northern Massachusetts, workers were primarily women. This meant that men could not find jobs in (う)these towns, and that women workers tended to live alone in dormitories. However, Troy was different. It had decent paying jobs for male iron moulders, two thirds of whom were Irish, but it also had [(F)] work for women in the "removable shirt-collar" industry.

In the 19th century nearly all washing of clothes for a family was done by hand by the women of the household. A woman in Troy came up with the idea of [(G)] by inventing a collar that could be removed from a shirt to be washed separately. A shirt could now be worn for several days, with a clean fresh collar attached to it every day. Women were employed in all aspects of this work in Troy. One of the largest groups of women workers were the Collar Laundry workers, who took the newly made collars, washed them to remove dirt and chemicals, and ironed them to prepare them to be sold. (え)These jobs were tough but in high demand. Women worked hard over huge containers of boiling water, but the jobs [(H)] in the country for Irish women workers.

Because the unionized iron moulders and the shirt collar workers lived in the same communities and shared the same cultural institutions, and often the same homes, the Irish women workers had (お)the same attitudes towards unionizing as the men. The women discussed together how they could work for the same recognition of their rights as workers that the men in their community had achieved, which meant their movement grew strong. The Collar Laundry Union fought to improve wages and working conditions for women under the brave leadership of young women like Kate Mullany.

(Adapted from a work by Patrick Young)

(注)

1．suffragist　　婦人参政権論者
2．laundry　　洗濯
3．United States Civil War　　アメリカ南北戦争
4．exploitation　　搾取
5．advocate　　提唱者
6．solidarity　　団結
7．unionize　　労働組合を結成する

出典追記：Women of Troy (N.Y.): The Teenaged Irish Immigrants Who Started the First Permanent Women's Union in the Middle of the Civil War, Long Island Wins on August 9, 2018 by Patrick Young

8. iron moulder　　鋳型工《いがたこう》

9. mobilization　　動員

10. enlist　　軍に入隊する

〔1〕本文の (A) ～ (H) それぞれに入れるのにもっとも適当なものを(1)～(4)から一つ選び，その番号を解答欄にマークしなさい。

(A) (1) going beyond　(2) the cause of
(3) the result of　(4) unrelated to

(B) (1) made it difficult　(2) made it less significant
(3) was essential　(4) was optional

(C) (1) overworked　(2) safe
(3) unskilled　(4) well-paid

(D) (1) different from　(2) raised by
(3) similar to　(4) threatened by

(E) (1) quiet for　(2) typical for
(3) unique as　(4) unknown as

(F) (1) metal　(2) no
(3) plenty of　(4) political

(G) (1) helping men get jobs　(2) increasing sales
(3) lessening the burden　(4) washing more clothing

(H) (1) paid among the highest wages
(2) paid less than the average wages

(3) were designed to be the easiest

(4) were thought to be the worst

〔2〕下線部㋐～㋔それぞれの意味または内容として，もっとも適当なものを(1)～(4)から一つ選び，その番号を解答欄にマークしなさい。

㋐ That solidarity

(1) The solidarity among the Irish community

(2) The solidarity among the soldiers in the war

(3) The solidarity among the workers in many small cities

(4) The solidarity among immigrants of various nationalities

㋑ this elite

(1) factory owners

(2) government officials

(3) members of social organizations

(4) fathers born in the United States

㋒ these towns

(1) towns near Troy

(2) towns without factories

(3) towns that employed mainly women

(4) towns that had an abundance of dormitories for men

㋓ These jobs

(1) Jobs that were previously done by men

(2) Jobs that required washing clothes for the family

(3) Jobs that involved attaching the collars to the shirts

(4) Jobs that were concerned with getting the collars ready for sale

㋔ the same attitudes towards unionizing as the men

(1) the belief that unions might gain women the right to vote

(2) the expectation that unions would improve their working conditions

(3) the idea that unions would allow women and men to have the same jobs

(4) the perspective that unions were similar to other social organizations

Ⅲ

〔1〕次の会話の㋐～㋓それぞれの空所に入れるのにもっとも適当な表現を(1)～(10)から一つ選び，その番号を解答欄にマークしなさい。

At the bus station

A：Excuse me, driver, is this the right platform for Ipswich?

B：(㋐)

A：Oh, they don't all leave from the same platform?

B：Only on Sundays.

A：But I have to get there by 3 p.m. today. (㋑)

B：Why don't you go to the ticket window? They can assist you.

A：I should've done that, but I was worried I was going to miss the bus if I stood in line there.

B：(㋒)

A：Oh, can't I just use my phone to pay as I enter the bus?

B：(㋓) What you can do is buy a ticket online ahead of time and then show the barcode to the driver.

A：Alright, I'll do that then. Thanks for the tip.

B：Don't mention it. Have a safe trip.

(1) You certainly can.

(2) I'm afraid that's not possible.

(3) They just cancelled the route.

(4) I will be back on Sunday then.

(5) It is. You just missed one though.

(6) You can charge your phone over there.

(7) They failed to mention that at the ticket window.

(8) And I don't even know what bus routes you have.

(9) It depends whether you want the local or the express.

(10) Well, without a ticket, you won't be allowed to board anyway.

〔2〕次の会話の㋕～㋘それぞれの空所に入れるのにもっとも適当な表現を(1)～(10)から一つ選び，その番号を解答欄にマークしなさい。

At the hair salon

A：Good morning! What can I do for you today?

B：I'd like to get a haircut, please. Something cool.

A：(㋕)

B：My band is performing at a music festival next week. I heard there may be some people from music companies and talent agencies. So, I want to look my best!

A：That's exciting! Were you thinking about coloring your hair too?

B：I'd love to! (㋖)

A：Actually, you don't have to worry about that! We've changed to all organic products.

B：Really? The shampoo, conditioner, and hair dye, too?

A：Yes, that's right! They won't damage your hair.

B：That's great. You know, maybe I will change my hair color. (㋗)

A：Well, like I said, the products are environmentally friendly. But organic hair dye costs twice as much as standard hair dye.

B：Oh, I see. (㋘) But, if I make a lot of money at the music festival, I'll definitely ask you then!

A：Alright, sounds good! Go ahead and have a seat over there, and we'll get started with your haircut.

(1) It sounds like a bargain.
(2) But I don't have enough time.
(3) In that case, I think I'll skip it.
(4) Could you tell me how much it costs?
(5) Do you have a special event coming up?
(6) Could I see your members' card, please?
(7) It sounds like the color selection is limited.
(8) Is there a certain hair color that you'd suggest?
(9) I've heard that it isn't good for your hair, though.
(10) Do any of the organic products smell like flowers?

Ⅳ　次の(A)～(H)それぞれの文を完成させるのに，下線部の語法としてもっとも適当なものを(1)～(4)から一つ選び，その番号を解答欄にマークしなさい。

(A) That makes me ______ than ever!

(1) happier　　(2) happy

(3) the happiest　　(4) the most happy

(B) We are ______ to announce the launch of our new product.

(1) delighted　　(2) delightful

(3) delighting　　(4) delights

(C) By this time next month, I ______ this task.

(1) finish　　(2) have finished

(3) will have finished　　(4) would finish

(D) I was spoken ______ a foreigner in fluent Japanese when I was in Kyoto.

(1) by　　(2) to

(3) to by　　(4) with

(E) ______ scarcely a country in Asia that doesn't have mountains.

(1) Being　　(2) Having

(3) There are　　(4) There is

(F) I'm tired ______ this job.

(1) for doing　　(2) of doing

(3) to do　　(4) to doing

(G) Were I to come late, what ______?

(1) did happen　　(2) happen

(3) is happening　　(4) would happen

(H) The house key or the car key ______ missing from his key ring.

(1) are　　(2) has

(3) have　　(4) is

V

〔1〕次の(A)～(E)それぞれの文を完成させるのに，下線部に入れる語としてもっとも適当なものを(1)～(4)から一つ選び，その番号を解答欄にマークしなさい。

(A) The increased ______ of red meat has led to environmental problems.

(1) consumption　　(2) frustration

(3) interpretation　　(4) oppression

(B) The doctor treated the painful ______ on my arm.

(1) cucumber　　(2) forehead

(3) infection　　(4) librarian

(C) Shall I pour some ______ on your potatoes?

(1) flu　　(2) gravy

(3) gymnastics　　(4) rage

(D) This ______ from the post office explains how to mail a package.

(1) gravestone　　(2) leaflet

(3) outlet　　(4) retina

(E) The executive was arrested for committing ______.

(1) fiber　　(2) flax

(3) fraud　　(4) furor

〔2〕次の(A)～(E)の文において，下線部の語にもっとも近い意味になる語を(1)～(4)から一つ選び，その番号を解答欄にマークしなさい。

(A) The waves at night were calm.

(1) gentle　　(2) loud

(3) romantic　　(4) unforgettable

(B) Your determination to finish the project is remarkable.

(1) impressive　　(2) improper

(3) respectable　　(4) unnecessary

(C) Because of climate change, the weather is so unpredictable.

(1) glorious　　(2) inconvenient

(3) irregular　　(4) unfortunate

(D) The system was not only complicated but also ineffective.

(1) inadequate　　(2) outrageous

(3) revolutionary　　(4) unimaginable

(E) This is connected to the core of the problem.

(1) classification　　(2) formation

(3) resolution　　(4) root

数学

(100分)

次のⅠ，Ⅱ，Ⅲ，Ⅳの設問について問題文の [　　] にあてはまる適当なものを，解答用紙の所定の欄に記入しなさい。なお，分数を記入する際は，既約分数を記入しなさい。

Ⅰ　ハート，ダイヤ，スペード，クラブの4種類からなるトランプの1から5までのカード20枚のみを袋に入れる。この袋から1枚のカードを無作為に取り出して，カードの数字を確認して袋に戻すという試行を繰り返し，n 回目までに出た数字の合計 $X(n)$ について考える。ただし，どのカードの取り出し方も，同様に確からしいものとする。

〔1〕 $X(n)$ が2の倍数となる確率を P_n とする。このとき，P_1 は [ア]，P_2 は [イ] である。P_{n+1} は P_n を用いて，P_{n+1} = [ウ] と表される。このことから，P_n は n を用いて，P_n = [エ] と表される。

〔2〕 $X(n)$ が3の倍数となる確率を Q_n とする。このとき，Q_1 は [オ]，Q_2 は [カ] である。Q_{n+1} は Q_n を用いて，Q_{n+1} = [キ] と表される。このことから，Q_n は n を用いて，Q_n = [ク] と表される。

〔3〕 $X(n)$ が6の倍数となる確率を R_n とする。このとき，R_1 は0，R_2 は [ケ] である。R_{n+1} は R_n を用いて，R_{n+1} = [コ] と表される。このことから，R_n は n を用いて，R_n = [サ] と表される。

〔4〕 この試行を続けると，$X(n)$ が2，3，6のいずれかの倍数である確率は [シ] に限りなく近づく。なお，[シ] は数値で答えよ。

Ⅱ　$0 \leqq x \leqq \pi$ において，関数 $f(x) = \sin 2x \cos x$ と関数 $g(x) = \sin x$ を考える。

〔1〕　2つの曲線 $y = f(x)$ と $y = g(x)$ の共有点は4つある。共有点の x 座標を小さい順に並べると $\boxed{\text{ア}}$，$\boxed{\text{イ}}$，$\boxed{\text{ウ}}$，$\boxed{\text{エ}}$ となる。

〔2〕 $f(x)$ が極値をとる x の値は3つ存在し，それらを小さい順に α_1，α_2，α_3 としたとき，$\cos\alpha_1 = \boxed{\text{オ}}$，$\cos\alpha_2 = \boxed{\text{カ}}$，$\cos\alpha_3 = \boxed{\text{キ}}$ である。

〔3〕　2つの曲線 $y = f(x)$ と $y = g(x)$ で囲まれた面積について，

$\boxed{\text{ア}} \leqq x \leqq \boxed{\text{イ}}$ における面積は $\boxed{\text{ク}}$，

$\boxed{\text{イ}} \leqq x \leqq \boxed{\text{ウ}}$ における面積は $\boxed{\text{ケ}}$，

$\boxed{\text{ウ}} \leqq x \leqq \boxed{\text{エ}}$ における面積は $\boxed{\text{コ}}$

である。

Ⅲ　座標平面上の曲線 $C : y^2 - 2xy + x^3 = 0$ $(x \geqq 0,\ y \geqq 0)$ について考える。

〔1〕 x のとりうる値の範囲は $\boxed{\text{ア}} \leqq x \leqq \boxed{\text{イ}}$ である。

このとき，曲線 C は，$y \geqq x$ を満たす部分の $y = f(x)$ と，$y \leqq x$ を満たす部分の $y = g(x)$ との2つの曲線で表され，

関数 $f(x) = \boxed{\text{ウ}}$，関数 $g(x) = \boxed{\text{エ}}$ である。

〔2〕 $f(x)$ の $\boxed{\text{ア}} < x < \boxed{\text{イ}}$ における導関数は

$$f'(x) = \frac{\boxed{\text{オ}}}{2\sqrt{\boxed{\text{カ}}}}$$

である。

よって，$f(x)$ の最大値は $\boxed{\text{キ}}$ であり，そのときの x の値は $\boxed{\text{ク}}$ である。また，$g(x)$ のとりうる値の範囲は $\boxed{\text{ケ}} \leqq g(x) \leqq \boxed{\text{コ}}$ である。

〔3〕 曲線 C で囲まれた図形の面積は [サ] である。

また，この図形を，x 軸の周りに1回転してできる立体の体積は [シ] である。

Ⅳ　虚数単位を i とする。

〔1〕 以下 [ア] から [ウ] には実数が入るものとする。

3以上の整数 n に対して，1の n 乗根の1つである複素数 $\cos\dfrac{2\pi}{n}+i\sin\dfrac{2\pi}{n}$ を ω とおく。このとき $\omega^n=$ [ア] であり

$$\sum_{k=0}^{n-1}\omega^k = \boxed{\text{イ}}$$

である。

ここで $n=5$ とする。このとき

$$\left|\omega-\omega^2-\omega^3+\omega^4\right| = \boxed{\text{ウ}}$$

となる。

〔2〕 α を，$|\alpha|>1$ を満たす複素数とし，複素数平面上において α を表す点をAとする。また点Aを中心とする半径1の円を C とし，原点Oと点Aを結ぶ線分と，円 C との交点を表す複素数を β_0 とする。このとき β_0 は α を用いて $\beta_0=$ [エ] と表される。ここで β_0 を表す点を B_0 とする。また n を3以上の整数とし，円 C 上に点 B_0 から反時計回りに点 B_1，B_2，…，B_{n-1} を

$$\angle B_m A B_{m+1} = \frac{2\pi}{n} \qquad (m=0,\ 1,\ \cdots,\ n-2)$$

を満たすようにとる。ここで，点 B_1 を表す複素数を β_1，点 B_2 を表す複素数を β_2，…，点 B_{n-1} を表す複素数を β_{n-1} とする。

次に，複素数 z を表す点を $-\alpha$ だけ平行移動し，さらに原点Oを中心として角 $-\arg(\beta_0-\alpha)$ だけ回転した点を表す複素数を z' とすると，z' は α と z を用いて $z'=$ [オ] と表される。点 B_m $(0\leqq m\leqq n-1)$ に対して，このような移動を行った点を表わす複素数を β'_m とする。このとき $0\leqq m\leqq n-2$

を満たす整数 m に対して $\arg\left(\dfrac{\beta'_{m+1}}{\beta'_m}\right)$ は n を用いて [カ] と表され，

$\left|\dfrac{\beta'_{m+1}}{\beta'_m}\right|$ は [キ] となる。ただし，$0 \leqq$ [カ] $< 2\pi$ とする。

このことから $0 \leqq k \leqq n-1$ である整数 k に対し，〔1〕で定義した ω を用いて $\beta'_k =$ [ク] と表されることがわかる。よって β_k は α と ω を用いて $\beta_k =$ [ケ] と表される。これを用いると，$\dfrac{1}{n}\displaystyle\sum_{k=0}^{n-1}|\beta_k|^2$ は n の値によらず [コ] となる。ただし，[コ] は α を用いて答えよ。

問11 傍線㋗「政治的に高い階級に属する貴族的な人々の自己評価」とあるが、なぜ「貴族的な人々」は「自己評価」をするのか。次の中から最も適当なものを選び、その番号を解答番号 27 にマークせよ。

1 何を「よい」ものとするかを決めることが高位の者たる政治権力の行使だから
2 下位の者が高位の者の善行を評価すると、下位の者に価値の命名権を奪われるから
3 高位の者にとって、利益の多寡に関わる下位の者からの善行は拒絶すべきものだから
4 ある行為を「よい」と判定する権力の行使は、複雑なイデオロギー闘争の分析につながるから
5 高位の者が尊ぶのは下位の者との距離であり、自己評価は下位の者と関わらない日常のために必要だから

問12 本文の内容に合致するものはどれか。次の中から最も適当なものを選び、その番号を解答番号 28 にマークせよ。

1 高貴な者は「よい」ことの価値を判定することで権力闘争に勝利した。
2 「イギリスの心理学者」は「よい」の起源が他人からの賞賛にあると考えた。
3 筆者は「イギリスの心理学者」が見落としていた「よい」の語源を解明した。
4 「イギリスの心理学者」は仮言命法の体系を道徳として成立させるしくみを説明した。
5 「イギリスの心理学者」は道徳の起源に利他的行為者による価値の客観化があると考えた。

るか。次の中から最も適当なものを選び、その番号を解答番号 24 にマークせよ。

1　歴史的な遡行ができていない
2　心理学的に認識できていない
3　政治的な価値評価が不十分である
4　自己欺瞞的な葛藤を過度に強調している
5　イデオロギー闘争の分析が不十分である

問9　（ a ）～（ e ）に入れる語句の組み合わせとして、最も適当なものはどれか。次の中から選び、その番号を解答番号 25 にマークせよ。

1　a　しかも　b　しかし　c　むしろ　d　他方で　e　それゆえ
2　a　そのうえ　b　とはいえ　c　かえって　d　その一方で　e　ただし
3　a　それのみか　b　けれども　c　逆に　d　したがって　e　そのため
4　a　さらには　b　だが　c　また　d　それでも　e　さらに
5　a　くわえて　b　あるいは　c　その分　d　とはいえ　e　その結果

問10　〈 Ⅰ 〉～〈 Ⅴ 〉のいずれかに次の一文が入る。それはどこか。後の中から最も適当なものを選び、その番号を解答番号 26 にマークせよ。

起源における貴族的な「よい」の命名は、このような政治的な価値評価の、もっとも粗野で単純な事例だといえる。

1　〈 Ⅰ 〉　2　〈 Ⅱ 〉　3　〈 Ⅲ 〉　4　〈 Ⅳ 〉　5　〈 Ⅴ 〉

2　賞賛される当人が誠実に善行をするとき
3　賞賛される当人の利益を損なわないとき
4　賞賛する当人に身銭を切る必要がないとき
5　賞賛される当人が他人からの見返りを見込めるとき

問7　傍線㋕「道徳的な人は、いわば身銭を切って、よいと思われる行ない（善行）をする」とあるが、現代において「道徳的な人」はなぜ「よいと思われる行ない（善行）」をするのか。筆者の考えとして最も適当なものを次の中から選び、その番号を解答番号 23 にマークせよ。

1　市民社会のなかで自分の価値が認められ、他人から助けてもらうためには、他人に親切にする必要があり、お互いが親切にふるまえばより多くの人が幸せになれると思えるから
2　誠実な商取引がときに裏切られるように、善行はときにその行為者の利益を損なうだけのこともあるが、それでも善行をしなければ結局は他人の善行を期待できないと思っているから
3　利他的な善行は道徳的な人にとって他人からの賞賛を得られる行為であり、その賞賛が追従だとしても、追従であることはやがて忘れ去られ、善行そのものが賞賛されると思えるから
4　善行そのものに価値はなくても、自分の善行はやがて他人の善行で返されて自分の得になると期待しており、しかもその考えを意識しないようにすることで、自分の行為を誇らしく思えるから
5　善行はときに他人からの見返りが期待できない場合もあるが、善行をする道徳的な人にとって大事なことは見返りの有無ではなく、自分が道徳的でない人と違って善行ができる人間であることだと思っているから

問8　傍線㋖「利他的行為による利益の享受に着目する心理学の仮説」とあるが、この「心理学の仮説」を筆者はどう考えてい

2　「よい」の起源が第三者の利他的行為から利益を得るための悪意にあったということが忘れられ、受益者は悪意なく利他的行為をホめ称えることで、利他的行為者からより多くの利益を得ることになったということ

3　利他的行為の受益者が行為者から利益を受け続けることを習慣化したため、利他的行為を「よい」と判定すること自体も間違えて習慣化し、人々は受益者の利益と関わりなく利他的行為を「よい」と感じるようになったということ

4　もとは受益者が利他的行為から利益を得るために行為者を「いい人」と判定し続けていたにもかかわらず、行為者自身が自分の利他性をよいと感じるようになってしまい、それが習慣化し、「よい」の起源が忘れられてしまったこと

5　利他的行為の受益者が繰り返し利益を得る目的で利他的行為をホめそやし、やがてその中に込められた悪意が忘れられ利他的行為を「よい」と判定することが定着し、利他的行為者も間違えて「よい」と感じるようになったということ

問5　傍線㋓「心理学的な自家撞着」とはどういう状態か。次の中から最も適当なものを選び、その番号を解答番号 21 にマークせよ。

1　ある行為にともなう自己への害悪を忘れようと努め、その行為を続けようと苦悩する相克の状態

2　あることを意識しないために、そのあることを意識しておかなければならないという葛藤の状態

3　ある行為に対して他人から受けた賞賛を内面化し、自己を徹底して賞賛し続ける自画自賛の状態

4　あることの価値を保つために、そのあることの価値を自分で認識し続けようとする自作自演の状態

5　あることを社会で体系化するために、社会の構成員で助け合ってそれを実践しようとする互恵の状態

問6　傍線㋔「そのように現前しつづける起源を、どうして『忘却』することができようか」とあるが、どのようなときに「忘却」することができるのか。次の中から最も適当なものを選び、その番号を解答番号 22 にマークせよ。

1　賞賛する当人の気持ちに悪意がないとき

づいておらず、日常的にその誰かを善人という箍にはめてしまうということ

3　「いい人」と判定される人は、その人物を判定する人にとっての「いい人」であり、その「いい人」が他人のためにするよい行ないは、限られた資源のもとでは判定される人自身の不利益にもなるということ

4　「いい人」とホめそやされる人は、日常的に善人という箍にはめられており、本人が拒否しているにもかかわらず、限られた資源のもとで当人の不利益を犠牲にする利他的なよい行ないを強いられているということ

5　利他的なよい行ないをする人は、限られた資源のもとで自分自身の利益を損なっているにもかかわらず、第三者から「いい人」とホめそやされることにより、次第に善人という客観的評価を追求するようになるということ

問3　傍線㋑「『イギリスの心理学者』」とあるが、筆者は「『イギリスの心理学者』」をどのようにとらえているか。次の中から最も適当なものを選び、その番号を解答番号 19 にマークせよ。

1　他人の利他的行為に人間の打算的な欲望を読みとろうとする点に悪意がある。

2　道徳的感情の成立に人間理性の金看板を読みとろうとする点で利己的である。

3　「よい」行ないの起源に正義や道徳を読みとろうとする点に打算的な欲望がある。

4　道徳的な価値の根底に「利益」、「忘却」、「習慣」を読みとろうとする点で特異である。

5　誇らしげに示される人間理性から打算的な欲望を読みとろうとする点に意地悪さがある。

問4　傍線㋒「後者の意味から前者の意味へと『よい』が転化した」とあるが、それはどういうことか。次の中から最も適当なものを選び、その番号を解答番号 20 にマークせよ。

1　利他的行為を「よい」と判定する者は、もともとその行為から利益を得る者であったので、自身の悪意を忘れ、自身の利他的行為をも「よい」とする当事者になったということ

力の一部である。この洞察は、のちに奴隷道徳の善と悪をめぐって、はるかに複雑なイデオロギー闘争を分析するのにも活かされることになるだろう。〈 V 〉

（城戸淳『極限の思想 ニーチェ 道徳批判の哲学』。なお、文意を損なわない範囲で省略をおこなっている。）

注 ヒューム＝スコットランドの哲学者。
阿諛追従＝おせじを言ったりへつらったりして機嫌をとること。
仮言命法＝「もしある目的を欲するならば、それにふさわしい行為をなせ」という命令の形で示される道徳法則。
系譜学＝歴史的な観点から対象とするものの系統を研究する学問。

問1 傍線①～③のカタカナの部分と同じ漢字を用いるものはどれか。次の中からそれぞれ選び、その番号を解答番号 15 ～ 17 にマークせよ。

15 ① ホめ　　1 ホウ製　2 ホウ賞　3 ホウ和　4 ホウ富　5 気ホウ

16 ② フトコロ　　1 カイ恨　2 カイ滅　3 カイ柔　4 カイ無　5 誘カイ

17 ③ ヘン在　　1 ヘン路　2 ヘン遷　3 底ヘン　4 ヘン雲　5 ヘン隊

問2 傍線㋐「当のよい人にとっては前者の意味での『悪さ』が（部分的には）含まれる」とあるが、それはどういうことか。次の中から最も適当なものを選び、その番号を解答番号 18 にマークせよ。

1 自分自身のよさを当事者として判定する場合、限られた資源のもとでは当人の不利益に対する犠牲の有無がその指標にならざるを得ないということ

2 誰かのよい行ないによって利益を得る者は、限られた資源のもとでその誰かが自身の不利益を犠牲にしていることに気

けで、その歴史の古層に立ち入ることのない、非歴史的な思考方法の産物なのである。〈 Ⅱ 〉

　これに対してニーチェの系譜学は、近代的な道徳意識の表層から、「人間の道徳的過去の、長く、解読しがたい象形文字の全体」へと遡るものである。そのような歴史的な遡行のためにニーチェが手がかりにするのは、さまざまな国語における「よい」の語源である。古典文献学者らしい博識を披露しつつニーチェは、さまざまな国語の「よい」の語源にはつぎのような「共通の概念変化」が見られると結論づける。すなわち、「身分を表わす意味での「高貴な」、「貴族的」が根本概念であり、そこからかならず、「精神的に高貴な」、〔……〕「気位が高い」〔……〕という意味での「よい」が発達してきた」。〈 Ⅲ 〉

　この語源的な考察が正しければ、受益者からの賞賛に「よい」の起源を求める「イギリスの心理学者」の仮説は成り立たないだろう。「よい」という言葉の起源は、膝を屈して感謝を捧《ささ》げる受益者からの賞賛にではなく、㋗政治的に高い階級に属する貴族的な人々の自己評価に求められるからである。高位の貴族にとって、善意からの施しは感謝すべきものではなく、体面を汚す侮辱として断固拒絶すべきものである。かれらが尊ぶのは利益の多寡ではなく、みずからの位階の高さであり、下位の者からの距離なのである。系譜学的に最初の価値評価は、そのような貴族たちが精神的にも高位にあることを自任して、みずからを「よき人々」と呼んで讃《たた》えたところに由来する。〈 Ⅳ 〉

> 　高貴な人々、権勢ある、高位の、気高い人々が、おのれ自身とおのれの行為を、よいと、すなわち第一級のものと感じて、すべての低劣なもの、性根の下劣な、卑俗で賤民的《せんみんてき》なものと対比した。かれらはこのような距離の感情から、価値を創造し、価値の名前を刻印する権利をはじめて獲得したのである。

　このような貴族的価値評価においては、政治的な権力者が「価値の名前を刻印する権利」を有している。価値の命名は「支配者の権力の表出」であって、支配者が自己肯定的に「よい」と宣言することそのものが、「名前を与える主人権」としての政治権力の行使である。正義や進歩の名を独占するのが戦争の勝者であるのは、こんにちでも同じことである。価値の術語は政治権通常の道徳的意識は成り立つのである。

㋖利他的行為による利益の享受に着目する心理学の仮説は、そもそも道徳というものを、市民社会における仮言命法的なルールの体系として捉えている。このゲームにおいては、ひとは社会のなかで承認・援助されるために、みずから非利己的に行為してみせる必要があり、それが道徳的な意味で善い行為である。みなが善くふるまえば、親切と互恵がいきわたって、功利主義的にも是認しうる社会になるだろう。このような道徳的善は、帰結として期待される価値を先取りして、その期待値をおのれの正味の価値として見せかける紙幣のようなものである。（　a　）、正直者が馬鹿をみるような場合には、紙幣の価値が兌換《だかん》されないことさえある。それでも仮言命法の体系がかろうじて道徳として妥当するのは、その善に実質的な価値がないという公然の秘密を、みなが忘れたふりをしているからである。

（　b　）、当然ながら「忘れたふり」は「忘れた」ということと同義ではなく、（　c　）その反対でさえある。忘れたふりをするためには、忘れるべきものを忘れずに心にとめておかなければならないからである。実際のところ、正常な大人は、利他性の善は帰結として期待される私益に存するという事実を、うまく忘れたふりをしている。その事実を記憶にとどめなければ、ひとはどこまでも馬鹿正直な愚か者になってしまう。（　d　）、その事実がじかに意識にのぼらないよう隠蔽しておかなければ、みずからの道徳性を誇らしく自覚することができない。「心理学的な自家撞着」とは、このような記憶と隠蔽からなる自己欺瞞《じこぎまん》的《てき》な葛藤の状態にほかならない。この葛藤の状態は、なにも特異な例外ではなく、むしろ仮言命法の道徳を支える心理学的な動態として③ヘン在するものである。〈　Ⅰ　〉

「イギリスの心理学者」の道徳起源論は、こんにちの道徳意識を仮言命法の体系として捉えかえしたうえで、その意識の表面の薄皮を、露悪的な心理学的観察によって、一枚めくって見せているにすぎない。そこに見出されるのは、忘れたふりをして、だれも忘れていない、公然の秘密である。（　e　）この起源説は、心理学的に再構成された道徳意識の表裏を往来しているだことができようか。善の本質が利他性そのものにではなく、それがもたらす私益に存するという事実は、よいと賞賛するたびに回帰してきて、くりかえし自覚されるのである。しかも行為者当人にとっては、利他的行為は害悪をともなうから、忘却はいっそう困難なはずである。㋕道徳的な人は、いわば身銭を切って、よいと思われる行ない（善行）をするとき、そこに含まれる害悪の苦さを同時に味わわなければならない。その苦さは、他人の利他的な行為から利益を享受するときの甘さと、くっきりとした対照をなして自覚されるだろう。

　賞賛という起源の忘却が一般に不可能だというわけではない。たとえば、「お綺麗《きれい》ですね」とホめられて、自分が綺麗だと思い込むことはありうるだろうし、相互におだてあって美学的なうぬぼれを仲間うちで共有することも（すくなくとも一時的には）可能であろう。これが可能なのは、美的な賞賛を得るために、身銭を切るという害悪を我慢する必要がないからである。身銭を切ったわけでもないから、美の賞賛はたんなる阿諛追従《あゆついしょう》にすぎないということを忘却して、②フトコロを痛めずに悦に入ることができる。これに対して、利他的な行為は、身銭を切る当人にとって苦々しいものであり、「よい」の本当の起源が利他性そのものにはないことを、どこまでも告知しつづける。

　とはいえ、もちろん通常の道徳的意識においては、非利己的にふるまう当人は、おのれの行為を善いものだと自任していることだろう。その理由を「忘却」に求める仮説が自家撞着なのであれば、どこに理由を求めるべきだろうか。ここはカントの誠実な店主の例を思い起こすべきところだろう。店主の誠実な商取引は、短期的な損失を補うに十分な、長期的な商売の儲《もう》けが見込まれるという理由に求められる。この例が教えるように、一般的にいって、当人にとっての害悪を含んだ善行のよさを担保しているのは、互恵性の原理によって期待される他者の利他的な行為であり、そこで享受しうるはずの私益である。我欲なくふるまう道徳的な人は、当座の実際的な害悪を、見返りに期待される私益によって隠蔽する。この隠蔽の結果として、道徳的な善という空虚は、可能的な利益の期待値によって充塡されることになる。このような手続きを意識下に抑圧したところに、われわれのもよいと賞賛されてきたという理由で、よいと感じられるようにもなった。——あたかもその行為がそれ自体でなにかよいものであるかのように。

「よい」の起源は、非利己的ないし利他的な行為によって利益を享受した人々が、その行為をよいと呼んでホメ称《たた》えたところにある。味を占めた受益者たちが、その利他的な行為を賞賛しつづけたことで、やがて「よい」のレッテルが独り歩きして、もともとは煽《おだ》てる言葉だったことが忘却されて、そうした行為をよいと呼ぶ習慣だけが残る。ついには、利他的な行為そのものが間違えてよいと感じられるようになり、最後には行為者自身がみずからの利他性をよいと感じるようになる、という筋書きである。

これは道徳的な価値の根底に「「利益」、「忘却」、「習慣」、最後に「誤謬《ごびゅう》」」を読み込もうとする議論であり、ニーチェにいわせれば、「イギリスの心理学者の特異体質のすべての典型的な特徴」を備えている。正義や道徳といった人間理性の金看板の裏側に、他人の非利己性から私益を貪ろうとする打算的な欲望を見つけだす意地悪さは、ホッブズ以来のイギリス哲学のお家芸である。あるいは、「習慣」、「忘却」、「誤謬」は、ヒュームの因果論を想起させるだろう。因果性という王者的な法則性の起源に、継起的な知覚による習慣づけ、習慣という起源の忘却、因果的に捉える傾向の形成、その傾向の誤った客観化（対象化）を読みとるのが、ヒュームの議論である。これと対比していえば、道徳の場合は最後の客観化が逆になる。つまり「よい」の賞賛と利他的行為との結合が習慣になることで、賞賛的な感情を誤って主観化（内面化）してしまい、自己の利他的行為をよいと思うようになるというわけである。

このような仮説は、とりわけ「忘却」のところで、㋓「心理学的な自家撞着《じかどうちゃく》」に陥っているとニーチェは指摘する。この仮説によれば、利他的な行為の受益者は、みずからが受けた利益を喜んで、利他的な行為をよいと呼んで賞賛した。その後もよい行ないに接するたびに、そこで享受される利益を再確認することだろう。㋔そのように現前しつづける起源を、どうして「忘却」するるがしかねない可能性があることを示唆した。

5　あらゆるアーティストが社会の中で生活しながら創作活動に励み、周囲の環境から影響を受けたり社会に影響を与えたりしながら自らをアーティストとして自覚していくことからも、その作品を理解するには作品の芸術性のみならず、創作が続けられていた周辺環境や社会への考慮も不可欠だといえる。

二

次の文章を読んで、問いに答えよ。

道徳の成立史においてまず問われるのは、「よい」という概念の起源である。すこし日常的な用法から考えなおしてみよう。「よい」という言葉は、だれがだれに言うのかという方向に着目すると、二つの類型があることがわかる。一つは、「今日は体の調子がよい」というように、自分のことを当事者として判定する場合である。もう一つは、「かれはいい人だ」というように、第三者的に別の人を判定する場合である。たいていの場合、後者の意味での「よさ」には、㋐当のよい人にとっては前者の意味での「悪さ」が（部分的には）含まれる。限られた資源のもとで、利他的なよい行ないは、当人の不利益を犠牲になされるからである。それだから日常的にも、ある人を「いい人」と①ホめそやすのは、善人という箍《たが》にはめることであり、いささか申し訳ないような気がするものである。ひとの善さをホめる道徳的賞賛には、一抹の悪意がこめられているのが常であろう。

㋑「イギリスの心理学者」は、このような「よい」の二義性に着目して、㋒後者の意味から前者の意味へと「よい」が転化したというように、道徳的感情の起源と成立を考える。ニーチェはそれを以下のように再構成して、要約している。

もともとは非利己的な行為を提供された人々、つまりその行為から利益を受けた人々の側から、そのような行為を賞賛して、よいと名づけたのである。その後、このような賞賛の起源が忘れられた。そして非利己的な行為は、たんに習慣的にいつで

2　独自の演奏スタイルで注目を集めていたある路上ピアニストが、ピアニストとしてのさらなる活躍を目指して一流音楽院に進み、数々の世界的コンクールに果敢に挑戦するようになったこと

3　ニューヨークのとあるアーティストが、もともとあった横断歩道の敷石やアスファルトをある日突然取り払い、そこに自作の色とりどりのタイルをはめ込んで信号待ちの人々を楽しませようとしたこと

4　イギリスのあるアーティストが、世界各地の路上や壁面に神出鬼没なスタイルで素性を明かさずにさり気なく落書きを残す方法で注目を集め、社会を風刺したり政治的メッセージを人々に伝えたりしていること

5　大学では文学研究のテキストとして文学史に掲載されているような有名作家らの文章が長らく選択されてきたが、これまでサブカルチャーとして軽んじられてきた漫画やアニメも、最近では扱われるようになっていること

問12　本文の内容に合致するものはどれか。次の中から最も適当なものを選び、その番号を解答番号 14 にマークせよ。

1　美術館に「作品」として便器を展示しようと試みたことによって数多くのメディアに取り上げられることとなったマルセル・デュシャンは、その行為を契機に「アーティスト」としての確固たる地位を築くこととなった。

2　イタリアの政治思想家アントニオ・グラムシは、現代社会に生きることそれ自体がすでにある支配関係を助長する行為であるととらえ、そのような支配関係の構造を打破するための手段の一つとして、ヘゲモニーの意義を唱えた。

3　キース・ヘリングのグラフィティには「美しさ」がほとんど感じられないが、それは高度な美術教育を受けることのなかったキースが、手っ取り早くメディアで取り上げられ世界的アーティストになるための手段としてグラフィティを利用していたからにほかならない。

4　アメリカの政治学者リチャード・ケリーは、一〇代の黒人少年たちによるアルバイト先での一見すると些細な反抗行為についてその著書の中で紹介し、彼らによる一連の行為は見方によっては資本主義社会や白人至上主義社会の根幹をも揺

などに飾られさえすれば、何かしら意味のあるアート作品として受け止められてしまう時代だから

3　二〇世紀以降は、美しい作品を創造できるか否かよりも政治闘争に打ち勝つ力があるか否かの方が重要であり、その能力に乏しければ、どれほど優れた作品を創造しても、美しいとは認識され得ない時代になったから

4　二〇世紀以前はアートと受け止められていた作品であっても、多くのメディアに取り上げられ続ける芸術性が作品自体に備わっていない限り、社会的にはもはやアート作品とは見なされることのない時代になったから

5　二〇世紀以前はアートとして人々に認識されることのなかった帽子掛けや便器、ゴミのようなものまでが、二〇世紀以降多くのメディアに登場することで、誰の目にも美しいアートとして認識される時代になったから

問10　傍線㋔「面白い肩書き」とあるが、何が「面白い」のか。次の中から最も適当なものを選び、その番号を解答番号 [12] にマークせよ。

1　文壇で「作家」としての地位にすでにありながら、新人作家であるかのような肩書きを用いたこと

2　「執筆中」という、一連の既刊作品が進行中の物語であったかのような文言を肩書きに用いたこと

3　漢字六文字のみで構成された簡潔なキャッチコピーを、作家デビューのための肩書きに用いたこと

4　デビュー作を刊行するより前に、すでに作家として評価されているかのような肩書きを用いたこと

5　気鋭の新人作家だということを強調しようと、あえて「処女作」という文言を肩書きに用いたこと

問11　傍線㋕「対抗ヘゲモニー」とあるが、「対抗ヘゲモニー」にあてはまらないものはどれか。次の中から一つを選び、その番号を解答番号 [13] にマークせよ。

1　ある詩人が、株価や政治のＮＥＷＳが流されている電光ニュース掲示板に、自作の詩を流して人々に芸術的感動を与えようとしたこと

問7　[B] に入れる語句として最も適当なものはどれか。次の中から選び、その番号を解答番号 [9] にマークせよ。

1　蛇の道は蛇
2　虎の威を借る狐《きつね》
3　生き馬の目を抜く
4　悪貨は良貨を駆逐する
5　ミイラ取りがミイラになる

問8　（ａ）〜（ｅ）に入れる語句の組み合わせとして、最も適当なものはどれか。次の中から選び、その番号を解答番号 [10] にマークせよ。

1　ａ　ただし　ｂ　そのため　ｃ　したがって　ｄ　なお　ｅ　だから
2　ａ　とはいえ　ｂ　実際　ｃ　要は　ｄ　たとえば　ｅ　そこで
3　ａ　しかし　ｂ　事実　ｃ　だが　ｄ　結局　ｅ　また
4　ａ　ところが　ｂ　したがって　ｃ　だから　ｄ　実際　ｅ　さらに
5　ａ　逆に　ｂ　つまり　ｃ　ただし　ｄ　現に　ｅ　そして

問9　傍線㊁「アートの意味は、たんに『美しいか／美しくないか』という単純な基準だけでは測れない」とあるが、それはなぜか。次の中から最も適当なものを選び、その番号を解答番号 [11] にマークせよ。

1　多くのメディアの中に自らの位置を占められるようなアーティストになれたとしても、創作するものの質や美が担保されない限り、現代は社会的には自称アーティストによるアート作品としか見なされない時代だから
2　二〇世紀以降は、創作されたものが全く美しくなかったり質が極めて低かったりしても、有名な画廊や展覧会、美術館

クせよ。

1　これらの見解は、所有と支配について、まったく違った立場をとっているからだ
2　「落書き」とは、誰もが参加可能なアート活動であると同時に、政治闘争でもあるからだ
3　「落書き」とは、現代の社会では、ごく見慣れたイメージの再生産や消費行為に過ぎないからだ
4　「落書き」は、支配―被支配という関係への抵抗として行われて、初めて「アート」としての価値を持つからだ
5　これらの見解は、資本主義のルールか「表現の自由」か、どちらに重きを置くのかという問題にほかならないからだ

問6　傍線㋒「社会に『一杯食わせてやった』」とはどのような意味か。次の中から最も適当なものを選び、その番号を解答番号 8 にマークせよ。

1　日頃白人に都合良く利用されてばかりいる自分たち黒人が、その状況を利用して白人を店主に押し上げたことによって、スピードと効率重視のシステムに歯止めをかけたという意味
2　自分たち黒人が、わざと仕事を怠けたりスピードを遅らせたりして白人店主を何度も怒らせたことで、社会システムの隅々まで広がっていた支配―被支配の関係を露見させたという意味
3　日頃白人に都合よく利用されてばかりいる自分たち黒人が、白人至上のシステムに抵抗することによって、結果的にスピードや効率重視の資本主義の原理に多少の支障をきたせたという意味
4　自分たち黒人が、現存する支配関係には一切従属することなくスピードと効率重視の社会に対して抵抗を試みた結果として、資本主義社会の原理を一時的にせよ機能不全に陥らせたという意味
5　日頃白人に都合良く利用されてばかりいる自分たち黒人が、許容される範囲内での抵抗を白人店主に対して何度も試みたことによって、結果的に店の営業利益に深刻なダメージを与えられたという意味

こにあっても良かったのではないかということを、人々に思い起こさせる意味

4　公共空間であるにもかかわらず多くの人々に資するか否かについての検討が後回しにされており、資金力さえあれば一企業がその場所を私物化できるという現状に対して、反抗の姿勢を厳重に表明する意味

5　公共空間に描かれる落書きは通常は非難の対象ととらえられるものの、多くのメディアで注目されている人物による場合は自由な表現としてむしろ積極的に支持されるということを、より多くの人々に示唆する意味

問3　傍線㋑「空飛ぶ円盤」とあるが、筆者によればキースが「空飛ぶ円盤」を描いたのはなぜか。次の中から最も適当なものを選び、その番号を解答番号 5 にマークせよ。

1　空飛ぶ円盤は、古来より人間を幻惑し続けてきた、とらえがたい宇宙の神秘を表すものだから

2　空飛ぶ円盤は、ある統治形態の下で自発的同意を創り出す、正体不明の力を表すものだから

3　空飛ぶ円盤は、「落書き」行為自体がもつ、「自由」および「統制」の対立を表すものだから

4　空飛ぶ円盤は、人間的な相互的な行為を禁圧する、理性を超えた不気味な力を表すものだから

5　空飛ぶ円盤は、効率化と利益を何より優先する、近代資本主義社会の極致を表すものだから

問4　〈Ⅰ〉〜〈Ⅴ〉のいずれかに、次の一文が入る。それはどこか。後の中から最も適当なものを選び、その番号を解答番号 6 にマークせよ。

つまり、キースがキースのスタイルになるには、駅の落書きというあり方が欠かせないのである。

1〈Ⅰ〉　2〈Ⅱ〉　3〈Ⅲ〉　4〈Ⅳ〉　5〈Ⅴ〉

問5　A にあてはまる一文はどれか。次の中から最も適当なものを選び、その番号を解答番号 7 にマー

基準に合うような作品を作るより、重要な課題となってくる。つまり、アートという行為は、現代では政治闘争の一分野でもあるのだ。グラフィティはそういう行為のひな形、主戦場と言っても良い。〈 V 〉

（吉岡友治『ヴィジュアルを読みとく技術』。なお、文意を損なわない範囲で省略をおこなっている。）

注　ジョニー・ウォーカー＝世界的に有名なスコッチ・ウイスキーのブランド。
マニュフェスト＝ここではアーティストや芸術運動が意図や動機、見解などを公に宣言したもの。

問1　傍線①〜③のカタカナの部分と同じ漢字を用いるものはどれか。次の中からそれぞれ選び、その番号を解答番号 [1] 〜 [3] にマークせよ。

[1] ①　キ裂　1 キ概　2 キ微　3 キ誉　4 キッ徴　5 キッ甲

[2] ②　チョウ笑　1 自チョウ　2 慶チョウ　3 断チョウ　4 チョウ位　5 チョウ戒

[3] ③　ショウ握　1 ショウ解　2 ショウ録　3 捨ショウ　4 残ショウ　5 車ショウ

問2　傍線㋐「赤い広告に黒のマーカーで描いた」とあるが、このキースの行為は筆者によればどのような意味を持つか。次の中から最も適当なものを選び、その番号を解答番号 [4] にマークせよ。

1　落書きは公共空間を汚すものでは決してなく、むしろ慌ただしい日常の中でつい軽視してしまいがちな「自由な表現」の一種であるということを、改めて人々に認識させる意味

2　若年層も含め幅広い世代が利用する地下鉄構内に酒類の広告が掲示されることは本来は不適切であることからも、この種の問題広告の掲示の是非について、改めて人々に問いかける意味

3　元来地下鉄構内は公共空間なのだから、一企業の商品宣伝に留まらない、より多くの人々に資する類のメッセージがそ

「美術作品」になるということを示したのはフランスのアーティスト、マルセル・デュシャンだった。美術館という状況に置くと、便器であろうが「作品」として崇《あが》められるという構造を露《あら》わにしたのだ。

だが、別な言い方をすれば、美術館とは旧約聖書に出てくるミダス王の手のような役割を果たすわけだ。ミダス王は黄金を愛するあまり、手に触れるものはすべて黄金と化すことになったのだが、美術館も、そこに展示されるものを、すべて「アート作品」という意味づけを持たせる力と権能がある。美術館とは、モノに特殊な意味づけを与える社会的装置・メディアの一環なのである。

（ｅ）、これを一般化するなら、美術作品かどうかは、そういう装置・メディアの一角を自己の作品が占有することができるかどうか、という政治的闘争だとも言えるのである。美術館にうやうやしく展示されるように扱われる人間、それが「アーティスト」と言われる存在になる。美術館に展示されるものは、それがたとえ何も描いてないキャンバスだろうがゴミだろうが「作品」として眺められ、受け取られる。だとしたら、「作品」として通用させるには、それが美術館に並べられるようにすればよい。そのためには、マニュフェストを出し、批評で取りあげさせ、あらかじめ社会的評価を作っておく、という手段もあろう。そういえば、日本の文壇でも、かつて「処女作執筆中」という㋔面白い肩書きで売り出された「作家」もいた。

そういう存在に比べたら、自称アーティストはたくさんいるが、彼らの作品は社会的には、まだアートではない。彼らの作ったものが、画廊・展覧会・美術館などといろいろなメディアに登場し、しかるべき位置を占めることで、はじめて「作品」という意味を獲得していく。逆に言えば、その位置さえ獲得してしまえば、その作品や作者がどんな質のもので、どんなレベルにあるか、などは問題にならない。不潔だろうが、技術的に下手だろうが、「作品」としての意味が生まれ、観客はそれを「感じる」ことを強制されるのだ。

だからこそ、現在のヘゲモニーに異議を唱え、㋕対抗ヘゲモニーを確立しようと闘争することが、「美しい」と言われる既存のを創出しているのである。

このような「対抗ヘゲモニー」は、別にグラムシのような共産主義・社会主義というイデオロギーの文脈の中でだけで言われるのではない。それとまったく反対の右派と思われている政治哲学者レオ・シュトラウスの都市のとらえ方ともつながっている。レオ・シュトラウスは、古代ギリシアに見られるような討論的理性こそ、都市というシステムの根幹だと説いた。ソクラテスのように、たがいに討論し合うことで、思想と精神を向上させる。一つの立場が他の立場から反駁《はんばく》され、相対化されることにさらに応答することに民主主義の本質があると言うのだ。

（ a ）、産業社会の中で効率化に振り回される近代人には、このような精神的・社会的向上のチャンスなど考えられない。そこにあるのは、組織や権力の一方的な命令であり、そこに従順に従わねばならない、というあからさまな上下関係だけだ。当然、その派生物である広告も一方的なメッセージの独占的な伝達と、それへの受動的な反応、つまり購入という行動だけを要求し、他の関わりを排除する。人々の自発的な参加など期待していないのだ。

これでは、本来の意味での「都市」にはならない。むしろ「所有の自由」というイメージを隠れ蓑《みの》にした金持ち専制主義に陥っている。（ b ）、公共空間の私的占有を、「所有権」や「自由」の名において擁護する主張は、権力によって、公共空間を企業という私的所有に置き換えて従わせようとする専制主義の手下と化していることになる。キースがこのような力をUFOとして描いたのも無理はない。それは人間理性を超えた不気味な力として働き、人間的な相互的な行為を禁圧し、一方的な力を行使する役目を果たしているからだ。〈 Ⅳ 〉

二〇世紀以降のアートは、それが置かれた環境・文脈に大きく依存して成立する。（ c ）、その文脈と対照して読み解かれねばならない。美術と社会科学は、その意味で深い関連を持っているのである。㋓アートの意味は、たんに「美しいか／美しくないか」という単純な基準だけでは測れない。（ d ）、たんなる帽子かけでも便器でも、それが美術館に置かれればちゃんといて、有名画廊で発表して契約をしてもらい、そのうちに美術館から「君の作品を収蔵したい」とオファーが来る、というような長いプロセスを辿《たど》らなければならない。でも、そんな長いプロセスの間ずっと、当初のグラフィティのスタイルを保つことができるだろうか？　そのうちに、有名画廊に気に入るようなスタイルに変えてしまおうと考えるのが自然だ。〈　Ⅱ　〉

　イタリアの政治思想家アントニオ・グラムシは「ヘゲモニー」という概念を提唱した。「ヘゲモニー」とは、ある統治形態を「自然」であり、当然であると受け止める「常識」を創りだす力、自発的同意を生み出す力のことだ。別な言葉で言えば、イデオロギー支配、文化支配のこと。こういう支配が成立している社会では、社会関係の細かな網の目まで、支配—被支配が実現されている。だから、この社会の中で生きているだけで、この支配関係に従属して、現存の支配関係を強化するという結果になる。

　革命を起こして社会を変えるには、前衛党が大衆を動員して一気に政治中枢を③ショウ握するというロシア革命の方式では不十分だ。むしろ、日常生活の慣習を形成する社会的土台を少しずつ着実に変質させていかなければならない。つまり、「対抗ヘゲモニー」を打ち立てる必要があるのだ。

　その意味で言うなら、「広告」も「現存の支配関係」つまり所有関係の具体的な表れだろう。我々は、ふつう私企業が広告スペースを占有していることを不思議に思わない。黒い紙が貼られ、そこに「落書き禁止」と書かれていたとしても、当然と思う。しかし、それは、その空間が地下鉄会社や広告を出した企業のものだということに暗黙のうちに同意していることになる。それどころか、落書きする方を「公共空間を汚す」行為として非難してしまう。〈　Ⅲ　〉でも、本当にこの態度は正しいのだろうか？

　落書きは、誰かに占有された場所に、その占有を無効化したり対抗したりするメッセージやイメージを書き込む、という行為だ。落書きをすることで、酒造メーカーや地下鉄会社などの私企業のメッセージを無効化して、何か他のメッセージが、その場所を占有しても良かったのではないかということを、人々に想起させる。つまり、グラムシの言う意味での「対抗ヘゲモニー」

バイトはファスト・フード・レストランの仕事なのだが、彼らはなるべく作業をノロノロとやる。作業に慣れていないと言うだけでなく、わざと注文を取り違えたり途中で皿を割ったりする。当然、客に出すまでの時間はかかり、店主は「職務怠慢」だと怒り出す。しかし、少年たちはかえって喜ぶ。㋒社会に「一杯食わせてやった」からである。

もし資本主義の原理が、効率を極限まで向上させて利益を確保するシステムだとすれば、効率性をわざと下げるようにすれば、自分たちを支配する白人至上のシステム（彼らにはそう見えるのだろう）に小さな①キ裂を入れていると感じられる。そういうささやかな抵抗が彼らのプライドを支える。もちろん、店主の方から言わせれば、「奴等は怠けている」とか「仕事が出来ない」にしかならない。しかし、果たして「怠慢」なのか、それとも「抵抗」なのか？　それは、この行為を意味づける主体が誰かによって決まってくる。

もちろん、こんな他愛ない「反抗」に何の意味があるのかと②チョウ笑するのは易しい。いくら仕事をさぼっても、叱責を喰《く》らったり給料を減らされたりするだけで、資本主義社会に対する有効な抵抗にはなりえないではないか？　しかしケリーは反問する。では、どうすれば自分たちを安く使って、ひたすら利益を上げようとする白人たちのシステムに対して対抗したらいいのか？　誰が、その答えを知っているのか？　と。

答えは明らかだ。もし、社会を根底から変えるには、アメリカ社会のシステムの中で「大物」にのし上がり、他の人から一目置かれる人間になるしかない。だが、それは現在の社会システムへの反抗を止め、そのシステムを利用しながら社会的に上昇していくことを意味する。そんなことを繰り返しているうちに、「B」ではないが、資本主義システムの中でいかに有利に立ち回るか、だけに注意が向く。資本主義しぐさが身につき、立派な「保守主義者」になるのが関の山だろう。

キース・ヘリングに対しても、「立派なアーティストになって、美術館に飾られれば、そこは君の空間になるじゃないか？」ということはできる。しかし、それは美術学校に行って、良い成績で卒業して、デザインで金を稼ぎながら、コツコツと絵を描

国語

（八〇分）

一　次の文章を読んで、問いに答えよ。

アーティストは、環境や社会から隔絶された存在ではない。むしろ、そのまっただ中で制作を始めて、アーティストとして自分を自覚し、描くという行為をなし、その痕跡が周囲や社会に影響を与え、環境から何らかの反応を受ける。だから、どんな環境の中で、どんな行為として描くという行為を続けていたのか、ということも絵を理解する場合に重要になるはずだ。その素材として取り上げたいのはキース・ヘリングである。

キースはグラフィティ画家だと言われている。「グラフィティ」とは落書きのことだ。彼は最初に地下鉄の構内に貼ってあるジョニー・ウォーカーの㋐赤い広告に黒のマーカーで描いた。テーマは、はいはいする赤ん坊か犬が㋑空飛ぶ円盤に攻撃されている姿だった。そのうちに、地下鉄広告掲載スペースでまだポスターが更新されていないところに黒い紙が貼られるようになると、その上に白墨で描くようになった。〈　Ⅰ　〉

「落書き」とは何か？　落書きについての評価は自由と統制の対立として現れる。一方で、落書きは街の美観を汚すものとして忌避・攻撃され、他方では自由な表現として擁護される。これらの二つのとらえ方は互いに全く反対の立場をとるのだが、どちらが正しいのか？　実は、どちらが正しいとも言えない。［　A　］。

アメリカの政治学者リチャード・ケリーは、著書で黒人の一〇代の少年たちの反抗の姿を描写している。彼らのよくやるアル

解答編

英語

I **解答**　〔1〕(A)―(1)　(B)―(1)　(C)―(2)　(D)―(3)
〔2〕(1)―3　(2)―1　(3)―2　(4)―2　(5)―3
〔3〕―(5)

◆全　訳◆

≪消えゆく土星のリング≫

太陽系の惑星の中で，土星は一番魅力的であるかもしれない。天文ファンの私としては，あのリングが大好きなのだ！　わずかな岩石を含む氷の物質の連なりが，繊細な光の輪の中に幾重にも配置されている。近くで見ると，リングは柔らかなピンク，グレー，茶色で，暗闇の中で輝いている。リングのない土星を想像するのは難しい。しかし，土星のリングは永久的なものではないのだ。実は，土星のリングは年々物質が失われている。微小隕石の飛来や太陽の放射線が，リングの物質の小さな塵をかき乱し，それらに電気を帯びさせる。粒子は突然変形し，土星の磁力線に反応し，その見えない道筋に沿ってらせん運動を始める。それらの粒子が土星の大気圏の上部に近づきすぎると，重力がそれらを引き込み，それらは土星の雲の中に消滅してしまう。

天文学者はこれを「リング・レイン」と呼び，時間とともにこの現象や他の現象が土星を土星たらしめている特徴を破壊し，ついには何も残らなくなる。日本の宇宙機関JAXAの惑星科学者，ジェームズ=オドノヒューは，「今，私たちは土星の輪がピークに達したところを見ているのです」と教えてくれた。それは私たちの観点からは永久に続くように見えるが，宇宙の年齢を考えると一時的なものである壮大な光景である。その過程にはしばらく時間がかかると知っておくといいかもしれない。オドノヒューや他の科学者は，リングは約3億年後に消滅すると推定している。天文学者はリングが消えつつあることを理解しているが，そもそも土星がどのようにしてリングを手に入れたのかも含め，リングに関するすべてのことはまだ解明できていない。

土星のリングは何世紀にもわたって観測者の目を楽しませてきたが，1980年代初頭，アメリカのNASAのボイジャー探査機が外惑星を周遊する際に最高速度で通過したときに，初めて本当にその近くに到達したのだ。当時，太陽系がまだ若く荒々しかった数十億年前にリングが形成されたのではないかと科学者たちは考えていた。そのころは岩石質の天体があちこちを飛び交っており，新しい惑星がその一部をつかまえて，自身の中央に引き寄せ，重力で完全に分解してしまうことも容易にありえた。しかし，ボイジャーの接近航行は，それとは異なることを示唆した。ボイジャーの観測によって初めてリングの詳細が明らかになり，この岩石の集まりには研究者が予想したほどの質量がないこと，つまりリングが何十億年も前のものではありえないということがわかったのだ。リングはずっと新しく，おそらくほんの1千万年から1億年前のものだろう。NASAの研究員で，惑星のリングの専門家であるジェフ=カッツィは，「これらの結果は全く不可解で，奇妙なものでした」と語った。

それまで，土星のリングは太陽系そのものと同じくらい古いと考えられていたが，ボイジャーの探査以降，恐竜が地球をうろつき始めたころでさえ，リングは存在しなかったと考えられるようになった。その頃までには，太陽系は平穏になっていた。では，土星はどこからリングの原料を手に入れたのだろうか？　土星のリングを長年研究してきたNASAの研究者ポール=エストラーダは，「現在，リングを形成するような現象が起こっている可能性は非常に低い」と言う。天文学者から見て，「今」とは大体過去1億年以内を意味する。そして，さらに最近の観測結果がこの仮説を裏づける。2017年，NASAのカッシーニと呼ばれる探査機が土星のリングのそばを滑空し，惑星の大気圏で破壊される前に可能な限りの情報を地球に送った。その最終的な測定データは，ボイジャーの探査で観測したこと，つまりリングが非常に古いものだというほど巨大ではないことを確認した。

遠くから見ると，土星のリングは座ることができるベンチのようなしっかりしたものに見える。しかし，それは決して固いものではない。カッシーニのミッションに携わったNASAの惑星科学者リンダ=スピルカーは，「これらの粒子はゆっくりと押し合ったり，ぶつかり合ったりしているのです」と教えてくれた。カッシーニが土星とリングの間に潜入したとき,「リングの物質が惑星の大気に流れ込む量を実際に測定することができました」と彼女は言った。ボイジャーの探査——こちらも彼女が携わっていた——で同じ現象の証拠が発見されていた。カッシーニのおかげで,天文学者はこの現象を実際に調査し,リングがいつまで存在しているのかについて,これまでで最高の推定値を出すことができたのだ。

数億年というのは,とても長い時間だ。しかし,個人的には,土星のリングがなくなるということに特別な胸が苦しくなるような悲しみを感じている。私が話した何人かの天文学者もそうだし,天文学者ではないけれども,土星はリングのある惑星だという非常に明確なイメージを持って育った人たちもそうだ。月が地球から少しずつ遠ざかっていること,ちっぽけなマーズ・ヘリコプターが赤い惑星の大気の中を飛行しようとしたこと,星の間に存在する彗星が星の暖かさを感じることなく何百万年も旅をしていたことを知ったときも,同じような激しい感情の波を感じた。私はこのような反応を「宇宙感」と呼ぶことにしている。これらのできごとは,いずれも私たちの日常生活には実際何の影響もないものだが,宇宙的なやり方で,私たちの心を揺り動かすのだ。「将来,リングが消えてしまうのはとてもとても悲しいことですが,いま運良くそれを見ることができて,とても幸せです」とオドノヒューは言った。

The Long Goodbye to Saturn's Rings, The Atlantic on March 28, 2022 by Marina Koren

◀解　説▶

〔1〕(A)第1段最終文 (When the particles…) から第2段第1文 (Astronomers call this…) の「それらの粒子が土星の大気圏の上部に近づきすぎると,重力がそれらを引き込み,それらは土星の雲の中に消滅してしまう。天文学者はこれを『リング・レイン』と呼び…」の箇所より,リング・レインとは,土星のリングを形成する粒子が土星の雲の中へと消えていく現象のことであることがわかる。よって,(1)「その惑星に向かって流れていく岩石くず」が正解。

(B)質問文は「惑星のリングについて,天文学者が完全には確信していないことは何か?」の意。第2段最終文 (Although astronomers understand…) に「そもそも土星がどのようにしてリングを手に入れたのかも含め,…まだ解明できていない」とあり,これが完全には解明されていない内容である。これより，(1)「土星のリングはどのようにして生まれたのか」が正解。

(C)質問文は「1980年代の科学的発見で，その後の探査機の探査によって確認されたものは何か」の意。ここでの1980年代の発見とは第3段に書かれているボイジャーによる発見を指している。ボイジャーの探査の前までは，土星のリングは「太陽系がまだ若く荒々しかった数十億年前に…形成された」と考えられていた。一方，第4段最終文（Its final measurements …）では，2017年のカッシーニの探査で「その最終的な測定データは，ボイジャーの探査で観測したこと，つまりリングが非常に古いものだというほど巨大ではないことを確認した」とある。よって，カッシーニの探査により(2)「もともとの説（土星のリングは数十億年前に形成された）が誤りであったこと」が確認されたとするのが正解。

(D)筆者が「宇宙感」を感じる場面について具体的記述があるのは，最終段である。中でも最終段第6文（None of these …）には，「これらのできごとは，いずれも私たちの日常生活には実際何の影響もないものだが…私たちの心を揺り動かすのだ」とあることから，(3)「それらは日常生活にとって重要なものではない」が正解。

〔2〕(1)「微小隕石は，土星のリングと同じ物質で構成されている」

微小隕石については，第1段第8文（Incoming micrometeorites and …）に「微小隕石の飛来や太陽の放射線が，リングの物質の小さな塵をかき乱し…」との記述があるのみだが，これらが同じ物質であるかどうかについては記述がない。よって，正誤の判断はしかねる。

(2)「ボイジャーの探査で，リングのおおよその年代を推定することができた」

第3段第5・6文（The observations captured …）「ボイジャーの観測によって…リングが何十億年も前のものではありえないということがわかったのだ。リングはずっと新しく，おそらくほんの1千万年から1億年前のものだろう」より，本文の内容と一致する。

(3)「惑星科学者にとって『古代』とは，1千万～1億年前から存在していることを意味する」

第4段第4文（From an astronomer's …）「天文学者から見て，『今』とは大体過去1億年以内を意味する」より，本文の内容と一致しない。

(4)「リングの素材は体積が大きいので，研究者が証拠を集めるのに安定した表面を作っている」

第5段第1文および第2文（From far away …）には「遠くから見ると，土星のリングは座ることができるベンチのようなしっかりしたものに見える。しかし，それは決して固いものではない」とあり，土星のリングは安定した表面を形成していないことがわかる。よって，本文の内容と一致しない。

(5)「探査機カッシーニは試料を採取することで，リングの質量を計算することができた」

カッシーニの探査の具体的内容については，第4段第6文（In 2017, a …）に「土星のリングのそばを滑空し，惑星の大気圏で破壊される前に可能な限りの情報を地球に送った」，また第5段第4文（When Cassini dived …）に「リングの物質が惑星の大気に流れ込む量を実際に測定することができ」たとある。これらの記述からは，カッシーニが情報を集めていたことは読み取れるが，それらの情報が試料（samples）の採取によるものかどうかについては言及がない。よって，正誤の判断はしかねる。

〔3〕本文では，すべての段落において土星のリングをテーマとした展開となっている。冒頭の第1段では，筆者が土星のリングをこよなく愛しているとの記述があり，第2段～最終段では，その土星のリングがあと数億年で消滅してしまうことが説明され，結論となる最終段では，そのリングがなくなることへの激しい悲しみの感情が記されている。よって，(5)「ある惑星（土星）の愛すべき特徴（リング）の避けられない運命」が最も適切。

II　解答

〔1〕(A)―(3)　(B)―(3)　(C)―(4)　(D)―(1)
(E)―(3)　(F)―(3)　(G)―(3)　(H)―(1)

〔2〕(あ)―(1)　(い)―(1)　(う)―(3)　(え)―(4)　(お)―(2)

◆全　訳◆

≪アメリカ初の女性常設労働組合の設立まで≫

アメリカの全女性の投票権を獲得した際の指導者であった婦人参政権論者スーザン=B.アンソニーは，ニューヨーク州トロイのカラー洗濯組合を，彼女が知る限り「最もよく組織された」女性労働者の組合であると記憶している。この組合は，アメリカ南北戦争中に成長中の製造業都市トロイで，10 代のアイルランド系移民によって始められた。アイルランド出身のケイト=マラニーは，裕福な実業家との交渉や，女性労働者の搾取に反対するストライキで組合を主導した。多くの歴史家は，マラニーをアメリカ初の女性の常設労働組合の創設者とみなしている。

その女性権利の提唱者と労働組合の指導者とが会って，職場における女性の地位と団結の必要性について話し合った。アンソニーが工場で働く女性の待遇の悪さを男女差別の結果と見ていたのに対し，マラニーは，男女を問わずすべての賃金労働者の立場につけこもうとする使用者の傾向は，その婦人参政権論者が無視してはならないものだと述べた。中産階級に生まれたアンソニーは，女性労働者が職場で特別な不利益を被っている一方で，労働運動の男性メンバーとの共通点も多いというマラニーの主張を理解していないようであった。マラニーは，女性労働者の団結が望ましいという点では同意していたが，女性労働者が成果をあげるためには，労働者階級の団結が不可欠であると主張していた。

トロイで最初に組合を結成した労働者グループは，鉄の鋳型工であった。彼らは，新しい大量生産経済の一部である鉄製ストーブやその他の成型鉄製品を作っていた。鋳型工は，危険な環境の中で長時間労働をしていた。しかし移民が一時的な労働者として，最低の経済レベルで生計を立てるのに苦労しながら生活を送ることになるニューヨークのような都市の，他のアイルランド人男性らとは異なり，彼らは比較的高い報酬を得ていたのだ。トロイの鋳型工は，労働組合を組織した際，市内のさまざまなアイルランド系住民を巻き込んで，労働条件の改善に向けて奮闘した。トロイの住民の 5 人に 3 人は移民か移民の子どもであり，このような支持大衆の動員は，政治的また経済的に期待できるものであった。アメリカ南北戦争が始まり，トロイの鋳型工組合の組合員が集団全員で軍に入隊することで，その団結が示された。

鉄工所の経営者は，労働者とは社会的地位が違っていた。労働者の多くはアイルランド系カトリックの移民であったが，経営者の 10 人中 8 人はアメリカ生まれというだけでなく，父親もアメリカ人であった。経営者は，労働者と同じ地域社会に住んでいるのでもなく，従業員と同じ教会や社交団体に属しているわけでもない。裕福な経営者は，労働者たちからかけ離れた生活を送り，工場のフロアでは見慣れた存在ですらないことが多かった。1850 年代，それらの経営者はビジネスだけでなく，地方自治体をも支配していた。このようなエリート層による権力の独占に，アイルランド系移民が反発するのも無理はなかった。

トロイは，19 世紀半ばの工業都市として特異な存在であった。当時，工場での仕事は性別によって決まっていた。仕事は通常，「男の仕事」もしくは「女の仕事」のいずれかだと考えられていた。鉄の成型は男性の仕事で，洗濯や織物は女性の仕事とされていた。ほとんどの小さな町では，容易につける仕事は 1 種類しかなかった。例えば，マサチューセッツ州北部の工場都市では，労働者は主に女性であった。つまり，男性はこれらの町で仕事を見つけることができず，女性労働者は寮で一人暮らしをする傾向があった。しかし，トロイは違った。そこには，アイルランド人が 3 分の 2 を占める男性の鋳型工向けのそれなりの給料の仕事があったが，「着脱式シャツカラー」産業に，女性の仕事もたくさんあった。

19 世紀，一家の衣類の洗濯は，ほとんどすべて家庭の女性たちが手作業で行っていた。トロイのある女性は，シャツから取り外して別々に洗濯できるような襟を発明し，その負担を減らすことを思いついた。毎日きれいで洗い立ての襟をシャツにつけることで，シャツは数日間着られるようになった。トロイでは，女性がこの仕事のあらゆる面で雇用された。女性労働者の最大グループのひとつは襟を洗濯するための働き手で，彼女らは新しく考案された襟を取り外し，汚れや化学物質を洗って取り除き，アイロンをかけて販売する準備をした。これらの仕事はきついものだったが，需要が高かった。女性たちは巨大な容器に入った熱湯の上で懸命に働いたが，この仕事はアメリカではアイルランド人女性労働者にとって最高給の部類に入った。

労働組合の組合員である鋳型工とシャツカラーの労働者は同じコミュニティに住み，同じ文化的習慣を共有し，しばしば同じ家に住んでいたため，アイルランド人女性労働者は組合結成に対して男性と同じ態度をとっていた。女性たちは，自分たちのコミュニティの男性たちが達成したのと同じような労働者としての権利を認めてもらうためにはどうしたらよいかを共に話し合った。それにより，彼女たちの運動は力強いものになった。カラー洗濯組合は，ケイト=マラニーのような若い女性の勇敢なリーダーシップのもと，女性の賃金と労働条件を改善するために戦ったのだ。

◀解　説▶

〔1〕(A)第２段第２文（While Anthony saw …）ではアンソニーとマラニーの考えが対比されている。マラニーは「男女を問わずすべての賃金労働者の立場につけこもうとする使用者の傾向」が問題であると考えているのに対して，婦人参政権論者のアンソニーは「働く女性の待遇の悪さは男女差別によるもの」との考えを持っていた。よって，空所には(3) the result of を入れて，「工場で働く女性の待遇の悪さを男女差別の結果と見ていた」とするのが適切である。

(B)第２段ではここまでのマラニーの主張は，「男女を問わずすべての賃金労働者の立場につけこもうとする使用者の傾向」が問題であり，「女性労働者が職場で特別な不利益を被っている一方で，労働運動の男性メンバー」も同じく不利益を被っているというものである。これらより彼女の意見として考えられるのは男女等しく声を上げるべきだというものであり，空所に(3) was essential を入れて，「（男女の区別なく）労働者階級の団結が不可欠である」とするのが最も適切。

(C)直後の挿入句 unlike がヒントとなる。unlike は「〜とは異なり」の意味で，その挿入句内には「移民が…最低の経済レベルで，生計を立てるのに苦労しながら生活を送る…他のアイルランド人男性らとは異なり」とあるので，空所にはこれと逆の意味になるように(4) well-paid「賃金の良い」を入れるのが適切。

(D)第４段の１文目に空所があり，同段全体の内容から答えを導く必要がある。第４段第１文（The social status …）では，鉄工所の経営者と労働者との社会的地位について述べられていることがわかる。第４段第２文（Although most of …）以降では，労働者が「アイルランド系カトリックの移民」である一方，経営者は「アメリカ生まれ」であること，経営者と労働者は「同じ地域社会に住んでいるのでもなく，従業員と同じ教会や社交団体に属しているわけでもない」ことなどが描写されており，これらより経営者と労働者には大きな隔たりがあったことがわかる。よって，(1)が正解。

(E)第５段の１文目に空所があり，同段全体の内容から答えを導く必要がある。第５段第２文（At the time …）からは当時の多くの都市での工場労働の実態が描写されている。つまり，工場で容易につける仕事は「男の仕事」か「女の仕事」のいずれか1種類しかなかったというものだ。しかし，第5段第8文（However, Troy was …）に「しかし，トロイは違った」とあり，これより空所には(3) unique as を入れて，トロイの町が，当時の他の多くの工業都市とは違って，特徴的だったとするのが適切。

(F)第5段では，当時の多くの都市では工場で容易につけるのは「男の仕事」か「女の仕事」のいずれか1種類しかなかったと書かれている。ところが，第5段第8文（However, Troy was …）に「しかし，トロイは違った」とあることから，トロイの町では男性にも女性にも仕事があったと推測される。よって，空所には(3) plenty of を入れ，女性にも多くの仕事があったという内容にするのが最も自然。

(G)「着脱式シャツカラー」の発明に関する箇所である。この発明により，第6段第3文（A shirt could …）にあるように「シャツは数日間（洗わずに）着られるようになった」のだから，空所には(3) lessening the burden を入れて「(家事の) 負担を減らす」とするのが適切。

(H)直前の第6段第6文（These jobs were …）には「これらの仕事はきついものだったが，需要が高かった」とある。これに続く文が「女性たちは巨大な容器に入った熱湯の上で懸命に働いたが，この仕事はアイルランド人女性労働者にとって（　　　）」である。前文の内容を参考にし，それらが需要の高い仕事だったことから(1)を入れて「最も高給であった」とするのが自然。

〔2〕㋐下線部を含む文は「アメリカ南北戦争が始まり，トロイの鋳型工組合の組合員が集団全員で軍に入隊することで，その団結が示された」の意で，この団結はトロイの鋳型工組合の組合員間のものであることがわかる。同段第5文（When the iron …）に，トロイの鋳型工組合は市内のさまざまなアイルランド系住民を巻き込んでいたとあるので，ここでの団結はアイルランド移民のコミュニティと考えられる。よって，正解は(1)。

㋑「このようなエリート層による権力の独占」という記述より，下線部 this elite の指す内容は，前文の the bosses を指しており，これはさらに遡ると，第4段第1文（The social status …）の(1) factory owners のことである。

㋒「男性はこれらの町で仕事を見つけることができず」という記述の下線

部 these towns の指す内容は，前文に例として挙げられているマサチューセッツ州北部の工場都市のように，女性労働者向けの仕事しかないような町のことである。よって，(3)「主に女性を雇用していた町」が正解。

㋛下線部 These jobs の指す内容は，前文の「襟を洗濯するための働き手」の仕事，すなわち汚れた襟を取って洗い，アイロンをかけて販売する準備をすることである。よって，正解は(4)「襟を販売する準備に関わる仕事」である。

㋔下線部の指す「組合結成に対して男性と同じ態度」とは，次の文にある「労働者としての権利を認めてもらう」もしくは最終文にある「女性の賃金と労働条件を改善する」といった目的を指している。よって，(2)「労働組合が彼女らの労働条件を改善するという期待」が正解となる。

III　解答

〔1〕㋐—(9)　㋑—(8)　㋒—(10)　㋛—(2)

〔2〕㋕—(5)　㋖—(9)　㋗—(4)　㋘—(3)

◆全　訳◆

〔1〕　≪バス乗り場にて≫

A：すみません，運転手さん，イプスウィッチ行きのバスの乗り場はここで合ってますか？

B：((9)：各駅停車か急行バスかによって違いますよ。)

A：あれ，全部同じ乗り場から出るわけじゃないんですか？

B：日曜日だけは違うんです。

A：でも，今日の午後 3 時までに着かないといけないんです。((8)：それに，どのようなバス路線があるのかも知らないんです。)

B：窓口に行ったらどうですか？　力になってくれますよ。

A：そうすればよかったんだけど，あそこに並んでたらバスに乗り遅れるんじゃないかと心配で。

B：((10)：まあ，チケットがなければ，どちらにしても乗れませんよ。)

A：え，バスに乗るときに携帯でお金を払うことはできないんですか？

B：((2)：残念ながらできません。) 事前にオンラインでチケットを買っておいて，そのバーコードを運転手に見せる，ということならできますが。

A：なるほど，そうしよう。ありがとうございます。

B：どういたしまして。安全な旅を。

〔2〕 ≪美容室で≫

A：おはようございます！　今日はどうしましょうか？

B：髪を切ってほしいんです，なんかカッコイイ感じに。

A：((5)：何か特別なイベントがあるんですか？)

B：来週，私のバンドが音楽祭に出演するんです。音楽会社やタレント事務所の人たちが来るかもしれないって聞いたんです。だから，一番カッコよくしたいんです！

A：それは楽しみですね！　髪も染めようと思っていましたか？

B：やってみたいです！　((9)：でも，髪に良くないと聞いたことがあるんです。)

A：実は，その心配はありませんよ！　私たちはすべてオーガニック製品に変えているんです。

B：そうなんですか？　シャンプー，コンディショナー，カラー剤も？

A：そうなんです！　そうだな，髪を傷めないんですよ。

B：それはすごいですね。髪の色を変えようかな。((4)：いくらかかるか教えてもらえますか？)

A：そうですね，さっき言ったように，環境にやさしい製品です。でも，オーガニックのカラー剤は普通のものの2倍の値段なんです。

B：そうなんですか。((3)：それなら，今回はやめておきます。) でも，もし音楽祭でたくさんお金が手に入ったら，そのときはぜひお願いしますよ！

A：わかりました。いいですね！　さあ，そちらにお座りください。カットを始めましょう。

◀解　説▶

〔1〕 ㋐Aの第2発言「あれ，全部同じ乗り場から出るわけじゃないんですか？」より，Aはイプスウィッチ行きのバスは決まった乗り場から出ると思っていたが，直前でBがそうではないという発言をしたと考えられる。よって，(9)が適切。

㋑直後のBの発言で，窓口に行き手助けを求めることが勧められていることより，Aは何か困った状況にいると考えられる。選択肢の中では，(8)がそれに相当する。

㋒直後にAは「え，バスに乗るときに携帯でお金を払うことはできないんですか？」とバス乗車の際の支払いについて尋ねている。よって，空所には，⑽を入れて，チケットを窓口で買うことを勧める運転手と，携帯で運賃を支払おうとする乗客の会話とするのが適切。

㋓直前で「バスに乗るときに携帯でお金を払うことはできないんですか？」と尋ねたAに対して，Bは空所直後で「事前にオンラインでチケットを買っておいて，そのバーコードを運転手に見せればいい」と説明している。Aが尋ねているのは事前の手続きなしで乗車の際に携帯払いができないか，ということ。Bはそれに対して不可能である旨を伝えたうえで，それ以外の選択可能な手段を提案している。⑵「申し訳ないがそれは無理です」が正解。

〔2〕㋕直後のBの発言で，「来週，私のバンドが音楽祭に出演するんです」と今後の特別な予定について話している。よって，Aは⑸「何か特別なイベントがあるんですか？」と尋ねたと考えるのが自然。

㋖空所直前で髪を染めてみたいと発言したB。直後のAの応答「実は，その心配はありませんよ。私たちはすべてオーガニック製品に変えているんです」より，何か髪を染めることの心配な点を発言したと考えるのが自然。よって，⑼が正解。

㋗オーガニックのカラー剤で髪を染めようかと考えているBに対して，直後のAは「そうです…でも，オーガニックのカラー剤は普通のものの２倍の値段なんです」と返答している。よって，空所には値段を尋ねている⑷が最も適切。

㋘髪を染めようとしていたBは，空所直後で「でも，もし音楽祭でたくさんお金が手に入ったら，そのときはぜひお願いしますよ」と発言していることから，値段が原因で髪を染めるのをあきらめたと考えられる。よって，⑶が正解。

Ⅳ　解答

⒜―⑴　⒝―⑴　⒞―⑶　⒟―⑶
⒠―⑷　⒡―⑵　⒢―⑷　⒣―⑷

◀解　説▶

⒜「そのことは，私をかつてないほど幸せにする」

than は比較級とともに用いられ，「～より」を意味する。よって，⑴が正解。

(B)「私たちは新製品の発売を喜んで発表いたします」

主語が We なので人の様子を形容する際に用いる過去分詞の形(1) delighted が適切。delightful は「(何かが人にとって) 喜ばしい」の意。

(C)「来月の今ごろまでに，私はこの仕事を終えているだろう」

文頭の By this time next month に注目する。「来月の今ごろまでに」と未来の終点を明示する表現とともに用いられ，それまでに動作が終わっていることを表すのは未来完了形である。よって，(3)が正解。

(D)「私は京都にいたときに，流暢な日本語で外国人に話しかけられた」

speak to ～「～に話しかける」，speak with ～「～と話をする」はいずれも句動詞で，受動態にする際には前置詞を伴ったままである。よって，問題文は A foreigner spoke to me … の受動態の形であり，I was spoken to by a foreigner … となる(3)が正解。

(E)「アジアに山がない国はほとんどない」

文後半の doesn't have は a country を修飾する関係代名詞節内の動詞であることから，空所には文全体の動詞を含んでいる必要がある。(1) Being と(2) Having はいずれも分詞もしくは動名詞の形であり，文全体の動詞とはならない。空所の後には単数の a country があることから，(4) There is が正解である。

(F)「私はこの仕事にはうんざりだ」

be tired of ～には「～にうんざりだ，～に（精神的に）疲れている」の意がある。前置詞 of の後ろには名詞をとるので，do を動名詞の形にした(2)が正解。be tired from ～「～に疲れている」

(G)「万が一遅れた場合，どうなるのでしょうか」

Were I to *do* ～は If I were to *do* ～の倒置の形で，仮定法過去の表現である。仮定法過去では，帰結節に過去形の助動詞 would / could / might *do* を用いる。よって，(4)が正解。

(H)「彼のキーリングから家の鍵か車の鍵がなくなっている」

missing は「見当たらない，行方不明の」の意の形容詞なので動詞は have ではなく be 動詞がふさわしい。また，*A* or *B* のような複合主語では，動詞の形は動詞に近い方の *B* に一致するので，ここでは単数形となる。よって，(4)が正解。

V　解答

〔1〕(A)―(1)　(B)―(3)　(C)―(2)　(D)―(2)　(E)―(3)

〔2〕(A)―(1)　(B)―(1)　(C)―(3)　(D)―(1)　(E)―(4)

◀解　説▶

〔1〕(A)「赤身肉の消費の増加が環境問題を引き起こしている」

(1) consumption「消費」は consume「消費する」の名詞形で，これが正解。frustration「欲求不満」 interpretation「解釈」 oppression「抑圧」

(B)「医師は私の腕に痛みのある感染症を治療した」

(3) infection「感染症」が正解。cucumber「キュウリ」 forehead「おでこ」 librarian「司書」

(C)「ポテトにグレイビーソースをかけましょうか」

(2) gravy「グレイビーソース」が正解。もともと gravy は「肉汁」を意味する語。グレイビーソースとは，肉汁を使って作るソースのことである。flu「インフルエンザ」 gymnastics「体操」 rage「激怒」

(D)「郵便局のこの小冊子は，小包の郵送方法を説明している」

(2) leaflet「小冊子，チラシ」が正解。gravestone「墓石」 outlet「コンセント」 retina「網膜」

(E)「幹部は詐欺を働いたとして逮捕された」

(3) fraud「詐欺」が正解。fiber「繊維」 flax「亜麻（植物の種類）」 furor「騒動」

〔2〕(A)「夜の波は穏やかだった」

calm「穏やかな」より，(1) gentle「穏やかな」が正解。loud「(音が)大きい」 romantic「ロマンチックな」 unforgettable「忘れられない」

(B)「このプロジェクトを完成させようというあなたの決意はすばらしい」

remarkable「すばらしい，特筆すべき」より，(1) impressive「印象的な」が正解。improper「不適切な」 respectable「尊敬に値する」 unnecessary「不必要な」

(C)「気候変動のせいで，天気はとても予測できない」

unpredictable「予測できない」より，(3) irregular「不規則な」が最も近い意味となる。glorious「輝かしい」 inconvenient「不都合な」 unfortunate「不運な」

(D)「そのシステムは複雑なだけでなく，効率が悪かった」

ineffective「効果がない」より，(1) inadequate「不十分である」が最も近い意味となる。outrageous「とんでもない」 revolutionary「画期的な」 unimaginable「想像を絶する」

(E)「これは問題の核心に繋がっている」

core「核心」より，(4) root「根源」が最も近い意味となる。classification「分類」 formation「形成」 resolution「決意」

❖講　評

例年と変わらぬ問題構成で，そのうち多くの比重を占めるのがⅠとⅡの長文読解問題である。この２題は，設問形式に違いこそあれ，文章の難度に大きな差はなく，いずれも語数は800語程度である。内容説明問題や指示語の指す内容を問う問題は，問われた部分の前後に答えの根拠となる箇所がある場合がほとんどである。ただし，必ずしも直前直後の文にのみ答えがあるわけではなく，段の要旨や文章全体の流れを踏まえて解答しなければならない問いもある。例えば，Ⅱ〔１〕(D)の空所を埋める問いでは段の要旨が書かれた第１文に空所があるが，同段の内容より，工場経営者と労働者との対比に焦点があてられた段だと判断して解答を導く必要がある。同じⅡの〔１〕(E)に同形式の設問がある。また，選択肢が本文中の字句そのままではなく，パラフレーズされたものとなっていることがほとんどで，例えば，Ⅰ〔１〕の(B)では，本文中の how Saturn got them in the first place が選択肢では How Saturn's rings emerged と言い換えられていることに気づかないと正解できない。イメージを伴う幅広い語彙知識が必要になってくるだろう。2023年度はⅠの〔２〕内容真偽にやや判断が難しいと思われる箇所があるが，合否を分けるのはそういった難問の成否ではなく，限られた時間の中で標準的難度のものをいかに確実に正解するかであろう。

また，Ⅲの会話文は長文とは異なり，美容室での会話など日常的な状況設定のもので，カジュアルな会話表現がみられる。空所補充という形式で，前後の発言と矛盾しないものを選ぶことができるかを問うている。2023年度は，話者の意見が途中で変わったりする場面もあり，会話の流れに注意して読み進めねばならない。選択肢数も比較的多く，吟味にはある程度時間を要する問題でもある。

Ⅳ・Ⅴの文法・語彙問題は，標準的な難度のものが多く，これらを確実に得点できるだけの力をつけて臨みたい。

全体として，80 分という試験時間の中で，長文読解 2 題を含む計 5 題を解答し切るだけの英語への慣れが試される試験といえよう。

数学

I

解答　〔1〕ア．$\dfrac{2}{5}$　イ．$\dfrac{13}{25}$　ウ．$-\dfrac{1}{5}P_n+\dfrac{3}{5}$

エ．$\dfrac{1}{2}+\dfrac{1}{2}\left(-\dfrac{1}{5}\right)^n$

〔2〕オ．$\dfrac{1}{5}$　カ．$\dfrac{9}{25}$　キ．$-\dfrac{1}{5}Q_n+\dfrac{2}{5}$　ク．$\dfrac{1}{3}+\dfrac{2}{3}\left(-\dfrac{1}{5}\right)^n$

〔3〕ケ．$\dfrac{1}{5}$　コ．$-\dfrac{1}{5}R_n+\dfrac{1}{5}$　サ．$\dfrac{1}{6}-\dfrac{1}{6}\left(-\dfrac{1}{5}\right)^{n-1}$

〔4〕シ．$\dfrac{2}{3}$

◀解　説▶

≪カードの数字の和が 2，3，6 の倍数となる確率，漸化式，極限値≫

カードを 1 枚取り出すとき，1，2，3，4，5 の数字が出る確率は，それぞれ毎回 $\dfrac{1}{5}$ である。

〔1〕　$X(1)$ が偶数となるのは，2 か 4 が出るとき

$$P_1=\frac{2}{5}\quad\to ア$$

$X(2)$ が偶数となるのは，2 回とも偶数か，2 回とも奇数が出るとき

$$P_2=\left(\frac{2}{5}\right)^2+\left(\frac{3}{5}\right)^2=\frac{13}{25}\quad\to イ$$

$X(n+1)$ が偶数となるのは，次の 2 つの場合がある。

(i)　$X(n)$ が偶数で，$n+1$ 回目に 2 か 4 が出るとき

(ii)　$X(n)$ が奇数で，$n+1$ 回目に 1 か 3 か 5 が出るとき

$$P_{n+1}=P_n\times\frac{2}{5}+(1-P_n)\times\frac{3}{5}$$

$$=-\frac{1}{5}P_n+\frac{3}{5}\quad\to ウ$$

$\alpha=-\dfrac{1}{5}\alpha+\dfrac{3}{5}\Longleftrightarrow\alpha=\dfrac{1}{2}$ より，この式は

$$P_{n+1}-\frac{1}{2}=-\frac{1}{5}\left(P_n-\frac{1}{2}\right)$$

と変形できるので，数列 $\left\{P_n-\frac{1}{2}\right\}$ は公比 $-\frac{1}{5}$ の等比数列で，初項は

$$P_1-\frac{1}{2}=\frac{2}{5}-\frac{1}{2}=-\frac{1}{10}$$

より

$$P_n-\frac{1}{2}=-\frac{1}{10}\left(-\frac{1}{5}\right)^{n-1}=\frac{1}{2}\left(-\frac{1}{5}\right)^n$$

$$\therefore\quad P_n=\frac{1}{2}+\frac{1}{2}\left(-\frac{1}{5}\right)^n\quad \to エ$$

〔２〕 $A=\{1,\ 4\}$，$B=\{2,\ 5\}$，$C=\{3\}$ とすると

$X(1)$ が 3 の倍数となるのは，C から取り出すとき

$$Q_1=\frac{1}{5}\quad \to オ$$

$X(2)$ が 3 の倍数となるのは，A，B から 1 回ずつか，C から 2 回取り出すとき

$$Q_2=\frac{2}{5}\times\frac{2}{5}\times 2+\left(\frac{1}{5}\right)^2=\frac{9}{25}\quad \to カ$$

$X(n+1)$ が 3 の倍数となるのは，次の 3 つの場合がある。

(i)　$X(n)$ が 3 の倍数で，$n+1$ 回目は C から取り出すとき　$\left(確率\ \frac{1}{5}\right)$

(ii)　$X(n)$ を 3 で割った余りが 1 で，$n+1$ 回目は B から取り出すとき　$\left(確率\ \frac{2}{5}\right)$

(iii)　$X(n)$ を 3 で割った余りが 2 で，$n+1$ 回目は A から取り出すとき　$\left(確率\ \frac{2}{5}\right)$

(ii)と(iii)をあわせて考えると，$X(n)$ が 3 の倍数でないときは確率 $\frac{2}{5}$ で $X(n+1)$ が 3 の倍数となるから

$$Q_{n+1}=Q_n\times\frac{1}{5}+(1-Q_n)\times\frac{2}{5}$$

$$=-\frac{1}{5}Q_n+\frac{2}{5}\quad \to キ$$

$\alpha=-\dfrac{1}{5}\alpha+\dfrac{2}{5} \Longleftrightarrow \alpha=\dfrac{1}{3}$ より，この式は

$$Q_{n+1}-\frac{1}{3}=-\frac{1}{5}\left(Q_n-\frac{1}{3}\right)$$

と変形できるので，数列 $\left\{Q_n-\dfrac{1}{3}\right\}$ は公比 $-\dfrac{1}{5}$ の等比数列で，初項は

$$Q_1-\frac{1}{3}=\frac{1}{5}-\frac{1}{3}=-\frac{2}{15}$$

より

$$Q_n-\frac{1}{3}=-\frac{2}{15}\left(-\frac{1}{5}\right)^{n-1}=\frac{2}{3}\left(-\frac{1}{5}\right)^n$$

$$\therefore\quad Q_n=\frac{1}{3}+\frac{2}{3}\left(-\frac{1}{5}\right)^n \quad \to ク$$

〔3〕 $X(2)$ が 6 の倍数となるのは，1 回目と 2 回目の組が (1, 5), (2, 4), (3, 3), (4, 2), (5, 1) のときなので

$$R_2=\left(\frac{1}{5}\right)^2\times 5=\frac{1}{5} \quad \to ケ$$

$X(n+1)$ が 6 の倍数となるのは，次の 5 つの場合がある。

(i) $X(n)$ を 6 で割った余りが 1 で，$n+1$ 回目に取り出す数が 5 のとき $\left(確率\ \dfrac{1}{5}\right)$

(ii) $X(n)$ を 6 で割った余りが 2 で，$n+1$ 回目に取り出す数が 4 のとき $\left(確率\ \dfrac{1}{5}\right)$

(iii) $X(n)$ を 6 で割った余りが 3 で，$n+1$ 回目に取り出す数が 3 のとき $\left(確率\ \dfrac{1}{5}\right)$

(iv) $X(n)$ を 6 で割った余りが 4 で，$n+1$ 回目に取り出す数が 2 のとき $\left(確率\ \dfrac{1}{5}\right)$

(v) $X(n)$ を 6 で割った余りが 5 で，$n+1$ 回目に取り出す数が 1 のとき $\left(確率\ \dfrac{1}{5}\right)$

(i)〜(v)をまとめると，$X(n)$ が 6 の倍数でないときは確率 $\dfrac{1}{5}$ で $X(n+1)$

が6の倍数となる。

なお，$X(n)$ が6の倍数のときは，$n+1$ 回目にどの数を取り出しても6の倍数とならない。

よって

$$R_{n+1}=(1-R_n)\times\frac{1}{5}+R_n\times 0$$

$$=-\frac{1}{5}R_n+\frac{1}{5}\quad \to コ$$

$\alpha=-\frac{1}{5}\alpha+\frac{1}{5}\Longleftrightarrow\alpha=\frac{1}{6}$ より，この式は

$$R_{n+1}-\frac{1}{6}=-\frac{1}{5}\left(R_n-\frac{1}{6}\right)$$

と変形できるので，数列 $\left\{R_n-\frac{1}{6}\right\}$ は公比 $-\frac{1}{5}$ の等比数列で，初項は

$$R_1-\frac{1}{6}=0-\frac{1}{6}=-\frac{1}{6}$$

より

$$R_n-\frac{1}{6}=-\frac{1}{6}\left(-\frac{1}{5}\right)^{n-1}$$

$$\therefore\quad R_n=\frac{1}{6}-\frac{1}{6}\left(-\frac{1}{5}\right)^{n-1}\quad \to サ$$

〔4〕 $\lim_{n\to\infty}P_n=\lim_{n\to\infty}\left\{\frac{1}{2}+\frac{1}{2}\left(-\frac{1}{5}\right)^n\right\}=\frac{1}{2}$

$$\lim_{n\to\infty}Q_n=\lim_{n\to\infty}\left\{\frac{1}{3}+\frac{2}{3}\left(-\frac{1}{5}\right)^n\right\}=\frac{1}{3}$$

$$\lim_{n\to\infty}R_n=\lim_{n\to\infty}\left\{\frac{1}{6}-\frac{1}{6}\left(-\frac{1}{5}\right)^{n-1}\right\}=\frac{1}{6}$$

2の倍数かつ3の倍数である数は，6の倍数であるので，$X(n)$ が2，3，6のいずれかの倍数であるのは，2または3の倍数のときである。よって，求める確率は

$$\lim_{n\to\infty}(P_n+Q_n-R_n)=\frac{1}{2}+\frac{1}{3}-\frac{1}{6}=\frac{2}{3}\quad \to シ$$

参考　〔2〕で，$X(n)$ を3で割った余りが0，1，2である確率をそれぞれ Q_n，S_n，T_n とおくと

$$Q_{n+1}=Q_n\times\frac{1}{5}+S_n\times\frac{2}{5}+T_n\times\frac{2}{5}$$

ここで，$Q_n+S_n+T_n=1$ なので

$$S_n+T_n=1-Q_n$$

$$\therefore\quad Q_{n+1}=\frac{1}{5}Q_n+\frac{2}{5}(S_n+T_n)$$

$$=\frac{1}{5}Q_n+\frac{2}{5}(1-Q_n)$$

としてもよい。

同様に〔3〕で，$X(n)$ を 6 で割った余りが 0，1，2，3，4，5 である確率をそれぞれ R_n，S_n，T_n，U_n，V_n，W_n とおくと

$$R_{n+1}=R_n\times 0+S_n\times\frac{1}{5}+T_n\times\frac{1}{5}+U_n\times\frac{1}{5}+V_n\times\frac{1}{5}+W_n\times\frac{1}{5}$$

ここで，$S_n+T_n+U_n+V_n+W_n+R_n=1$ なので

$$S_n+T_n+U_n+V_n+W_n=1-R_n$$

$$\therefore\quad R_{n+1}=\frac{1}{5}(S_n+T_n+U_n+V_n+W_n)=\frac{1}{5}(1-R_n)$$

としてもよい。

II　解答

〔1〕ア．0　イ．$\frac{\pi}{4}$　ウ．$\frac{3}{4}\pi$　エ．π

〔2〕オ．$\frac{\sqrt{6}}{3}$　カ．0　キ．$-\frac{\sqrt{6}}{3}$

〔3〕ク．$\frac{\sqrt{2}-1}{3}$　ケ．$\frac{2\sqrt{2}}{3}$　コ．$\frac{\sqrt{2}-1}{3}$

◀解　説▶

≪三角方程式，微分と極値，2 つの曲線によって囲まれた図形の面積≫

〔1〕　$f(x)-g(x)=\sin 2x\cos x-\sin x=2\sin x\cos x\cdot\cos x-\sin x$

$$=\sin x(2\cos^2 x-1)=0$$

とすると

$$\sin x=0,\ \cos x=\pm\frac{1}{\sqrt{2}}$$

$0\leqq x\leqq\pi$ において

$\sin x = 0$ は　　$x = 0,\ \pi$

$\cos x = \pm\dfrac{1}{\sqrt{2}}$ は　　$x = \dfrac{\pi}{4},\ \dfrac{3}{4}\pi$

よって　　$x = 0,\ \dfrac{\pi}{4},\ \dfrac{3}{4}\pi,\ \pi$　→ア，イ，ウ，エ

〔２〕 $f'(x) = (\sin 2x\cos x)'$

$$= 2\cos 2x\cdot\cos x + \sin 2x\cdot(-\sin x)$$
$$= 2\cos x(2\cos^2 x - 1) - 2\sin x\cdot\cos x\cdot\sin x$$
$$= 2\cos x(2\cos^2 x - 1) - 2\cos x(1 - \cos^2 x)$$
$$= 6\cos^3 x - 4\cos x$$
$$= 6\cos x\left(\cos x + \frac{\sqrt{6}}{3}\right)\left(\cos x - \frac{\sqrt{6}}{3}\right)$$

$f'(x) = 0$ とすると，$\cos x = 0,\ -\dfrac{\sqrt{6}}{3},\ \dfrac{\sqrt{6}}{3}$ で，

$y = \cos x$ は $0 \leqq x \leqq \pi$ において単調減少より，

$\alpha_1 < \alpha_2 < \alpha_3$ のとき，$\cos\alpha_1 > \cos\alpha_2 > \cos\alpha_3$ なので

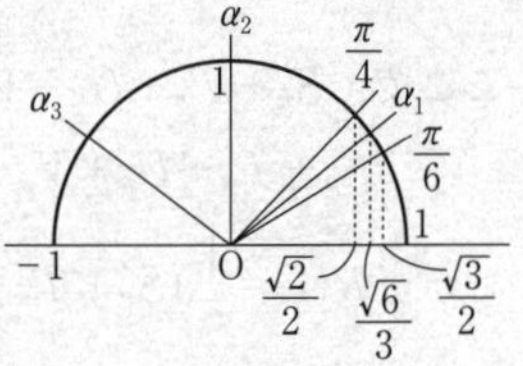

$$\cos\alpha_1 = \frac{\sqrt{6}}{3},\ \cos\alpha_2 = 0,\ \cos\alpha_3 = -\frac{\sqrt{6}}{3}\quad \text{→オ，カ，キ}$$

(注)　$\dfrac{\sqrt{3}}{2} = \dfrac{\sqrt{27}}{6},\ \dfrac{\sqrt{6}}{3} = \dfrac{\sqrt{24}}{6},\ \dfrac{\sqrt{2}}{2} = \dfrac{\sqrt{18}}{6}$ より

$$\frac{\sqrt{3}}{2} > \frac{\sqrt{6}}{3} > \frac{\sqrt{2}}{2} \iff \cos\frac{\pi}{6} > \cos\alpha_1 > \cos\frac{\pi}{4}$$

なので

$$\frac{\pi}{6} < \alpha_1 < \frac{\pi}{4}$$

x	0	$\cdots$	α_1	$\cdots$	$\alpha_2 = \dfrac{\pi}{2}$	$\cdots$	α_3	$\cdots$	π
$f'(x)$		$+$	0	$-$	0	$+$	0	$-$	
$f(x)$	0	↗	$\dfrac{4\sqrt{3}}{9}$	↘	0	↗	$\dfrac{4\sqrt{3}}{9}$	↘	0

$$f(\alpha_1) = \sin 2\alpha_1\cos\alpha_1 = 2\sin\alpha_1\cos^2\alpha_1 = 2\left(\frac{\sqrt{3}}{3}\right)\cdot\left(\frac{\sqrt{6}}{3}\right)^2 = \frac{4\sqrt{3}}{9}$$

$$f'(0)=2$$

$y=f(x)$ と $y=g(x)$ のグラフは下図のようになる。

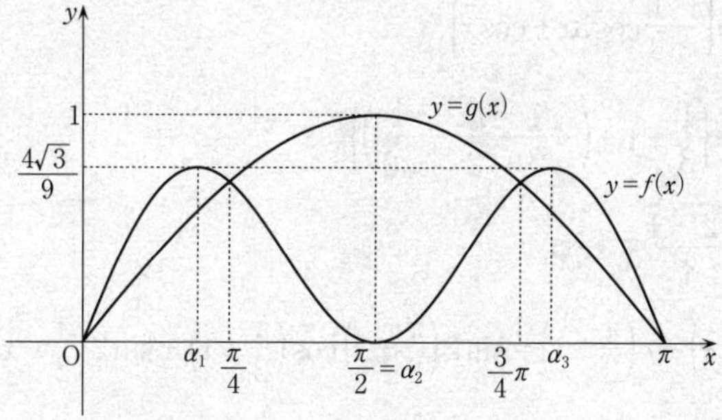

〔3〕　$0\leqq x\leqq\frac{\pi}{4}$ における求める面積を S_1 とすると

$$S_1=\int_0^{\frac{\pi}{4}}(\sin 2x\cos x-\sin x)\,dx$$

$$=\int_0^{\frac{\pi}{4}}\left\{\frac{1}{2}(\sin 3x+\sin x)-\sin x\right\}dx$$

$$=\int_0^{\frac{\pi}{4}}\frac{1}{2}(\sin 3x-\sin x)\,dx$$

$$=\frac{1}{2}\left[-\frac{1}{3}\cos 3x+\cos x\right]_0^{\frac{\pi}{4}}$$

$$=\frac{1}{2}\left\{\frac{1}{3\sqrt{2}}+\frac{1}{\sqrt{2}}-\left(-\frac{1}{3}+1\right)\right\}$$

$$=\frac{\sqrt{2}-1}{3}\quad\rightarrow ク$$

$\frac{\pi}{4}\leqq x\leqq\frac{3}{4}\pi$ における求める面積を S_2 とすると

$$S_2=\int_{\frac{\pi}{4}}^{\frac{3}{4}\pi}(\sin x-\sin 2x\cos x)\,dx$$

$$=\frac{1}{2}\left[\frac{1}{3}\cos 3x-\cos x\right]_{\frac{\pi}{4}}^{\frac{3}{4}\pi}$$

$$=\frac{1}{2}\left[\frac{1}{3}\cdot\frac{1}{\sqrt{2}}+\frac{1}{\sqrt{2}}-\left\{\frac{1}{3}\left(-\frac{1}{\sqrt{2}}\right)-\frac{1}{\sqrt{2}}\right\}\right]=\frac{2\sqrt{2}}{3}\quad\rightarrow ケ$$

$\frac{3}{4}\pi\leqq x\leqq\pi$ における求める面積を S_3 とすると

$$S_3=\int_{\frac{3}{4}\pi}^{\pi}(\sin 2x\cos x-\sin x)\,dx$$

$$=\frac{1}{2}\left[-\frac{1}{3}\cos 3x+\cos x\right]_{\frac{3}{4}\pi}^{\pi}$$

$$=\frac{1}{2}\left\{\frac{1}{3}-1-\left(-\frac{1}{3}\cdot\frac{1}{\sqrt{2}}-\frac{1}{\sqrt{2}}\right)\right\}$$

$$=\frac{\sqrt{2}-1}{3}\quad\to コ$$

(注)　$f\left(\frac{\pi}{2}+x\right)-f\left(\frac{\pi}{2}-x\right)=\sin 2\left(\frac{\pi}{2}+x\right)\cos\left(\frac{\pi}{2}+x\right)-\sin 2\left(\frac{\pi}{2}-x\right)\cos\left(\frac{\pi}{2}-x\right)$

$$=-\sin 2x\cdot(-\sin x)-\sin 2x\sin x=0$$

なので，$f\left(\frac{\pi}{2}-x\right)=f\left(\frac{\pi}{2}+x\right)$ より，$y=f(x)$ は直線 $x=\frac{\pi}{2}$ に関して対称である。このことから，$S_1=S_3$ が成り立つことがわかる。

参考　面積の積分計算は次のようにもできる。

$$\int_0^{\frac{\pi}{4}}(\sin 2x\cos x-\sin x)\,dx=\int_0^{\frac{\pi}{4}}(2\cos^2x-1)\sin x dx$$

$t=\cos x$ とおくと

$$dt=-\sin x dx$$

x	$0\to\frac{\pi}{4}$
t	$1\to\frac{1}{\sqrt{2}}$

$$=\int_1^{\frac{1}{\sqrt{2}}}(2t^2-1)(-dt)=\left[-\frac{2}{3}t^3+t\right]_1^{\frac{1}{\sqrt{2}}}$$

$$=-\frac{2}{3}\cdot\frac{1}{2\sqrt{2}}+\frac{1}{\sqrt{2}}-\left(-\frac{2}{3}+1\right)=\frac{\sqrt{2}}{3}-\frac{1}{3}$$

III **解答** 〔1〕ア．0　イ．1　ウ．$x+x\sqrt{1-x}$　エ．$x-x\sqrt{1-x}$

〔2〕オ．$2\sqrt{1-x}+2-3x$　カ．$1-x$　キ．$\dfrac{32}{27}$　ク．$\dfrac{8}{9}$　ケ．0　コ．1

〔3〕サ．$\dfrac{8}{15}$　シ．$\dfrac{64}{105}\pi$

◀解　説▶

≪陰関数で表された曲線，極値，面積，回転体の体積≫

〔1〕　$y^2-2xy+x^3=0$ より

$$(y-x)^2=x^2-x^3 \quad \cdots\cdots ①$$

図形が存在するには

$$x^2-x^3 \geqq 0 \quad \text{つまり} \quad x^2(1-x) \geqq 0$$

よって　　$1-x \geqq 0$

これと $x \geqq 0$ より，$0 \leqq x \leqq 1$ であることが必要である。

このとき①で

$y-x \geqq 0$ のとき

$$y-x=\sqrt{x^2-x^3}$$

$$\therefore \quad y=x+x\sqrt{1-x} \geqq 0$$

$y-x \leqq 0$ のとき

$$y-x=-\sqrt{x^2-x^3}$$

$$\therefore \quad y=x-x\sqrt{1-x}=x(1-\sqrt{1-x}) \geqq 0$$

いずれの場合も $y \geqq 0$ を満たすから　　$0 \leqq x \leqq 1$　→ア，イ

$$f(x)=x+x\sqrt{1-x} \quad , \quad g(x)=x-x\sqrt{1-x} \quad \text{→ウ，エ}$$

参考　次のように $y^2-2xy+x^3=0$ を y についての 2 次方程式とみなして解くこともできる。

y の 2 次方程式 $y^2-2xy+x^3=0$ において判別式を D とすると，y は実数だから

$$\frac{D}{4}=x^2-x^3 \geqq 0$$

$$x^2(1-x) \geqq 0$$

これと $x \geqq 0$ より　　$0 \leqq x \leqq 1$

このとき　　$y=x \pm \sqrt{x^2-x^3}$

$y_1=x+\sqrt{x^2-x^3}$，$y_2=x-\sqrt{x^2-x^3}$　$(0\leqq x\leqq 1)$ とおくと，解と係数の関係から

$$y_1+y_2=2x\geqq 0 \quad , \quad y_1y_2=x^3\geqq 0 \iff y_1\geqq 0 \text{　かつ　} y_2\geqq 0$$

以上より，x のとりうる値の範囲は $0\leqq x\leqq 1$ で

$$f(x)=y_1=x+\sqrt{x^2-x^3}$$
$$g(x)=y_2=x-\sqrt{x^2-x^3}$$

〔2〕 $f'(x)=\dfrac{2\sqrt{1-x}-(3x-2)}{2\sqrt{1-x}}$ →オ，カ

ここで，2つのグラフ $y=2\sqrt{1-x}$，$y=3x-2$ を考えると，図1より

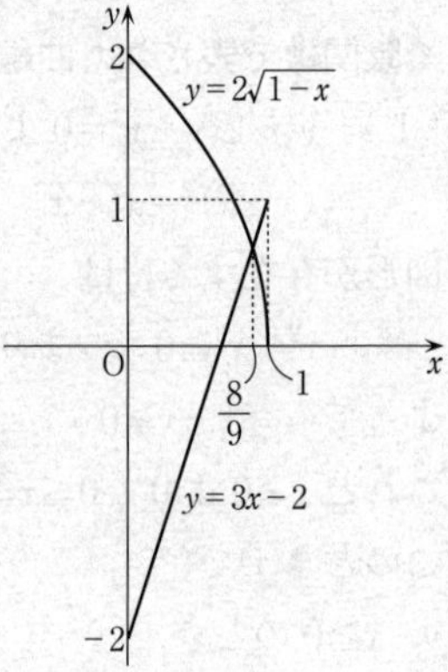

図1

$0\leqq x\leqq\dfrac{8}{9}$ のとき

$$2\sqrt{1-x}\geqq 3x-2$$

$\dfrac{8}{9}\leqq x\leqq 1$ のとき

$$2\sqrt{1-x}\leqq 3x-2$$

したがって，$f(x)$ の増減は次のようになる。

x	0	$\cdots$	$\frac{8}{9}$	$\cdots$	1
$f'(x)$		+	0	−	$(-\infty)$
$f(x)$	0	↗	$\frac{32}{27}$	↘	1

$$f\left(\frac{8}{9}\right)=\frac{8}{9}+\frac{8}{9}\sqrt{1-\frac{8}{9}}=\frac{32}{27}$$

よって，最大値は

$$\frac{32}{27}\quad\left(x=\frac{8}{9}\text{ のとき}\right)$$ →キ，ク

$$g(x)=x-\sqrt{x^2-x^3}$$

$$g'(x)=\frac{2\sqrt{1-x}-(-3x+2)}{2\sqrt{1-x}}$$

同様に2つのグラフ $y=2\sqrt{1-x}$，$y=-3x+2$ を考えると，図2より

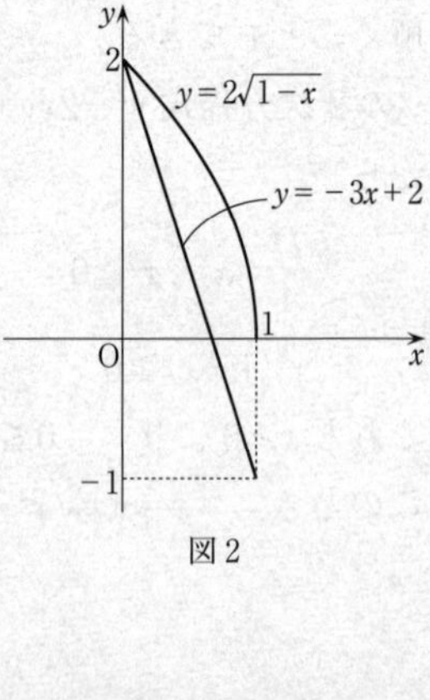

図2

$0\leqq x\leqq 1$ のとき

$$2\sqrt{1-x} \geqq -3x+2$$

が成り立つから

$g'(x) \geqq 0$ で $g(x)$ は単調増加。

$g(0)=0$, $g(1)=1$ より

$$0 \leqq g(x) \leqq 1 \quad \to ケ，コ$$

〔3〕 C で囲まれた図形の面積 S は

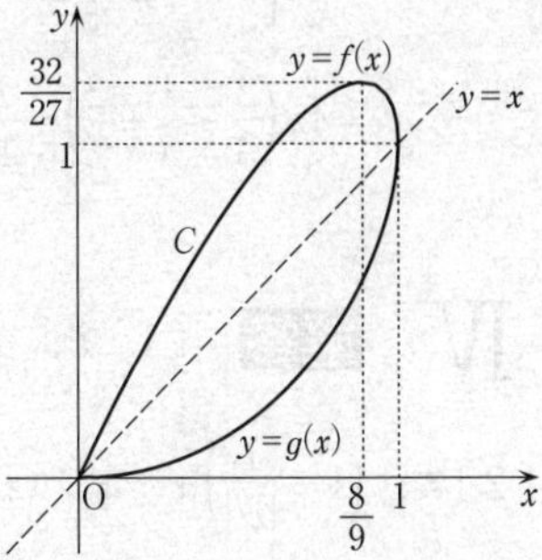

$$S=\int_0^1\{(x+x\sqrt{1-x}) - (x-x\sqrt{1-x})\}dx$$

$$=\int_0^1 2x\sqrt{1-x}\,dx$$

ここで $1-x=t$ とおくと

$$x=1-t$$

$$dx=-dt \quad \cdots\cdots(*)$$

x	$0 \to 1$
t	$1 \to 0$

$$S=\int_1^0 2(1-t)\sqrt{t}\,(-dt)$$

$$=2\int_0^1(\sqrt{t}-t\sqrt{t})\,dt$$

$$=2\left[\frac{2}{3}t^{\frac{3}{2}}-\frac{2}{5}t^{\frac{5}{2}}\right]_0^1=2\left(\frac{2}{3}-\frac{2}{5}\right)=\frac{8}{15} \quad \to サ$$

参考　部分積分でも計算できる。

$$\int x\sqrt{1-x}\,dx=x\times-\frac{2}{3}(1-x)^{\frac{3}{2}}-\int-\frac{2}{3}(1-x)^{\frac{3}{2}}dx$$

$$=-\frac{2}{3}x(1-x)^{\frac{3}{2}}+\frac{2}{3}\cdot\left(-\frac{2}{5}\right)(1-x)^{\frac{5}{2}}+C \quad (C\ は積分定数)$$

$$\int_0^1 2x\sqrt{1-x}\,dx=2\left[-\frac{2}{3}x(1-x)^{\frac{3}{2}}-\frac{4}{15}(1-x)^{\frac{5}{2}}\right]_0^1$$

$$=0-2\left(-\frac{4}{15}\right)=\frac{8}{15}$$

この図形を，x 軸の周りに1回転してできる立体の体積 V は

$$V=\int_0^1\pi\{(x+x\sqrt{1-x})^2-(x-x\sqrt{1-x})^2\}dx$$

$$=\int_0^1\pi(4x^2\sqrt{1-x})\,dx$$

$$=4\pi\int_0^1 x^2\sqrt{1-x}\,dx$$

$t=1-x$ とおくと，（＊）より

$$V=4\pi\int_1^0(1-t)^2\sqrt{t}\,(-dt)$$

$$=4\pi\int_0^1(\sqrt{t}-2t\sqrt{t}+t^2\sqrt{t})\,dt$$

$$=4\pi\left[\frac{2}{3}t^{\frac{3}{2}}-2\cdot\frac{2}{5}t^{\frac{5}{2}}+\frac{2}{7}t^{\frac{7}{2}}\right]_0^1$$

$$=4\pi\left(\frac{2}{3}-\frac{4}{5}+\frac{2}{7}\right)=\frac{64}{105}\pi \quad \to シ$$

Ⅳ　解答　〔1〕ア．1　イ．0　ウ．$\sqrt{5}$

〔2〕エ．$\left(1-\dfrac{1}{|\alpha|}\right)\alpha$　オ．$(z-\alpha)\left(-\dfrac{|\alpha|}{\alpha}\right)$　カ．$\dfrac{2\pi}{n}$　キ．1　ク．ω^k

ケ．$\dfrac{\alpha}{|\alpha|}(|\alpha|-\omega^k)$　コ．$|\alpha|^2+1$

◀解　説▶

≪複素数の偏角・大きさ，回転，Σ計算≫

〔1〕ド・モアブルの定理より

$$\omega^n=\left(\cos\frac{2\pi}{n}+i\sin\frac{2\pi}{n}\right)^n=\cos\left(n\cdot\frac{2\pi}{n}\right)+i\sin\left(n\cdot\frac{2\pi}{n}\right)$$

$$=\cos 2\pi+i\sin 2\pi$$

$$=1+0i$$

$$=1 \quad \to ア$$

$\omega^n-1=(\omega-1)(\omega^{n-1}+\omega^{n-2}+\omega^{n-3}+\cdots+\omega^2+\omega+1)=0$ で

$\omega-1\neq0$ より　　$\omega^{n-1}+\omega^{n-2}+\cdots+\omega+1=0$

よって　　$\displaystyle\sum_{k=0}^{n-1}\omega^k=0$　→イ

$n=5$ のとき，$\omega^5=1$ より $\omega^1\cdot\omega^4=\omega^2\cdot\omega^3=1$ なので

$$\overline{\omega}=\omega^4,\ \overline{\omega^4}=\omega,\ \overline{\omega^2}=\omega^3,\ \overline{\omega^3}=\omega^2$$

また　　$\omega^4+\omega^3+\omega^2+\omega+1=0,\ |\omega|=1$

$$|\omega-\omega^2-\omega^3+\omega^4|^2=(\omega-\omega^2-\omega^3+\omega^4)\overline{(\omega-\omega^2-\omega^3+\omega^4)}$$

$$=(\omega-\omega^2-\omega^3+\omega^4)(\overline{\omega}-\overline{\omega^2}-\overline{\omega^3}+\overline{\omega^4})$$

$$=(\omega-\omega^2-\omega^3+\omega^4)(\omega^4-\omega^3-\omega^2+\omega)$$

$$=(\omega^4-\omega^3-\omega^2+\omega)^2$$
$$=\omega^8+\omega^6+\omega^4+\omega^2$$
$$+2(-\omega^7-\omega^6+\omega^5+\omega^5-\omega^4-\omega^3)$$
$$=\omega^3+\omega+\omega^4+\omega^2+2(-\omega^2-\omega+2-\omega^4-\omega^3)$$
$$=-(\omega+\omega^2+\omega^3+\omega^4)+4=-(-1)+4=5$$

よって　$|\omega-\omega^2-\omega^3+\omega^4|=\sqrt{5}$　→ウ

〔2〕　$\beta_0=\dfrac{|\alpha|-1}{|\alpha|}\alpha=\left(1-\dfrac{1}{|\alpha|}\right)\alpha$　→エ

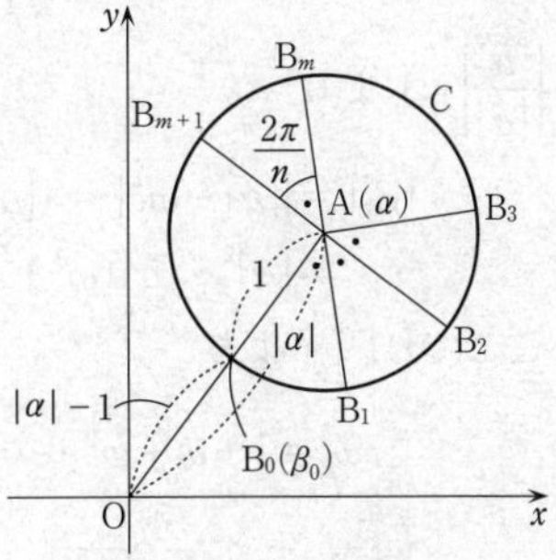

点 z を $-\alpha$ だけ平行移動した点は $z-\alpha$ である。

$\beta_0-\alpha=-\dfrac{\alpha}{|\alpha|}$ であり

$$|\beta_0-\alpha|=\left|\frac{-\alpha}{|\alpha|}\right|=\frac{|\alpha|}{|\alpha|}=1$$

であるから，点 $z-\alpha$ を原点Oを中心として角 $-\arg(\beta_0-\alpha)$ だけ回転した点 z' は

$$z'=\frac{z-\alpha}{\beta_0-\alpha}=(z-\alpha)\left(-\frac{|\alpha|}{\alpha}\right)\quad\text{→オ}$$

点 B_m に，この移動を施した複素数を β_m' とするので

$$\beta_m'=(\beta_m-\alpha)\left(-\frac{|\alpha|}{\alpha}\right)\quad\cdots\cdots①$$

同様に　$\beta_{m+1}'=(\beta_{m+1}-\alpha)\left(-\dfrac{|\alpha|}{\alpha}\right)$

点 B_{m+1} は点 B_m を，点 A(α) を中心として角 $\dfrac{2\pi}{n}$ だけ回転して得られるから

$$\frac{\beta_{m+1}'}{\beta_m'}=\frac{\beta_{m+1}-\alpha}{\beta_m-\alpha}$$
$$=\cos\left(\frac{2\pi}{n}\right)+i\sin\left(\frac{2\pi}{n}\right)=\omega\quad\cdots\cdots②$$

$$\arg\left(\frac{\beta_{m+1}'}{\beta_m'}\right)=\frac{2\pi}{n}\quad\text{→カ}$$

$$\left|\frac{\beta_{m+1}'}{\beta_m'}\right|=|\omega|=1\quad\text{→キ}$$

$\beta_0{}'=(\beta_0-\alpha)\left(-\dfrac{|\alpha|}{\alpha}\right)=-\dfrac{\alpha}{|\alpha|}\cdot\left(-\dfrac{|\alpha|}{\alpha}\right)=1$ であり，②より $\beta_{m+1}{}'=\omega\beta_m{}'$ なので

$$\beta_k{}'=\beta_0{}'\cdot\omega^k=1\cdot\omega^k=\omega^k\quad\to ク$$

①より

$$\beta_k=-\frac{\alpha}{|\alpha|}\beta_k{}'+\alpha=-\frac{\alpha}{|\alpha|}\omega^k+\alpha=\frac{\alpha}{|\alpha|}(|\alpha|-\omega^k)\quad\to ケ$$

$\left|\dfrac{\alpha}{|\alpha|}\right|=1$ より

$$\begin{aligned}|\beta_k|^2&=\left||\alpha|-\omega^k\right|^2=(|\alpha|-\omega^k)(|\alpha|-\overline{\omega^k})\\&=|\alpha|^2-|\alpha|(\omega^k+\overline{\omega^k})+\omega^k\overline{\omega^k}\end{aligned}$$

ここで〔1〕イより

$$\sum_{k=0}^{n-1}\omega^k=1+\omega+\omega^2+\cdots+\omega^{n-1}=0$$

$$\begin{aligned}\sum_{k=0}^{n-1}\overline{\omega^k}&=\overline{1}+\overline{\omega}+\overline{\omega^2}+\cdots+\overline{\omega^{n-1}}\\&=\overline{1+\omega+\omega^2+\cdots+\omega^{n-1}}=\overline{0}=0\end{aligned}$$

$$\omega^k\overline{\omega^k}=(\omega\overline{\omega})^k=(|\omega|^2)^k=1$$

$$\begin{aligned}\frac{1}{n}\sum_{k=0}^{n-1}|\beta_k|^2&=\frac{1}{n}\sum_{k=0}^{n-1}(|\alpha|^2+1)-|\alpha|\left(\sum_{k=0}^{n-1}\omega^k+\sum_{k=0}^{n-1}\overline{\omega^k}\right)\\&=\frac{1}{n}n(|\alpha|^2+1)-|\alpha|(0+0)\\&=|\alpha|^2+1\quad\to コ\end{aligned}$$

別解　〔1〕ウ．$\omega=\cos\dfrac{2}{5}\pi+i\sin\dfrac{2}{5}\pi$ のとき

$$\omega^2=\cos\frac{4}{5}\pi+i\sin\frac{4}{5}\pi$$

$$\omega^3=\cos\frac{6}{5}\pi+i\sin\frac{6}{5}\pi=\cos\frac{4}{5}\pi-i\sin\frac{4}{5}\pi$$

$$\omega^4=\cos\frac{8}{5}\pi+i\sin\frac{8}{5}\pi=\cos\frac{2}{5}\pi-i\sin\frac{2}{5}\pi$$

よって

$$\omega-\omega^2-\omega^3+\omega^4=2\cos\frac{2}{5}\pi-2\cos\frac{4}{5}\pi$$

$$=2\cos\frac{2}{5}\pi-2\left(2\cos^2\frac{2}{5}\pi-1\right)$$

$$=-4\cos^2\frac{2}{5}\pi+2\cos\frac{2}{5}\pi+2$$

今，$\cos\frac{2}{5}\pi=t$ とおくと，右図のような

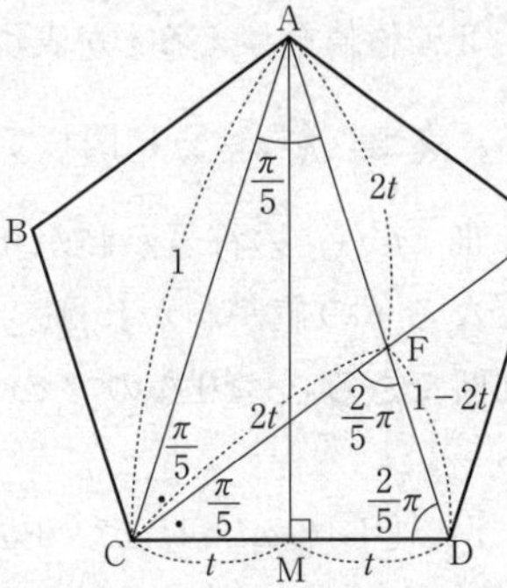

正五角形 ABCDE において

$$t=\mathrm{CM}$$

$\triangle\mathrm{ACD}\backsim\triangle\mathrm{CDF}$ より

$$1:2t=2t:(1-2t)$$

$4t^2+2t-1=0$ より

$$t=\frac{-1+\sqrt{5}}{4}\quad(\because\ t>0)$$

$$\omega-\omega^2-\omega^3+\omega^4=-4t^2+2t+2$$

$$=-(4t^2+2t-1)+4t+1$$

$$=4t+1$$

$$=4\cdot\frac{-1+\sqrt{5}}{4}+1$$

$$=\sqrt{5}$$

よって　　$|\omega-\omega^2-\omega^3+\omega^4|=\sqrt{5}$

❖講　評

試験時間は 100 分で，大問 4 題の出題である。各大問とも，3 つほどの小問で構成されていて，次問への誘導となっているので，順番に解く必要がある。Ⅰは確率漸化式，Ⅱは 2 つの三角関数で囲まれた部分の面積，Ⅲは陰関数表示の図形を陽関数で解いて，面積や体積を求める。Ⅳは複素数平面の問題で，全体としては「数学Ⅲ」からの出題が中心であった。

Ⅰ　1，2，3，4，5 のカードを n 回取り出したときの数字の和が，2 の倍数，3 の倍数，6 の倍数になる確率を漸化式を立てて解く問題であり，頻出問題。2 の倍数は，2 の倍数であるかないかの 2 通りで考えればよいが，3 の倍数では，3 で割った余りが 3 通りあるので，元

来は，三元連立の漸化式を立てることになるが，〔解答〕のように解くことも多い。6 の倍数では，〔参考〕のようにしてもよい。シはあわてて $\frac{1}{2}+\frac{1}{3}+\frac{1}{6}=1$ としないようにしよう。

Ⅱ　極値を与える x が表現しにくい場合でもグラフを描くことはできる。グラフが $x=\frac{\pi}{2}$ に関して対称であることにはすぐ気づくだろう。

Ⅲ　$f'(x)$ の符号がわかりにくいが，記述式ではないので，$f'(x)=0$ となる x の値がわかれば，$f'(0)$，$f'(1)$ の符号などで $f'(x)$ の符号が判断できる。$x\geqq 0$ なので $\sqrt{x^2-x^3}$ を $x\sqrt{1-x}$ と変形すると計算が楽になる。

Ⅳ　〔1〕の $\omega^n=1$, $\omega^{n-1}+\omega^{n-2}+\cdots+\omega+1=0$ は基本知識である。通常 $|\omega-\omega^2-\omega^3+\omega^4|$ は $|\omega-\omega^2-\omega^3+\omega^4|^2=(\omega-\omega^2-\omega^3+\omega^4)\overline{(\omega-\omega^2-\omega^3+\omega^4)}$ を用いて〔解答〕のように求めるが，それぞれに極形式を先に用いた場合は，〔別解〕のように $\cos 72°$ の値の出し方の知識がないとできない。〔2〕は導入に沿って解いていけばよいのだが，文章どおりに計算することがなかなか容易ではなかった受験生も多いだろう。

❖講　評

一はアートと環境・社会とのつながりを「グラフィティ」と「対抗へゲモニー」という切り口から論じた文章。内容は平易だが対比の構図に基づく論点整理は必要である。設問は本文内容の正確な読解を前提としたオーソドックスなものが多い。ポイントは問2。傍線前後の記述を手がかりにして、離れたところにある別のヒントを見つける作業が求められている。文章の単純な読解だけでなく、文章を〈構造〉として捉える思考が重視されていると理解することが重要である。

二は「よい」という概念の起源を「イギリスの心理学者」と「ニーチェ」との対比で論じた文章。内容は標準的だが、観念的・概念的な記述が多いので読み進める過程でその都度関係性の整理を行うことが重要となる。設問は丁寧な読解を前提とした内容説明が大半だが、問5のように語彙知識を要する出題や、問6のようにヒントとなる記述を論理的に整理し直して答えを求める出題もある。こうした出題は今後も続くと思われるので事前に対策を行うことが重要である。

問9　a、直前「期待値をおのれの正味の価値として見せかける紙幣」と直後「紙幣の価値が兌換されないことさえある」より〈添加〉を表す語が入る。すべて該当。b、直前「忘れたふりをしている」と直後「『忘れたふり』は『忘れた』ということと同義ではなく」より〈逆接〉を表す語が入る。5以外の選択肢が該当。c、直前「同義ではなく」と直後「反対でさえある」より〈比較（後部重視）・逆接〉を表す語が入る。1・2・3が該当。d、直前「事実を記憶にとどめなければ」と直後「事実がじかに意識にのぼらないよう隠蔽しておかなければ」より〈逆接〉を表す語が入る。3以外の選択肢が該当。e、前部「道徳起源論は……意識の表面の薄皮を……一枚めくって見せているにすぎない」と後部「この起源説は……歴史の古層に立ち入ることのない……思考方法の産物」より〈同一・言い換え・原因―結果〉を表す語が入る。1・3（5も〈原因―結果〉を示すが、後部表現が対応しない）が該当。よって1が正解となる。

問10　挿入文の「このような政治的な価値評価」という語を手がかりにして各候補の前部を見ると、〈V〉の前部に「貴族的価値評価」「政治的な権力者」「価値の名前を刻印」「価値の命名」「支配者が……『よい』と宣言」「価値の術語は政治権力の一部」といった語があるので、これらの内容を指示語で受けてまとめたものが挿入文だと理解する。

問11　傍線の「政治的」「貴族的」「自己評価」という語を手がかりにして後部を見ると、最終段落冒頭に「貴族的」「価値評価」「政治的」とあるので、さらに後部を見ると「価値の名前を刻印する権利」「『名前を与える主人権』としての政治権力の行使」とあるので、これらを踏まえて選択肢を選ぶ。5は「下位の者と関わらない日常のため」に対応する記述が本文に存在しない。

問12　2は第二段落の内容に合致する。1は「価値を判定」「権力闘争に勝利」に対応する記述が本文に存在しない。最終段落を参照。3は「見落としていた」以下の記述に対応する記述が本文に存在しない。4は「仮言命法の体系」と「道徳」の関係が逆である。第十段落には「道徳意識を仮言命法の体系として捉えかえした」とある。5は「客観化」が誤り。第四段落には「賞賛的な感情を誤って主観化（内面化）してしまい」とある。

て」「最後には行為者自身がみずからの利他性をよいと感じるようになる」（＝前者）という構図が見て取れる。この構図に対応した5が正解。1は「自身の悪意を忘れ」以降、2は「より多くの利益を得ることになった」、3は「利益を受け続けることを習慣化」、4は「それ（＝自分の利他性をよいと感じること）が習慣化」がそれぞれ本文の記述に対応していない。

問5　「自家撞着」とは「つじつまが合わないこと。自己矛盾」という意味。この意味に対応する言葉は2の「葛藤」である。「葛藤」とは「心の中にある、相反する方向の欲求や考えに思い悩んでいる状態」という意味。1の「相克」は「両者が互いに勝とうとして相争うこと。矛盾したもの同士の争い」という意味。「自家撞着」にはこの〈争う〉という意味が存在しない。また3の「自画自賛」、4の「自作自演」、5の「互恵」には「自家撞着」のもつ〈矛盾〉の要素が入っていない。

問6　後部を見ると「しかも行為者当人にとっては、利他的行為は害悪をともなうから、忘却はいっそう困難なはずである」とあるので、この部分を論理的に逆にすると〈行為者当人（＝賞賛される当人）に害悪をともなわない場合、忘却は可能となる〉となる。

問7　設問文の内容を〈現代の道徳的な人の善行の理由をさがす〉と整理して、該当する記述をさがす。二段落後の冒頭に「道徳的意識」「おのれの行為を善いものだと自任」「その理由」とあるので、さらに後部を見ると「誠実な店主の例」として「互恵性の原理によって期待される他者の利他的な行為」「そこで享受しうるはずの私益」「見返りに期待される私益によって隠蔽」とあり、この結果として「道徳的な善という空虚」「われわれの通常の道徳的意識は成り立つ」とあるので、こうした記述を踏まえて選択肢を選ぶ。

問8　まず傍線の「心理学の仮説」という言葉を手がかりにして後部を見ると、二段落後に「『イギリスの心理学者』の道徳起源論」とあるので、さらに後部を見ると「歴史の古層に立ち入ることのない」「非歴史的な思考方法の産物」という記述がある。これが設問の「筆者はどう考えているか」という条件を満たしているので該当する選択肢を選ぶ。

問10　5
問11　1
問12　2

◆要　旨◆

「よい」という概念の起源について「イギリスの心理学者」は利益の享受者の評価を行為者自身が誤って主観化したものと捉えるが、ニーチェは「よい」の語源を歴史的に遡行し、「身分を表わす」意味での「よい」が「精神的に高貴な」という意味へと発達した、と考察した。この考察が正しければ、道徳的な価値の根底に「忘却」を読み込もうとする、あるいは「互恵性」という功利性を読み込もうとする「イギリスの心理学者」の仮説は成り立たず、価値の問題は権力の問題へと移行し、奴隷道徳の善悪をめぐる複雑なイデオロギー闘争の分析にも活かされることになる。

◀解　説▶

問2　直後に「限られた資源のもとで、利他的なよい行ないは、当人の不利益を犠牲になされる」とある。ここでの「当人」とは傍線の「当のよい人」、つまり選択肢の3「判定される人自身」のことであり、「不利益」は傍線の「悪さ」に対応することがわかる。1は「犠牲の有無」、2は「気づいておらず」、4は「本人が拒否」、5は「客観的評価」がそれぞれ本文の記述に該当していない。

問3　「イギリスの心理学者」に関しては、第四段落に「イギリスの心理学者の特異体質」とあり、その後に「人間理性の金看板の裏側に、他人の非利己性から私益を貪ろうとする打算的な欲望を見つけだす意地悪さ」とあるので、この記述を踏まえて選択肢を選ぶ。4は本文にある「誤謬」の要素が欠落している。第四段落参照。

問4　まず一段落前で「前者」＝「自分のことを当事者として判定する場合」、「後者」＝「第三者的に別の人を判定する場合」であることを確認する。この点を踏まえて今度は一段落後を見ると「非利己的ないし利他的な行為によって利益を享受した人々が、その行為をよいと呼んでホ（＝褒）め称えた」（＝後者）が「煽てる言葉だったことが忘却されと、第九段落に「『ヘゲモニー』とは……支配関係に従属して、現存の支配関係を強化する」とある。これに基づいて選択肢を見ると、2の「一流音楽院」「世界的コンクール」が〈「支配」するもの〉であり、そこに進学したり挑戦したりすることが〈従属・強化〉に該当すると理解できる。よって2が正解。

問12　5は第一段落の内容に合致する。1は「その行為を契機に」が誤り。対応する第十六段落にはそうした記述は見当たらない。2は「現代社会」が誤り。対応する第九段落には「現代」といった〈時代の特定・限定〉を示す記述が存在しない。3は「『美しさ』がほとんど感じられない」に該当する記述が本文に存在しない。そうした価値観自体が第十六段落で否定されている。4は「根幹をも揺るがしかねない」が誤り。対応する第四・五段落には「小さなキ（＝亀）裂」「ささやかな抵抗」と書かれている。

二

出典　城戸淳『ニーチェ　道徳批判の哲学――極限の思想』〈第二章　ルサンチマン　1　イギリスの心理学者の道徳起源論　2　貴族的価値評価と価値転換〉（講談社選書メチエ）

解答

問1　①－2　②－3　③－1

問2　3

問3　5

問4　5

問5　2

問6　3

問7　4

問8　1

問9　1

問6　〈一杯食わせる〉とは「うまくだます」という意味。意味の類似した語として〈一泡吹かせる〉がある。続く第五段落の「ささやかな抵抗」が3の「多少の支障」に対応していることを理解する。

問7　5の「ミイラ取りがミイラになる」とは「相手を説得するはずが、逆に相手に説得されてしまう」という意味。空欄前部の「社会を根底から変えるには……システムを利用しながら社会的に上昇」、および後部の「資本主義しぐさが身につき、立派な『保守主義者』になる」という記述を踏まえて選択肢を選ぶ。

問8　a、前部の「思想と精神を向上させる」と直後の「精神的・社会的向上のチャンスなど考えられない」が〈対立・逆接〉の関係になっている。すべて該当。b、直前「金持ち専制主義に陥っている」と後部「専制主義の手下と化している」より〈順接・言い換え・原因−結果・強調〉を表す語のいずれかが入る。すべて該当。c、直前「二〇世紀以降のアートは……文脈に大きく依存して成立する」と直後「（二〇世紀以降のアートは）その文脈と対照して読み解かれねばならない」より〈原因−結果〉を表す語が入る。1・4が該当。d、直前「アートの意味は……単純な基準だけでは測れない」と直後「たんなる帽子かけでも便器でも……『美術作品』になる」の関係として理解すれば〈言い換え・例示〉を表す語が候補となるが、その後の「示したのは……マルセル・デュシャンだった」との関係として理解すれば〈補足〉を表す語が入る。1・2・4・5が該当。e、直前「美術館とは……社会的装置・メディアの一環なのである」と直後「これを一般化するなら、美術作品かどうかは、そういう装置・メディアの……政治的闘争だとも言える」の間には接続詞がなくても文章がなりたつので〈単順接続・添加〉などを表す語が入る。3・4・5が該当。よって4が正解となる。

問9　直後の「たんなる……便器でも、それが美術館に置かれればちゃんと『美術作品』になる」および二段落後の「美術館に展示されるものは……ゴミだろうが『作品』として眺められ、受け取られる」という記述を踏まえて選ぶ。

問10　直前の「あらかじめ社会的評価を作っておく」の具体例が「処女作執筆中」という「肩書き」であると理解する。

問11　「対抗ヘゲモニー」にあてはまらないもの＝〈「ヘゲモニー」にあてはまるもの〉と理解して該当する箇所をさがす

ステムの中で「大物」になるという方法もあるが、それは結果として従属をもたらすばかりとなる。資本主義を肯定するヘゲモニーに対して、キース・ヘリングは「対抗ヘゲモニー」の創出によって抵抗している。資本主義の名のもとに公共空間の私的占有を擁護する主張に対する政治的抵抗手段として、既存の美の基準から逸脱したものにあらかじめ社会的評価を与え、しかるべき位置を占めさせることも必要である。アートという行為は政治闘争の一分野なのだ。

▲解　説▼

問2　設問が〈キースの行為の意味〉を要求している点に注意。直前の〈キース-グラフィティ=落書き〉という構図を踏まえて〈キースの行為（=落書き）の意味〉という観点から後部にヒントを求める。第十二段落に「落書きは、誰かに占有された場所に、その占有を無効化したり対抗したりする……行為」「何か他のメッセージが、その場所を占有しても良かったのではないか」とあるので、これらの記述を踏まえて選択肢を選ぶ。

問3　「空飛ぶ円盤」（=UFO）に関する記述を本文で確認すると、第十五段落に「UFO……人間理性を超えた不気味な力として働き、人間的な相互的な行為を禁圧し」とある。

問4　挿入文の「キースのスタイル」「駅の落書き」という表現を手がかりにして各候補の前後を確認すると、〈Ⅱ〉の前部に「当初のグラフィティのスタイル」「有名画廊に気に入るようなスタイル」とあるので、ここからこうしたスタイルに対抗するものとして〈駅の落書きというキースのスタイル〉の記述を加えたのだと理解する。

問5　後部の具体例の意味を確認する。まず第四段落に「反抗の姿」とあるので、その意味を第五段落で確認すると「自分たちを支配する白人至上のシステム……に小さなキ（=亀）裂を入れている……ささやかな抵抗」とある。この点を明らかにするためにさらに第十一段落を見てみると「『現存の支配関係』つまり所有関係」とあるので、ここから〈支配=所有への抵抗〉という図式を読み取る。そして第五段落末尾の「果たして『怠慢』なのか、それとも『抵抗』なのか？　それは、この行為を意味づける主体が誰かによって決まってくる」という記述が、空欄直前の「これらの二つのとらえ方は互いに全く反対の立場をとる」に対応していることを確認し、該当する選択肢を選ぶ。

国語

一

出典　吉岡友治『ヴィジュアルを読みとく技術――グラフからアートまでを言語化する』〈Ⅱ　応用編　第6章「カワイイ」絵は本当にカワイイだけか？――キース・ヘリング〉（ちくま新書）

解答

問1　①―5　②―1　③―5

問2　3

問3　4

問4　2

問5　1

問6　3

問7　5

問8　4

問9　2

問10　4

問11　2

問12　5

◆要　旨◆

落書きについての評価は自由と統制の対立として現れる。白人の作った資本主義のシステムに対抗するために、そのシ

■IR方式・共通テスト併用方式(３教科型・５教科型)：２月９日実施分

問題編

▶試験科目・配点

○IR方式(英語資格試験利用型)：国際関係学部

教　科	科　　　　目	配　点
外国語	【英語】コミュニケーション英語Ⅰ・Ⅱ・Ⅲ，英語表現Ⅰ・Ⅱ	100点
	【国際関係に関する英文読解】コミュニケーション英語Ⅰ・Ⅱ・Ⅲ，英語表現Ⅰ・Ⅱ	100点
英語外部資格試験（得点換算）		100点

○共通テスト併用方式(３教科型・５教科型)：

法・産業社会・国際関係(国際関係学専攻)・文・映像・経営・政策科・総合心理・経済・スポーツ健康科・食マネジメント学部，APU　（※５教科型は経済学部のみ）

学　部	教　科	科　　　　目	配　点
法・産業社会・映像・経営・政策科・総合心理・経済・スポーツ健康科・食マネジメント・APU	外国語	コミュニケーション英語Ⅰ・Ⅱ・Ⅲ，英語表現Ⅰ・Ⅱ	100点
	国　語	国語総合(近代以降の文章)，現代文Ｂ	100点
国際関係(国際関係学専攻)	外国語	コミュニケーション英語Ⅰ・Ⅱ・Ⅲ，英語表現Ⅰ・Ⅱ	150点
	国　語	国語総合(近代以降の文章)，現代文Ｂ	100点
文	外国語	コミュニケーション英語Ⅰ・Ⅱ・Ⅲ，英語表現Ⅰ・Ⅱ	100点
	国　語	国語総合(近代以降の文章)，現代文Ｂ	70点

▶備　考

- IR方式（英語資格試験利用型）における「英語外部資格試験」の得点は，スコア等に応じて以下の点数（80点・90点・100点のいずれか）に換算される。

換算点	実用英語技能検定	TOEFL iBT® テスト	IELTS (Academic Module)	GTEC	TEAP (4技能)
100点	準1級または1級	71—120	5.5—9.0	1180—1400	309—400
90点		61—70	5.0	1100—1179	281—308
80点	2級		4.5	1050—1099	255—280

- 共通テスト併用方式は，このほかに各学部が指定する大学入学共通テスト科目が課される。

英語

(80 分)

I 次の文を読んで，問いに答えなさい。

Cyrus Harris hopped on a snowmobile one day in early January and sped up a peninsula[1] near Kotzebue, Alaska, to make a trail for his dogs. "The first beaver dam I'm running into is about three miles from town," he says. "Nearby that one is another one, about five miles out is another one, and that's just one little area." Harris, who is a member of the Inupiaq people, was born in 1957 and spent his childhood in Sisualik, across the waters of Kotzebue Sound. "Beavers were really just unheard of," he says. "It's crazy the amount of beaver coming in. They're just invading the whole area."

Beavers — once seldom seen in northwest Alaska — started appearing more frequently in the 1980s and '90s. Lance Kramer, who is also Inupiaq, traps beavers today, mostly for making fur hats. He recently asked an elder[2] about the area's first sightings. "They saw this creature on the tundra[3]; it was a really long beaver," Kramer says. "It had walked so far on the tundra to get up this way that it wore out the bottom of its tail."

Now the animals — and their ponds, dams, and lodges[4] — are everywhere. Using satellite images of the Kotzebue area, scientists found that the number of beaver dams increased from two in 2002 to 98 in 2019, a nearly 5,000 percent jump. And it's not just in Kotzebue: Beaver ponds have doubled regionally since 2000, with 12,000 in northwestern Alaska now. Beavers, nicknamed "ecosystem engineers" because of how

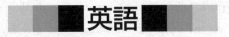

they flood their surroundings, are transforming the tundra.

North America's largest rodent[5] is moving north partly because of climate change: As the tundra grows warmer and greener, it also becomes more inviting to beavers, which need bushes for food, dams, and lodges. Their spread is also linked to a population recovery: Beaver trapping, popular for centuries, has declined, and the animals are booming.

In fact, beavers were recently identified as a "new disturbance" in the National Oceanic and Atmospheric Administration's 2021 Arctic Report Card, a yearly report that tracks changes in the region. That's because they are damming rivers and creating deeper, warmer ponds that open up new types of underwater habitat. "The key question to ask, wherever you're standing in the Arctic, is, 'How long will it be until beavers get there?'" says Ken Tape, an ecologist studying beaver expansion at the University of Alaska Fairbanks. "Because when they get there, it'll never be the same again."

Additionally, Harris worries that beavers swimming in the reservoir[6] that supplies Kotzebue's drinking water could overwhelm the community water-treatment plant. Beavers and other animals carry giardia, a parasite[7], which they excrete[8] into the environment, and the contaminated water can cause stomach infections. Harris and others used to drink directly from rivers on their hunting and fishing trips, but today, they're having second thoughts. "If our water quality gets damaged, where do we go from there?" Harris says.

Selawik, about 80 miles to the east, is another place heavily populated with beavers, and some are upset that the animals are blocking hunting access by boat. "Elders said to start getting rid of the beavers, but nobody listened, and now it's overpopulated," says Ralph Ramoth Jr., an Inupiaq hunter who also works for the local airport and his town's road and water department. Lodges up to 15 feet tall make it challenging to navigate wetlands to hunt moose on the shores. "You can't even go some places now with a boat because it's dammed up," Ramoth says. Sometimes he tries to slow down the beavers' work, with little success. "If you tear up part of a dam or a beaver lodge, they'll come right back and fix it up again," he says. "They're just busy beavers."

Hunters like Ramoth regard beavers as pests[9], and Harris wants to see beaver population-control efforts. But others argue that the beavers aren't necessarily creating a better or worse tundra — just a different one. Kramer considers them a blessing for habitat diversity. "They've enriched our land in an incredible way," he says. "They make lakes and ponds and bigger wetlands, which means more moose, ducks, waterbirds, and other rodents."

Scientists will continue to monitor beaver activity and its possible environmental impacts. One major question remains unanswered: Are beavers speeding up climate change in the region? The pools of water that their dams create are warmer than the surrounding soil, and that could melt permafrost[10] and release CO_2 and methane gases into the atmosphere. "Beavers may be contributing to climate change," says Christina Schädel, a professor who studies permafrost at Northern Arizona University. "How much, we don't know. But it's absolutely worth investigating."

(Adapted from a work by Kylie Mohr)

(注)

1. peninsula　半島
2. elder　古老
3. tundra　ツンドラ，凍土地帯
4. lodge　巣
5. rodent　齧歯類《げっしるい》の動物
6. reservoir　貯水池
7. parasite　寄生虫
8. excrete　排泄する

9. pest　　　有害生物

10. permafrost　永久凍土層

〔1〕本文の意味，内容にかかわる問い(A)～(D)それぞれの答えとして，本文にしたがってもっとも適当なものを(1)～(4)から一つ選び，その番号を解答欄にマークしなさい。

(A) Which of the following is NOT mentioned as a reason for the increase of Alaska's beaver population?

(1) The decrease in beaver trapping

(2) A greener, more welcoming tundra

(3) A decline in the human population

(4) Migration of beavers into the region

(B) What does NOT appear to be threatened by the increase in beavers?

(1) Public health

(2) Alaskan wetlands

(3) Local water supply

(4) Movement around local waterways

(C) Why do some people welcome the increase in beavers?

(1) They can be hunted for food.

(2) They control bushes on the tundra.

(3) The habitat for other wildlife has become more varied.

(4) Scientists now have more opportunities to study climate change.

(D) Why might the increasing beaver population speed up the rate of climate change?

(1) Beavers eat vast quantities of plants, which can produce CO_2.

(2) Beavers are excreting parasites into rivers, which can generate

methane gas.

(3) Beavers use bushes to construct dams and lodges, which may mean less CO_2 is absorbed.

(4) Beavers are raising water temperatures, which may release underground greenhouse gases.

〔2〕次の(1)〜(5)の文の中で，本文の内容と一致するものには1の番号を，一致しないものには2の番号を，また本文の内容からだけではどちらとも判断しかねるものには3の番号を解答欄にマークしなさい。

(1) Beavers began increasing in Alaska from around 2002.

(2) The 2021 Arctic Report Card included recommendations for dealing with the "new disturbance."

(3) Hunters and fishers no longer feel safe drinking the river water.

(4) The native Inupiaq elders advised people to leave the beavers alone.

(5) Beavers quickly rebuild any of their structures that are knocked down.

〔3〕本文の内容をもっともよく表しているものを(1)〜(5)から一つ選び，その番号を解答欄にマークしなさい。

(1) Beavers are reshaping life on the Alaskan tundra.

(2) Beavers are regarded as incredible ecosystem engineers.

(3) Climate change is having a big impact on beaver migration.

(4) The Inupiaq people are suffering due to the increasing beaver population.

(5) Life for people in northwest Alaska was much better before the beavers appeared.

Ⅱ　次の文を読んで，問いに答えなさい。

Two men from the same little village in the Negev Desert sign[1] the word *dog* — with quite different gestures. One man gestures with his hand in front of his body, and his fingers open and shut to indicate the bark of a dog. The other man's hand is near his face, and his fingers bend more slightly and rapidly — again, to indicate that dog mouth. To a linguist[2], (あ)that difference signifies a young language on its way to full development.

Both signs are in use in the Bedouin[3] town of Al-Sayyid, in the Negev Desert of Israel. About 150 of the 4,000 residents are deaf, descendants[4] of a hearing family to whom four deaf children were born more than 80 years ago. That's 50 times the proportion of deaf to hearing individuals in most populations. As the original four deaf children and their descendants married within the community, deafness spread and a brand-new language evolved: Al-Sayyid Bedouin Sign Language (ABSL).

Eighty years is a very short time for the evolution of a language, so Wendy Sandler, a linguist at the University of Haifa, saw in ABSL an opportunity to learn more about the birth and blooming of a new sign language. (い)The language had taken root among deaf and hearing people alike in the village, where both day-to-day and complex topics are discussed with ease — dreams, wedding plans, folk remedies, matters of finance.

Linguists have long been fascinated by sign languages, and curious to know whether these silent languages develop with the same kinds of rules that spoken languages share. All spoken languages, for example, have [(A)] structure. One is the basic set of vowels, syllables and other speech sounds that themselves have no meaning — what's called the tongue's phonology[5]. The second is the meaningful words made by mixing and matching those sounds. That mix-and-match ability enables impressive vocabularies: English, [(B)], has about 40 sounds that combine to form hundreds of thousands of words.

Linguists once debated whether signed languages had a similar type of phonology, and thus the same large vocabulary power. As Sandler points out, researchers who thought that signed languages are more limited focused on the fact that signs often resemble what they mean. The American Sign Language sign for *book* looks like a book being opened, for example. (う)The matter was settled in the 1960s: Yes, sign languages do have that expansive[6] structure. But what about when a language [(C)]? Is complexity there from the start? Such a question can never be answered for spoken languages, which are either very old or descended from old tongues. But sign languages can emerge at any time. Al-Sayyid presented an excellent chance for Sandler to find out.

She fully expected ABSL to have complex phonology and standardized vocabulary because all languages have those traits. Languages, [(D)], are far more similar than different, as if certain structural elements of language are innate[7] to human beings. And deafness was widespread in the Al-Sayyid community, so children had adults and older kids to learn from at a young age. Kids are rapid, skilled language learners.

"(え)It looked very fluent, although we could not understand it," Sandler says of an early visit to the town. But it soon became clear that the language in many ways still lacked full structure and rules. There were, for example, differences in signs used by different families — as in the case for *egg* or *dog*. Another significant feature about *dog* was that height of the hand didn't seem to carry additional meaning. Hand [(E)] is very important in more-established sign languages. Just like a vowel or consonant in a spoken tongue, two different placements can totally alter the meaning of a word.

Sandler and colleagues also documented the language's [(F)]. Over time and in younger generations, signs lost their need to look like the object they were naming. *Egg*, for example, was signed by most of the community in two parts: first, a bent index finger[8] pecking[9] downward — the sign for a chicken — then the hand flipped over with three fingers cupping an oval[10] object. But one family had changed the first part of the sign to three pecking fingers. That's far less like a chicken beak, but it flows more easily into the second part of the sign(お).

Younger generations also added movement — even meaningless movements — to their signs. Movement is a core feature of American Sign Language and Israeli Sign Language (ISL) — of all established sign languages, [(G)] . It's thought to make speech smoother and easier to perceive. "It's been fascinating, the extent to which we've been able to see a new language emerge with very little outside influence," Sandler says. However, that has changed as schoolteachers hired from outside the village have [(H)] the community. And some of the deaf men work outside the village, while occasionally a deaf woman has left to marry in another part of Israel. A not yet fully formed language is now transforming, and with that come new linguistic questions about how Al-Sayyid's youth will absorb ISL into their native tongue. "There's lots of work to be done," Sandler says.

(Adapted from a work by Rosie Mestel)

(注)

1. sign 手話で表す
2. linguist 言語学者
3. Bedouin ベドウィン族の
4. descendant 子孫
5. phonology 音韻体系
6. expansive 拡張的な
7. innate 本来備わっている

出典追記：Signs of how a language grows, Knowable Magazine on October 25, 2017 by Rosie Mestel

8. index finger　人さし指
9. peck　くちばしでつつく
10. oval　楕円形の

〔1〕本文の (A) ～ (H) それぞれに入れるのにもっとも適当なものを(1)～(4)から一つ選び，その番号を解答欄にマークしなさい。

(A) (1) a complicated　(2) a totally unique
(3) the most beautiful　(4) two levels of

(B) (1) for instance　(2) however
(3) in general　(4) moreover

(C) (1) changes rapidly　(2) declines slowly
(3) finally matures　(4) first appears

(D) (1) as a rule　(2) by contrast
(3) for example　(4) in rare cases

(E) (1) length　(2) position
(3) shape　(4) speed

(F) (1) developing complexity　(2) formal use
(3) gradual disappearance　(4) long history

(G) (1) as a result　(2) ideally
(3) in fact　(4) nonetheless

(H) (1) banned ISL in　(2) developed ISL with
(3) introduced ISL to　(4) learned ISL from

〔2〕下線部あ～おそれぞれの意味または内容として，もっとも適当なものを(1)～(4)から一つ選び，その番号を解答欄にマークしなさい。

あ that difference

(1) the contrasting gestures for *dog*

(2) the second man using his fingers

(3) the first man indicating the bark of a dog

(4) the disagreement about the meaning of a gesture

い The language had taken root

(1) The use of ABSL had grown secretly

(2) ABSL had been taught in the village school

(3) The villagers had become proud of their unique language

(4) ABSL had become regularly used for daily communication

う The matter

(1) Whether sign languages develop according to a unique set of rules

(2) Whether sign languages contain the same words as spoken languages

(3) Whether all signs start as gestures looking like what is being represented

(4) Whether sign languages are flexible enough to enable the creation of many words

え It

(1) The children practicing ABSL

(2) The community of ABSL users

(3) The use of ABSL by the villagers

(4) The application of the ABSL phonology rules

㊇ the sign

(1) the gesture for naming *egg*

(2) the gesture for naming *chicken*

(3) a bent finger moving downward

(4) three fingers held pointing upward

Ⅲ

〔1〕次の会話の㋐～㋓それぞれの空所に入れるのにもっとも適当な表現を(1)～(10)から一つ選び，その番号を解答欄にマークしなさい。

At a campus information office

A：Sorry to keep you waiting. What can I do for you?

B：Hello. I'm looking for the Bard Building. I'm speaking at the *Global Connections* conference.

A：You're a bit early.（ ㋐ ）

B：I know, but I'm giving my talk on the first day, and I want to look at the room. It'll help me prepare.

A：I see. Well, the Bard Building is across campus, next to the main library, but you won't be able to get in, I'm afraid.

B：Oh really?（ ㋑ ）

A：Normally it is, but the whole building is closed today. They're putting in new seating for the conference. It's going to be a big event.

B：Yes, I'm looking forward to it. But I really would like to see where I'll be speaking.（ ㋒ ）

A：Well, they should be finished this afternoon, so hopefully from tomorrow.

B：OK, I'll come back in the morning, then.

A：（ ㋓ ） I can't promise the building will be open.

B：I'll do that. Thanks for your help.

(1) That should be fine.

(2) Isn't that the right place?

(3) I was told it would be open.

(4) Is there nothing you can do?

(5) When will I be able to get in?

(6) That might not be a good idea.

(7) It doesn't start until next week!

(8) When will the conference finish?

(9) The building doesn't open until 10:00.

(10) You might want to call before you come.

〔2〕次の会話の㋕～㋘それぞれの空所に入れるのにもっとも適当な表現を(1)～(10)から一つ選び，その番号を解答欄にマークしなさい。

At a garden center

A：Hello. I'd like to ask you about herbs. I live in an apartment, so I don't have a garden. I only have a balcony where I can grow them.

B：That's perfectly OK. Many people grow herbs successfully on their balconies.

A：(　㋕　)

B：Coriander is a good herb to grow all year round. It likes shade but it needs frequent watering.

A：I'm not so keen on it to be honest. (　㋖　)

B：Well, basil is also a great herb for balconies. It needs a little sun, though. We have some small basil plants just over there.

A：Great! It goes well with Italian food, which I really love. (　㋗　)

B：That's true! Which means you can start using it within a month. It's delicious on pizza, and if you grow enough, you can make your own pesto sauce.

A：I always buy it from a shop. Is it easy to make?

B：(　㋘　) You just add olive oil, pine nuts, parmesan cheese, and garlic. All readily available at the supermarket.

A：OK. I'll take half a dozen basil plants, please.

(1) No, not at all.

(2) That's a great idea.

(3) It couldn't be simpler.

(4) How often should I give it water?

(5) Could you suggest something else?

(6) I eat spaghetti at least once a week.

(7) Do you think I could grow coriander?

(8) What would you recommend for me to grow?

(9) And it would be quicker than planting seeds.

(10) I agree, balconies are often better than gardens.

Ⅳ 次の(A)～(H)それぞれの文を完成させるのに，下線部の語法としてもっとも適当なものを(1)～(4)から一つ選び，その番号を解答欄にマークしなさい。

(A) Lisa took her mother ______ the arm and led her into the restaurant.

(1) by (2) for

(3) on (4) with

(B) She remained ______ there.

(1) as standing (2) at standing

(3) stand (4) standing

(C) I appreciate ______ the time to see me the other day.

(1) about her taking (2) her taking

(3) that she can take (4) that she takes

(D) James is trying to increase the speed ______ he reads texts in his second language.

(1) at which (2) in that

(3) where (4) which

(E) The journalist promised ______ the name of the witness in his news article.

(1) not to have written (2) not to write

(3) not writing (4) writing not

(F) The charity donated ______ as they expected.

(1) as such (2) as twice

(3) so as to (4) twice as much

(G) If I remember correctly, ______ of the soccer players are from Brazil.

(1) a third　　(2) almost
(3) one　　(4) the number

(H) He had to accept the offer ______ not really happy with it.

(1) although　　(2) despite
(3) however　　(4) regardless of

V

〔1〕次の(A)～(E)それぞれの文を完成させるのに，下線部に入れる語としてもっとも適当なものを(1)～(4)から一つ選び，その番号を解答欄にマークしなさい。

(A) The government has authorized the ______ of a new national park.

(1) biography　　(2) establishment
(3) narrative　　(4) satisfaction

(B) Wolves watched the ______ of deer.

(1) essence　　(2) herd
(3) nutrition　　(4) scratch

(C) I just talked to a nurse in the children's ______.

(1) bulletin　　(2) encyclopedia
(3) superstition　　(4) ward

(D) Emily pulled out all the ______ growing in her garden.

(1) ballots　　(2) equations
(3) humbugs　　(4) weeds

(E) He felt anger ______ inside him.

(1) scheming (2) scribbling

(3) skimming (4) surging

〔2〕次の(A)～(E)の文において，下線部の語にもっとも近い意味になる語を(1)～(4)から一つ選び，その番号を解答欄にマークしなさい。

(A) Tom was so brilliant that he caught everyone's attention.

(1) bright (2) honest

(3) negative (4) violent

(B) We have made substantial progress over the past few years.

(1) necessary (2) significant

(3) slow (4) visible

(C) The teacher was wounded by the comment.

(1) encouraged (2) hurt

(3) struck (4) warmed

(D) It's a valid argument.

(1) a historical (2) a sound

(3) a valuable (4) an essential

(E) She became famous for her wit.

(1) enthusiasm (2) humor

(3) strategy (4) verse

英文読解

（80分）

Ⅰ　次の英文を読んで，以下の設問に**日本語**で答えなさい。

The energy crisis triggered by Russia's invasion of Ukraine could become the worst in half a century. Many analysts have already drawn comparisons with the 1970s oil crises, but there are important differences(1). To begin with, the global economy is less energy intense. Economic growth has outpaced growth in energy use, so the world now uses much less energy per unit of GDP. Moreover, many more companies distribute oil globally today than they did in the early 1970s, when just a handful of firms controlled most of the world's oil trade. As a result, energy supply chains are now more durable.

That said, the current energy crisis goes well beyond oil and could thus affect a wider slice of the economy. Energy sources of all kinds stand to be disrupted by the turmoil[1]. Russia is not only the world's largest exporter of oil and refined petroleum products but also the dominant supplier of natural gas to Europe and a major exporter of coal and the low-enriched uranium used to power nuclear plants, not to mention many other commodities[2]. With coal, gasoline, diesel, natural gas, and other commodity prices all at near record highs, further disruption of Russian energy supplies, whether initiated by Russia or Europe, would accelerate inflation, invite recession, demand energy rationing[3], and force business shutdowns.

The global energy system was under stress even before Russia decided to invade Ukraine. Europe and other parts of the world faced power generation challenges as more and more of their electricity came from unreliable sources such as solar and wind. At the same time, years of poor returns and increased climate pressures had reduced investment in oil and gas, resulting in limited supplies. COVID-19-related supply chain problems compounded[4] the scarcity and added to pricing pressures. In 2021 and early 2022, soaring[5] natural gas prices pushed some European utilities into bankruptcy and forced governments to subsidize[6] energy bills.

These emergencies demand a reevaluation of the lessons from the 1970s about the right balance between government involvement and market autonomy[7]. Reliance on market forces has yielded enormous benefits over the last 40 years, making energy more affordable and accessible, increasing economic efficiency, and boosting energy security by enabling competitive pricing to shift supplies into markets where they are most needed. Today's crises, however, highlight certain market failures that can only be addressed with greater government intervention.

(2) Three market failures in particular reveal the need for a bigger role for government in the effort to achieve the dual goals of enhanced energy security and a timely transition to net-zero carbon emissions[8]. First, the private sector lacks sufficient incentives to build the infrastructure and other assets that most countries need to ensure their energy security. Second, market forces alone cannot encourage the building of the infrastructure required for a more orderly energy transition — infrastructure that by definition may be obsolete before private companies have achieved a full return on investment. And third, private firms and individuals lack incentives strong enough to curb emissions that society has to pay for.

Market forces alone cannot deliver a sufficiently low-carbon economy. Without (3) greater government intervention, real and anticipated shortages of natural gas will translate into greater coal use, for instance, as the current crisis has already demonstrated. This may have been an acceptable response to energy insecurity in the 1970s, when G-7 countries committed to ramping up[9] coal production and trade in the face of oil shortages. But as the most carbon-intensive fuel, coal is no longer an appropriate alternative, even if it is a workable substitute for Russian gas.

The problem of dirty fuels replacing cleaner ones in times of upheaval also highlights an even greater challenge: that of delivering low-carbon energy to developing countries whose need for energy is growing rapidly. Developed countries will need to help make private investment in low-carbon energy less risky for developing countries. To achieve net-zero emissions by 2050, more than 70 percent of the clean energy investment in developing and emerging markets must originate from the private sector, according to the International Energy Agency. (4) Governments must do more to help mobilize that capital. For example, institutions such as the World Bank and the U.S. Development Finance Corporation could lend to local banks at affordable rates, finance projects in local currency, and expand the availability of loan guarantees. These institutions could also lend to project developers directly. Capital from development finance institutions can go a long way toward spurring private investment.

The good news is that in the long term, many of the government actions needed to reduce emissions — in particular by reducing demand for oil and gas — will also (5) boost energy security. That is in part because energy security comes not just from producing more oil but from using less of it. Fifteen years ago, the United States imported two-thirds of the oil it consumed; in 2021, it exported more oil than it imported. Yet Americans remain just as vulnerable to gasoline price hikes when global oil supplies are disrupted. Households in Europe would similarly be more secure if they consumed less natural gas, either by using substitutes or being more energy efficient. Here, too, there is a role for government: public information campaigns and incentives for efficiency-related investments can help drive the technological and behavioral changes needed to conserve energy during crises.

(Adapted from a work by Jason Bordoff & Meghan L. O'Sullivan)

出典追記：The New Energy Order, Foreign Affairs, July/August 2022 by Jason Bordoff and Meghan L. O'Sullivan

(注)

1.	turmoil	混乱
2.	commodity	商品，必需品
3.	rationing	配給，割り当て
4.	compound	悪化させる，増幅させる
5.	soar	急騰する
6.	subsidize	補助する，補助金を出す
7.	autonomy	自律性
8.	net-zero carbon emissions	実質ゼロの二酸化炭素排出
9.	ramp up	増やす
10.	upheaval	大混乱
11.	vulnerable	脆弱な

〈設問〉

〔1〕下線部(1) **important differences** が述べる2つの違いを，本文の内容に沿って説明しなさい。

〔2〕下線部(2) **Three market failures** の内容を，本文の内容に沿って説明しなさい。

〔3〕下線部(3) **greater government intervention** とあるが，エネルギーに関する政府の干渉は1970年代とは異なり現在はどうあるべきか，本文の内容に沿って説明しなさい。

〔4〕下線部(4) **Governments must do more to help mobilize that capital** とあるが，民間資本を動員するために政府系金融機関や国際機関がなし得ることを，本文の内容に沿って説明しなさい。

〔5〕下線部(5) **boost energy security** とあるが，エネルギーに関する安全保障を強化するために政府がなし得ることを，本文の内容に沿って説明しなさい。

〔解答欄〕各17.5cm×6行

Ⅱ　次の英文を読んで，以下の設問に**英語**で答えなさい。極力，本文とは異なる表現を用いること。下線部(1)～(5)は問〔 1 〕～〔 5 〕にそれぞれ関連している。

The term populism goes back to the Latin word “populus”, which means “the people”. In political science, populism is the idea that society is divided into two groups in conflict with each other — “the common people” and “the corrupt elite”. Populism differs from country to country, but right-wing forms of this movement have nationalism and xenophobia[1] in common. Other characteristics include having a charismatic[2] leader who sets his followers against the media and the opposing political parties. Populists stir up fear and insecurity by demonizing[3] certain groups like LGBTQ, ethnic minorities, feminists and immigrants. The leader's speeches are emotional and make promises to protect the people from perceived threats to their traditional way of life. Three examples of populism were seen in Europe about a decade ago: in Germany, the United Kingdom and Hungary.

In Germany the populist party in opposition to (1) Angela Merkel's Christian Democratic Union (CDU) was founded in 2013 and called the Alternative für Deutschland (AfD). When the European migrant crisis (also known as the Syrian refugee crisis) led to the movement of 1.3 million people into the continent in 2015, the AfD accused Merkel of acting against her own people because of her pro-immigration policies. The leader of the AfD even said that refugees to Germany should be shot at the border. By using this kind of extreme language, the populist opposition complicated the formation of a governing coalition[4].

Meanwhile, UK prime minister David Cameron rose to power promising to re-negotiate the role of the UK within the European Union. Although he was not a populist, he agreed to hold a referendum[5] on whether to leave the EU, which opened the door to parties following a populist agenda. Populists exploited fears about immigration and trade policies, ignoring the advantages of EU membership. In the end, the populist “Leave” campaign, also known as “Brexit”, was successful, and more than half the British voters (2)chose to leave the EU.

At the same time, Viktor Orbán, prime minister of Hungary, began using fear of immigration as a domestic political campaign issue. Other European countries were accepting long-term refugees during the migrant crisis, but (3)the agenda in Hungary went against this trend. In 2015, only 5,676 refugees were granted asylum[6]. Reflecting the government’s attitude, the refugee camps in Hungary were squalid[7] and unwelcoming. Moreover, Hungary closed its borders, further frustrating neighbor countries. Orbán opposed the idea that Hungary should become an immigration nation, which he said would threaten its national identity. In addition, the free press was weakened when Orbán’s friends were hired to run major media outlets. In this way, basic democratic principles were undermined[8], and Hungarian democracy reached a critical state.

Democracy may be harmed by populism. Even if moderate populism is not necessarily anti-democratic, extreme populism cannot be reconciled[9] with the values of a liberal democracy. In order to explain why this is the case, one must first understand a fundamental feature of liberal democracy: pluralism. Pluralism means that within a democratic society, many ways of life, opinions, interests and goals can coexist on equal footing. Citizens respect each other and people recognize the diversity of society. This also applies to politics, because everyone has the right to have their opinion heard and considered by politicians.

Populists, however, do not respect pluralism. They see the people as a homogeneous[10] group. Only certain political positions and attitudes are accepted. In more extreme cases, dissenting[11] opinions are even seen as treason[12]. In some countries, the free press is silenced. Populists conduct debates as emotional spectacles. In discussions, insults are often used, as well as "alternative facts", which are mainly based on personal feelings and opinions instead of scientific findings. $_{(4)}$This makes factual debate very difficult. The goal in a democracy is to reach a compromise based on facts. But if an opposing group is not willing to reach such an agreement, this is almost impossible.

Furthermore, populism can threaten the rule of law. By distinguishing between "us" and "them", populists cause distrust in democratic institutions. For example, they tell their supporters that elections are not reliable or that the government and elites are acting against the will of the people. While reasonable criticism of government decisions is desirable in a functioning democracy, these narratives sometimes go beyond this and endanger the democratic process. For example, when a populist leader challenges election results, as in the case of the Capitol riots in the US in 2020, the stability of the nation is greatly weakened.

There is no single solution to populism. Some of the applied remedies can even have negative consequences. For example, moderate parties try to take voters away from populist parties by moving closer to them on specific issues. However, this can go wrong. On the one hand, voters in such situations tend to stay with the populists. On the other hand, it can lead to more extreme opinions being normalized and reaching the center of society.

However, there are a number of strategies that can be used to weaken populists. For a start, it is important to $_{(5)}$avoid ignoring populist parties. Populist parties could use this to assume a victim role, which would further confirm their position as "outside the elite". Instead, a meaningful debate should be held to show that populists talk a lot about problems without ever offering adequate solutions themselves. It is also important to constantly seek the truth and point out misinformation.

More transparency[13] can also be a possible solution. It gives citizens the opportunity to see and understand how a government acts and why certain decisions are made. And last but not least, dialogue between the voters and the elected officials is essential.

(Adapted from a work by Franziska Otto)

〈Notes〉

1. xenophobia: a hatred or strong dislike of foreigners
2. charismatic: having a special personal quality that people find attractive
3. demonize: to unfairly describe certain groups of people as evil or threatening
4. coalition: an organization of people from different political groups working together to achieve the same goals
5. referendum: a public vote on a single social issue
6. asylum: a safe place for people who are in a dangerous situation
7. squalid: unclean or unpleasant
8. undermine: to make something weaker and less effective
9. reconcile: to achieve an agreement between groups that were in disagreement
10. homogenous: made up of people or things that are all of the same type
11. dissenting: disagreeing or holding a different opinion
12. treason: an act that betrays or goes against one's own country
13. transparency: the state of being open and not secretive

〈Questions〉

〔1〕What was Merkel's position on the migrant crisis? *Answer in approximately 20 words*.

〔2〕How were populists able to convince UK voters to leave the EU? *Answer in approximately 20 words.*

〔3〕How did Hungary respond to the migrant crisis? *Answer in approximately 30 words.*

〔4〕Why is it difficult to engage populist leaders in meaningful political debate? *Answer in approximately 20 words.*

〔5〕How do populist parties react if they feel that they are ignored? *Answer in approximately 30 words.*

くから文化の全体性に着目し、一つの文化の内部における分裂や多様化の問題を文化内における「差異」の問題として指摘した。

2　チャールズ・テイラーが主張した多文化主義は、各共同体のアイデンティティを承認するための政治的行為を重要視しているが、その承認の対象が主に「少数派ないし従属的集団」といった弱者であったために社会運動の限界を露呈させたと言われる。

3　「共同体主義者」と呼ばれるチャールズ・テイラーの思想は、まず異なる集団間での「共同体―間―承認」を想定し、そこから翻って各集団が「共同体―内―承認」を行うことで、その集団のアイデンティティが確立していくと主張する点に特徴がある。

4　リベラリズムの思想を批判したチャールズ・テイラーは、それぞれ異なる文化に属する人たちが互いに共存することで普遍主義的なパースペクティヴを持つことを容認せず、集団のアイデンティティを持続させるために「差異」性を維持することを主張した。

5　コミュニタリアンであるチャールズ・テイラーは、集団の人数にかかわらずに複数の文化が対等な関係を結ぶことの重要性を指摘しており、そこには個人のアイデンティティの形成は、所属する共同体内の「対話」を通じて形成されるという認識が反映されている。

5　共同体のアイデンティティを存続・維持させることを求めるがゆえに、個人的次元での多様化を否定してしまうのではないかということ

問10　傍線㋕「リベラリズムにもとづく多文化主義」とあるが、それはどういうものか。次の中から最も適当なものを選び、その番号を解答番号 26 にマークせよ。

1　アイデンティティの形成を所属する文化に一任せず、個人の意志によって決定させようというもの
2　それぞれの共同体の差異にこだわらず、一人一人個人という次元で多様性を肯定しようというもの
3　基本的人権を侵害する問題に抵触しない限り、個々人の多様性を文化として承認しようというもの
4　少数集団に所属する個人が多数集団の文化に同化せず、個々の多様性を維持していこうというもの
5　一人一人の個人が性別や身体の特徴に関わらず、自由に生きることを文化としていこうというもの

問11　B ～ E に入れる語句の組み合わせとして最も適当なものはどれか。次の中から選び、その番号を解答番号 27 にマークせよ。

	B	C	D	E
1	客観	個人	特殊	中立
2	中立	普遍	全体	平等
3	公平	個人	特殊	中立
4	中立	普遍	特殊	平等
5	公平	個人	全体	客観

問12　本文の内容に合致するものはどれか。次の中から最も適当なものを選び、その番号を解答番号 28 にマークせよ。

1　コミュニタリアニズムを提唱したチャールズ・テイラーは、カナダで多民族・多文化的状況を経験したことによって早

3　共同体への帰属の強制に反発する個人も存在するから
4　分類されたものの中でもさらなる細分化が可能だから
5　文化の交流によってさまざまなルーツが存在するから

問8　〈Ⅰ〉〜〈Ⅴ〉のいずれかに、次の一文が入る。それはどこか。後の中から最も適当なものを選び、その番号を解答番号 24 にマークせよ。

共同体の文化を強調すれば、個々人の自由は消失するかもしれない。

1〈Ⅰ〉　2〈Ⅱ〉　3〈Ⅲ〉　4〈Ⅳ〉　5〈Ⅴ〉

問9　傍線㋔「多文化主義になると、共同体に対して個人が自由ではなくなるのではないか」とあるが、それはどういうことか。次の中から最も適当なものを選び、その番号を解答番号 25 にマークせよ。

1　共同体間の差異を強調することによって「多文化主義」を推進した結果、共同体間の差異ばかりが意識化されるのではないかということ
2　個人的次元のアイデンティティを強固にしていったために、共同体に対する個々の帰属意識が次第に希薄になるのではないかということ
3　共同体への帰属意識を追求するがゆえに、共同体の文化とは異なる個人の自由を最優先しなければならなくなるのではないかということ
4　個人が共同体に所属していることを強調していったために、個人のアイデンティティの問題が無視されてしまうのではないかということ

問5　傍線㋒「『集団的アイデンティティ』」がかかえる問題とはどのようなものか、次の中から最も適当なものを選び、その番号を解答番号 21 にマークせよ。

1　多文化主義が想定している「一つの文化なるもの」は、現実にはどこにも存在しないというもの
2　多文化主義を形成する「承認」の概念は、単一の文化の内部でしか分裂を起こさないというもの
3　多文化主義において、一枚岩の全体性とされているものこそが差異の原因となっているというもの
4　多文化主義を考えるときは、さまざまな文化的ルーツまで遡って分析しなければいけないというもの
5　多文化主義では、単一のものとされる集団のアイデンティティが現実的には細分化しているというもの

問6　（ａ）～（ｅ）に入れる語句の組み合わせとして最も適当なものはどれか。次の中から選び、その番号を解答番号 22 にマークせよ。

1　a　具体的には　b　しばしば　c　たとえば　d　ただし　e　そうなると
2　a　じっさい　b　かならず　c　よく　d　それに　e　平たく言えば
3　a　要するに　b　よく　c　しばしば　d　くわえて　e　したがって
4　a　一例を挙げれば　b　じっさい　c　要するに　d　さらに　e　むしろ
5　a　たとえば　b　たいてい　c　具体的には　d　しかも　e　だとすれば

問7　傍線㋓「こうした分類が、あまりにも大雑把である」とあるが、その理由の説明としてあてはまらないものはどれか。次の中から一つ選び、その番号を解答番号 23 にマークせよ。

1　文化はそれ自体の内部で分裂し、多様化しているから
2　相互に独立した単一の文化なるものは存在しないから

問3　傍線㋑「微妙な多義性」とあるが、それはどういうことか。次の中から最も適当なものを選び、その番号を解答番号 19 にマークせよ。

1　「承認」という言葉が、少数集団の文化を擁護するという意味として用いられる一方で、多数集団の文化のみを認めるという意味でも用いられているということ
2　「承認」という言葉が、「共同体内における」という限定的な意味として用いられる一方で、「共同体内外を問わず」という限定のない意味としても用いられているということ
3　「承認」という言葉が、個人のアイデンティティを決定する手段という意味として用いられる一方で、集団のアイデンティティを決定する手段という意味としても用いられているということ
4　「承認」という言葉が、異なる共同体間における独立性を擁護するという意味として用いられる一方で、一つの共同体の文化に同化することを要求するという意味としても用いられているということ
5　「承認」という言葉が、所属する共同体の文化に染まらない個人の存在を認めるという意味として用いられる一方で、個人の存在を共同体の文化に従属させるという意味としても用いられているということ

問4　A に入れる語句として最も適当なものはどれか。次の中から選び、その番号を解答番号 20 にマークせよ。

1　清濁併せのむ
2　顰《ひそ》みにならう
3　袋小路に導く
4　付和雷同させる
5　他山の石とする

注　コミュニタリアン＝共同体の意義を強く主張する人のこと。思想としては「コミュニタリアニズム（共同体主義）」と呼ばれる。
リベラリズム＝多くの人が自由であることを求める思想。
パースペクティヴ＝将来の見通し、展望。
PC＝ポリティカル・コレクトネス。人種・宗教・性別等に関して、差別や偏見を含まないように表現に注意すること。

問1　傍線①～③のカタカナの部分と同じ漢字を用いるものはどれか。次の中からそれぞれ選び、その番号を解答番号 15 ～ 17 にマークせよ。

15　①　キョ構　1　謙キョ　2　暴キョ　3　キョ悪　4　キョ否　5　キョ就

16　②　キ稿　1　キ草　2　キ載　3　キ却　4　キ宿　5　キ図

17　③　固シツ　1　シッ責　2　シッ刀　3　シッ患　4　陰シツ　5　シッ黒

問2　傍線㋐「『差異の政治』」とあるが、それはどのような「差異」か。次の中から最も適当なものを選び、その番号を解答番号 18 にマークせよ。

1　強者と弱者の差異
2　集団の構成人数の差異
3　経済的な豊かさの差異
4　支配者と被支配者の差異
5　さまざまな文化間の差異

たとえば、テイラーも②キ稿している論集『マルチカルチュラリズム』のなかで、編者であるエイミー・ガットマンは次のように書いている。

リベラル・デモクラシー的な多様性の擁護は、特殊主義的ではなく普遍主義的なパースペクティヴにもとづいているのである。

こうした可能性は、もちろんテイラーも認めている。たとえば、テイラーは「『差異を顧慮しない』リベラリズムを擁護して行なわれることがある次のような主張」として、次のように述べている。

リベラリズムはすべての文化に属する人びとが出会い共存できる［B］的な場を提供できる。

コミュニタリアニズムを取るテイラーとしては、こうしたリベラリズムの見解を批判するのであるが、リベラリズムもまた多文化主義を許容できることは重要だろう。

リベラリズムの場合には、多文化の異なる内容に対して考慮せず、普遍的な人間性という点で認めていく。その意味で、ガットマンが言うように「［C］主義的なパースペクティヴ」と言える。これに対して、それぞれの文化の差異に固③シツし、「［D］主義的なパースペクティヴ」をもつのが、コミュニタリアン的多文化主義である。

いずれを評価するかは立場によるが、少なくとも多文化主義がリベラリズムにも可能であることは、決定的である。リベラル・デモクラシーにおける［E］性の主張として、多文化主義を理解しても間違いではない。この場合、コミュニタリアニズムの優位性はどこにあるのだろうか。

むしろ、リベラリズムの文脈から理解した方が、多文化主義とPCが結びつき、しばしば極端に走っていたことも、理解できるかもしれない。

（岡本裕一朗『アメリカ現代思想の教室』。なお、文意を損なわない範囲で省略をおこなっている。）

体に対して個人が自由ではなくなるのではないか、という懸念である。その理由を考えてみよう。〈 Ⅲ 〉

　多文化主義の「差異の政治」は、共同体に対する個人の帰属を強調し、その共同体の存続・維持を求める。フランス系カナダ人として生まれれば、個人の希望がどうであれ、フランス系文化をしっかりと教え込まれるのだ。こうして、「アイデンティティ」を形成するように教育されるわけである。

　しかし、こうした「差異の政治」は、個人に対する文化の強制に見えないだろうか。じっさい、テイラーの「承認の政治」に対して、次のような懸念が示されている。

> 承認の政治は、ある人の肌の色、性的身体が政治的に認知されることを要求するが、それは自分が肌の色や性的身体を自我の個人的次元として扱うことを望む人々が、そうすることを困難にする形で要求するのである。(……)承認の政治と強制の政治との間には、明確な境界線は存在しない。

こうして、「承認の政治」は、差異を強制することへ転化するのである。〈 Ⅳ 〉

　もう一つの問題は、テイラーの場合、多文化主義がリベラリズムを批判したコミュニタリアニズムから生み出されたにもかかわらず、多文化主義のためには必ずしもコミュニタリアニズムは必要ではないかもしれないことだ。つまり、多文化主義を支える思想として、二つの可能性があるのだ。一つはコミュニタリアニズムにもとづく多文化主義であり、もう一つは㋕リベラリズムにもとづく多文化主義である。〈 Ⅴ 〉

　なぜ、リベラルな多文化主義が可能かを考えてみよう。もともと、リベラルの出発点は、人々の多様性という事実を認めることだった。この多様性は、言うまでもなく文化の多様性についても当てはまるだろう。それぞれ違った文化に属する人たちの内容には一切かかわらず、それぞれの多様性を丸ごと肯定することが、リベラリズムの立場である。したがって、多文化主義を、リベラリズムが肯定することはあっても、否定することはないだろう。

えることができないわけである。こうしたアイデンティティを、テイラーにならって、㋒「集団的アイデンティティ」と呼ぶことにしよう。

　問題は、こうした「集団的アイデンティティ」が多文化主義では、しばしば単一のものとされることである。しかし、単一の一枚岩の文化など、あるのだろうか。たとえば、ヴェルナー・ハーマッハーは次のように述べている。

> 私たちは、文化の中で働き、結びつきをもち、（……）その中で生を営んでさえいるが、多文化主義は、そうした文化が単一文化であり、一枚岩の全体性であると想定させてしまう。真実はその逆である。

　多文化主義は相互に独立した単一の文化を想定しているが、こうした「一つの文化なるものは存在しない」のである。文化は、それ自体の内部でさらに分裂し、多様化しているのである。とすれば、「差異」は文化間にあるだけでなく、文化の内部にもあると言わなくてはならない。

　（ a ）、D・A・ホリンガーによれば、アメリカでは多文化主義を考えるとき、（ b ）「民族人種五角形」のもとに分類される。（ c ）、ヨーロッパ系アメリカ人、アジア系アメリカ人、アフリカ系アメリカ人、ヒスパニック系アメリカ人、先住民のうちのどれかに分類されるのだが、これは白・黄・黒・茶・赤といった肌の色の区別に対応している。〈 Ⅱ 〉

　しかし、㋓こうした分類が、あまりにも大雑把であることは、誰が考えても分かるだろう。同じヨーロッパ系といっても、西欧と東欧では違うし、西欧もまたイギリス系、フランス系、ドイツ系、イタリア系その他に分かれ、さらにまた細分化が可能であろう。（ d ）、こうした分類は、けっして固定したものではない。ヨーロッパ系とアジア系の「混血」はいうまでもなく、多種多様な文化の交流によって、さまざまな文化的ルーツをもった人々が存在するからである。（ e ）、多文化主義が想定する「単一文化」は①キョ構の産物ではないだろうか。

　その点はこれ以上問わないにしても、多文化主義にはもう一つの問題点がひかえている。それは、㋔多文化主義になると、共同にしよう。テイラーのコミュニタリアニズムは、「共同体―内―承認」によって成立するのである。

ところが、テイラーは「承認」を別の意味でも使っている。それが、「マルチカルチュラリズム（多文化主義）」の原理となった「承認の政治」である。たとえば、次の箇所を挙げておこう。

承認の要求は今日、（……）「多文化主義」の政治と呼ばれるものにおいて、少数派ないし「従属的」集団を擁護するために、いくつかの仕方で政治の前面に登場している。こうした承認の要求は、承認とアイデンティティの間の結びつきが想定されることによって、緊急性を帯びたものになる。

ここで語られている承認が、「少数派ないし従属的集団」に対する承認であることは、明らかだろう。この意味の承認を「共同体―間―承認」と名づけることにしたい。テイラーは、カナダ・ケベック州で多民族・多文化的状況を経験したことから、多様な文化（集団）間での承認を提唱したわけである。これは、多様な文化間の差異を擁護するので、「承認の政治」は「差異の政治」とも呼ばれている。

このように見れば、同じ「承認」という言葉を使っても、その意味するところは、まったく違っているのが分かるだろう。一方は共同体の内部で承認されることで、対話によってアイデンティティが形成される。他方は、共同体間で承認することで、少数集団を多数集団に同化させず、「差異」の維持を目指している。しかし、残念なことに、テイラーは、この二つの「承認」の違いに、あまり自覚的ではなかったようだ。これは多文化主義を［A］のではないだろうか。

テイラーが主張した「多文化主義」は、１９８０年代から90年代にかけて、アメリカを中心に大きな運動になった。ところが、多文化主義が社会運動として広がりを見せるにつれて、むしろその限界を露呈したように思われる。〈　I　〉

テイラーによれば、個々人は所属する共同体の中で「アイデンティティ」を形成する、とされる。平たく言えば、文化によって個人のアイデンティティが作り出されるのだ。そのため、所属する共同体や文化を離れては、個々人のアイデンティティを考

二　次の文章を読んで、問いに答えよ。

コミュニタリアンであるチャールズ・テイラーの思想を見てみよう。彼は、1980年代にリベラリズムを批判して、「承認」概念にもとづいて、コミュニタリアニズムを提唱したが、90年代になると多文化主義（マルチカルチュラリズム）へと進んでいくのである。

多文化主義は、一つの社会において複数の文化が共存し、対等な関係を取り結ぶことを主張するもので、とくにカナダやオーストラリアで1970年代以降に登場した。

もともと彼自身が、カナダ出身の思想家であり、多文化主義の問題は若いころから身近にあった。また、80年代から90年代にかけては、アメリカを中心にさまざまな弱者（マイノリティ）へと視線が注がれるようになり、㋐「差異の政治」や「アイデンティティの政治」といったスローガンが掲げられるようになったのである。

こうした状況のなかで、テイラーは「承認」概念を携えて、多文化主義へと向かったわけである。しかし、テイラーが「承認」概念を多文化主義に結びつけるとき、そこには㋑微妙な多義性が潜んでいたと言わなくてはならない。それを確認するため、まずは次の文章を読んでみることにしよう。

> アイデンティティと承認との間の密接な結びつきを理解するためには、人間の条件の決定的な特徴の一つを考慮に入れる必要がある。（……）その特徴とは、人間の生が根本的に対話的な性格をもつことである。われわれが人間の名に値する行為者となり、自分自身を理解できるようになり、したがってアイデンティティを定義できるようになるのは、人間のもつ表現豊かな言語を身につけることによってである。

この箇所を見れば、テイラーがなぜ「コミュニタリアン（共同体主義者）」と呼ばれるのか、分かるだろう。個人のアイデンティティが、集団内部で行なわれる「対話」を通じて形成されるからだ。そこで、この承認を「共同体―内―承認」と呼ぶこと

5　科学技術の発展により視覚が研究対象となりおいしく見える食べ物の色が開発されるなど、視覚環境が変化したということ

問12　本文の内容に合致するものはどれか。次の中から最も適当なものを選び、その番号を解答番号 [14] にマークせよ。

1　産業の発展や消費社会の拡大は人々の生活に標準化をもたらしたが、それは食品業界も例外ではなかった。食品業界では季節や生産地によらず味や色を同質化させ、人々がおいしいそうと感じる色を作り出し味や香りまでも想像させる技術が求められた。

2　私たちは普段五感を駆使して生活しているが、これら五感は個々人の主観的作用ではなく文化的なものである。例えば、谷崎が「瞑想的」だと評した椀に入った吸い物を、現代の私たちが令和の文化環境の中で味わうことでより「瞑想的」に食することができる。

3　感覚産業複合体がいち早く発展した産業の一つが食品産業だが、食べ物の色は特に食品の購入時に大きな役割を果たすようになった。そこで色彩科学が発展し、色は他の感覚と比べて操作しやすく、それにより操作性がより向上し、色の商業的利用が拡大した。

4　何をおいしいと感じたり良い香りと感じたりするかは文化や時代によって異なるが、国や地域間の力関係でも変わってくる。例えば、ヨーロッパの国々がアジアを植民地支配した時に持ち込んだ香辛料が、ヨーロッパの人々の味覚をアジアの味覚に変えてしまった。

5　五感を通した身体的体験は人と社会とのつながりが関係しているが、社会を理解するためには感覚の文化性に着目することが必要である。例えば、吸い物をおいしいと感じるかどうかは、その人が生きている時代の文化や社会に対してどのように接しているかで決まる。

問10　傍線㋕「様々なアクターによる拮抗と共創の中で生まれてきた」とあるが、それはどういうことか。次の中から最も適当なものを選び、その番号を解答番号 12 にマークせよ。

1　食べ物の匂いや味などが互いに主張しながら張り合うことで、おいしそうに見える色が創られてきたということ
2　食品業界や化学メーカーなどが張り合いながらも協力することで、おいしそうに感じる色が創られてきたということ
3　食べ物の匂いや味などが互いに主張しながらも影響し合うことで、おいしそうに感じる色が創られてきたということ
4　食品業界や化学メーカーや広告代理店までもがしのぎを削ることで、おいしそうに感じる色が創られてきたということ
5　感覚産業複合体だけでなく食品業界や化学メーカーなどが助け合うことで、おいしそうに見える色が創られてきたということ

問11　傍線㋖「科学と産業の結びつきは新しい視覚性を生み出した」とあるが、それはどういうことか。次の中から最も適当なものを選び、その番号を解答番号 13 にマークせよ。

1　科学技術の発展が新たな色彩科学や色を数値化する手法を開発し、食品業界においても未知の色を誕生させたということ
2　科学技術の発展により香りの化学合成や代替食品などの開発が成功して、新しい五感体験ができるようになったということ
3　科学技術の発展が食べ物を瞑想する対象から写真に撮り楽しむ対象に変化させ、視覚に訴えるものに変えさせたということ
4　科学技術の発展が食べ物の色や味を操作することを可能にして、食べ物を見て楽しむこともできるようになったということ

⑤　また、デパートの誕生やそこに陳列された多種多様な商品は、消費者の購買行動や嗜好《しこう》の変化を促しただけではない。

1　④→③→⑤→①→②
2　⑤→④→②→③→①
3　⑤→③→①→②→④
4　②→①→③→⑤→④
5　②→①→④→③→⑤

問9　傍線㋔「企業戦略における五感の経済的重要性」とあるが、それはどういうことか。次の中から最も適当なものを選び、その番号を解答番号 11 にマークせよ。

1　科学技術の発展によって作り出された新しい産業の中でも、人々の五感経験に訴える新たな商品開発をすすめる食品産業がこれからの企業戦略にとっても重要になるということ
2　科学技術の発展や工業化により大量生産体制が確立し新たな産業が生まれたことによって、人々の五感経験が大きく変わるきっかけを作ったことが企業にとって重要であるということ
3　技術の発展によって作り出された色や匂いなどが、人々の五感を刺激して消費行動をも変えていくようになることに目をつけて商品開発することが企業にとって重要であるということ
4　科学技術によって生み出された五感が感じ方や周辺環境の認知の仕方に影響を与えることから、五感に訴える新たな商品開発や周辺の環境を構築する産業の育成が重要であるということ
5　人工的に作り出された色や匂いなどを、人々が物の品質を保証したり購買行動を変えたりするときの判断基準にするような商品開発をすすめることが企業戦略として重要であるということ

4　加工食品が同質化された

5　価格低下が可能になった

問7　[X] に入れる表現として最も適当なものはどれか。次の中から選び、その番号を解答番号 [9] にマークせよ。

1　必ず大量生産が製品や人々の生活の合理化につながると考えていた

2　大量生産が製品や人々の生活の効率化につながるとは全く考えていなかった

3　おそらく大量生産が製品や人々の生活の標準化につながるだろうと考えていた

4　必ずしも大量生産が製品や人々の生活の画一化につながるとは考えていなかった

5　大量生産が製品の効率化を促し人々の生活が多様化されるとはほぼ考えていなかった

問8　[Y] には、次に示す五つの文を並び替えたものが入る。後の中から最も適当な並び順を示したものを選び、その番号を解答番号 [10] にマークせよ。

①　香料メーカーがラベンダーやローズなどの香りの化学合成に成功し、人工香料が化粧品などに用いられるようになったのだ。

②　また、技術革新や産業の発展で、企業は色や匂いを数値化するなど、それまで主観的なものと考えられてきた感覚を、客観的かつ科学的に解明し操作できるものとして扱うようになった。

③　こうして人工的に作り出された色や匂い、味などは、モノの品質判断基準や消費のあり方も変えることとなった。

④　新しい技術や商品、販売手法は、人々の五感の感じ方や感覚を通した周辺環境の認知の仕方にも多大な影響を与えるようになったのである。

3　室町時代に作られた庭園に見られるように人間は自然の一部であるという自然観が好まれたが、現代はその傾向はなくなってしまったということ

4　お正月のお雑煮は「丸餅で白味噌汁」を食してきたが、大学時代の友人の実家で「角餅で澄まし汁」のお雑煮を食べて物足りなさを感じたということ

5　平安時代の人々は趣深いと感じるときに「あはれ」という表現を使っていたが、現代人が「あはれ」という表現を使う場合は「かわいそう」と感じるときに使うということ

問5　[A]～[C]に入れる語句の組み合わせとして最も適当なものはどれか。次の中から選び、その番号を解答番号[7]にマークせよ。

1　A　文化　　B　認識　　C　社会
2　A　社会　　B　五感　　C　認識
3　A　文字　　B　身体　　C　時代
4　A　情報　　B　経験　　C　歴史
5　A　言語　　B　感覚　　C　文化

問6　傍線㊓「部品・製品の標準化」とあるが、このことが直接的にどのようなことにつながったのか。あてはまらないものを次の中から一つ選び、その番号を解答番号[8]にマークせよ。

1　中産階級が増加した
2　大量消費時代が訪れた
3　食品産業が標準化された

ののようだが、生まれ育った環境や習慣、時代背景等によって形成されるものでもあるということ

4 吸い物椀を前においしそうだと感じたり三昧境に惹き入られたりするのは、個々人の主観がそう感じさせているだけではなくて、吸い物椀が作られた環境や習慣、時代背景等にもそう感じさせる作用があるということ

5 羊羹をおいしいと感じたり味に異様な深みが備わっているように感じたりするのは、個々人が生まれながらに有している感じ方があるからのようだが、どう感じるかは時や場所を超えて賞される価値観によっても決定されるということ

問3 傍線㋑「瞑想する」とあるが、それを筆者はどのような体験ととらえているか。次の中から最も適当なものを選び、その番号を解答番号 5 にマークせよ。

1 時や場所を超えて賞される美や感情に思いを巡らせながら吸い物を食する体験ととらえている

2 その時代やその地における文化的・社会的背景を味覚だけでなく心でも感じる体験ととらえている

3 羊羹の半透明な肌が日の光りを吸い取る様子を身体全体で感じ五感を総動員した体験ととらえている

4 闇夜の中で蠟燭の灯火が発する光を感じながら心に染みこむように吸い物を味わう体験ととらえている

5 羊羹が置かれた状況や食べ物の器を五感全体で感じて食する時の周辺環境を超越する体験ととらえている

問4 傍線㋒「ある時・ある場所で共有されうる感情や感覚は、一方で歴史的文脈によって変わりうるもの」とあるが、その具体例として最も適当なものはどれか。次の中から選び、その番号を解答番号 6 にマークせよ。

1 日本人の美を表す言葉は時代を経るにつれ「くわし」から「きよら」「うつくしい」「きれい」へと変化し、今に至っているということ

2 平安時代には高貴な人が自分で飯を盛る行為は下品に感じられていたが、現代ではそのように感じられることはなくなってきているということ

手法も開発された。食品や化学をはじめとする多くの産業で、色を利用した新しい商品開発やマーケティングが進められ、㋖科学と産業の結びつきは新しい視覚性を生み出したのである。つまり、色の商業的利用が拡大し、人々の日常生活の中で視覚環境が大きく変化した時期でもあったのだ。

（久野愛『視覚化する味覚』。なお、文意を損なわない範囲で省略をおこなっている。）

注　啣＝ここでは「含む」の意味。

問1　傍線①～③のカタカナの部分と同じ漢字を用いるものはどれか。次の中からそれぞれ選び、その番号を解答番号 [1] ～ [3] にマークせよ。

[1]　①　トウ来　　1　トウ錯　　2　トウ徹　　3　トウ底　　4　格トウ　　5　順トウ

[2]　②　キョウ受　　1　感キョウ　　2　心キョウ　　3　キョウ騒　　4　キョウ敬　　5　キョウ楽

[3]　③　セッ取　　1　セッ攻　　2　セッ関　　3　セッ種　　4　セッ制　　5　セッ衝

問2　傍線㋐「五感は、一見、個々人の主観的・身体的作用のようだが、実は文化的・歴史的なものでもある」とあるが、具体的にはどういうことか。次の中から最も適当なものを選び、その番号を解答番号 [4] にマークせよ。

1　羊羹に触れた時に柔らかいと感じたり硬いと感じたりするのは、個々人の感受性の働きの違いによるもののようだが、羊羹が作られた場所や時間等が五感に影響するものでもあるということ

2　吸い物椀を前にしてこれから食べる吸い物の味わいに思いを巡らせるのは、個々人の思い出から生じるものであるかのようだが、生まれ育った環境や習慣、時代背景等によって生じるものでもあるということ

3　羊羹をおいしいと感じたり味に特別な深みが備わっているように思ったりするのは、個々人の独自な感じ方に基づくも

けに留まらず、政府や大学を含む研究機関など様々な組織・人々が関与する中で、新しい五感経験が誕生したことを意味している。例えばシェイピンが挙げている事例の一つが軍事食の開発で、第二次世界大戦中、政府機関の一つであるアメリカ陸軍需品科は、軍隊用の食事の味のみならず香りや色の研究を行っていた。兵士の体力の源である食事は、エネルギーや栄養を③セッ取するためだけでなく、いかにおいしく食べられるかが重要だったということである。ここには政府や軍事関係者、食品産業、フードサイエンス等に関する研究機関も関わっており、産学官がまさに「複合体」として五感の研究、そして商品開発を行っていたのだ。

　先の軍事食の事例のように、感覚産業複合体がいち早く発展した産業の一つが食品産業である。産業化や小売形態の変化、人々の嗜好《しこう》の変化などによって、食べ物の色は、特に食品の宣伝および購入時に非常に重要な役割を果たすようになった。例えば、印刷広告（またはテレビの宣伝など）で、言葉を使わず匂いや味を伝えることは難しい。一方、色は他の感覚と比べて再現や操作がしやすく、また色を通して人の味覚や嗅覚、触覚など他の五感を刺激する（想像させる）ことも可能である。印刷技術の発達で屋外広告や雑誌にカラー広告が掲載されるようになると、色は食品のおいしさを伝えるため、より一層重要な手段となっていった。こうした中、「おいしそう」また「自然」に見える食べ物の色は、食品業界のみならず、例えば食品着色料やパッケージ素材を供給する化学メーカー、広告代理店、食品生産・販売規制を行う政府など、政治・経済界を含め、(カ)様々なアクターによる拮抗《きっこう》と共創の中で生まれてきたのである。

　一九世紀に入り、科学と産業とが密接に結びつき、科学技術や関連知識は、研究室の中に留まらず、当時急速に拡大した化学産業など数々の産業にとって不可欠なものとなっていった。色も、もはや哲学や科学、芸術などそれぞれの領域で研究・考察されるものだけではなくなったのである。

　一九世紀末以降の色彩科学の発展は、ニュートンが解明したような色のメカニズムをさらに進展させ、色を数値化し測定するう標準化は、同質化ではなく「多様性」をもたらしたと語っている。フォードによれば「機械化によって今まで考えもしなかったほどの種類のモノを作れるようになり、生活が多様化したのである」。フォードのいう多様化とは、例えば自動車や電気冷蔵庫、ラジオなどのようにそれまで存在しなかった、もしくは高価で多くの人が購入できなかった様々な製品が、少なくとも中産階級以上の家庭で②キョウ受されるようになったことを意味している。アメリカで電化製品が各家庭に行き渡り本格的な大量消費時代を迎えるのは第二次世界大戦後ではあるものの、すでに一九二〇年代から三〇年代は、機械を用いた大量生産で、生産の効率化と合理化が進み、多様な製品の価格低下が可能になり始めた時期である。

こうした大量生産システムの導入と標準化は、食品産業においても例外ではなかった。ただこの標準化は、産業によって異なる目的・意味を持っていた。標準化することで機械による大量生産が可能になるという点では共通していたが、食品の場合、農業生産物も加工食品も、「標準化」とは、季節や生産地によらず、味や色、形を同じ品質で生産することを意味していた。この中で食べ物の色は、人がおいしそう・新鮮そうと感じたり、味・香りを想像させるために重要な役割を担っている。そこで、人々が「自然な（あるべき）」色だと考える色を再現し、それを常に作り出すことが、食品産業における標準化にとって不可欠となったのである。

一八七〇年代以降の科学技術の発展や工業化は、大量生産体制を確立させたとともに、新たな産業を生み出し、さらに人々の生活を大きく変えた。例えば、鉄道網の発達や自動車の登場は新たな都市の風景や生活音を生み出した。

Y

科学史家のスティーヴン・シェイピンは、こうした五感に訴える商品開発や環境構築を行う産業・研究機関・政府などが一体となったシステムを「感覚産業複合体」と呼んだ。これは、㋔企業戦略における五感の経済的重要性を示唆するとともに、企業だ論）と密接に結びついたものであり、社会、そしてその歴史の中で中心的役割を果たしてきたという。これまでは文化や社会のあり方を反映するものとして主に言語や文字情報が重視されてきたのに対し、ハウズは、［A］に代わる分析枠組みとして［B］を提唱したのである。そして、［C］によって規定されうる五感（何をおいしいと感じるか、良い香りと感じるかは文化、また時代によって異なる）、さらには、国や地域間のパワーダイナミクスによって生まれた五感経験―例えば植民地支配によって持ち込まれたヨーロッパの食（味覚）など―という多面的な感覚の理解を、「帝国」という比喩を通して促している。

では、産業の発展や消費主義社会の拡大は、人々の五感経験をどのように変えたのだろうか。まずは、一九世紀末の歴史的背景についてみてみよう。

一八七〇年代は、アメリカ、またイギリスやドイツをはじめとするヨーロッパ諸国で、技術革新と工業化に伴う大量生産時代が①トウ来した時期である。特に化学や鉄鋼産業、電気産業などが発達するとともに、食品や衣料品など消費財の大量生産が始まった。こうした中、企業は、大規模生産と組織化された経営体制のもとで新たな企業戦略を生み出すようになった。他国に先駆けて大量生産体制を確立してきたアメリカでは、自動車会社フォード・モーターの創業者ヘンリー・フォードが導入したベルトコンベヤを利用したライン（流れ作業）生産方式が有名だが、こうした大量生産を進める上で不可欠な条件の一つが㋓部品・製品の標準化であった。

一九〇八年に、大衆向け自動車として発売を開始した「モデルT（T型フォード）」について、フォードは「T型は黒である限り、どんな色でも揃《そろ》えている」（つまり黒のモデルしかないという意味）と語ったというエピソードがある。これは、価格を下げるために当初は複数あった塗装色を黒だけに絞り、生産を合理化したためともいわれているが、同じ色・型の自動車を作り続けるという発想は、大量生産方式を代表するフォードを象徴するものともいえる。

モデルTのカラーバリエーションに難色を示したフォードだが、興味深いことに、［X］。大量生産とそれに伴現代は一層難しいだろう。スピーカーから音楽が流れ、蠟燭ではなく電気の光が料理を照らすようになった。かつて谷崎が「瞑想的」だと評した椀に入った吸い物を、現代の私たちは、その味だけではなく見た目や、それを食す瞬間の周辺環境―空気感や光の陰影、音―を異なったものとして感じ取るであろう。時や場所を超えて賞される美や感情、そして感覚は存在するかもしれないが、多くの場合、人が何かを感じ、そしてそれについて「瞑想」する時、そこにはその時代、その地における文化的・社会的背景が大きく影響するものである。文化批評家レイモンド・ウィリアムズが「感情の構造」と呼んだ、㋒ある時・ある場所で共有されうる感情や感覚は、一方で歴史的文脈によって変わりうるものなのだ。

谷崎は、同じく『陰翳礼讃』の中で、羊羹《ようかん》を通して食べ物の色についても「瞑想」している。「かつて漱石先生は『草枕』の中で羊羹の色を讃美しておられたことがあったが、そう云えばあの色などはやはり瞑想的ではないか」と述べ、次のように続けている(羊羹が好物だった文豪は多かったようで、室生犀星なども好んで食したという)。

> 玉《ぎょく》のように半透明に曇った肌が、奥の方まで日の光りを吸い取って夢みる如きほの明るさを啣《ふく》んでいる感じ、あの色あいの深さ、複雑さは、西洋の菓子には絶対に見られない。クリームなどはあれに比べると何と云う浅はかさ、単純さであろう。だがその羊羹の色あいも、あれを塗り物の菓子器に入れて、肌の色が辛《かろ》うじて見分けられる暗がりへ沈めると、ひとしお瞑想的になる。人はあの冷たく滑《なめら》かなものを口中にふくむ時、あたかも室内の暗黒が一箇《こ》の甘い塊になって舌の先で融《と》けるのを感じ、ほんとうはそう旨《うま》くない羊羹でも、味に異様な深みが添《そな》わるように思う。

吸い物椀についての「瞑想」と同様、羊羹を見る・食べることが五感を総動員した体験として描かれている。

このように、五感を通した身体的体験は、人が周辺環境や他人といかに接し、どのようにそれらを理解するのか、つまり人と社会との関わりと密接に関係している。文化人類学者のデイヴィッド・ハウズは、編著『感覚の帝国』の中で、文化・社会を理解するためには感覚の歴史性・文化性に着目することが必要だと論じている。感覚は、身体と認識(つまり存在論および認識

国語

（八〇分）

一　次の文章を読んで、問いに答えよ。

私たちは普段、味覚や視覚、また触覚や聴覚、嗅覚といった五感を駆使して生活している。これら㋐五感は、一見、個々人の主観的・身体的作用のようだが、実は文化的・歴史的なものでもある。何かに触れた時に感じる柔らかさや硬さ、街の中で聞こえてくる音、食べ物の味など、何をどう感じ取るかは、生まれ育った社会や文化によって、また時代によって異なるのだ。

次の谷崎潤一郎による一九三三年発表のエッセイ『陰翳礼讃《いんえいらいさん》』からの一節を、その情景を想像しながら読んでほしい。

私は、吸い物椀《わん》を前にして、椀が微《かす》かに耳の奥へ沁《し》むようにジイと鳴っている、あの遠い虫の音のようなおとを聴きつゝこれから食べる物の味わいに思いをひそめる時、いつも自分が三昧境に惹《ひ》き入れられるのを覚える。（中略）日本の料理は食うものでなくて見るものだと云《い》われるが、こう云う場合、私は見るものである以上に瞑想《めいそう》するものであると云おう。そうしてそれは、闇にまたゝく蠟燭《ろうそく》の灯と漆の器とが合奏する無言の音楽の作用なのである。

谷崎は、食べる情景、そしてその体験を味覚だけでなく、音や光、色など五感全体で味わい、そのことに思いを巡らし㋑「瞑想する」ものとして描写した。

だが、谷崎が体験したような「遠い虫の音のようなおと」を聴きながら「蠟燭の灯」のもとで椀を味わうことは、現代の私たちにはなかなか経験できないものである。当時においてもそれほど一般的な体験ではなかったものの、都市化や産業化が進んだ

解答編

英語

I　**解答**　〔1〕(A)―(3)　(B)―(2)　(C)―(3)　(D)―(4)

〔2〕(1)―2　(2)―3　(3)―1　(4)―2　(5)―1

〔3〕―(1)

◆全　訳◆

≪アラスカでのビーバーの増殖≫

1月上旬のある日，サイラス=ハリスはスノーモービルにとび乗り，アラスカ州コツェビュー近くの半島を駆け上がり，彼の犬のための道を作っていた。「最初に見つかるビーバーのダムは，町から3マイルほど離れたところにあるんだ」と彼は言う。「その近くには別のダムがあり，そこから5マイルほど離れた場所にも別のダムがある。それはほんの小さなエリアだけど」 イヌピアック族の一員であるハリスは，1957年に生まれ，コツェビュー湾の対岸にあるシスアリックで幼少期を過ごした。「ビーバーなんて本当に聞いたこともなかった」と彼は言う。「でもやってくるビーバーの数が尋常じゃないんだ。この地域一帯がビーバーに侵食されている」

かつてアラスカ北西部ではめったに見られなかったビーバーが，1980年代から1990年代にかけて頻繁に姿を現すようになった。こちらもイヌピアック族のランス=クレイマーは現在，主に毛皮の帽子を作るためにビーバーを罠で捕獲している。彼は最近，この地域で初めて目撃されたビーバーについてある古老に尋ねた。「彼らはツンドラで，とても長いビーバーを見たそうです。ツンドラでここまでの非常に長い距離を歩いてきたため，尻尾の下部が擦り切れていたそうです」とクレイマーは話す。

今や，その動物と彼らが作る池，ダム，巣は至るところにある。コツェビュー地域の衛星画像を使用して，科学者らは，ビーバーのダムの数が2002年の2つから2019年には98に，約5,000％も急増したことを発見した。しかも，コツェビューだけではない。ビーバーの池は2000年以降，局地的に倍増し，現在アラスカ北西部には12,000カ所もあるのだ。周囲を水にしてしまうことから「生態系エンジニア」の異名を持つビーバーは，ツンドラを変容させつつある。

北アメリカ最大の齧歯類の動物は，気候変動の影響もあって北へと移動してきている。ツンドラが暖かくなり，緑が増えれば増えるほど，ビーバーにとって魅力的な場所になるのだ。これはビーバーが食料，ダム，巣のために灌木を必要とするためだ。ビーバーの生息域の広がりは，個体数の回復とも関係している。何世紀にもわたって広く行われていたビーバーの罠による捕獲が減少して，ビーバーが急増しているのだ。

実際，ビーバーは最近，地域における変化を記録する年次レポートである「アメリカ海洋大気庁2021年北極圏レポートカード」において，「新たな攪乱因子」として指定された。これは，ビーバーが川をせき止め，より深く暖かい池を作り，新しいタイプの水中生息域を開拓しているからだ。アラスカ大学フェアバンクス校でビーバーの繁殖を研究している生態学者のケン=テープは，「北極圏のどこにいるとしても，『ビーバーがそこに到達するまでどれくらいかかるか』ということが重要な問題なのです」と言う。「なぜなら，ビーバーがそこに到達したら，その場所はもう二度と元には戻らないからです」

さらにハリスは，コツェビューの飲料水を供給する貯水池で泳ぐビーバーが，地域の浄水場を汚染するのではないかと心配している。ビーバーや他の動物はジアルジアという寄生虫を運び，それを環境中に排泄するので，汚染された水は胃腸炎を引き起こす可能性がある。ハリスらは，狩りや釣りの際に川から直接水を飲んでいたものだが，今では考え直しつつある。「水質が損なわれてしまったら，これからどうすればいいのだろう」とハリスは言う。

東へ約80マイルのところにあるセラウィックもビーバーが非常に多く生息する場所で，この動物がボートでの狩猟ルートを妨げていることに憤慨する人もいる。「古老たちはビーバーの駆除を始めるように言ったが，誰も聞き入れず，今では増えすぎてしまった」と，イヌピアック族の猟師で，地元の空港と町の道路水道課で働くラルフ=ラモス=ジュニアは言う。高さ15フィートもある巣のせいで，湿地を移動して岸にいるヘラジカを狩るのは困難だ。「せき止められてしまっているので，今ではボートで行けないところもあるんです」とラモスは言う。ビーバーの作業を遅らせようとすることもあるが，ほとんどうまくいかない。「ダムやビーバーの巣の一部を壊しても，彼らはすぐに戻って来てまた修復するでしょう。働き者のビーバーですからね」と彼は言う。

ラモスのような猟師はビーバーを害獣とみなし，ハリスはビーバーの生息数の抑制の取り組みを望んでいる。しかし，ビーバーは必ずしもツンドラを良くも悪くもしているのではなく，また別の形のツンドラを作っているだけだと主張する人もいる。クレイマーは，ビーバーは生息環境の多様性に恩恵をもたらすものであると考える。「ビーバーは私たちの土地をすばらしい方法で，豊かにしてくれました。ビーバーは湖や池を作り，より大きな湿地を作るので，ヘラジカやカモ，水鳥，その他の齧歯類の動物がより多く生息するようになるんです」と彼は言う。

科学者たちは，ビーバーの活動とそれが環境に及ぼす可能性のある影響について，今後も監視を続けていくことになるだろう。しかし，1つの大きな疑問が残されている。それは，ビーバーがこの地域の気候変動を加速させているのではないかということだ。ビーバーのダムが作る水たまりは周囲の土壌よりも温度が高く，永久凍土を溶かし，二酸化炭素やメタンガスを大気中に放出する可能性があるのだ。「ビーバーは気候変動の一因となっているかもしれません」と，ノーザン・アリゾナ大学で永久凍土を研究しているクリスティーナ=シェーデル教授は言う。「どの程度かはわかりません。しかし，調査する価値は絶対にあります」

North America's Largest Rodent Is on the Move, The Atlantic on February 20, 2022 by Kylie Mohr

◀解　説▶

〔1〕(A)「アラスカのビーバーの個体数が増加した理由として，次のうち言及されていないものはどれか」

第4段第1文（North America's largest …）には，ビーバーがアラスカへと北上してきていることが書かれており，(4)の内容に一致する。また同文では「ツンドラが暖かくなり，緑が増え…ビーバーにとって魅力的な場所になる」との記述もあり，これは(2)の内容に一致。次の文では，「ビーバーの捕獲が減少」と書かれており，(1)と一致する。よって，(3)が正解。

(B)「ビーバーの増加によって脅かされそうにないものは何か」

第6段第1文（Additionally, Harris worries …）の「…ビーバーが，地域の浄水場を汚染するのではないかと心配」が(3)「地域の水の供給」と一致，第6段第2文（Beavers and other …）の「…寄生虫を運び，それを環境中に排泄するので…胃腸炎を引き起こす可能性」は，(1)「公衆衛生」と一致，また第7段第4文（“You can't even …）「せき止められてしまっているので，ボートで行けないところもある」は，(4)「地域の水路周辺の移動」に相当する。よって，(2)が正解。

(C)「なぜビーバーが増えることを歓迎する人がいるのか」

ビーバーを害獣とみない人々の考えについて書かれているのは，第8段後半である。第8段第3文（Kramer considers them …）の「ビーバーは生息環境の多様性に恩恵をもたらすものである」という記述より，(3)「他の野生生物の生息環境が多様化した」が正解。

(D)「なぜビーバーの個体数が増えると，気候変動のスピードが速くなる可能性があるのか」

最終段第3文（The pools of …）によると，ビーバーのダムの水たまりは，水温が高いので永久凍土を溶かし，地中の二酸化炭素やメタンガスを大気中に放出させてしまうことになる。よって，(4)「ビーバーは水温を上昇させ，地下の温室効果ガスを放出する可能性がある」が正解。

〔2〕(1)「2002年頃からアラスカでビーバーが増え始めた」

第2段第1文（Beavers — once …）に「1980年代から1990年代にかけてビーバーが頻繁に見られるようになった」とあり，これに一致しない。第3段では2000年以降激増していることが書かれているが，増え「始めた」時期はそれより前である。

(2)「『2021年北極圏レポートカード』には，『新たな擾乱因子』に対処するための提言が含まれていた」

第5段には，ビーバーが「2021年北極圏レポートカード」において，「新たな擾乱因子」として指定されたことが書かれているが，対処の提言が含まれていたかどうかに関しては情報がない。よって，正誤の判断はしかねる。

(3)「猟師や漁師は，川の水を安心して飲めなくなった」

第6段第3文（Harris and others …）に，「ハリスらは，狩りや釣りの際に川から直接水を飲んでいたものだが，今では考え直しつつある」とあることから，川の水の安全面を懸念するようになったとわかる。よって，本文の内容と一致する。

(4)「原住民のイヌピアック族の古老たちは，ビーバーを放っておくよう人々に助言した」

第7段第2文（“Elders said to …）に「古老たちはビーバーの駆除を始めるように言ったが，誰も聞き入れず…」とあるので，古老たちはビーバーを駆除する指示を出していたことがわかる。よって，本文の内容と一致しない。

(5)「ビーバーはどんな彼らの建造物が壊されても，すぐに作り直す」

第7段第6文（“If you tear …）に「ダムやビーバーの巣の一部を壊しても，彼らはすぐに戻って来てまた修復するでしょう」とあるので，本文の内容と一致する。

〔3〕(1)「ビーバーはアラスカのツンドラ地帯の生活を変えている」

(2)「ビーバーは驚異的な生態系エンジニアとみなされている」

(3)「気候変動はビーバーの移動に大きな影響を及ぼしている」

(4)「ビーバーの個体数の増加により，イヌピアック族が苦しんでいる」

(5)「ビーバーが現れる前は，アラスカ北西部の人々の暮らしはずっとよかった」

第1～3段の導入部では，アラスカでビーバーの数が飛躍的に増えている様子が描かれ，第4段以降ではその原因や影響（特に生態系に与える影響）について述べられていることから，(1)が最も適切。

II　解答

〔1〕(A)—(4)　(B)—(1)　(C)—(4)　(D)—(1)
(E)—(2)　(F)—(1)　(G)—(3)　(H)—(3)

〔2〕あ—(1)　い—(4)　う—(4)　え—(3)　お—(1)

◆全　訳◆

≪アル=サイード・ベドウィン手話≫

ネゲブ砂漠の同じ小さな村に住む2人の男が，まったく異なる身振りで「犬」という単語を手話で表現する。1人の男は手を体の前に出し，指を開いたり閉じたりして，犬が吠える声を示すジェスチャーをする。もう1人の男の手は顔の近くにあり，指を先ほどの男よりわずかに，かつ素早く曲げて，やはり犬の口を示す。言語学者にとって，その違いは，完全な発達への途上にある若い言語を意味する。

イスラエルのネゲブ砂漠にあるベドウィン族の町，アル=サイードでは，これら両方の手話が使われている。住民4,000人のうち約150人がろう者で，彼らは80年以上前に4人のろう児が生まれた健聴者の家族の子孫である。これは，たいていの健聴者の人口集団でのろう者の割合の50倍である。最初の4人のろう児とその子孫が部族内で結婚するにつれ，ろうが広まり，まったく新しい言語が発展したのだ。これがアル=サイード・ベドウィン手話（ABSL）である。

80年というのは言語の進化にとっては非常に短い期間である。そこでハイファ大学の言語学者であるウェンディ=サンドラーは，ABSLに新しい手話の誕生と開花を学ぶ機会を見いだした。この手話言語は，その村のろう者と健聴者との両方に定着したものであり，そこでは，夢や結婚式の計画，民間療法，財政問題など，日常的な話題から複雑な話題までが，楽々と話し合われているのだ。

言語学者は長い間，手話に魅了されてきた。そして，これらの無音の言語が，話し言葉がもつのと同じ種類の規則で発展するのかどうか知りたいと思ってきた。例えば，すべての音声言語には2つのレベルの構造がある。1つは，それら単体では意味をもたない母音，音節，そしてその他の音声の基本セット，いわゆる言語の音韻体系と呼ばれるものである。2つ目は，それらの音を混ぜ合わせることで意味のある単語が作られることである。この混ぜ合わせができるということのおかげで，目覚ましい語彙をもつことができるのだ。例えば，英語には約40の音があり，それらを組み合わせて何十万という単語を作っている。

かつて言語学者たちは，手話が音声言語と同じような音韻体系をもっており，その結果同じように大きな語彙をもつかどうかを議論したことがある。サンドラーが指摘するように，手話がより制限されていると考える研究者は，手話がしばしばその意味に似た見た目をもつという事実に注目した。例えば，アメリカ手話の「本」という手話は，本を開いているように見える。この問題は，1960年代に決着がついた。つまり，手話は確かに拡張的な構造をもっているのだ。しかし，ある言語が初めて登場したときはどうだろうか。複雑さは最初からあるのだろうか。このような疑問には，話し言葉の場合，決して答えることはできない。なぜなら話し言葉というものは，非常に古い言語か，古い言語から派生した言語であるためだ。しかし，手話はいつでも出現する可能性がある。アル=サイードは，それをサンドラーが知るすばらしい機会を提供してくれたのである。

彼女はABSLが複雑な音韻体系と標準化された語彙をもつことを完全に予想していた。というのも，すべての言語にはそのような特徴があるからだ。言語というものは，一般的に互いに異なるというよりは，はるかに類似したものであり，まるで言語のもつ構造的要素が人間に本来備わっているかのようだ。また，アル=サイードのコミュニティではろう者の数が多かったので，子どもたちは幼いうちから大人や年上の子どもたちから学ぶことができた。子どもというのは，言語習得のスピードが速く，熟練度が高いのだ。

「私たちには理解できなかったけれど，それはとても流暢なものに見えた」と，サンドラーはこの町を訪れたときのことを話す。しかし，この言語には多くの点でまだ完全な構造と規則がないことはすぐに明らかになった。例えば，「卵」や「犬」のように，家庭によって使う手話に違いがあるものがあった。また，「犬」についての別の大きな特徴は，手の高さに付加的な意味がないことだ。より確立している手話言語では，手の位置は非常に重要である。話し言葉の母音や子音と同じように，手の位置の異なる2つの手話では，意味がまったく変わってしまうのだ。

また，サンドラーと同僚たちは，この言語が複雑さを増していく様子も記録した。時間が経つにつれ，そして若い世代では，手話は名前を表す対象物に似ている必要性を失っていた。例えば，「卵」は，ほとんどの地域で2つの要素で表現されていた。まず，人差し指を曲げて下向きにくちばしでつつく，すなわちニワトリを表すサイン，そして次に手をひっくり返して3本の指で楕円形の物体を包むようにするというものだ。しかし，ある家族は，その手話の最初の動きを3本の指でつつくものに変えていた。その方が，ニワトリのくちばしには見えないが，より簡単に2番目の手話の動きに移ることができる。

また，若い世代は，手話に動きを加えた――意味のない動きさえ。確立された手話の中でもアメリカ手話やイスラエル手話（ISL）は，実は動きが中心的な特徴となっている。これは，発話をよりスムーズに，より認識しやすくするためだと考えられている。「外部からの影響をほとんど受けずに，新しい言語が生まれる様子を目にすることができたということは，非常に興味深いことでした」とサンドラーは言う。しかし，村の外から雇った学校の教師がコミュニティにISLを持ち込んだことで，状況は変わってきている。また，ろうの男性の中には村の外で働く人もおり，時にはろうの女性が結婚のため，イスラエルの他の地域へ出ていくこともある。まだ完全には形成されていない言語は変容しつつあり，それに伴い，アル=サイードの若者たちがISLをどのように母国語に吸収していくのかという新たな言語学的疑問が生じている。「やらねばならないことはたくさんあります」とサンドラーは言う。

◀解　説▶

〔1〕(A)空所を含む文は「例えば，すべての音声言語には（　　）構造がある」の意である。直後の文ではOne is…，さらにその次の文ではThe second is…といずれも音声言語の構造の特徴を述べていることから，(4)を入れて，「２つのレベルの構造がある」とするのが最も適切。

(B)空所を含む文のコロンの前では，「この混ぜ合わせができるということのおかげで，目覚ましい語彙をもつことができる」とあり，コロンの後では，「英語には約40の音があり，それらを組み合わせて何十万という単語を作っている」と具体例として英語という言語を挙げて説明している。よって，(1)が正解。

(C)第５段では，手話言語が音声言語と同様の音韻体系・語彙・拡張的構造をもつかどうかが焦点となっている。第５段第４文（The matter was…）では，この問題に対してYesの解答が示されているが，さらにこの後，空所を含む文で問題提起がなされており，空所の次の文には「複雑さは最初からあるのだろうか」とある。よって，空所には(4)を入れ，手話言語のもつ複雑さが言語誕生の初期からあるか否かを論点とするのが正解。

(D)第６段第１文（She fully expected…）によると，彼女（サンドラー）は複雑な音韻体系や標準化された語彙は，すべての言語に共通するものだと考えていることがわかる。よって空所には，言語は（音声言語，手話言語の区別なく）類似していることを示唆する，(1)「概して」を入れるのが正解。

(E) ABSLが未熟であることを示す特徴の１つとして，第７段第４文（Another significant feature…）に「『犬』について…手の高さに付加的な意味がない」ことが挙げられている。これは手の高さの違いで大きく意味が変わることはないということを示しており，「より確立している手話言語では，手の（　　　）は非常に重要である」の空所には手の高さを意味する(2)を入れるのが最も適切である。

(F)第8段第1文にある空所に入るものに関しては，段全体の内容を参照し，サンドラーたちが何を記録したのかを考える必要がある。この段では手話言語の変化として，「卵」を表す手話が，ニワトリの様子に近い1本指での描写から，よりニワトリらしくない3本指での手話に変わっていく様子が記されている。これは手話言語の(1)「複雑さを増していく」様子だと考えられる。よって，(1)が正解。

(G)空所のある最終段第2文（Movement is a…では，前文の「また，若い世代は，手話に動きを加えている」の中の，手話における movement「動き」について，具体的に「アメリカ手話やイスラエル手話（ISL）の特徴である」と情報を付け加えている。選択肢の中で前に述べたことを補足する具体的情報を付け加える際に使われるのは，(3)である。

(H)空所直前の文では「外部からの影響をほとんど受けずに，新しい言語が生まれる様子を目にすることができたということは，非常に興味深い」とのサンドラーの発言が取り上げられている。一方で，空所を含む文は逆接の However から始まっており，前文の「外部からの影響をほとんど受けずに」と対照的な内容となることがわかる。よって(3)を入れて，「村の外から雇った学校の教師が ISL を持ち込んだ」とするのが適切。

〔2〕㋐下線部の指示内容は，第1段第2文（One man gestures…）の男のジェスチャーと，第1段第3文（The other man's…）のもう1人の男のジャスチャーとの違いのことである。よって，(1)が正解。

㋑下線部の the language は ABSL という手話言語のことであり，take root「定着する」は，ここではこの手話言語が「日常的な話題から複雑な話題までが，簡単に話し合われる」ほど，ろう者にも健聴者にも使用されていることを示している。よって，(4)「ABSL が日常的なコミュニケーションに定期的に使われるようになっていった」が正解。

㋒下線部に含まれる matter には「(考慮すべき) 事柄」の意がある。この段でテーマとなっているのは，第5段第1文（Linguists once debated…）にある「手話が音声言語と同じような音韻体系をもっており，その結果同じように大きな語彙をもつかどうか」である。よって，手話言語の語彙について言及されている(4)「手話は多くの言葉を生み出すことができる柔軟性があるかどうか」が正解。

(え)下線部が指す内容は，同じ発言内最後の understand it の it と同じもの，すなわちサンドラーが町を訪れた当初に観察した ABSL のことである。よって，(3)「村人による ABSL の使用」が正解。

(お)下線部を含む表現 the second part of the sign より，この sign「手話」は2つ（以上）の動きをもっているものであることがわかる。第8段では，第3文（*Egg*, for example …）以降で，「卵」を表す手話についての具体的な動きが描写されている。よって，(1)「『卵』を表すジェスチャー」が正解。

III　解答

〔1〕(あ)—(7)　(い)—(3)　(う)—(5)　(え)—(10)
〔2〕(か)—(8)　(き)—(5)　(く)—(9)　(け)—(3)

◆全　訳◆

〔1〕　≪大学キャンパスの案内所で≫

A：お待たせしました。何かご用でしょうか？

B：こんにちは。バード・ビルディングを探しているんです。グローバル・コネクションズの会議で講演をするんですが。

A：少しばかり早いですね。((7)：来週まで始まらないですよ！)

B：そうなんですけど，初日に講演をするので部屋を見たいんです。準備の役に立つだろうと思って。

A：わかりました。バード・ビルディングはキャンパスを挟んで向こう側，中央図書館の隣にあります。でも，残念ながら入れないんです。

B：え，本当ですか？　((3)：開いていると聞いていたのですが。)

A：いつもは開いてるんですが，今日は全館閉まっています。会議のために新しい座席を設置しているんです。大きなイベントになりそうですね。

B：そうですね，楽しみにしています。でも，自分が講演する場所をぜひ見ておきたいんです。((5)：いつから入れるんですか？)

A：えーと，今日の午後には完了するはずだから，うまくいけば明日からですね。

B：わかりました，では午前中にまた来ます。

A：((10)：来る前に電話した方がいいと思いますよ。）建物が開いているかどうかはわからないですから。

B：そうします。助かりました。

〔2〕　≪園芸店にて≫

A：こんにちは。ハーブについてお聞きしたいのですが。私はマンションに住んでいるので，庭がないんです。栽培できるのはバルコニーだけなんです。

B：大丈夫ですよ。多くの人がバルコニーでうまくハーブを育てています。

A：((8)：何を育てるのがおすすめですか？）

B：コリアンダーは1年中育てられるハーブです。日陰を好みますが，頻繁に水やりをする必要があります。

A：正直言って，それはあまり気がのらないですね。((5)：他に何かいいものはないですか？）

B：そうですね，バジルもバルコニーにぴったりのハーブです。でも，少し日当たりがよくないとだめなんです。ちょうどあそこに小さなバジルの苗がありますよ。

A：すばらしい！　イタリア料理にもよく合うし，私はイタリアンが大好きなんです。((9)：それに，苗なら種をまくより早いだろうし。）

B：そのとおり！　それなら1カ月以内には使い始められます。ピザにのせてもおいしいですし，たくさん育てればオリジナルのペストソースも作れますよ。

A：私はいつもお店でそれを買っているんです。作るのは簡単ですか？

B：((3)：この上なく簡単ですよ。）オリーブオイル，松の実，パルメザンチーズ，ニンニクを加えるだけです。スーパーで簡単に手に入るものばかりです。

A：わかりました。バジルの苗を半ダースください。

◀解　説▶

〔1〕㋐Bが「会議での講演のために来た」と発言したあと，Aは「少しばかり早いですね」と返答している。よって空所には，まだ会議の日取りは先であると告げる(7)を入れるのが適当。直後のBの発言「そうなんですけど，初日に講演をするので，部屋を見たい」にも矛盾なくつながる。

㋑目あてのバード・ビルディングに入れないと聞いたBは，「え，本当ですか？」と聞き返し，続けて空所の発言をしている。直後のAの発言 Normally it is の箇所が大きなヒントとなる。直前の発言で it の指すものがあること，また“is”は be 動詞が用いられていることを示唆している。よって，空所には，⑶ I was told it would be open. を入れるのが適当。直後のAの発言は Normally the Bard Building is open. を短縮したものである。

㋒準備のため建物に入れないBの空所直前の発言「でも，自分が講演する場所をぜひ見ておきたいんです」と，直後のAの返答「今日の午後には完了するはずだから，うまくいけば明日から」から，Bはバード・ビルディングに入れるのはいつからかを尋ねたと考えられる。よって，⑸が正解。

㋓直後のBの最終発言で，I'll do that. と言っていることから，直前でAはBに何かをするように促したと考えられる。空所直後でAは「建物が開いているかどうかはわからないから」とも言っており，建物が開いているかを事前に確認するようにすすめている⑽「来る前に電話した方がいいと思いますよ」が正解。ここでの want to は「～したい」でなく「～する必要がある」の意。

〔2〕㋕園芸店でハーブについて相談に来たAに対して，空所直後でBは具体的な植物名を挙げて「コリアンダーは1年中育てられるハーブです」と話している。よって，Aは⑻「何を育てるのがおすすめですか？」と自分の条件に合ったハーブの種類を尋ねていると考えられる。

㋖コリアンダーを提案されたAは，空所直前で「正直言って，それはあまり気がのらないですね」と否定的な反応を示している。一方で，次のBの発言では別の種のハーブであるバジルをすすめていることから，空所には⑸「他に何かいいものはないですか？」を入れるのが正解。

㋗空所直後でBは「そのとおり」とAの発言に同意を示したのち，「それなら1カ月以内には使い始められます」と続けている。よって，すぐにバジルを収穫できることを示す⑼「それに，苗なら種をまくより早いだろうし」が正解。

㋘直前でAが「(ペストソースを) 作るのは簡単ですか？」と尋ねたのに対して，空所の後でBは，簡単に手に入る素材だけで作ることができると返答している。よって空所には⑶「この上なく簡単ですよ」が入る。この表現は can't be simpler「これ以上簡単でありえない」の意味の仮定法表現である。

Ⅳ 解答

(A)―(1)　(B)―(4)　(C)―(2)　(D)―(1)
(E)―(2)　(F)―(4)　(G)―(1)　(H)―(1)

◀解　説▶

(A)「リサは母親の腕をとって，レストランに連れていった」

「〜の腕をとる」の表現では動詞 take を用いている。実際には母親を take しているので，目的語には her mother をとる。このように，人の体の一部をとらえる表現（catch / take / grab / hold など）では，後に by the 〜 でどの部分をつかんだかを示す。よって，(1)が正解。

(B)「彼女はそこに立ったままだった」

ここでの動詞 remain は「〜のままである」の意味で，be 動詞に代表される第 2 文型（SVC）をとる。よって，動詞の後には現在分詞の(4) standing をおくのが適切。

(C)「私は，彼女が先日，時間を割いて私に会いに来てくれたことに感謝している」

appreciate は他動詞で，目的語をとり「〜に感謝する」の意がある。ここでは目的語として動名詞 taking と，その前に意味上の主語 her をとる(2)が正解。appreciate that 〜 の形もあるが，(3)・(4)は that 節内の時制がいずれも the other day と合わないため不適当。

(D)「ジェームズは第二言語の文章を読む速度を上げようとしている」

空所の前にも後ろにも完全文があるので，後ろに不完全文をとる(4) which は不適当。関係副詞(3) where は，場所を表す先行詞がないので使うことはできない。また，(2) in that は「〜という点において」という意味があるが，ここでは文意に合わない。よって，関係代名詞 which を含む(1) at which を入れて，the speed を修飾する関係代名詞節を作るのが正解。at the speed「そのスピードで」の表現を知っていればヒントとなるだろう。

(E)「その記者はニュース記事に目撃者の名前を書かないと約束した」

promise は後ろに不定詞をとり，「〜する約束をする」の意となる。よって，(2)が正解。not は不定詞の to の直前につける。

(F)「その慈善団体は予想していた2倍の額の寄付をした」

ここでは文意より慈善団体の寄付した額に関する文だと推測できる。比較表現では as ～ as … の形に，金額の多少を表す much を入れるのが最も適切。また，差や倍数表現（ここでは2倍を表す副詞 twice）は as ～ as の直前に置く。よって，(4)が正解。

(G)「私の記憶が正しければ，サッカー選手の3分の1はブラジル出身だ」

(3)や(4)を入れる場合は単数扱いとなるので，動詞 are と一致しない。(2) almost は副詞であり，名詞ではないので of の前の空所には入らない。almost all of the soccer players とする必要がある。よって，「3分の1の」を表す a third of ～（＝one third of ～）を作る(1)が正解。

(H)「彼はその申し出にあまり満足していなかったが，受け入れざるを得なかった」

(2) despite，(4) regardless of は後ろに必ず名詞をとるので，ここでは不適当。空所直後には SV がなく，省略されていると推測される。空所の後には形容詞 happy があることから，主文の主語 he と be 動詞を補って考えてみると，従属接続詞(1) although を入れて，although (he was) not really happy with it とするのが最も適切。however は副詞であり，SV 同士をつなぐことはできない。He was not really happy with the offer. However, he had to accept it. と文を分ける必要がある。

V　解答

〔1〕(A)―(2)　(B)―(2)　(C)―(4)　(D)―(4)　(E)―(4)

〔2〕(A)―(1)　(B)―(2)　(C)―(2)　(D)―(2)　(E)―(2)

◀解　説▶

〔1〕(A)「政府は新しい国立公園の設立を許可した」

(2) establishment「設立」が正解。biography「伝記」 narrative「物語」 satisfaction「満足」

(B)「オオカミはシカの群れを見ていた」

(2) herd「群れ」が正解。essence「本質」 nutrition「栄養」 scratch「ひっかき傷」

(C)「小児病棟の看護師と話をしたところだ」

(4) ward「病棟」が正解。bulletin「公報」 encyclopedia「百科事典」 superstition「迷信」

(D)「エミリーは庭に生えている雑草を全部抜いた」

(4) weeds「雑草」が正解。ballots「投票用紙」 equations「方程式」 humbugs「詐欺師」

(E)「彼は自分の中に怒りが沸き上がるのを感じた」

(4) surging「沸き上がる」が正解。scheming「狡猾な」 scribbling「落書き」 skimming「上澄み」

〔2〕(A)「トムはとても優秀だったので，みんなの注目を集めた」

brilliant「優秀な」より(1) bright「利口な」が正解。honest「正直な」 negative「否定的な」 violent「暴力的な」

(B)「私たちはこの数年間で，かなりの進歩を遂げた」

substantial「相当な」より(2) significant「著しい」が正解。necessary「必要な」 slow「ゆっくりと」 visible「目に見える」

(C)「その教師はその発言に傷ついた」

wounded「傷ついた」より(2) hurt「傷ついた」が最も適切。encouraged「励まされた」 struck「打った」 warmed「温められた」

(D)「それは正論である」

valid「正当な」より(2) sound「理にかなった」が正解。historical「歴史的な」 valuable「価値のある」 essential「不可欠な」

(E)「彼女は機知に富んでいることで有名になった」

wit「機知」より(2) humor「ユーモア」が正解。enthusiasm「熱意」 strategy「戦略」 verse「詩，韻文」

❖講　評

例年と変わらぬ問題構成で，そのうち多くの比重を占めるのがⅠとⅡの長文読解問題である。この２題は，設問形式に違いこそあれ，文章の難度に大きな差はなく，いずれも語数は 800 語程度である。内容説明問題や指示語の指す内容を問う問題は，問われた部分の前後に答えの根拠となる箇所がある場合がほとんどである。ただし，選択肢は本文中の字句そのままではなく，パラフレーズされたものとなっており，例えば，Ⅰ〔1〕の(C)では，本文中の a blessing for habitat diversity とそれに続く具体例の箇所が，選択肢では The habitat … has become more varied と言い換えられていることに気づかないと正解できない。ゆえに，一語一語にこだわって読むのではなく，文章の大意を把握しながら読むことが大切だ。また，Ｉ〔１〕(A)・(B)のように，本文中に述べられていないものを特定するような問いは，それぞれの選択肢を１つずつ本文内容と対照して，消去法で答えなければならないので，緻密さと時間を要することになるだろう。しかし，合否を分けるのはそういった難問の成否ではなく，限られた時間の中で標準的難度のものをいかに確実に正解するかであろう。

また，Ⅲの会話文は長文とは異なり，買い物での会話といった身近な状況設定のものである。It couldn't be simpler. などのような慣用的表現も多くみられ，話題の展開もあるので，それについていく想像力も必要だろう。さらに選択肢数も比較的多いことから，注意力と時間を要する問題となっている。基本的には，前後の発言と矛盾しないものを空所に補えるかを問うものが多く，Normally it is. や I'll do that. のような指示語周辺に空所があるように，指示語の内容やディスコースマーカーが解答のカギとなることが多い。

Ⅳ・Ⅴの文法・語彙問題は，標準的な難度のものが多く，これらを確実に得点できるだけの力をつけて臨みたい。

全体として，80 分という試験時間の中で，長文読解２題を含む計５題を解答し切るだけの英語への慣れが試される試験といえよう。

英文読解

I 解答

〔1〕現代のグローバル経済は1970年代の石油危機の頃と比べて，国内総生産あたりのエネルギーの消費量がはるかに少ない。また現在，はるかに多くの企業が石油の供給をしているため，エネルギーのサプライチェーンが安定している。

〔2〕1．民間部門には，エネルギーの安全保障のために多くの国が必要としているインフラやその他の設備を建設する動機が十分にない。

2．市場の力だけでは，脱炭素化に向け，新しいエネルギーへスムーズに移行していくのに必要なインフラの建設を促進することはできない。

3．民間企業や個人には，社会が費用負担することになる炭素排出量を抑制しようという十分な動機がない。

〔3〕1970年代の石油危機では，石炭の生産および取引を増やすことによって一定の成果を上げたが，現代は炭素排出量の多い石炭の使用量を削減する必要があることから，石炭使用の増大によって対応するのではなく，政府が市場への干渉を拡大し，脱炭素化を前提とした新しいエネルギーへの移行に向けた取り組みを進めるべきである。

〔4〕現地の銀行に手ごろな金利で融資をしたり，事業計画に現地通貨で出資したり，債務保証が利用できる条件を拡充したりすることに加え，事業計画の開発業者に直接融資を行ったりすること。

〔5〕石油と天然ガスの需要を減らすことによる，炭素排出量の削減に向けた広報活動を充実させ，エネルギー消費を効率化する投資への動機を高めることで，エネルギー危機下にあっても十分なエネルギーを維持していくうえで必要な，技術面や行動面の変化を支援していくこと。

◆全　訳◆

≪ロシアのウクライナ侵攻を契機としたエネルギー問題の新展開≫

ロシアによるウクライナ侵攻が呼び水となったエネルギー危機は，ここ50年で最悪の状況になるおそれがある。すでに多くのアナリストが1970年代に起きた石油危機との比較を行ってきたが，そこには重要な違いがある。第一に，グローバル経済は（石油危機当時に比べて）エネルギー消費が少ない。経済は，エネルギー使用の増加を凌ぐペースで成長を遂げてきたため，世界の国内総生産あたりのエネルギー使用量は現在，ずいぶんと少なくなっている。そのうえ，ごく少数の企業が世界の石油取引の大部分を支配していた 1970 年代初期と比べると，現代でははるかに多数の企業が世界を股にかけて石油の供給を行っている。その結果，いまやエネルギーのサプライチェーンはより安定したものになっている。

とはいえ，現在のエネルギー危機は，石油に対してのみならず，より広範な経済活動に対して影響を及ぼしかねない。あらゆる類のエネルギー源がこの混乱によって途絶えるおそれがある。ロシアは石油および石油精製製品の世界最大の輸出国であるだけでなく，ヨーロッパへの天然ガスの主要供給国，そして原子力発電所を稼働させるのに用いられる石炭および低濃縮ウランの主要輸出国でもあり，言うまでもないことだが，他にも多くの商品を供給している。石炭，ガソリン，ディーゼル油，天然ガス，その他必需品の物価が軒並み過去最高値を記録しそうな状況下では，ロシア主導であれ，ヨーロッパ主導であれ，ロシアによるエネルギー供給がさらに途絶えることになるとすれば，インフレは加速し，景気後退が生じ，エネルギー配給の必要性が高まり，企業が操業停止に追いやられることになるだろう。

世界のエネルギーシステムは，ロシアがウクライナ侵攻に踏み切る前から，緊迫した状況にあった。太陽光や風力などの不安定なエネルギー源から供給される電力の割合が高まっていくにつれ，ヨーロッパほか世界各地が発電に関する課題を抱えるようになった。時を同じくして，長期にわたる収益悪化や気候変動による圧力の高まりから，石油やガスへの投資が減少し，その結果，エネルギー供給量が減少した。新型コロナウイルスの影響によるサプライチェーンの問題によって，供給不足が深刻化し，価格圧力に拍車がかかった。2021 年から 2022 年の初めにかけて，天然ガスの価格急騰により，ヨーロッパの公共事業が一部破産に追い込まれ，政府はやむなくエネルギー料金の補助金を支給することとなった。

こうした危機的状況を受け，政府の介入と市場の自律性との適切なバランスにおける 1970 年代の教訓を見直す必要性が高まっている。ここ 40 年は市場原理に依存することによって，エネルギーが安価で手に入りやすいものになったり，経済効率が向上したり，価格競争による本当に必要とする市場への供給の移行を許すことでエネルギーの安全保障を強化したりと，非常に大きな成果が得られた。しかし，現在の危機は，政府による干渉を拡大しなければ対処できないような市場の失敗を浮き彫りにしている。

とりわけ３つの市場の失敗によって，「エネルギー安全保障の強化」と「二酸化炭素排出実質ゼロへのタイムリーな移行」という２つの目標の達成を目指す取り組みにおいて，政府がより大きな役割を果たす必要があることが示されている。１つ目は，エネルギーの安全保障を確保するのに多くの国が必要としているインフラやその他の設備を建設する動機が民間部門には十分にないということだ。２つ目は，市場の力だけでは，よりスムーズなエネルギー移行に必要なインフラの建設を促すことはできないということだ。こうしたインフラは当然ながら，民間企業が投資分の利益を回収できるようになる頃には，時代遅れのものになってしまっているおそれがある。そして３つ目は，民間企業や個人には，社会が費用負担をすることになる炭素排出量を抑制しようという動機が十分にないということだ。

市場の力だけでは，十分に低炭素な経済を実現することはできない。すでに今回のエネルギー危機がその例を示しているように，政府による干渉を拡大しなければ，現状の，そして今後も続くと予測される天然ガスの不足により，結果的に石炭使用が増大するだろう。これは 1970 年代のエネルギー危機への対応策としてはまずまずだったかもしれない。当時，G７諸国は石油不足に直面し，石炭の生産および取引の増大に本腰を入れたのである。しかし，炭素排出量が最も多い燃料である石炭はもはや適切な代替ではなくなっている。たとえ，それがロシアの天然ガスの実行可能な代替であるとしても，である。

また，この激動の時代に汚染物質を発生させる燃料がクリーンエネルギーに取って代わるという問題は，さらに大きな課題を浮き彫りにしている。その課題とは，エネルギーの需要が急増している発展途上国に対し，炭素排出量の少ないエネルギーを供給しなければならないというものだ。今後先進国に求められることになるのは，炭素排出量の少ないエネルギーへの民間投資を，発展途上国にとってより低リスクなものにするという支援である。国際エネルギー機関によれば，2050 年までに炭素排出量実質ゼロを達成するためには，発展途上の市場や新興市場におけるクリーンエネルギーへの投資のうち，70 パーセント以上が民間発でなくてはならないとのことだ。そうした資本の動員を促進するために，各国政府はさらに多くのことをする必要がある。例えば，世界銀行や米国国際開発金融公社といった機関が，地方銀行に手ごろな金利で融資をしたり，事業計画に現地通貨で出資したり，債務保証が利用できる条件を拡充したりすることが考えられる。このような機関はまた，事業計画の開発業者に直接融資を行ってもよいだろう。開発金融機関からの資本は，民間投資を喚起するのに大いに役立つだろう。

朗報なのは，長い目で見れば，炭素排出量の削減に必要な政府の取り組みの多くが——とりわけ石油と天然ガスに対する需要を減らすことによるものは——エネルギーの安全保障を強化することにもつながるということである。それは，1つには，エネルギー安全保障というのは，石油の生産量を拡大することだけではなく，石油の使用量を抑えることによっても実現されるからである。15年前，米国は消費する石油の3分の2を輸入していたが，2021年には，輸出量が輸入量を上回った。それでもなお，世界の石油供給が途絶えた際のガソリン価格高騰に対して，米国人は依然脆弱なままである。ヨーロッパの各家庭も同様に，代替のエネルギー源を用いたり，エネルギー効率を向上させたりすることによって天然ガスの消費を抑えれば，より安心であろう。ここにも政府が果たすべき役割がある。広報活動と，エネルギー消費を効率化する投資への動機が，エネルギー危機下にあっても十分なエネルギーを維持していくうえで必要な，技術面や行動面の変化を後押しするのである。

◀解 説▶

Ⅰの解答欄は，すべて横17.5cm×縦1cmの行が6行あるので，1行30字程度と考えて，最大180字が目安となる。

〔1〕下線部(1)の important differences が示す2つの違いを説明することが求められているので，まずは何と何の違いかを明確にする。そこで，第1段第1・2文に注目する。The energy crisis triggered by Russia's invasion of Ukraine … Many analysts have already drawn comparisons with the 1970s oil crises, but … とあることから，比較対象は「ロシアのウクライナ侵攻による現在のエネルギー危機」と「1970年代の石油危機」の特徴であるとわかる。ちなみに，draw〔make〕comparison with ～ は「～と比較する」を意味する。

次に，２つの違いが述べられた箇所を探すにあたり，文と文の関係や順序などを明示するディスコースマーカー（つなぎ語句）を参考にするとよい。ここでは，下線部直後に To begin with「第一に」，同段第５文の書き出しに Moreover があることから，それぞれの続く文で違いが２つ述べられていると判断すればよい。

１点目だが，現在のグローバル経済は less energy intense であると述べられている。この文脈での intense の意味を知っている受験生は少ないと思われるが，続く文の後半に the world now uses much less energy「現代のエネルギー使用量はより少ない」と言い換えてあることから，意味は推測できる。ちなみに，第６段第４文（But as the …）に carbon-intensive とあるように，実際には intense より intensive の方が広く用いられており，他の語と組み合わせて「多量の～を必要とする」という意味で使われることが多い。他に capital-intensive「多額の資本が要る」などがある。併せて，第１段第４文（Economic growth has …）には per unit of GDP という表現が用いられているので，これも解答に入れるとよい。したがって，「現代のグローバル経済は，1970 年代と比べて GDP 単位のエネルギー消費量が少ない」などとまとめることができる。

２点目の違いは，第１段第５文（Moreover …），第６文（As a result …）の内容を把握し，日本語で説明すればよい。第５文の distribute は「～を供給する」や「(商品を) 流通させる」という意味。第６文の durable は「耐久性のある，丈夫な」という意味であるので，ここは「供給網（サプライチェーン)」という日本語との相性から，「安定している，強靭な」などと訳せばよい。

〔２〕下線部(2)の Three market failures の内容を説明するよう求められている。market failure は「市場の失敗」という意味であり，本来市場において需要と供給に応じて適切な価格調整がされるメカニズムが，適切に機能しない状態を指す。その詳細については，〔１〕と同様に第５段全体を見渡すと，第２文に First，第３文に Second，第４文に And third とあることから，該当箇所は比較的簡単に見つかる。解答作成の際は，それぞれの記述が長いため，１文で書こうとせず，「１つ目：～」，「１つ目は～ということ。」といった要領で，あらかじめ３点に分けて記述すると解答しやすくなる。

1つ目の記述であるが，private sector は「民間部門」という意味で，lacks sufficient incentives to *do* は「～するのに十分な動機を欠いている」が直訳。ここでの sufficient は，enough＋名詞＋to *do* と同じ構造をしていると考えるとわかりやすい。また，the infrastructure and other assets について，assets は「有用なもの」，「資産，財産」などと訳されることが多いが，この文脈では日本語が不自然になってしまうため，*A* and other *B*「*A* とその他の *B*」という構造から同種または類似の名詞が並ぶと考え，「インフラやその他の設備」などと訳すのが適当である。

2点目（＝第3文の内容）について，alone は「ただ一人で，孤独で」などの意味でなじみがあるが，通常主語の後ろに置かれた場合，前の名詞を修飾して「(ただ)～だけでは」という意味になる。また，a more orderly energy transition の訳出がやや難しい。orderly はその形の通り名詞 order の形容詞であるが，あらかじめ知っていた受験生は少ないだろう。文脈と直後の energy transition「エネルギー移行」に沿って解釈する。ここでのエネルギー移行とは，具体的には，地球温暖化を食い止めるために現在世界で取り組まれている「脱炭素化に向けた新たなエネルギー源への移行」の流れのことを指す。ここから，orderly は「秩序だった，スムーズな」などとすればよいと判断する。

同文のダッシュ以下の内容については，解答に入れる必要はないと思われるが，構造を確認しておく。ダッシュ直後に infrastructure があり，直前の infrastructure required … の部分にも同じ語があることから，同格関係であるとわかる。文を一度ダッシュで切って，解釈するとよい。

最後に3点目は，第4文の内容を和訳してまとめる。lack incentives strong enough to *do* は，先の1点目で確認した lacks sufficient incentives to *do* の言い換えとなっている。curb emissions は「(二酸化)炭素排出量を抑制する」の意。ややレベルの高い表現ではあるが，環境分野等で頻出であるので覚えておきたい。

〔3〕下線部(3)の greater government intervention は「より大きな政府の干渉」が直訳。このままでも理解に支障はないが，訳す際，「政府による干渉の拡大」のように，形容詞としてはたらいている greater をあえて名詞のように訳すと自然な日本語になる。他にも increased risk「高まった危険性」→「危険性の高まり」のような例がある。ここでは，1970年代

と比較して政府の干渉がどうあるべきか述べることが求められているので，〔1〕と同様に，違いを意識して内容を把握するとよい。

第6段全体を見渡すと，第3文に in the 1970s とあることから，下線部(3)を含む第2～4文（Without greater government … for Russian gas.）を精読しながら，解答をまとめればよいと判断する。第2文には，天然ガス不足により石炭の使用が増大するだろうとある。translate into ～ の translate は自動詞で，ここでは「結果として～になる，結果として～を意味する」の意。続く第3文では，石炭使用の増大は1970年代ならまずまずの対策であったと述べられている。acceptable「受け入れられる」の直訳から連想し，「まずまずの，一応は満足できる」くらいで解釈する。続く第4文の内容によると，「大量の炭素を排出する燃料である石炭は，もはや適した選択肢ではない」とある。これは1970年代とは異なり，現代の脱炭素化の動きがあってこその記述である。したがって，大筋としては，現代においては1970年代と同じ策ではなく，政府は，脱炭素化を目指し，新しいエネルギーへの移行を市場に対する干渉によって進めるべきだという趣旨で解答例のようにまとめればよい。

〔4〕下線部(4)に関連して，民間資本動員のために政府系金融機関や国際機関がなし得ることは何かという問いである。問題文の「なし得ること」が該当箇所を探す際の大きな手がかりとなる。下線部(4)に続く第7段第5文（For example …）を読み進めると could lend … とある。続く第6文（These institutions …）にも could also lend … とあることから，この2文を丁寧に読み，和訳しながら解答を作成すればよいと判断できる。

第5文の文構造は，could の後のカンマごとに3つの動詞（lend …, finance …, and expand …）が並列関係にあると判断できる。この文から3点，さらには第6文の1点を取り出し，計4点について記述すればよいと方針が立てられる。まず could lend to local banks at affordable rates とある。lend は「～を貸す」の意で問題ないが，「地方銀行に」とあることから，「融資する」が適訳であろう。affordable は afford の形容詞で「手ごろな，購入しやすい」などの意。rates は，ビジネスや金融関連の分野では「金利，利率」などと訳されることが多い。interest rate とも表される。よって，世界銀行や米国国際開発金融公社といった機関が，「地方銀行に手ごろな金利で融資をする」が1点目となる。

次に，finance projects in local currency とあることから「事業計画に現地通貨で出資する」とする。ここでは finance は動詞で「出資する，資金を融通する」の意。3点目 expand the availability of loan guarantees の loan guarantees はなじみが薄く訳出は難しいが，直訳すると「貸付（金）の保証」となり，本文内容を踏まえて「融資保証，債務保証」などと訳す。よって，ここでは「債務保証が利用できる条件を拡充する」が適訳となる。

最後に，第6文の lend to project developers directly については，「事業計画の開発者に直接融資を行う」などとする。project developer はそのまま訳せば「事業計画の開発者」となり，これでも十分に意味は通るが，文脈に沿って「宅地開発業者」などとしてもよい。以上，4点をつなげて記述すると〔解答〕のようになる。

〔5〕下線部(5)に関連して，エネルギー安全保障の強化のために政府にできることが問われた問題である。まず下線部を含んだ第8段第1文（The good news …）の内容を確認すると，many of the government actions 以降に，「炭素排出量の削減に必要な政府の取り組みの多くが——とりわけ石油と天然ガスに対する需要を減らすことによるものは——エネルギーの安全保障を強化することにもつながる」とあることから，エネルギー安全保障の強化のために「政府がなし得ること」は，石油と天然ガスに対する需要を減らすことによって炭素排出量の削減に取り組むことであると考える。

さらに，同段最終文にも Here, too, there is a role for government … とあり，同文コロン以下（public information campaigns …）に政府の果たすべき役割，すなわち「政府がなし得ること」の詳細が述べられていると考える。public information campaigns は直訳すると「公の情報活動」，すなわち「広報活動」を意味する。加えて incentives for efficiency-related investments「エネルギー消費を効率化する投資への動機」が，help drive the technological and behavioral changes needed to conserve energy during crises「エネルギー危機下にあっても十分なエネルギーを維持していくうえで必要な，技術面や行動面の変化を後押しする」とある。したがって，第1文の内容とつなげつつ，政府がなし得ることをまとめると〔解答〕のようになる。

II 解答

〔1〕〈解答例1〉She took the position that Germany should deal with the European〔Syrian〕migrant crisis and welcome as many refugees as possible.（20語程度）

〈解答例2〉Her view was that Germany should adopt〔implement〕a policy in favor of immigrants to help tackle the massive influx of refugees.（20語程度）

〔2〕〈解答例1〉They made people afraid of EU policies on immigrants and trade without mentioning the benefits of remaining in the EU.（20語程度）

〈解答例2〉They highlighted only fears about immigration and trade policies to make people believe that leaving the EU would benefit Britain.（20語程度）

〔3〕〈解答例1〉The number of refugees accepted was much lower than that of other European countries, and the immigrant camps were in poor condition. Also, the media intentionally helped restrict press freedom on immigration policies.（30語程度）

〈解答例2〉Far fewer refugees were accepted compared with other European countries, the camps for refugees were not clean or pleasant for them, and the mainstream media deliberately limited the freedom of the press.（30語程度）

〔4〕〈解答例1〉Because, while debating, they often offend the opposing parties and rely on feelings and opinions they have, not on objective data.（20語程度）

〈解答例2〉Because, in discussions, they attack their opponents strongly and they argue not from scientific viewpoints but from their subjective viewpoints.（20語程度）

〔5〕〈解答例1〉They make people believe their voices cannot be heard and use this to confirm that those who are wealthy or in higher positions do not even care about them.（30語程度）

〈解答例2〉They convince people that they are socially disadvantaged due to the current legal and political system and that the privileged do not try to understand or support them.（30語程度）

◆全　訳◆

≪ポピュリズムの事例から見る特徴とその対策≫

ポピュリズムという用語は,「大衆」を意味するラテン語の“populus”という言葉に由来する。政治学において,ポピュリズムとは,社会が互いに対立関係にある2つの集団に分かれている,という考えのことを指す。その2つの集団とは,「民衆」と「腐敗したエリート」である。ポピュリズムは国ごとに異なっているが,そういった活動のうち右翼的なスタイルをとるものは,共通してナショナリズムおよび外国人恐怖症という思想をもつ。他の特徴としては,信奉者にマスメディアや対立政党への反感を抱かせる,カリスマ的指導者を有していることが挙げられる。ポピュリストは,LGBTQ（性的少数者）,少数民族集団,フェミニスト（男女同権論者）,移民のような特定の集団を危険視することによって恐怖心や不安感をかき立てる。そうした指導者の演説は,感情に訴えるもので,従来の生き方に対する脅威と思しきものから民衆を守ることを公約する。約10年前,ヨーロッパではポピュリズムの例が3例見られた。ドイツ,イギリス,ハンガリーである。

ドイツでは,2013年にアンゲラ=メルケル首相率いるキリスト教民主同盟（CDU）に対抗するポピュリズム政党が結成され,ドイツのための選択肢（AfD）と呼ばれた。2015年,ヨーロッパ難民危機（シリア難民危機ともいう）によってヨーロッパ大陸に130万人がなだれ込んだ際,AfDは,メルケル首相が自らの移民擁護政策を掲げる下で,自国民に対して不利な政策をとっているとして非難した。AfDの指導者は,ドイツに来る難民は国境で射殺すべきだとさえ述べた。こういった過激な物言いをすることで,ポピュリスト野党は連立政権の発足を困難にした。

同じころ,欧州連合内でイギリスが果たす役割について再交渉するという公約を掲げ,イギリスのデイヴィッド=キャメロン首相が政権に就いた。彼はポピュリストではなかったが,イギリスのEU離脱の是非を問う国民投票を行うことを決定した。これによって,ポピュリズムの政策を掲げる政党への門戸が開かれた。ポピュリストは,EU加盟国であることのメリットについて見て見ぬふりをし,移民と貿易政策に対する人々の恐怖心につけこんだのである。結局,「Brexit」としても知られている,ポピュリストの「離脱」運動は成功に終わり,イギリスの有権者のうち,半数を超える人々がEU離脱を選択した。

時を同じくして，ハンガリーの首相オルヴァン=ヴィクトルは，移民に対する恐怖心を国内の選挙活動の争点として利用し始めた。移民危機の最中，他のヨーロッパ諸国は長期難民を受け入れていたが，ハンガリーの移民政策はこの流れに逆行していた。2015年，亡命を認められた難民はほんの5,676人にとどまった。政府の移民に対する態度を反映して，ハンガリーの難民キャンプは不潔で，居心地の悪い場所であった。さらに，ハンガリーは国境を封鎖し，近隣諸国をいっそう苛立たせた。オルヴァン首相は，ハンガリーが移民国家になるべきだという考えに反対の意を表明しているが，彼曰く，それにより，国家のアイデンティティが脅かされるとのことだ。これに加え，オルヴァン首相の友人たちが主要メディアの経営者として雇われ，報道の自由度は狭まってしまった。こうして，民主主義の根幹が揺らぎ，ハンガリーの民主主義は危機的状況に陥ったのである。

民主主義はポピュリズムによって損なわれるであろう。たとえ穏健派のポピュリズムが必ずしも反民主主義的ではないとしても，過激なポピュリズムは自由民主主義の価値観とは相容れない。このことがなぜ事実であるのかを説明するために，まずは自由民主主義の根本的な特徴，すなわち多元的共存について理解しなければならない。多元的共存とは，民主主義社会の中で，さまざまな生き方，意見，利益，目標が，それぞれ対等な立場で共存することができるということを指す。市民は互いを尊重し合い，人々は社会の多様性を認識する。このことは政治にも当てはまる。なぜならば，だれもが自分の意見を聞いてもらい，政治家にそれを検討してもらう権利をもっているからである。

しかしながら，ポピュリストは多元的共存を重んじていない。彼らは大衆を同質の集団とみなしている。特定の政治的な立場や態度だけが受け入れられるのだ。さらに極端な場合，反対意見は反逆罪とみなされることさえあるのだ。報道の自由が封じられている国もある。ポピュリストは感情に訴える見せ物として議論を戦わせる。議論では，侮辱的な言葉が用いられたり，「もう1つの事実」が用いられたりすることも多くある。「もう1つの事実」とは，科学的知見ではなく，主に個人的な感情や意見に基づいているものをいう。これにより，事実に基づいた議論をするのが非常に難しくなっている。民主主義において目指すべきなのは，事実に基づいて妥協点を見出すことである。しかし，対立する集団にそうした合意形成の意思がないと，これはほぼ不可能である。

おまけに，ポピュリズムは法の支配を脅かしかねないのである。ポピュリストは「私たち」と「彼ら彼女ら」を区別することによって，民主主義の制度に対する不信感を生み出すのである。例えば，ポピュリストは支持者に対し，選挙は信頼できないと言ったり，政府やエリートは国民の意に反して行動していると言ったりする。民主主義が機能するうえで，政府の意思決定を合理的に批判することは望ましいことである一方，時にこうした語りが行き過ぎてしまい，民主主義の過程を脅かすこともあるのだ。例えば，2020年のアメリカ国会議事堂における暴動がそうであったように，ポピュリズムの指導者が選挙結果に異議を唱えると，国家の安定がひどく損なわれてしまう。

ポピュリズムに対する解決策は1つではない。講じる策によっては，悪影響すらもたらす可能性がある。例えば，穏健派の政党は特定の問題に関してポピュリズム政党に歩み寄ることで，有権者を奪い取ろうとするということが挙げられる。しかし，これは失敗もありうる。一方では，そうした状況に置かれた有権者たちは，傾向としてポピュリストを支持したままであることが多い。また他方では，それがより過激な意見の常態化や，社会の主流として受け入れられることにつながりかねないのである。

しかしながら，ポピュリストを弱体化させるために用いることができる戦略はいくつかある。第一に，ポピュリズム政党を無視しないようにすることが重要である。ポピュリズム政党はそれを利用して被害者を演じるかもしれない。それによって，「エリートの蚊帳の外」としての立場をさらに強化することになる。その代わりに，ポピュリストが自分の言葉で十分な解決策を一切提示することなく諸問題について多くを語るということを示すために，有意義な議論が交わされなければならない。また，常に真実を追求し，誤った情報を指摘することも肝要である。

透明性を高めるということも解決策として考えられる。それによって市民は，政府がどのように活動し，どういった理由で決断を下したのかということを知り，理解する機会が得られるのだ。そして，最後ではあるが重要なこととして，有権者と選出された役職者との間の対話が必要不可欠である，ということは申し添えておきたい。

◀解　説▶

〔1〕設問の英文は「ヨーロッパ難民危機に関して，メルケルの立場はどのようなものであったか。20語程度で述べなさい」である。

まず問題文より，メルケル首相が難民危機に関して述べた考えや，進めた政策が説明された箇所から彼女の立場を判断すればよいと考える。第2段第2文後半に，the AfD accused Merkel of acting against her own people because of her pro-immigration policies とあることから，pro-immigration という政策をとっていたことがわかる。pro-immigration の pro- は「～に賛成の，～を支持する」という意味の接頭辞であるが，ほとんどの受験生にとってはなじみの薄いものであろう。文脈から推測して意味を判断していくことになる。同段第3文（The leader of …）に「AfD の指導者は，ドイツに来る難民は国境で射殺すべきだとさえ述べた」と書かれていること，AfD はメルケル首相率いるキリスト教民主同盟（CDU）の対立政党であることから，彼女はその反対，すなわち「難民擁護」の立場をとっていたと判断することができる。よって解答の方針として，メルケル首相は当時ヨーロッパ難民危機に対処するために，ヨーロッパにやって来た難民を受け入れ，支援しようとする立場をとっていたという内容を表す英文を作成すればよい。このとき注意したいのは，実際に書く前には，自分が自信をもって使うことができる表現であるかをよく検討する必要があるということである。例えば，position「立場」という語について，受験生でも知っている語であるので，そのまま英訳したくなるかもしれないが，position とともに使える動詞の組み合わせや position の修飾の仕方に確信がもてないと実際に使いこなすのは難しい。*one's* position is that ～「…がとる立場は～である」，take the position that ～「～という立場をとる」という言い回しを知らなければ，誤って使ってしまうかもしれない。そこで，She believed that … のように，平易で使い慣れている表現を用いることもできると考えることが大切である。表現したい内容が過不足なく伝わることを重視し，思いついた日本語をそのまま反映させることにこだわりすぎないことが肝要である。他にも，本文にある pro-immigrant policies は，〈解答例2〉のように，a policy in favor of immigrants などと言い換えてもよい。

〔2〕設問の英文は「ポピュリストは，どのようにしてイギリスの有権者

にEU離脱を説得したのか。20語程度で述べなさい」である。

第3段最終文（In the end …）に下線部(2)があり，その直前の第3文（Populists exploited fears …）が解答の根拠となる箇所である。exploitは「～（人や状況など）を利用する，（人）につけこむ」の意。よって，同文は「ポピュリストは，EU加盟国であることのメリットについて見て見ぬふりをし，移民と貿易政策に対する人々の恐怖心につけこんだのである」のように理解できる。ただし，大問の指示文に「極力，本文とは異なる表現を用いること」とあるので，答案作成の際には自分の言葉で言い換える必要がある。ここではexploitという語をuseに置き換えることも可能であるが，1語を置き換えるのみならず，〈解答例1〉のように，make people afraid of … のように品詞を変えて用いたり，使う文型や構文を変えmake O Cで表したりすることで，ほぼ同じ意味の内容を伝えることができる。他にはignoring the advantagesといった分詞構文も，接続詞を補うなどして意味に応じた書き換えができる。〈解答例1〉のように，「～には触れずに，～には言及しないで」と考えて，without mentioningとしてもよい。

〔3〕設問の英文は「ハンガリーは（ヨーロッパ）難民危機に対し，どのように対応したのか。30語程度で述べなさい」である。

下線部(3)を含む第4段第2文（Other European countries …）には「他のヨーロッパ諸国は長期難民を受け入れていたが，ハンガリーの移民政策はこの流れに逆行していた」とあり，続く第3文でonly 5,676 refugees were granted asylum「亡命を認められた難民はほんの5,676人にとどまった」とあることから，ハンガリーは難民の受け入れに消極的で，実際に受け入れる数も少ないとわかる。難民キャンプについての記述は同段第4文（Reflecting the government's …）にも「不潔で，居心地の悪い場所」とある。加えて，同段第7文（In addition …）の「オルヴァン首相の友人たちが主要メディアの経営者として雇われ，報道の自由度は狭まってしまった」との記述から，メディアの報道内容がコントロールされ，移民政策に関して報道されなくなったと解釈できる。これらの点を考慮し，和訳しながら言い換え「難民の受け入れ数は他のヨーロッパ諸国に比べてはるかに少なく，難民キャンプも劣悪な状態であった。また，マスコミが意図的に移民政策に関する報道の自由を制限することに協力した」などと簡単にまとめるとよい。以上の情報を30語程度でまとめると，〔解答例〕のようになる。注釈のあるsqualidなどを使うのは避け，be in poor conditionやbe not clean or pleasant for them〔refugees〕などと言い換えて表現したい。報道に関する内容についても，そのままではなく「メディアが意図的に報道の自由を制限した」などと自分なりに言い換えて，the media intentionally helped restrict press freedom on immigration policiesやthe mainstream media deliberately limited the freedom of the pressなどと書けばよい。

〔4〕設問の英文は「ポピュリズム政党の指導者を有意義な政治討論の場に参加させることが難しいのはなぜか。20語程度で述べなさい」である。

下線部(4)である第6段第7文（This makes …）は直訳すると「このことが事実に基づく討論を非常に難しいものにしている」となり，まさに設問の疑問文で問われている内容がthis「このこと」という指示代名詞の指す内容だとわかる。よって，解答の根拠となるのは，直前の文（In discussions …）であると考え，解答の作成に取りかかればよい。該当文の訳は「議論では，侮辱的な言葉が用いられたり，『もう1つの事実』が用いられたりすることも多くある。『もう1つの事実』とは，科学的知見ではなく，主に個人的な感情や意見に基づいているものをいう」となる。この部分で必要な情報は，「相手を侮辱し，科学的な視点ではなく，自分の主観的な視点で議論する」である。insultは〔解答例〕のように，offend the opposing parties / attack their opponents stronglyなどと言い換えて表せばよい。「～に基づいている」は，〈解答例2〉のようにviewpointを用いて「～な視点から」のように書くことができ，personal feelings and opinionsについては，「主観的な」と考えsubjectiveなどを用いるとよい。「科学的知見に基づかない」はrather than on objective dataとも表現できる。

〔5〕設問の英文は「ポピュリズム政党が相手にされていないと感じた場合，彼らはどのように反応するのか。30語程度で述べなさい」である。

まず，下線部(5)を含む第9段第2文（For a start …）の内容を確認する。ここでは，「第一に，ポピュリズム政党を無視しないようにすることが重要である」と述べられている。続く第9段第3文（Populist parties could …）のthisは，ignoring populist partiesを指すと考える。また，

assume は「～(役) を引き受ける，演じる」という意味の動詞である。“outside the elite” については直訳すると「エリートの人々の外側」であるが，引用符がついていることから，直訳のような文字通りの意味ではないと考える。この文脈では，エリートがポピュリズム政党を無視する，すなわちポピュリストの意見を聞かないということから，「エリートの蚊帳の外」といった訳出が適当である。したがって，英語で解答する際には，「彼らは，自分たちの意見を聞いてもらえていないと人々に思わせ，それを利用して，裕福な人々や高い地位にある人々が自分たちのことなど気にも留めていないという考えを強める」などと言い換えたうえで，答案を作成したい。「被害者 (役) を演じる」の部分を，本文内容に合わせて，「意見を聞き入れてもらっていない」,「社会的弱者となっている」などと言い換え，their voices cannot be heard (〈解答例 1〉) あるいは，socially disadvantaged (〈解答例 2〉) のように記してもよいだろう。「エリート」については，「裕福または高い地位にある人々」と考え，those who are wealthy or in higher positions とするか，やや語彙レベルは上がるが，「特権階級」のように言い換えてもよい。〈解答例 2〉 では the + 形容詞「～な人々」を用いて，the privileged とした。「蚊帳の外」に近い内容として，「自分たちのことなど気にも留めていない」と言い換え，do not even care about them などと表現してもよいし，〈解答例 2〉 のように，「自分たちのことを理解したり支援したりしようとしない」と書くこともできるだろう。

❖講　評

約 900～950 語の英文を 2 題読み，Ⅰの日本語記述 5 問とⅡの英語記述 (5 問で約 120 語) の解答を，試験時間 80 分で作成する必要がある。さらには，「国際関係に関する英文読解」であるため，Ⅰではロシアのウクライナ侵攻によるエネルギー危機，Ⅱではポピュリズムがテーマとなっており，時間的にも，内容的にも難度の高い試験といえる。

Ⅰはすべて内容説明問題である。ロシアのウクライナ侵攻によるエネルギー危機がテーマであった。解答の根拠となる箇所を探すことはそこまで難しくはないため，問題文の要求によく注意して特定すれば，想定解から大きくはずれた答案を作成することはないように思われる。ただし，該当箇所を精読し，正しく理解したうえで，答案に必要な情報を選び取る力も同時に求められる点で難しいといえる。また，該当箇所には，受験生にとってなじみの薄い，金融や行政，エネルギー問題に関連した難しい表現が複数含まれているものがあるため，各パラグラフの要旨に沿って意味を推測しながら読解し，それを意味の通る自然な日本語で表現しなければならない。英文読解の試験であるが同時に日本語の表現力も問われている点で，難関国公立大学のレベルと同等の難易度といえる問題もあった。

個々の問題については，〔2〕や〔4〕は比較的スムーズに該当箇所が特定でき，一定の点数を稼ぐことができるため，高得点を狙いたい。〔3〕，〔5〕については，該当文を特定するのが難しく，そのまま和訳するだけでは，頭の中で整理できず，答案がまとまらない可能性が高い。その意味で，パラグラフ全体の趣旨を理解したうえで，必要な箇所を選び取り，首尾一貫した表現ができるかどうかで差が開きやすい問題となったといえる。

Ⅱの出題形式は，語数制限付きの英問英答であった。近年のヨーロッパで見られたポピュリズムがテーマであり，その特徴や対策が述べられていた。政治の分野では頻出だが，受験生にはなじみの薄い表現が散見され，難しく感じた人も少なくないだろう。

Ⅱの解答プロセスとしては，まず英語の問題文で要求されていることを確認する。特に疑問詞に注意して読むことが大切である。これを怠ると時間をかけて作成した答案であっても，得点に大きな差が出てしまう。次に，指示文に明記されている通り，基本は下線部に関連した内容の記述が求められていることから，下線部の前後を中心に該当箇所を探るとよい。また，指示文に「極力，本文とは異なる表現を用いること」とあるので，本文を読んだ後，要求に沿った情報のみを抽出したうえで，自信をもって使える語彙や文型，構文で言い換えをする必要がある。日本語で読み取った内容や日本語で考えたことをすべて英語に直そうとすると，あまり使ったことのない表現を誤って用いてしまうおそれがあり，かえって得点しにくいこともある。例えば，〔1〕の position や〔2〕の exploit などは，使えれば大変便利ではあるが，意味だけ知っているという状態では，使い方を間違えるリスクが高いと考えるべきである。したがって，自信をもって英訳し，間違いを減らすためにも，普段から読解や英作文の授業で学んだものをメモするなどして正しく使える語彙や構文の知識を広げておくこと，またすでに意味はわかっている簡単な単語でも辞書を引くなどして使い方に注目して学ぶことも怠ってはならない。

会運動として広がりを見せ」たとき（第九段落）だった、という話である。3、テイラーは「承認」という語を〈共同体間〉と〈共同体内〉の違いを自覚せずに使っているのである（第八段落）。よって選択肢のような「まず……想定し、そこから翻って……」といった〈違いを前提とした思考〉はできない。4、テイラーの〈「差異」性の維持の主張〉の目的に関しては第八段落で「共同体間で承認することで、少数集団を多数集団に同化させず、『差異』の維持を目指している」とあるので、目的はあくまでも〈少数集団の擁護〉であって、選択肢にある「集団のアイデンティティを持続させるため」ではない。

❖講　評

一は前半で五感の文化性や歴史性を論じ、後半ではそれを踏まえて現代の新しい五感体験と科学・産業との結び付きを論じた文章。論旨は明快で読解は容易である。設問は傍線の近接部分の正確な読解を踏まえた内容説明が大半であるが、問4のような〈傍線内容を踏まえた（本文に記述のない）具体例の選択〉や、問8のような〈文整序〉などの設問もあり、工夫を凝らした出題となっている。こうした傾向は今後も続くと思われるので、注意と対策が必要である。

二は多文化主義に対するコミュニタリアニズムとリベラリズムの立場の違いを、テイラーの主張の分析とその問題点の提示というかたちで分析した文章。論旨は明快で読解は比較的容易である。設問は内容説明が主であるが、設問文や選択肢の作り方に工夫がなされており、見つけたキーワードやヒントに〈何らかの処理〉を加えることで正解がわかる、というかたちになっているものが多い。また語彙知識を前提とした設問もあり、こうした傾向を踏まえた対策が必要である。

んでいるので、この条件を満たす箇所は〈Ⅳ〉となる。よって4が正解。

問9　傍線の内容は〈共同体と個人の自由の問題〉と読み換えることができる。この問題については問7・問8で確認したように傍線後部の「共同体に対する個人の帰属」「共同体の存続・維持」（以上第十六段落）、「個人に対する文化の強制」（第十七段落）といった記述を踏まえて考える必要がある。4は「個人のアイデンティティの問題が無視されてしまう」が誤り。無視されるとするなら、それは〈個人のアイデンティティそのもの〉のはずである。

問10　傍線の「リベラリズム」と「多文化主義」の関係について後部で確認すると、二段落後に「リベラルの出発点は、人々の多様性という事実を認めること」「違った文化に属する人たちの内容には一切かかわらず、それぞれの多様性を丸ごと肯定すること」とあるので、これらの記述を踏まえて選択肢を選ぶ。

問11　B、前部の「リベラリズム」「すべての文化に属する人びと」、直後の「場」という語を手がかりにして前部を見ると、二段落前に「それぞれ違った文化に属する人たちの内容には一切かかわらず」「リベラリズムの立場」とあるので、これを〈リベラリズムは文化に対して公平・中立である〉と理解する。1以外が該当。C、直前の「その意味で」が指している「普遍的な人間性」を踏まえて選択肢を選ぶ。2・4が該当。D、直前の「これ（＝普遍主義的なパースペクティヴ）に対して」「それぞれの文化の差異に固シツ（＝執）し」を踏まえて選択肢を選ぶ。1・3・4が該当。E、直前の「リベラル・デモクラシー」を手がかりにして前部を見ると、四段落前に「リベラル・デモクラシー」とあるので、その後部を見ると「多様性の擁護」「普遍主義的」「差異を顧慮しない」とあるので、ここから〈公平・中立・平等〉を表す語が入ると理解する。5以外が該当。よって4が正解。

問12　5は第一～五段落までの内容に合致する。1、「一つの文化の内部における分裂や多様化」の話はテイラーの主張の〈問題点〉として記述されている。第十一・十二段落を参照。2、テイラーが主張した多文化主義の〈限界の露呈〉については第九段落に記述があるが、その理由は「二つの『承認』（＝『共同体－内－承認』と『共同体－間－承認』）の違いに、あまり自覚的ではなかった」（第八段落）からであり、その限界が露呈したのが「多文化主義が社問4　直前の「多文化主義」を手がかりにして後部を見ると、一段落後に「多文化主義が……その限界を露呈した」とあるので、この「限界」と同じ意味をもつ選択肢を選ぶ。「袋小路」とは「物事が行きづまること」という意味。２の「顰みにならう」は「むやみに人のまねをする」という意味。

問5　直後の「問題は」という語を手がかりにして後部を見ると、「単一の一枚岩の文化など、あるのだろうか」とあり、その一段落後には「一つの文化なるものは存在しない」とあるので、これらの記述を踏まえて選択肢を選ぶ。

問6　a、直前の〈文化の内部にある「差異」〉の具体例として、直後の「D・A・ホリンガー」を挙げる、という関係になっている。よって空欄には〈例示〉を表す語が入る。３以外が該当。b、空欄を外しても前後の意味がつながるので、空欄には〈強調・（多い方の）頻度〉を表す語が入る。すべて該当。c、直前の「民族人種五角形」を直後で具体的に説明しているかたちである。「五角形」の内容を「五つ」で説明しているので〈例示〉ではない。よって〈言い換え・同一〉を表す語が入る。４・５が該当。d、前部〈分類は細分化が可能〉なうえに、直後で〈分類は固定的ではない〉と付け加えているかたちである。よって〈添加・並列〉を表す語が入る。１以外が該当。e、第十二段落で述べた「一つの文化なるものは存在しない」という主張の細かな根拠（第十三・十四段落）を踏まえ、直後で最初の主張を〈結論として述べる〉というかたちである。よって〈原因―結果〉を表す語が入る。１・３・５が該当。よって５が正解である。

問7　３の「共同体への帰属の強制に反発する個人」の話は〈分類の大雑把さ〉の理由ではなく、第十五段落以降に論じられる「もう一つの問題点」、つまり〈共同体と個人の自由〉という問題の理由として、第十六段落「共同体に対する個人の帰属」、第十七段落「個人に対する文化の強制」というかたちで示されている。

問8　挿入文の「共同体の文化を強調」と「個々人の自由は消失」という関係は、問7で確認したように〈共同体と個人の自由〉という問題として、第十五段落以降に論じられている。候補は〈Ⅲ〉か〈Ⅳ〉となるが、挿入文の「共同体の文化を強調すれば」という表現は〈共同体の文化の強調の話が前にあって、それを前提とすれば〉という意味を含

問11　4

問12　5

◆要　旨◆

テイラーのコミュニタリアニズムは「共同体―内―承認」によって成立するが、彼はこの承認を「共同体―間―承認」という意味でも用いる。この無自覚な「承認」の使用は彼の主張する「多文化主義」の限界を露呈している。なぜなら彼は個人のアイデンティティを、所属する共同体や文化に属するものとして考えるが、共同体や文化は内部分裂し多様化する上に、帰属は個人に対する文化の強制ともなるので、結果として多様性の抑制につながるからである。むしろリベラリズムの文脈から多文化主義を理解した方が、多文化主義とPCとの結び付きと暴走とを理解できる可能性がある。

◆解　説◆

問2　まず傍線の「差異」については、直前の「弱者（マイノリティ）」という語を踏まえて〈強者と弱者の差異〉のことを指すと理解する。次にこの〈強者と弱者の差異〉がどこで生じているか、という観点から前後を見ると、第二段落に「多文化主義は……複数の文化が共存し、対等な関係を取り結ぶことを主張」とあるので、この〈多文化間において対等な関係が取り結べていない状態〉のことを「差異」と述べているのだと理解し、選択肢を選ぶ。1は〈何と何の差異か?〉という問いの答えとしては妥当だが、設問は「どのような『差異』か」となっている。

問3　まず傍線の「多義性」が〈何の多義性か?〉ということを確認すると、直前に「『承認』概念を多文化主義に結びつけるとき、そこには」とあるので、ここから〈「承認」概念の多義性〉であると理解する。次に「多義性」とは「複数の意味が存在する状態」という意味なので、これを踏まえて〈「承認」概念に複数の意味が存在する状態〉に関する記述があると考え後部を見ると、第八段落に「同じ『承認』という言葉を使っても、その意味するところは、まったく違っている」とあるので、その後部を見てみると、「一方は共同体の内部で承認されること」「他方は、共同体間で承認すること」とあるので、こうした記述を踏まえて選択肢を選ぶ。

しない。4は「アジアの味覚に変えてしまった」が誤り。選択肢の「国や地域間の力関係」に関しては第七段落で「国や地域間のパワーダイナミクス」というかたちで触れているが〈アジアの味覚に変わった〉とは書かれていない。5は「その人が……どのように接しているかで決まる」が誤り。選択肢の「社会を理解……感覚の文化性」に関しては第七段落で「文化・社会を理解するためには感覚の歴史性・文化性に着目することが必要」というかたちで触れているが、その意味するところは第一段落にあるように「何をどう感じ取るかは……社会や文化……時代によって異なる」ということであり、〈自分が時代の文化や社会にどう接するか〉という話ではない。

二

出典　岡本裕一朗『アメリカ現代思想の教室――リベラリズムからポスト資本主義まで』〈第1部　リベラルとその周辺　第2章　コミュニタリアニズムという亡霊　3　チャールズ・テイラー――多文化主義へ向かうコミュニタリアン〉（PHP新書）

解答

問1　①―1　②―4　③―2

問2　5

問3　4

問4　3

問5　1

問6　5

問7　3

問8　4

問9　5

問10　2

に「香りの化学合成に成功し」とあるので、ここから①→③→⑤→④が確定するので、4が正解となる。

問9　まず直前の「これ」の内容を前部で確認すると「こうした五感に訴える商品開発や環境構築」「産業・研究機関・政府など」「感覚産業複合体」とあるので、ここから〈産業・研究機関・政府などが感覚産業複合体となって五感に訴える商品開発や環境構築を行うこと〉が「これ」だと理解する。次に「こうした五感に訴える商品開発や環境構築」の内容を前部で確認する（つまり問8の挿入文からヒントを得る）と、②「企業は色や匂いを数値化」→①「香りの化学合成」→③「色や匂い、味などは……消費のあり方も変える」→⑤「商品は、消費者の購買行動や嗜好の変化を促した」→④「五感の感じ方……にも多大な影響を与える」とあるのでここから〈色や匂いなどを科学的に数値化・化学合成し、五感の感じ方に影響を与え、消費者の購買行動（消費のあり方）や嗜好の変化を促す〉ことが傍線の「企業戦略」「経済的重要性」であると理解して選択肢を選ぶ。1は「食品産業」が誤り。傍線の一段落後の冒頭にあるように食品産業は「産業の一つ」に過ぎない。2は「大量生産……新たな産業が生まれたことによって」、4は「科学技術によって生み出された五感」、5は「物の品質を保証」がそれぞれ誤り。

問10　「拮抗」とは「互いに対抗して張り合うこと」、「共創」とは「共につくり上げること」という意味。2の「張り合い」が「拮抗」に、「協力」が「共創」にそれぞれ対応している。1は「共創」、3は両方、4は「共創」、5は「拮抗」がそれぞれ不足している。

問11　直後の「つまり」を手がかりにして後部を見ると「色の商業的利用が拡大」「視覚環境が大きく変化」とある。そして5の「おいしく見える食べ物の色が開発」が「色の商業的利用」に、「視覚環境が変化」が「視覚環境が大きく変化」に対応していることを確認する。

問12　3は第十五段落の内容に合致する。1は「人々の生活に標準化をもたらした」が誤り。第十一段落に「生活が多様化した」とある。2は「より」という〈比較〉が誤り。第四段落に「『瞑想』する時、そこにはその時代、その地における文化的・社会的背景が大きく影響する」とあるが、「より」というかたちで異なる時代を比較する記述は存在問5　A、直前の「言語や文字情報が重視されてきた」と直後の「に代わる」より〈重視されてきた言語・文字情報に代わる〉となると理解する。3・4・5が該当。B、直前の「ハウズは」と直後の「提唱した」より〈ハウズの提唱〉を前後でさがす。前部の「ハウズは……感覚の歴史性・文化性に着目することが必要だと論じている」が「提唱」に当たる。5が該当。C、直後の「規定されうる五感」「何をおいしいと感じるか、良い香りと感じるかは文化、また時代によって異なる」という記述は〈五感は文化・時代が規定する〉とまとめられる。3・5が該当。よって5が正解。

問6　2は第十一段落、3は第十二段落、4は第十二段落、5は第十一段落に対応する記述がある。1の「中産階級」に関しては第十一段落に「様々な製品が……中産階級以上の家庭でキョウ（＝享）受されるようになった」と書かれているが「中産階級が増加した」とは書いていない。

問7　直前の「カラーバリエーションに難色を示した」が〈変化を好まない〉ということだと理解する。これを「だが」「興味深いことに」という語でつないでいるということは、その後には〈変化を好まないわけではない・変化を好む〉という意味の言葉が入ると推測できる。これが4の「画一化につながるとは考えていなかった」という語に対応すると理解する。ちなみに「興味深いことに」とは〈予想外・非合理・矛盾〉を予告する語である。

問8　まず空欄直後の「こうした五感に訴える商品開発や環境構築」という語から、末尾には「五感」に関する記述があると考え、末尾を④に固定する。次に④の「商品、販売手法」という語に注目し、④の前には〈商品や販売手法〉に関する記述があると考えて残りの選択肢を見ると、⑤に「デパート……陳列された……商品」とあるので、ここから⑤→④を固定する。次に⑤の「消費者の購買行動や嗜好の変化」という語に注目し、⑤の前には〈消費行動や嗜好の変化〉に関する記述があると考えて残りの選択肢を見ると、③に「モノの品質判断基準（＝嗜好）や消費のあり方も変える」とあるので、ここから③→⑤→④を固定する。最後に③の「こうして」「人工的に作り出された色や匂い」という語に注目し、③の前には〈人工的な色や匂いの開発〉に関する記述があると考えて残りの選択肢を見ると、①

人と社会との関わりに密接に関係しており、文化・社会の理解には感覚の歴史性・文化性に着目することが必要だ。産業の発展や消費主義社会の拡大は、この五感体験を標準化したが、同時に生活の多様化をもたらした。そして「感覚産業複合体」は、主として食品産業で新しい五感体験を生み出し、特に色彩科学を発展させることで、人々の視覚環境を大きく変化させた。

◀解　説▶

問2　まず傍線冒頭の「五感」「個々人の主観的・身体的作用」に関しては、各選択肢の前半に書かれている内容が〈谷崎の『陰翳礼讃』からの引用文〉の内容に（2の「個々人の思い出」を除いて）すべて合致していることを確認する。次に傍線後半の「文化的・歴史的なもの」に関しては直後の「何をどう感じ取るかは、生まれ育った社会や文化によって、また時代によって異なる」が説明になっていることを理解し、これを踏まえて選択肢を見ると、3の「生まれ育った環境や習慣、時代背景等によって形成されるもの」が対応していることがわかる。1は「羊羹が作られた場所や時間等」、4は「吸い物椀が作られた環境や習慣、時代背景等」、5は「時や場所を超えて」がそれぞれ誤り。

問3　直前の「味覚だけでなく、音や光、色など五感全体で味わい、そのことに思いを巡ら」せることが「瞑想」であると理解する。

問4　傍線の「ある時・ある場所」「感情や感覚」「歴史的文脈」という語を〈三つの条件〉と考え、〈三つの条件をすべて満たしているか〉という観点から各選択肢を分析する。1、「ある時・ある場所」という限定がない。また「感情や感覚」ではなく〈言葉〉の話である。2、「ある時・ある場所」＝〈平安時代・食事の場〉、「感情や感覚」＝〈下品〉、「歴史的文脈」＝〈平安時代―現代〉で、〈三つの条件〉をすべて満たしている。3、「室町時代に作られた庭園に見られるように人間は……好まれた」という記述は〈時間や場所を室町時代・庭園に特定しない〉という話である。4、丸餅か角餅か、という話は〈同じ時代の異なる場所の文化的構造〉の話であり、「歴史的文脈」については語っていない。5、「ある場所」に関する記述が存在しない。また「感情や感覚」ではなく〈言葉〉の話である。

国語

一

解答

出典　久野愛『視覚化する味覚——食を彩る資本主義』〈第一部　近代視覚文化の誕生　第一章　感覚の帝国　第二章　色とモダニティ〉（岩波新書）

問1　①—3　②—5　③—2

問2　3

問3　3

問4　2

問5　5

問6　1

問7　4

問8　4

問9　3

問10　2

問11　5

問12　3

◆要　旨◆

五感は文化的・歴史的なものであり、「感情の構造」は歴史的文脈によって変わり得る。五感を通した身体的体験は、

//////////////////// · memo · ////////////////////

//////////////////// · memo · ////////////////////

////////////////////// · memo · //////////////////////

//////////////////// · memo · ////////////////////

//////////////////// · memo · ////////////////////

教学社 刊行一覧

2025年版 大学赤本シリーズ

374大学556点 全都道府県を網羅

国公立大学（都道府県順）

全国の書店で取り扱っています。店頭にない場合は，お取り寄せができます。

1 北海道大学（文系－前期日程）
2 北海道大学（理系－前期日程） 医
3 北海道大学（後期日程）
4 旭川医科大学（医学部〈医学科〉） 医
5 小樽商科大学
6 帯広畜産大学
7 北海道教育大学
8 室蘭工業大学／北見工業大学
9 釧路公立大学
10 公立千歳科学技術大学
11 公立はこだて未来大学 総推
12 札幌医科大学（医学部） 医
13 弘前大学 医
14 岩手大学
15 岩手県立大学・盛岡短期大学部・宮古短期大学部
16 東北大学（文系－前期日程）
17 東北大学（理系－前期日程） 医
18 東北大学（後期日程）
19 宮城教育大学
20 宮城大学
21 秋田大学 医
22 秋田県立大学
23 国際教養大学 総推
24 山形大学 医
25 福島大学
26 会津大学
27 福島県立医科大学（医・保健科学部） 医
28 茨城大学（文系）
29 茨城大学（理系）
30 筑波大学（推薦入試） 医 総推
31 筑波大学（文系－前期日程）
32 筑波大学（理系－前期日程） 医
33 筑波大学（後期日程）
34 宇都宮大学
35 群馬大学 医
36 群馬県立女子大学
37 高崎経済大学
38 前橋工科大学
39 埼玉大学（文系）
40 埼玉大学（理系）
41 千葉大学（文系－前期日程）
42 千葉大学（理系－前期日程） 医
43 千葉大学（後期日程） 医
44 東京大学（文科） DL
45 東京大学（理科） DL 医
46 お茶の水女子大学
47 電気通信大学
48 東京外国語大学 DL
49 東京海洋大学
50 東京科学大学（旧 東京工業大学）
51 東京科学大学（旧 東京医科歯科大学） 医
52 東京学芸大学
53 東京藝術大学
54 東京農工大学
55 一橋大学（前期日程）
56 一橋大学（後期日程）
57 東京都立大学（文系）
58 東京都立大学（理系）
59 横浜国立大学（文系）
60 横浜国立大学（理系）
61 横浜市立大学（国際教養・国際商・理・データサイエンス・医〈看護〉学部）
62 横浜市立大学（医学部〈医学科〉） 医
63 新潟大学（人文・教育〈文系〉・法・経済科・医〈看護〉・創生学部）
64 新潟大学（教育〈理系〉・理・医〈看護を除く〉・歯・工・農学部） 医
65 新潟県立大学
66 富山大学（文系）
67 富山大学（理系） 医
68 富山県立大学
69 金沢大学（文系）
70 金沢大学（理系） 医
71 福井大学（教育・医〈看護〉・工・国際地域学部）
72 福井大学（医学部〈医学科〉） 医
73 福井県立大学
74 山梨大学（教育・医〈看護〉・工・生命環境学部）
75 山梨大学（医学部〈医学科〉） 医
76 都留文科大学
77 信州大学（文系－前期日程）
78 信州大学（理系－前期日程） 医
79 信州大学（後期日程）
80 公立諏訪東京理科大学 総推
81 岐阜大学（前期日程） 医
82 岐阜大学（後期日程）
83 岐阜薬科大学
84 静岡大学（前期日程）
85 静岡大学（後期日程）
86 浜松医科大学（医学部〈医学科〉） 医
87 静岡県立大学
88 静岡文化芸術大学
89 名古屋大学（文系）
90 名古屋大学（理系） 医
91 愛知教育大学
92 名古屋工業大学
93 愛知県立大学
94 名古屋市立大学（経済・人文社会・芸術工・看護・総合生命理・データサイエンス学部）
95 名古屋市立大学（医学部〈医学科〉） 医
96 名古屋市立大学（薬学部）
97 三重大学（人文・教育・医〈看護〉学部）
98 三重大学（医〈医〉・工・生物資源学部） 医
99 滋賀大学
100 滋賀医科大学（医学部〈医学科〉） 医
101 滋賀県立大学
102 京都大学（文系）
103 京都大学（理系） 医
104 京都教育大学
105 京都工芸繊維大学
106 京都府立大学
107 京都府立医科大学（医学部〈医学科〉） 医
108 大阪大学（文系） DL
109 大阪大学（理系） 医
110 大阪教育大学
111 大阪公立大学（現代システム科学域〈文系〉・文・法・経済・商・看護・生活科〈居住環境・人間福祉〉学部－前期日程）
112 大阪公立大学（現代システム科学域〈理系〉・理・工・農・獣医・医・生活科〈食栄養〉学部－前期日程） 医
113 大阪公立大学（中期日程）
114 大阪公立大学（後期日程）
115 神戸大学（文系－前期日程）
116 神戸大学（理系－前期日程） 医
117 神戸大学（後期日程）
118 神戸市外国語大学 DL
119 兵庫県立大学（国際商経・社会情報科・看護学部）
120 兵庫県立大学（工・理・環境人間学部）
121 奈良教育大学／奈良県立大学
122 奈良女子大学
123 奈良県立医科大学（医学部〈医学科〉） 医
124 和歌山大学
125 和歌山県立医科大学（医・薬学部） 医
126 鳥取大学 医
127 公立鳥取環境大学
128 島根大学 医
129 岡山大学（文系）
130 岡山大学（理系） 医
131 岡山県立大学
132 広島大学（文系－前期日程）
133 広島大学（理系－前期日程） 医
134 広島大学（後期日程）
135 尾道市立大学 総推
136 県立広島大学
137 広島市立大学
138 福山市立大学 総推
139 山口大学（人文・教育〈文系〉・経済・医〈看護〉・国際総合科学部）
140 山口大学（教育〈理系〉・理・医〈看護を除く〉・工・農・共同獣医学部） 医
141 山陽小野田市立山口東京理科大学 総推
142 下関市立大学／山口県立大学
143 周南公立大学 新 総推
144 徳島大学 医
145 香川大学 医
146 愛媛大学 医
147 高知大学 医
148 高知工科大学
149 九州大学（文系－前期日程）
150 九州大学（理系－前期日程） 医
151 九州大学（後期日程）
152 九州工業大学
153 福岡教育大学
154 北九州市立大学
155 九州歯科大学
156 福岡県立大学／福岡女子大学
157 佐賀大学 医
158 長崎大学（多文化社会・教育〈文系〉・経済・医〈保健〉・環境科〈文系〉学部）
159 長崎大学（教育〈理系〉・医〈医〉・歯・薬・情報データ科・工・環境科〈理系〉・水産学部） 医
160 長崎県立大学 総推
161 熊本大学（文・教育・法・医〈看護〉学部・情報融合学環〈文系型〉）
162 熊本大学（理・医〈看護を除く〉・薬・工学部・情報融合学環〈理系型〉） 医
163 熊本県立大学
164 大分大学（教育・経済・医〈看護〉・理工・福祉健康科学部）
165 大分大学（医学部〈医・先進医療科学科〉） 医
166 宮崎大学（教育・医〈看護〉・工・農・地域資源創成学部）
167 宮崎大学（医学部〈医学科〉） 医
168 鹿児島大学（文系）
169 鹿児島大学（理系） 医
170 琉球大学 医

2025年版　大学赤本シリーズ

国公立大学 その他

- 171 〔国公立大〕医学部医学科 総合型選抜・学校推薦型選抜※ 医 総推
- 172 看護・医療系大学〈国公立 東日本〉※
- 173 看護・医療系大学〈国公立 中日本〉※
- 174 看護・医療系大学〈国公立 西日本〉※
- 175 海上保安大学校／気象大学校
- 176 航空保安大学校
- 177 国立看護大学校
- 178 防衛大学校 総推
- 179 防衛医科大学校（医学科） 医
- 180 防衛医科大学校（看護学科）

※No.171～174の収載大学は赤本ウェブサイト（http://akahon.net/）でご確認ください。

私立大学①

北海道の大学（50音順）

- 201 札幌大学
- 202 札幌学院大学
- 203 北星学園大学
- 204 北海学園大学
- 205 北海道医療大学
- 206 北海道科学大学
- 207 北海道武蔵女子大学・短期大学
- 208 酪農学園大学（獣医学群〈獣医学類〉）

東北の大学（50音順）

- 209 岩手医科大学（医・歯・薬学部） 医
- 210 仙台大学 総推
- 211 東北医科薬科大学（医・薬学部） 医
- 212 東北学院大学
- 213 東北工業大学
- 214 東北福祉大学
- 215 宮城学院女子大学 総推

関東の大学（50音順）

あ行（関東の大学）

- 216 青山学院大学（法・国際政治経済学部－個別学部日程）
- 217 青山学院大学（経済学部－個別学部日程）
- 218 青山学院大学（経営学部－個別学部日程）
- 219 青山学院大学（文・教育人間科学部－個別学部日程）
- 220 青山学院大学（総合文化政策・社会情報・地球社会共生・コミュニティ人間科学部－個別学部日程）
- 221 青山学院大学（理工学部－個別学部日程）
- 222 青山学院大学（全学部日程）
- 223 麻布大学（獣医、生命・環境科学部）
- 224 亜細亜大学
- 226 桜美林大学
- 227 大妻女子大学・短期大学部

か行（関東の大学）

- 228 学習院大学（法学部－コア試験）
- 229 学習院大学（経済学部－コア試験）
- 230 学習院大学（文学部－コア試験）
- 231 学習院大学（国際社会科学部－コア試験）
- 232 学習院大学（理学部－コア試験）
- 233 学習院女子大学
- 234 神奈川大学（給費生試験）
- 235 神奈川大学（一般入試）
- 236 神奈川工科大学
- 237 鎌倉女子大学・短期大学部
- 238 川村学園女子大学
- 239 神田外語大学
- 240 関東学院大学
- 241 北里大学（理学部）
- 242 北里大学（医学部） 医
- 243 北里大学（薬学部）
- 244 北里大学（看護・医療衛生学部）
- 245 北里大学（未来工・獣医・海洋生命科学部）
- 246 共立女子大学・短期大学
- 247 杏林大学（医学部） 医
- 248 杏林大学（保健学部）
- 249 群馬医療福祉大学・短期大学部
- 250 群馬パース大学 総推
- 251 慶應義塾大学（法学部）
- 252 慶應義塾大学（経済学部）
- 253 慶應義塾大学（商学部）
- 254 慶應義塾大学（文学部） 総推
- 255 慶應義塾大学（総合政策学部）
- 256 慶應義塾大学（環境情報学部）
- 257 慶應義塾大学（理工学部）
- 258 慶應義塾大学（医学部） 医
- 259 慶應義塾大学（薬学部）
- 260 慶應義塾大学（看護医療学部）
- 261 工学院大学
- 262 國學院大學
- 263 国際医療福祉大学 医
- 264 国際基督教大学
- 265 国士舘大学
- 266 駒澤大学（一般選抜T方式・S方式）
- 267 駒澤大学（全学部統一日程選抜）

さ行（関東の大学）

- 268 埼玉医科大学（医学部） 医
- 269 相模女子大学・短期大学部
- 270 産業能率大学
- 271 自治医科大学（医学部） 医
- 272 自治医科大学（看護学部）／東京慈恵会医科大学（医学部〈看護学科〉）
- 273 実践女子大学 総推
- 274 芝浦工業大学（前期日程）
- 275 芝浦工業大学（全学統一日程・後期日程）
- 276 十文字学園女子大学
- 277 淑徳大学
- 278 順天堂大学（医学部） 医
- 279 順天堂大学（スポーツ健康科・医療看護・保健看護・国際教養・保健医療・医療科・健康データサイエンス・薬学部） 総推
- 280 上智大学（神・文・総合人間科学部）
- 281 上智大学（法・経済学部）
- 282 上智大学（外国語・総合グローバル学部）
- 283 上智大学（理工学部）
- 284 上智大学（TEAPスコア利用方式）
- 285 湘南工科大学
- 286 昭和大学（医学部） 医
- 287 昭和大学（歯・薬・保健医療学部）
- 288 昭和女子大学
- 289 昭和薬科大学
- 290 女子栄養大学・短期大学部 総推
- 291 白百合女子大学
- 292 成蹊大学（法学部－A方式）
- 293 成蹊大学（経済・経営学部－A方式）
- 294 成蹊大学（文学部－A方式）
- 295 成蹊大学（理工学部－A方式）
- 296 成蹊大学（E方式・G方式・P方式）
- 297 成城大学（経済・社会イノベーション学部－A方式）
- 298 成城大学（文芸・法学部－A方式）
- 299 成城大学（S方式〈全学部統一選抜〉）
- 300 聖心女子大学
- 301 清泉女子大学
- 303 聖マリアンナ医科大学 医
- 304 聖路加国際大学（看護学部）
- 305 専修大学（スカラシップ・全国入試）
- 306 専修大学（前期入試〈学部個別入試〉）
- 307 専修大学（前期入試〈全学部入試・スカラシップ入試〉）

た行（関東の大学）

- 308 大正大学
- 309 大東文化大学
- 310 高崎健康福祉大学
- 311 拓殖大学
- 312 玉川大学
- 313 多摩美術大学
- 314 千葉工業大学
- 315 中央大学（法学部－学部別選抜）
- 316 中央大学（経済学部－学部別選抜）
- 317 中央大学（商学部－学部別選抜）
- 318 中央大学（文学部－学部別選抜）
- 319 中央大学（総合政策学部－学部別選抜）
- 320 中央大学（国際経営・国際情報学部－学部別選抜）
- 321 中央大学（理工学部－学部別選抜）
- 322 中央大学（5学部共通選抜）
- 323 中央学院大学
- 324 津田塾大学
- 325 帝京大学（薬・経済・法・文・外国語・教育・理工・医療技術・福岡医療技術学部）
- 326 帝京大学（医学部） 医
- 327 帝京科学大学 総推
- 328 帝京平成大学 総推
- 329 東海大学（医〈医〉学部を除く－一般選抜）
- 330 東海大学（文系・理系学部統一選抜）
- 331 東海大学（医学部〈医学科〉） 医
- 332 東京医科大学（医学部〈医学科〉） 医
- 333 東京家政大学・短期大学部 総推
- 334 東京経済大学
- 335 東京工科大学
- 336 東京工芸大学
- 337 東京国際大学
- 338 東京歯科大学
- 339 東京慈恵会医科大学（医学部〈医学科〉） 医
- 340 東京情報大学
- 341 東京女子大学
- 342 東京女子医科大学（医学部） 医
- 343 東京電機大学
- 344 東京都市大学
- 345 東京農業大学
- 346 東京薬科大学（薬学部） 総推
- 347 東京薬科大学（生命科学部） 総推
- 348 東京理科大学（理学部〈第一部〉－B方式）
- 349 東京理科大学（創域理工学部－B方式・S方式）
- 350 東京理科大学（工学部－B方式）
- 351 東京理科大学（先進工学部－B方式）
- 352 東京理科大学（薬学部－B方式）
- 353 東京理科大学（経営学部－B方式）
- 354 東京理科大学（C方式、グローバル方式、理学部〈第二部〉－B方式）
- 355 東邦大学（医学部） 医
- 356 東邦大学（薬学部）

2025年版　大学赤本シリーズ

私立大学②

- 357 東邦大学(理・看護・健康科学部)
- 358 東洋大学(文・経済・経営・法・社会・国際・国際観光学部)
- 359 東洋大学(情報連携・福祉社会デザイン・健康スポーツ科・理工・総合情報・生命科・食環境科学部)
- 360 東洋大学(英語〈3日程×3カ年〉)
- 361 東洋大学(国語〈3日程×3カ年〉)
- 362 東洋大学(日本史・世界史〈2日程×3カ年〉)
- 363 東洋英和女学院大学
- 364 常磐大学・短期大学 総推
- 365 獨協大学
- 366 獨協医科大学(医学部) 医

な行(関東の大学)

- 367 二松学舎大学
- 368 日本大学(法学部)
- 369 日本大学(経済学部)
- 370 日本大学(商学部)
- 371 日本大学(文理学部〈文系〉)
- 372 日本大学(文理学部〈理系〉)
- 373 日本大学(芸術学部〈専門試験併用型〉)
- 374 日本大学(国際関係学部)
- 375 日本大学(危機管理・スポーツ科学部)
- 376 日本大学(理工学部)
- 377 日本大学(生産工・工学部)
- 378 日本大学(生物資源科学部)
- 379 日本大学(医学部) 医
- 380 日本大学(歯・松戸歯学部)
- 381 日本大学(薬学部)
- 382 日本大学(N全学統一方式−医・芸術〈専門試験併用型〉学部を除く)
- 383 日本医科大学 医
- 384 日本工業大学
- 385 日本歯科大学
- 386 日本社会事業大学 総推
- 387 日本獣医生命科学大学
- 388 日本女子大学
- 389 日本体育大学

は行(関東の大学)

- 390 白鷗大学(学業特待選抜・一般選抜)
- 391 フェリス女学院大学
- 392 文教大学
- 393 法政大学(法〈I日程〉・文〈II日程〉・経営〈II日程〉学部−A方式)
- 394 法政大学(法〈II日程〉・国際文化・キャリアデザイン学部−A方式)
- 395 法政大学(文〈I日程〉・経営〈I日程〉・人間環境・グローバル教養学部−A方式)
- 396 法政大学(経済〈I日程〉・社会〈I日程〉・現代福祉学部−A方式)
- 397 法政大学(経済〈II日程〉・社会〈II日程〉・スポーツ健康学部−A方式)
- 398 法政大学(情報科・デザイン工・理工・生命科学部−A方式)
- 399 法政大学(T日程〈統一日程〉・英語外部試験利用入試)
- 400 星薬科大学 総推

ま行(関東の大学)

- 401 武蔵大学
- 402 武蔵野大学
- 403 武蔵野美術大学
- 404 明海大学
- 405 明治大学(法学部−学部別入試)
- 406 明治大学(政治経済学部−学部別入試)
- 407 明治大学(商学部−学部別入試)
- 408 明治大学(経営学部−学部別入試)
- 409 明治大学(文学部−学部別入試)
- 410 明治大学(国際日本学部−学部別入試)
- 411 明治大学(情報コミュニケーション学部−学部別入試)
- 412 明治大学(理工学部−学部別入試)
- 413 明治大学(総合数理学部−学部別入試)
- 414 明治大学(農学部−学部別入試)
- 415 明治大学(全学部統一入試)
- 416 明治学院大学(A日程)
- 417 明治学院大学(全学部日程)
- 418 明治薬科大学 総推
- 419 明星大学
- 420 目白大学・短期大学部

ら・わ行(関東の大学)

- 421 立教大学(文系学部−一般入試〈大学独自の英語を課さない日程〉)
- 422 立教大学(国語〈3日程×3カ年〉)
- 423 立教大学(日本史・世界史〈2日程×3カ年〉)
- 424 立教大学(文学部−一般入試〈大学独自の英語を課す日程〉)
- 425 立教大学(理学部−一般入試)
- 426 立正大学
- 427 早稲田大学(法学部)
- 428 早稲田大学(政治経済学部)
- 429 早稲田大学(商学部)
- 430 早稲田大学(社会科学部)
- 431 早稲田大学(文学部)
- 432 早稲田大学(文化構想学部)
- 433 早稲田大学(教育学部〈文科系〉)
- 434 早稲田大学(教育学部〈理科系〉)
- 435 早稲田大学(人間科・スポーツ科学部)
- 436 早稲田大学(国際教養学部)
- 437 早稲田大学(基幹理工・創造理工・先進理工学部)
- 438 和洋女子大学 総推

中部の大学(50音順)

- 439 愛知大学
- 440 愛知医科大学(医学部) 医
- 441 愛知学院大学・短期大学部
- 442 愛知工業大学 総推
- 443 愛知淑徳大学
- 444 朝日大学 総推
- 445 金沢医科大学(医学部) 医
- 446 金沢工業大学
- 447 岐阜聖徳学園大学 総推
- 448 金城学院大学
- 449 至学館大学 総推
- 450 静岡理工科大学
- 451 椙山女学園大学
- 452 大同大学
- 453 中京大学
- 454 中部大学
- 455 名古屋外国語大学 総推
- 456 名古屋学院大学 総推
- 457 名古屋学芸大学 総推
- 458 名古屋女子大学 総推
- 459 南山大学(外国語〈英米〉・法・総合政策・国際教養学部)
- 460 南山大学(人文・外国語〈英米を除く〉・経済・経営・理工学部)
- 461 新潟国際情報大学
- 462 日本福祉大学
- 463 福井工業大学
- 464 藤田医科大学(医学部) 医
- 465 藤田医科大学(医療科・保健衛生学部)
- 466 名城大学(法・経営・経済・外国語・人間・都市情報学部)
- 467 名城大学(情報工・理工・農・薬学部)
- 468 山梨学院大学

近畿の大学(50音順)

- 469 追手門学院大学 総推
- 470 大阪医科薬科大学(医学部) 医
- 471 大阪医科薬科大学(薬学部) 総推
- 472 大阪学院大学 総推
- 473 大阪経済大学 総推
- 474 大阪経済法科大学 総推
- 475 大阪工業大学 総推
- 476 大阪国際大学・短期大学部 総推
- 477 大阪産業大学 総推
- 478 大阪歯科大学(歯学部)
- 479 大阪商業大学 総推
- 480 大阪成蹊大学・短期大学 総推
- 481 大谷大学 総推
- 482 大手前大学・短期大学 総推
- 483 関西大学(文系)
- 484 関西大学(理系)
- 485 関西大学(英語〈3日程×3カ年〉)
- 486 関西大学(国語〈3日程×3カ年〉)
- 487 関西大学(日本史・世界史・文系数学〈3日程×3カ年〉)
- 488 関西医科大学(医学部) 医
- 489 関西医療大学 総推
- 490 関西外国語大学・短期大学部 総推
- 491 関西学院大学(文・法・商・人間福祉・総合政策学部−学部個別日程)
- 492 関西学院大学(神・社会・経済・国際・教育学部−学部個別日程)
- 493 関西学院大学(全学部日程〈文系型〉)
- 494 関西学院大学(全学部日程〈理系型〉)
- 495 関西学院大学(共通テスト併用日程〈数学〉・英数日程)
- 496 関西学院大学(英語〈3日程×3カ年〉) 新
- 497 関西学院大学(国語〈3日程×3カ年〉) 新
- 498 関西学院大学(日本史・世界史・文系数学〈3日程×3カ年〉) 新
- 499 畿央大学 総推
- 500 京都外国語大学・短期大学 総推
- 502 京都産業大学(公募推薦入試) 総推
- 503 京都産業大学(一般選抜入試〈前期日程〉)
- 504 京都女子大学 総推
- 505 京都先端科学大学 総推
- 506 京都橘大学 総推
- 507 京都ノートルダム女子大学 総推
- 508 京都薬科大学 総推
- 509 近畿大学・短期大学部(医学部を除く−推薦入試) 総推
- 510 近畿大学・短期大学部(医学部を除く−一般入試前期)
- 511 近畿大学(英語〈医学部を除く3日程×3カ年〉)
- 512 近畿大学(理系数学〈医学部を除く3日程×3カ年〉)
- 513 近畿大学(国語〈医学部を除く3日程×3カ年〉)
- 514 近畿大学(医学部−推薦入試・一般入試前期) 医 総推
- 515 近畿大学・短期大学部(一般入試後期) 医
- 516 皇學館大学 総推
- 517 甲南大学 総推
- 518 甲南女子大学(学校推薦型選抜) 新 総推
- 519 神戸学院大学 総推
- 520 神戸国際大学 総推
- 521 神戸女学院大学 総推
- 522 神戸女子大学・短期大学 総推
- 523 神戸薬科大学 総推
- 524 四天王寺大学・短期大学部 総推
- 525 摂南大学(公募制推薦入試) 総推
- 526 摂南大学(一般選抜前期日程)
- 527 帝塚山学院大学 総推
- 528 同志社大学(法、グローバル・コミュニケーション学部−学部個別日程)

共通テスト対策関連書籍

共通テスト対策 も 赤本で

❶ 過去問演習

2025年版

共通テスト 赤本シリーズ

全12点

A5判／定価1,320円
(本体1,200円)

- 英国数には新課程対応オリジナル実戦模試 掲載！
- 公表された新課程試作問題はすべて掲載！
- くわしい対策講座で得点力UP
- 英語はリスニングを10回分掲載！ 赤本の音声サイトで本番さながらの対策！

- 英語 リーディング／リスニング DL
- 数学Ⅰ, A／Ⅱ, B, C
- 国語
- 歴史総合, 日本史探究
- 歴史総合, 世界史探究
- 地理総合, 地理探究
- 公共, 倫理
- 公共, 政治・経済
- 物理
- 化学
- 生物
- 物理基礎／化学基礎／生物基礎／地学基礎

DL 音声無料配信

❷ 自己分析

赤本ノートシリーズ 過去問演習の効果を最大化

▶共通テスト対策には

赤本ノート
(共通テスト用)

赤本ルーズリーフ
(共通テスト用)

共通テスト
赤本シリーズ

新課程攻略
問題集

全26点
に対応!!

▶二次・私大対策には

大学赤本
シリーズ

全556点
に対応!!

赤本ノート(二次・私大用)

❸ 重点対策

共通テスト 赤本プラス

新課程攻略問題集

基礎固め&苦手克服のための分野別対策問題集!!
厳選された問題でかしこく対策

- 英語リーディング
- 英語リスニング DL
- 数学Ⅰ, A
- 数学Ⅱ, B, C
- 国語(現代文)
- 国語(古文, 漢文)
- 歴史総合, 日本史探究
- 歴史総合, 世界史探究
- 地理総合, 地理探究
- 公共, 政治・経済
- 物理
- 化学
- 生物
- 情報Ⅰ

DL 音声無料配信

全14点
好評発売中！

A5判／定価1,320円(本体1,200円)

手軽なサイズの実戦的参考書

目からウロコの
コツが満載！

直前期にも！

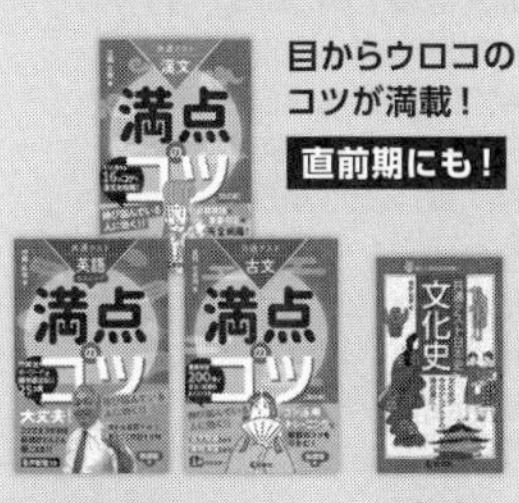

満点のコツ
シリーズ

赤本
ポケット

2025 年版　大学赤本シリーズ　No. 551

立命館大学（IR 方式〈英語資格試験利用型〉・共通テスト併用方式）／立命館アジア太平洋大学（共通テスト併用方式）

2024 年 6 月 10 日　第 1 刷発行
ISBN978-4-325-26609-9
定価は裏表紙に表示しています

編　集　教学社編集部
発行者　上原 寿明
発行所　教学社
〒606-0031
京都市左京区岩倉南桑原町56
電話　075-721-6500
振替　01020-1-15695
印　刷　太洋社